U0755883

中国特色社会主义法治理论系列教材

编审委员会

（按姓氏笔画排序）

·中国特色社会主义法治理论系列教材·

黄　进／总主编

证据法

施鹏鹏／著

中国政法大学出版社

2020·北京

图书在版编目（CIP）数据

证据法/施鹏鹏著.—北京：中国政法大学出版社，2020.8
ISBN 978-7-5620-6838-9

Ⅰ.①证…　Ⅱ.①施…　Ⅲ.①证据－法学－中国－高等学校－教材　Ⅳ.①D925.113.1

中国版本图书馆CIP数据核字(2020)第144869号

书　名　证据法 Zhengju Fa
出版者　中国政法大学出版社
地　址　北京市海淀区西土城路25号
邮　箱　fadapress@163.com
网　址　http://www.cuplpress.com (网络实名：中国政法大学出版社)
电　话　010-58908435(第一编辑部) 58908334(邮购部)
承　印　固安华明印业有限公司
开　本　787mm×1092mm　1/16
印　张　23
字　数　461千字
版　次　2020年8月第1版
印　次　2020年8月第1次印刷
印　数　1~5000册
定　价　59.00元

总 序

经过六十多年的建设发展，中国政法大学作为国家“211 工程”“985 工程优势学科创新平台”“2011 计划”重点建设大学和“双一流”建设高校，已从一所普通大学成长为如今具有国际影响力的国内一流大学，被誉为“中国法学教育的最高学府”和“中国人文社会科学领域的学术重镇”。法大一直秉承“厚德、明法、格物、致公”的校训精神，坚持“学术立校、人才强校、质量兴校、特色办校、依法治校”的办学理念，以“经国纬政、法治天下”“经世济民、福泽万邦”为办学使命，形成了独特的法学教育教学理念，积累了丰富的法学理论研究成果和法治人才培养经验，汇集了一大批自强不息、追求卓越的学术名师。在建设富强民主文明和谐美丽的社会主义现代化强国、实现中华民族伟大复兴中国梦的新征程中，法大正致力于建设开放式、国际化、多科性、创新型的世界一流法科强校，并积极推进国家法治建设和高等教育事业的发展，以卓越的人才培养、科学研究、社会服务推动国家法治昌明、政治民主、经济发展、文化繁荣、社会和谐及生态文明，书写着充满光荣与梦想、开拓与奋进的时代华章。

党的十八大以来，党中央高度重视依法治国，对全面推进依法治国作出决定和部署，民主法治建设迈出重大步伐。十八届四中全会专门研究全面推进依法治国并作出决定，提出全面推进依法治国的总目标是建设中国特色社会主义法治体系，建设社会主义法治国家；提出要在中国共产党领导下，坚持中国特色社会主义制度，贯彻中国特色社会主义法治理论，形成完备的法律规范体系、高效的法治实施体系、严密的法治监督体系、有力的法治保障体系，形成完善的党内法规体系，坚持依法治国、依法执政、依法行政共同推进，坚持法治国家、法治政府、法治社会一体建设，实现科学立法、严格执法、公正司法、全民守法，促进国家治理体系和治理能力现代化；还特别提出要加强法治工作队伍建设，创新法治人才培养机制。党的十九大庄严宣布，经过长期努力，中国特色社会主义进入新时代，这是我国发展新的历史方位。

在新时代，我国社会主要矛盾已经转化为人民日益增长的美好生活需要和不平衡不充分的发展之间的矛盾。人民美好生活需要日益广泛，不仅对物质文化生活提出了更高要求，而且在民主、法治、公平、正义、安全、环境等方面的要求日益增长。因此，坚持全面依法治国是新时代坚持和发展中国特色社会主义的基本方略，要坚定不移走中国特色社会主义法治道路，完善以宪法为核心的中国特色社会主义法律体系，建设中国特色社会主义法治体系，建设社会主义法治国家，发展中国特色社会主义法治理论。党的十九届四中全会专门研究了坚持和完善中国特色社会主义制度，推进国家治理体系和治理能力现代化若干重大问题，进一步强调坚持全面依法治国，建设社会主义法治国家，切实保障社会公平正义和人民权利的显著优势，还要继续坚持和完善中国特色社会主义法治体系，提高党依法治国、依法执政能力，推进法治中国建设。党中央关于全面依法治国的一系列战略部署，为我国新时代法学教育和法治人才培养提供了根本遵循，指明了前进方向。

坚持全面依法治国离不开法学教育和法治人才培养，新时代中国特色社会主义法治建设对法学教育和法治人才培养提出了新使命、新任务、新要求。习近平总书记2017年5月3日考察中国政法大学时就法学教育和法治人才培养强调指出：全面推进依法治国是一项长期而重大的历史任务，全面依法治国是一个系统工程，法治人才培养是其重要组成部分；办好法学教育，必须坚持中国特色社会主义法治道路，坚持以马克思主义法学思想和中国特色社会主义法治理论为指导，立德树人，德法兼修，培养大批高素质法治人才。他特别强调指出：高校是法治人才培养的第一阵地，要为完善中国特色社会主义法治体系、建设社会主义法治国家提供理论支撑，努力以中国智慧、中国实践为世界法治文明建设作出贡献；对世界上的优秀法治文明成果，要积极吸收借鉴，但也要加以甄别，有条件地吸收和转化，不能囫囵吞枣、照搬照抄；要坚持从我国国情和实际出发，正确解读中国现实、回答中国问题，提出标识性学术概念，打造具有中国特色和国际视野的学术话语体系，尽快把我国法学学科体系和教材体系建立起来。为了认真贯彻落实党的十八大、十八届三中和四中全会精神，十九大和十九届四中全会精神，特别是习近平总书记考察中国政法大学重要讲话精神，中国政法大学秉承先进的法学教育教学理念，充分利用学校教师资源、出版资源和数字网络平台优势，深谋远虑、善作善为，积极组织编写和大力推动出版摆在读者面前的这套全新的立体化、数字化法学系列教材。

据我所知，本系列教材的编写人员均为法大在一线从事教学工作多年、拥有丰富法学教学经验和丰硕科研成果、教学特点鲜明的中青年教师，他们在法大深受学生喜爱和好评，有的还连续数年当选“中国政法大学最受本科生欢迎的老师”。本系列教材就是他们立足于法学教育改革和人才培养模式创新的需要，结合互联网资源信息化、数字化的特点，以自己多年授课形成的讲义为基础，根据学生课堂学习和课外拓展的需求与信息反馈，经过细致的加工与打磨，用心编写而成的。本系列教材可以说是各位编写人员一二十年来教学实践与探索的结晶，更是他们精雕细琢的课堂教学的载体和建模。

在我看来，本系列教材在以下几个方面颇具特色：

第一，坚持以中国特色社会主义法治理论为指导。本系列教材定位为马克思主义理论研究和建设工程重点教材的补充教材，教材的编写认真贯彻落实党的十八大、十八届三中和四中全会精神，十九大和十九届四中全会精神，特别是习近平总书记考察中国政法大学重要讲话精神，坚持中国特色社会主义法治道路，坚持以马克思主义法学思想和中国特色社会主义法治理论为指导，坚持“立德树人、德法兼修”的法治人才培养观；坚持从我国国情和实际出发，正确解读中国现实、回答中国问题，提出标识性学术概念，用“中国智慧、中国实践”培养高素质法治人才；坚持全面准确反映中国特色社会主义法治建设丰富实践和法治理论最新理论成果，努力打造具有中国特色和国际视野的法学学术话语体系、学科体系和教材体系，为完善中国特色社会主义法治体系、建设社会主义法治国家提供理论支撑。

第二，知识呈现从整体到细节，巧构法科学习思维导图。法学教育不仅要传授学生法学基础知识，更要帮助学生在脑海中形成脉络清晰的树状知识结构图，对于如何解构法律事实、梳理法律关系、分清主次矛盾、找到解决方法，有一个科学完整的法学方法论，为学生以后从事理论研究或法律实务工作奠定坚实的基础。

第三，重点难点内容突出，主干精炼、枝叶繁茂。得益于数字网络平台的拓展功能和数字设备扫描二维码的方便快捷，本系列教材得以从过去繁缛复杂、全面不精的闭合循环中解脱出来，着力对每个知识点的通说进行深度解读并介绍主要的学术观点，力求提纲挈领、简明扼要。同时，对于每个学科的重点难点内容予以大篇幅的详细对比和研讨，力求重点难点无巨细，使学生通过学习教材能够充分掌握该学科的主要内容，并培养足以应对常见问题的能力。相关知识点的学术前沿动态和学界小众学术观点，则通过二维码栏目向学生打开课外拓展学习的窗口，使学有余力者能够有矿可挖、有据可查、有章可循、有的放矢。

第四，注重理论教学与实践教学相结合，应试教学与实务教学相结合。法学学科是实践性很强的学科，法学教育必须妥善处理理论教学和实践教学的关系。本系列教材充分结合案例教学、情景教学、模拟法庭、法律诊所、社会调查、实习实践、团队研讨和专题研究等教学和学习方法，引导学生探究式学习，从理论走向实践、从课堂走向社会。同时，考虑到学生未来工作或继续深造的发展方向，满足学生准备国家统一法律职业资格考试和研究生入学考试的需要，本系列教材设置了专门的题库和法律法规库并定期更新，通过二维码栏目向学生开放各类考试常考的知识点及其对应的真题、模拟题，并结合法律实务的需求，提供法律法规及案例等司法实务中常用的信息，或跳转到相关资源丰富的实务网站，引领学生从单纯理论知识学习走向理论知识学习与法律实务训练同步、从应对法学考试走向应对法律实务、从全面学习走向深度研究。

第五，加强课堂教学与课下研讨相结合，文字与图表、音视频相结合。本系列教材立意除了强化课堂教学互动外，还在课下为学生提供了丰富、立体的学习资源，既有相关知识点的分析对比图表，也有包含全书的课程讲义PPT。此外，针对重点难点知识，授课教师在PPT的基础上录制讲解视频，并在网络学习平台上开辟师生交流渠道，由教师布置课后作业并通过网络学习平台打分、统计答题信息等方式，有针对性地进行二次讲解和课后答疑，在充分缩短时间和空间距离的前提下，加强师生沟通互动，不断提高教师教学效果和学生学习成效。

本系列教材是中国政法大学中青年教师多年立德树人、教书育人、潜心教学、耕耘讲台的直接成果，也是我国法学法律界同仁长期以来对中国政法大学事业发展关心、支持和帮助的结果。作为系列教材总主编，借此机会，我对法学法律界同仁，对本系列教材编辑委员会的顾问和委员，对所有编写人员和组编工作人员，表示衷心的感谢并致以崇高的敬意！我们相信，本系列教材的出版必将有力地推进中国政法大学法学教学改革创新和法治人才培养质量的提升，也将对我国法学教育起到示范和引领作用。我们也真诚希望海内外广大从事法学教育工作的专家学者能够同我们进行坦诚交流，对本系列教材提出宝贵意见，予以批评指正。

中国政法大学自建校以来，以人为本、尊师重教，薪火相传、筚路蓝缕，淡泊明志、求真务实，崇尚学术、追求真理，开拓创新、放飞梦想，始终奋战在我国法学教育和法治建设的第一线，已经成为我国法学教育和法治人才培养的主力军。法大之所以有今天，是因为有一代又一代法大人自强不息、追求卓越，坚持不懈、努力奋斗。本系列教材的编写、出版，就是今日法大人对法大的贡献，就是今日法大人对法大历史的书写，就是今日法大人承前启后、继往开来的印记。法大的事业乃千秋伟业，胸怀“经国纬政、法治天下”壮志，坚守“经世济民、福泽万邦”情怀的法大人，唯有肩负起时代的使命和人民的重托，同心毕力，奋楫争先，在新的征程上继续砥砺前行！

是为序。

黄 进

2019年12月1日修订于蓟门

前 言

证据是诉讼的核心，也是司法实务的争点及难点所在。在诸多疑难案件中，司法裁判者所面临的往往不是纯粹的实体或程序问题，而是既有的证据能否为待证的实体或程序问题提供足够的依据。遗憾的是，在当前的法学教学体系中，证据法并未彰显其显著的位置。许多大学的法学院没有单设证据法课程，对证据法相关理论及制度的介绍仅是作为诉讼法的相关章节简要展开，学院教学与实践需求呈现较明显的结构性矛盾。

当下我国证据法学的理论研究与现实司法实践之间也呈现较明显的分裂状态：一方面，多数学者对英美证据法更为青睐，这可能是基于教育背景、语言学习及知识积累等因素，主流学者更主要接触英美法文献，而在证据法领域，英美法系相对成型、成体系、成逻辑的证据规则也更利于学习、研判及借鉴。因此，我国证据法的学术话语体系呈现较明显的"英美法中心主义"，既背离了职权主义的诉讼传统，也与现实司法实践存在较明显的冲突。例如我国"非法证据排除规则"的话语体系主要源自于英美法，当下已体现在立法及相关司法解释中，成为我国理论界及实务界约定俗成的主流理论话语。这与大陆法系国家通常所确立"程序行为无效"[1]或者"取证行为的证据禁止"[2]在功能上类似，但在理论逻辑上却有较明显的区别。比较典型的区别如，英美法意义上的"非法证据排除规则"是审判阶段的证据规则，而大陆法的"程序行为无效"或"证据禁止"则贯穿于刑事诉讼全过程。德国的证据禁止便区分了取得禁止和使用禁止，前者适用于审前阶段，后者适用于审判阶段。英美法意义上的"非法证据排除规则"面向证据本身，而大陆法的"程序行为无效"或"证据禁止"则面向侦查行为。另一方面，传统立

---

〔1〕 施鹏鹏："法国刑事程序无效理论研究——兼谈中国如何建立'刚性'程序"，载《中国法学》2010年第3期。

〔2〕［德］Peter Kasiske："刑事诉讼证据使用禁止的放射效力、继续效力与溯及效力"，陈真楠译，施鹏鹏校，载《证据科学》2018年第2期。

足教义学的证据法研究日趋萎缩，而源自北美的“新证据学研究”（new evidence scholarship）[1] 却深刻影响了中国的证据理论[2]，并日趋成为显学。新证据学研究更关注证明过程，吸收了大量法律外学科的知识和研究范式，包括数学、心理学、哲学、语言学等，为传统的证明理论开启全新的论域。但“新证据学研究”几乎完全无视证据法规则，试图构建非常宏大、几乎未有学科边界、可普适于人类认知各个领域的“大证据学”或“证据科学”，这进一步割裂了证据学的理论与实践。对于司法实务人员而言，如何在个案中收集证据、分析证据及评价证据，以符合证据法规则的设定，这是最核心的实践逻辑。至于证据与知识、证明与概率、心证与心理之间复杂而微妙的关系，或许能成为一系列宏大的学术命题，但之于司法实践却用处不大，反倒容易陷入学科体系的“虚无主义”。

因此，我在本教材中鲜明地提出了三个立场：

第一，证据法的教义学立场（Rechtsdogmatik/legaldogmatics[3]）。我认为，尽管“新证据学研究”的诸多命题亟具学术研究价值，也需要有学者投以关注，但立足法教义学立场的证据制度、规范及判例才是证据法所应关注的核心领域。因此，本教材并不关注与法律事项无关的一般证明问题，以免导致论题泛化。19 世纪德国著名的刑法学家密特麦尔在描述法律意义上的“事实”与其他学科领域中的“事实”时便坦言，诉讼中的事实存在于可感知的真实世界中，与哲学上的先验事实有着根本的区别，因此“用冗长的篇幅去阐释不同哲学流派对事实的看法”[4] 并无必要。诉讼中的事实亦不同于数学上的事实，“虽然裁判者在思维过程中可能应用到数理逻辑”，但现实司法实践中的案件事实不可能如同数字计算般的精确。诉讼中的事实与历史事实也不相同。历史事实是“（研究人员）穿越时空，立足若干独立的证据，通过证据组合，最后判断某些历史事件的真伪以及性质”[5]。“事实，存在于裁判主体对裁判对象的认知之中。”[6] 这一论断对于证据法的其他命题亦成立。

第二，职权主义立场。在比较法上，职权主义与当事人主义并无优劣之分，仅取决于各国的法律传统。我国各大诉讼法均具有职权主义传统，因此，

---

[1] Richard Lempert, “The new evidence scholarship: analyzing the process of proof”, *Boston University Law Review*, 66 (1986), p. 473.

[2] 最具影响力的，当属中国政法大学证据科学院张保生教授及其团队所作的学术引介及理论提升。集中的代表性成果参见张保生等著：《证据科学论纲》，经济科学出版社 2019 年版。龙宗智教授在此一领域亦有关注，参见龙宗智：“‘大证据学’的建构及其学理”，载《法学研究》2006 年第 5 期。

[3] 本书在同一意义上使用“法教义学”和“法解释学”。

[4] 这在 19 世纪的德国学术界颇为盛行，参见 Mittermaier K. J. A., Traité de la preuve en matière criminelle, traduit par, C. - A. Alexandre, De Cosse et N. Delamotte, 1848, p. 69.

[5] Mittermaier K. J. A., Traité de la preuve en matière criminelle, traduit par, C. -A. Alexandre, De Cosse et N. Delamotte, 1848, p. 70.

[6] 施鹏鹏：“跨时代的智者——密特麦尔证据法学思想述评”，载《政法论坛》2015 年第 5 期。

证据法不可能走向当事人主义。以"刑事证明应追求实质真实"这一基本原则为例。在职权主义国家，实质真实是刑事证明最首要的目标，这是因为刑事诉讼涉及对公民个人的定罪量刑，可能由此剥夺他人的人身自由甚至生命，故查明事实、还原真相是所有职权主义国家刑事诉讼所确立的核心价值目标。如蔡墩铭教授所指，"刑事诉讼既在于决定国家刑罚权是否存在，则应以真实之事实为裁判之依据，稗对于犯罪者科以应得之刑罚，并避免罚及无辜，是以实质真实之发见，向被认为刑事诉讼之目的。因之，所谓实质真实主义遂成为刑事诉讼之原理，而与职权主义发生密切关系"。[1] 因此，具有职权主义传统的国家（如法国[2]和德国[3]）无法接受当事人主义的形式真实及其相应的证明制度。德国刑法学者汉克（Henkel）教授便曾指出，当事人将严肃的刑事诉讼作为竞技场，带有太多的偶发性及戏剧性，喧嚣有余，精确不足。而德国刑事程序"为不受当事人影响的真相查明提供了更好的保证"。[4] 陈光中先生亦多次论及，"程序正义的马车不应当停在实质正义这匹马之前"。[5] 因此，我国的证据法不可能与职权主义的诉讼背景相割裂。

第三，理性主义立场。本教材亦坚持理性主义立场，坚决反对证据研究中的"怀疑主义"流派。在"怀疑主义"者看来，证据并不能发现诉讼中的真相，不可能也不应期待在证据和事实之间建立联系。某一事实得到证明，仅是因为法官作出了具有强制力的判决，或者当事人双方均接受这一结果。"怀疑主义"流派在欧美及中国的学术界均有一定的影响，很重要的一项原因便是诉讼结果具有不确定性。尤其是刑事诉讼，不可能在所有刑事案件中真正做到不枉不纵、确定无疑。但我认为，司法证明是理性的过程，可以有效发现争议的事实。证据规则及司法证明是发现案件真相的理性手段，法官可立足事实和证据并通过演绎推理达致心证。仅在极个别情况下，真相可能不在当下，但"天网恢恢，疏而不漏"，真相终究有一天会大白于天下。

当然，这里所谓的"研究立场"，也可以认为是具有明显个人偏好的"理论预设"，难免受到"学术应超越立场"论者的质疑。我并不否认，脱离这些立场的诸多学术命题或许也具有极大的研究价值，但不宜本末倒置，甚至成为中国当下证据法研究的主流方向。"道在迩而求诸远"[6]，是为不智，学术研究亦如此。

本书体系由三编十二章构成。第一编为总论；第二编为诉讼证据；第三编为司法证明。

---

〔1〕 蔡墩铭：《刑事诉讼法论》，台湾五南图书出版有限公司2002年版，第26页。

〔2〕 J. Pradel, Défense du système inquisitoire, Regards sur l'actualité, n° 300, 2004, p. 62.

〔3〕 H. Henkel, Strafverfahrensrecht, 2. Aufl. 1968, S. 111.

〔4〕 H. Henkel, Strafverfahrensrecht, 2. Aufl. 1968, S. 111.

〔5〕 张国香：《风雨阳光八十秋 法治前行终生求——清华大学法学院教授张建伟谈陈光中教授治学印象》，载《人民法院报》2010年04月23日第5版。

〔6〕《孟子·离娄上》。

第一编总论编由四章构成。第一章是证据法学概论，主要厘清事实、法律事实及诉讼证据的内涵与外延，并对证据法的渊源及其学科属性进行介绍分析。第二章是证据法的历史演进，主要是对证据法发展进程中的非理性证据制度、法定证据制度、自由心证制度、科技证据制度进行介绍。第三章是证据法的理论基础，主要介绍证据法理论的不同观点、证据法的认识论、证据法的价值论基础。第四章主要分析证据的合法性和关联性，并介绍有关的证据规则。

第二编诉讼证据编由三章构成。第五章是证据形式与学理分类，主要介绍我国三大“诉讼法”所确定的法定证据形式以及学理上对于证据的分类。第六章与第七章按照言词证据与实物证据的分类对我国法定证据形式及其运用规则进行介绍：第六章主要介绍证人证言、被害人陈述、犯罪嫌疑人、被告人的供述和辩解、当事人陈述、鉴定意见以及笔录证据六类言词证据及其运用规则；第七章主要介绍物证、书证、视听资料、电子数据四类实物证据及其运用规则。

第三编司法证明编由六章构成。第八章是司法证明概述，主要介绍司法证明的概念、构成和分类。第九章是证明对象，主要介绍证明对象的基本原理，并区分介绍了刑事诉讼、民事诉讼和行政诉讼各自的证明对象。第十章是证明责任，主要介绍证明责任的基本原理，并区分介绍了刑事诉讼、民事诉讼和行政诉讼各自的证明责任。第十一章是证明标准，主要介绍证明标准的基本原理，并区分介绍了刑事诉讼、民事诉讼和行政诉讼各自的证明标准。第十二章是证明程序，主要阐述了证据开示的基本原理，并介绍举证、质证和认证的主体、步骤、方法、原则、程序保障。第十三章是自由心证，主要介绍自由心证制度的内容、自由心证的制约机制，并在分析自由心证与我国印证证明模式之间区别的基础上，提出在我国贯彻自由心证制度的路径。

撰写本部教材，可能是我迄今为止最为“鲁莽”的一次学术冲动。2002年，我在法国读书深造时，曾经求教过图书馆的负责人，如何判断法学学者在各自领域的学术影响力。负责人告诉我，能撰写教材的教授，便是行业内顶尖的学者。因此，在欧洲学术界，教材的影响力远远超出了论文和著述。也正是在这个时候，我便把终极的学术理想设定为撰写一部经典教材。回国后，我的学术理想受到了一定的冲击，在很多情况下不得不忙于应对各种考核指标，发表一些或许观点并不成熟的文章。但我从未放弃过撰写教材的理想。2017年，中国政法大学教务处与我联系，希望我能撰写一部适合本科生阅读的证据法教材，这直接促成了此次“鲁莽”的学术行动。

撰写教材的过程远比想象中的困难。2014年我加盟中国政法大学证据科学研究院后，对证据法的研究便一直持续进行，涉及的问题也比较广泛。原先以为，或许将既有的研究稍微体系化，便可大功告成，殊不知这只是天真的想法，主要有三方面的原因：其一，在证据法的学科体系上，我原先更关注刑事证据的基本问题，对更具代表性的民事证据理论缺乏系统的研究；其二，在比较法的素材上，我原先更多研究法国的证据理论，后来逐渐扩及德国、意大利、西班牙、俄罗斯及南美国家。尽管这些国家均属职权主义，但证据理论差异极大，对我本人原先自以为较为成熟的知识结构也产生了较大冲击；其三，在新的规范体系上，2018 年 3 月 20 日第十三届全国人大一次会议表决通过了《中华人民共和国监察法》，设立了诸多全新的证据规则，对传统的证据法理论尤其是刑事证据理论也产生了较大的冲击。当然，这些困难都不是推卸责任的借口，最大的瓶颈还在于本人才疏学浅，愿意为这次“鲁莽”的学术冲动承担同行的批评。

我的学术团队尤其是博士生周山、李华伟、马志文、霍丽娜和褚侨提供了大量的帮助，对资料的收集、文字的整理和润色、个别观点的商榷等均提供了非常有价值的意见，在此予以感谢。中国政法大学教务处为本书的出版提供了最原始的动力和最无私的资助，这也是本书得以面市的根本原因。中国政法大学证据科学研究院的全体同仁，尤其是张保生教授一直以来对我本人的指导和支持，让我能在证据法学领域内略有所得。当然，教材中的一切谬误，均由本人负责。我愿接受学界同行及广大法科生们的批评，并在下一版中做得更好。

施鹏鹏

2020 年 1 月

目 录

第一编 总 论

第二编 诉讼证据

第三编 司法证明

第一编

总　论

第一章

证据法学概论

证据法学是专门研究诉讼证明问题的重要法学分支学科。因此，诉讼场景为证据法设定了非常具体的研究对象。更一般意义上的数学证明、逻辑证明、历史证明或其他类型的证明虽可为证据法学提供必要的思想渊源或理论支撑，但仅在诉讼的场景下方会成为证据法学的研究对象。例如证据法学本身并不关心在日常生活中“血液酒精浓度”与“酒精中毒行为”之间的因果关系证明，但如果饮酒人在醉酒的状态下驾驶机动车，便启动了刑事诉讼，“血液酒精浓度”成为危险驾驶罪的定罪及量刑证据，也成为了证据法学的研究对象。

在证据法学的研究中，事实与证据是两个最基础、最重要的概念，直接关系到对证据本质和属性的认定，以及评价证据在诉讼中所发挥的作用。从事物发生的先后顺序来看，事实是先于证据和诉讼存在的，因此，事实是证据法学的逻辑起点。[1] 但诉讼中的待证事实又不同于哲学上抽象的存在，它是一方当事人提出的具体事实主张，并且影响着双方当事人的权利义务再分配。且由于待证事实具有既成性的特点，事实认定者作为中立第三方不能亲历待证事件，此时就需要发挥证据的证明作用，为事实主张与待证事实之间架起一座桥梁。因此，证据法学研究要以证明待证事实的真伪为逻辑起点，涉及对于证据的运用和认定，以便于为证明待证事实的真伪提供肯定性或者否定性的支持，使人们更加相信或者更加不相信待证事实的存在。因此在世界各国，无论证据法是以成文法或者习惯法的形式存在，其目的均在于设立一套匹配于一国诉讼制度的证据规则和证明制度，并为法律事实的认定提供制度支持。

---

〔1〕 张保生主编：《证据法学》，中国政法大学出版社 2018 年版，第 1 页。

第一节 事实、法律事实与诉讼证据[1]

事实与证据都是宽泛的概念，并不局限于单一学科和领域，也不局限于法学和与之相关的诉讼。众多学科的研究都可能涉及与事实或证据相关的问题。因此，无论是事实，还是证据，我们都很难用一个词或者一句话来进行定义或者解释。但在聚焦于证据法学的研究时，我们有必要对事实这一基础性和关键性的概念进行必要的解读，否则无法理解证据法特定论域下的法律事实与诉讼证据。而对法律事实的准确认定与对诉讼证据的正确运用，共同构成了推进证据法学沿着科学道路发展的标尺，也是促进证据法学从一个新兴学科逐渐走向完善和成熟的必要前提。

一、事实

事实是一个普通的、平常的概念。它不存在生活领域与科研领域的区分，也不具有法学与非法学的区别。我们每个人都经历过或者正在经历一定的事实，如“大学一年级新生在开学前参加了军训”“我们在中学时学习了如何去解一元二次方程”“我现在正在读一本书”等。也有一些事实虽然未被我们亲身经历，但是我们也可以确定它们是确实存在的，如“1949 年中华人民共和国成立”“结晶牛胰岛素能够被人工合成并且能够用于治疗糖尿病”“DNA（脱氧核糖核酸）可以用于个体识别”等。那么，究竟什么是事实？是不是只要我们经历过的就是事实？或者只要我们能作出真实性判断的就是事实？亦或者对于事实还有其他更为抽象但更为精确的解释？这些都是需要我们研究的内容。

（一）事实的定义

事实的定义是抽象的，难以用简单的词语或者句子来概括。我们很难将事实等同于一件物品、一件事情或者一种想法。正如罗素（Russell）所说，“严格地说，事实是不能定义的”[2]，而且“事实是不论我们对之持有什么样的看法而该是怎么样就是怎么样的东西”[3]。虽然对事实进行定义非常困难，但还是有很多学者进行过尝试，如彭涟漪教授认为“事实乃是对呈现于感官之前的事物或现象的某种实际情况（某物具有某种性质或某些事物具有某种关系）的一种断定或陈述”[4]。裴苍龄教授则认为事实不是人的“断定”和

---

[1] 法国又将“诉讼证据”称为“司法证据”，既有别于科学证据、历史证据等，也有别于执法证据。本书认为，证据法所研究的“证据”，首先是“诉讼法中的证据”，故只要未专门指出，证据即为“诉讼证据”。

[2] ［奥］路德维希·维特根斯坦：《逻辑哲学论》，贺绍甲译，商务印书馆 1996 年版，第 7 页。

[3] ［英］伯特兰·罗素：《逻辑与知识（1901-1950 年论文集）》，苑莉均译，张家龙校，商务印书馆 1996 年版，第 219 页。

[4] 彭漪涟：《事实论》，上海社会科学出版社 1996 年版，第 3 页。

"陈述"，而是"被断定和陈述的东西"，"事实属于客观范畴"。[1]

从汉语词语的组成来看，事实由"事"和"实"两个字组成。"事"指自然界和社会生活中的现象和活动，是一种"关系或责任"[2]，可以理解为"事情""事件"。"实"是"真实；实在"[3]，有"实际"之意。将"事"与"实"结合，就是"事情的真实情况"[4]。"事实"所对应的英文单词是"fact"。《布莱克法律词典》将"fact"一词解释为：①真实存在的事情；实际的一方面；事实不仅包括有体物、实际发生的事情和关系，而且还包括思想状态，如意图和意见。②真实的或者所谓的事件或者情况，区别于其法律效力、后果或者解释。③罪行；犯罪。[5] 根据对"事实"一词汉语和英语的解释，我们可以看出事实的最本质特点——真实性，虚假的陈述、意见或者推断都不是事实。但应当如何证明事实的"真实性"？是通过外观、位置等直观感受，还是通过推演、推理等逻辑思考，还是必须要将二者结合起来。对此还是应当从事实的本质特点出发进行分析。

事实所包含的范围比较广，不仅包括有体物，也包括没有具体形状的情况或者关系，还包括"存在"之外的观念和想法。这些事实有的看得见、有的看不见，有的已经发生了、有的正在发生，它们具有一个共同的特点："真实存在"。例如涉及有体物，"桌子上放着一杯水"是事实；涉及具体情况，"因突然停电，电梯里一片混乱"是事实；涉及关系描述，"她是这个小男孩的妈妈"是事实；涉及观念和想法，"他认为这件事情不是他妻子所为"也是事实。因此，有观点认为，"事实是人通过感官和思维所把握的真实存在"[6]。因此，对事实的定义也似乎顺理成章地成为了哲学家的职责，并在为数众多的哲学作品中得到较深入的讨论。

但是，"事实"这种"真实存在"与哲学中的"存在"是不同的，因为对"事实"的把握需要通过人的感官和思维，即只有被理性人所把握的"真实存在"才是事实。因此，"事实"不能超出认识论的范畴，具有真知性。而哲学中的"存在"是本体论概念，它没有特定的感知者，不以任何人的意志为转移，不以人的切身体验感受为限制，具有可知性。我们所说的"一片树叶"和"一座山"是"存在"，而"一叶障目，不见泰山"则是"事实"。此外，我们也不能简单地将"事实"看作"存在"的一部分。因为"事实"不是事物本身，而是事物之间的相互关系，如一本书不是事实，但"我有一本书""那是一本书""桌子上放着一本书"才是事实。正如罗素（Russell）

---

[1] 参见裴苍龄："也论事实、命题与证据"，载《中国刑事法杂志》2003年第3期。

[2] 中国社会科学院语言研究所词典编辑室：《现代汉语词典》，商务印书馆2012年版，第1187页。

[3] 中国社会科学院语言研究所词典编辑室：《现代汉语词典》，商务印书馆2012年版，第1179页。

[4] 中国社会科学院语言研究所词典编辑室：《现代汉语词典》，商务印书馆2012年版，第1188页。

[5] Bryan A. Garner: Black's Law Dictionary (eighth edition), West Publishing Co. / Thomson Reuters, 2004, p. 1775.

[6] 张保生等著：《证据科学论纲》，经济科学出版社2019年版，第51页。

所指出的，“当我谈到一个‘事实’时，我不是指世界上的一个简单的事物，而是指某种性质或某些事物有某种关系。因此，例如我不把拿破仑叫做事实，而把他有野心或他娶约瑟芬叫做事实”[1]。

根据目前人类的认识能力和当今科学技术的发展水平，宇宙中的绝大部分存在是我们还未能感知的。随着人类认识能力和社会科技水平的不断提高，存在被认识的范围也会不断扩大。当然这种认识不局限于如认识事实般的具体认识，也包括通过数字推理、模拟等所获得的抽象认识。即便将来我们可能依靠科技进步和认识能力的提高去了解这些未知，依然还会有更多的未知留在天文学、数学、物理学等学科未能计算到的空间内。而那些我们无法感知的未知，就是不以我们主观感受为转移的“存在”。

在此，我们可以对事实的定义进行总结，即只要是可以被人感知的真实存在，就是事实，“人”是事实这一概念得以存在的主体基础。只有真实存在与人的感知相互碰撞时，才能形成主体观念中的事实。因此，我们也可以把事实看成主体对客观世界在思维中再加工的产物。

（二）事实的属性

事实的属性就是事实的本质特征，是最能体现事实定义的因素。根据对事实定义的介绍，可以将事实的属性归纳为以下四点。

1. 事实是真实的。既然事实是能够被人感知的，那么事实一定是真实存在的，即是已经发生的或者正在发生的事情、情况或者关系。对于将来可能会发生的事件或者情况，无论其出现的概率有多大，都不能被称为事实。虚假的或者臆想的东西也不是事实。事实的真实性也可称为客观性，是“实际发生的事情、事件及通常存在的有形物体或外观，具有确定的绝对的真实性，而非仅为一种推测或见解”[2]。根据罗素（Russell）的观点，大多数事实的存在都不依靠我们的意愿；这就是我们把事实叫做“严峻的”“不肯迁就的”或“不可抗拒的”理由；大部分物理事实的存在不仅不依靠我们的意愿，而且也不依靠我们的存在。[3]

2. 事实是真知的。事实是人们对事物及其特性的感觉和感知，是经过认识加工的判断和陈述，是一种已经被知道或者被了解的事实，是已有经验作用于现有事物的反映。正如彭漪涟教授所提出的：“因为，我们关于事物及其特性的感觉、知觉，作为一种对于客观事物及其特性的认识，也就是一种相应的知识。这种用法所指的事实即经验事实，正是‘事实’一词的本意所在。事实必须是人的感觉、知觉的成果。一个事物及其情况，如果不经过人们的感觉、知觉，尽管是客观存在的，但是，由于它没进入人的认识领域，没有

---

〔1〕［英］伯特兰·罗素：《我们关于外间世界的知识——哲学上科学方法应用的一个领域》，陈启伟译，上海译文出版社 1990 年版，第 39 页。

〔2〕参见薛波主编：《元照英美法词典》，潘汉典总审定，法律出版社 2003 年版，第 825 页。

〔3〕参见［英］罗素：《人类的知识——其范围与限度》，张金言译，商务印书馆 1983 年版，第 177 页。

为主体所接受，主体是谈不上知觉到什么事实的。”[1]

3. 事实是可陈述的。一个人除了可以真实地知道或者感受自己亲历的事实之外，如果想对他人经历的事实也感同身受，就要借助可以用于描述事实的语言。语言既是认知的工具，也是信息的载体。只有通过语言对于具体事物的抽象性概括描述，我们才能在观念中形成对事实的重建。在几乎所有的自然科学和部分社会科学领域中，都会涉及事实。这些事实可以是对前提的描述，也可以是证明命题真伪的因素，还可以是证成的命题本身。正是在此意义上，维特根斯坦（Wittgenstein）谈道：“我的语言的界限意味着我的世界的界限。……我们不能说我们不能思考的东西。”[2] 人们对于事实的陈述，可以是对场景、现象、关系等的描述，也可以是对是与非、对与错的命题描述。但无论所陈述的事实是什么，陈述者必须能够通过亲历或者经验对陈述内容作出真实性判断。因此，“事实就是一个陈述或者命题，不管是可观察的，还是不可观察的，如果在经验上已证明为真，那么这个陈述或命题所叙述的东西就是一个事实。”[3]

4. 事实是特定性的。根据事实的可知性和可陈述性，事实就必须是特定的、具体的，而不能是模糊的、抽象的。在时空维度中，事实必须发生于特定的时间、地点。“就事实论事实，我们注重接受与安排，最重要的接受与安排就是时空上的安排。”[4] 如在刑事诉讼中不存在抽象的犯罪，某一具体犯罪只发生在特定的时空条件下。

二、法律事实[5]（要件事实[6]）

（一）法律事实的概念分析

法律事实是与司法证明有关的事实。根据《布莱克法律辞典》的解释，“事实”是：①某种实际存在的东西；现实的某个方面（所有的人都属于人类是一个事实）。②一个实际的或据称的事件或环境，区别于法律效果、后果或

---

[1] 彭漪涟：《事实论》，上海社会科学出版社 1996 年版，第 2 页。

[2] ［奥］维特根斯坦：《逻辑哲学论》，郭英译，商务印书馆 1962 年版，第 79 页。

[3] 马献庭：“事实与理论”，载《自然辩证法通讯》1982 年第 2 期。转引自裴苍龄：“把证据学打造成全人类的科学——三论实质证据观”，载《法律科学（西北政法大学学报）》2012 年第 1 期。

[4] 金岳霖：《知识论》，商务印书馆 1983 年版，第 736 页。

[5] “法律事实”这一概念容易与证明中的“法律要件”混淆。在一些较为特殊的情况下（例如涉外诉讼），证据应证明裁判所依据的相关法律。故本书中所指的“法律事实”，如无特别指定，专指“要件事实”。下文有详述。

[6] 在欧陆诉讼法中，事实可以分为主要事实、间接事实及辅助事实三种。主要事实指的就是作为法条构成要件被列举的事实，也就是要件事实。间接事实是指在借助于经验法则及逻辑法则的作用在推定主要事实过程中发挥作用的事实。辅助事实指的是用于明确证据适合性的事实。间接事实及辅助事实均是为要件事实的证明服务，尽管适用不同的证明规则，但并非证据法研究的重点，故本书不拟专门区分，在不影响理解的基础上一并纳入要件事实的范畴进行讨论。

解释（陪审团作出事实认定）。③一种邪恶行为；一种犯罪。[1]

在证据法论域内，事实通常指的是案件事实，是司法证明的指向和目的。从我国法律制度的特点考虑，结合程序法与实体法的联系，可以借鉴大陆法系中的“要件事实论”来对“法律事实”这一概念进行分析。

要件事实是指需要通过证据加以证明的、对案件审理结果具有决定性作用的事实。要件事实的确定是与法律上对构成要件的规定相对应的。为了实现和满足法律上的构成要件，就必须对具体事实进行证明。一方面，要件事实是“法律上所必要的事实条件的总体”[2]，是具体的；另一方面，要件事实是对具体事实加以概括及抽象之后的产物，又是抽象的。但从某种程度上讲，要件事实与待证事实的概念是等同的，二者都属于证明对象的论域。

1. 民事诉讼中的要件事实。当前，学界对于要件事实的研究主要集中在民事法律关系领域。由于“权利的发生、妨碍、消灭等各种法律效果是否得到肯定，与相对应的发生要件的具体事实的有无相关，因此，这种事实，一般称为要件事实，与上述法律要件相对应，有时又称为法律事实。”“要件事实论的基本问题实际上就是在民事诉讼中，原告、被告就某种事实是否负有举证责任。从提起诉讼以前的收集证据活动到对争点、证据进行整理，以及对于裁判者的诉讼指挥、决定审理的基本方针等阶段，这一问题都起着作用，是民事诉讼实务的基础，是民事诉讼中不可缺少的一个问题。”[3]

在日本学界，要件事实与“主要事实”（英美法中的“争点事实”）是等同的，意为“在判断出现权利发生、变更或消灭之法律效果中直接且必要的事实，换言之，是与作为法条构成要件要素相对应的事实”。后来，这一理念则产生了一些变化，即“法律构成要件被列举的事实（要件事实），有的是被抽象化的事实（在表述为“事实”的场合），有的则不是事实，而是一种评价性的概念（规范性的概念）。目前，这种观点已经成为学界的通说”[4]。

2. 刑事诉讼中的构成要件事实。刑事诉讼中并没有要件事实这一概念，而是用构成要件的概念来表述的。这是由于刑事诉讼必须要遵循罪刑法定原则，对犯罪事实的认定必须要以符合刑法分则中的犯罪构成要件为前提。“构成要件的观念，来源于中世纪意大利的纠问程序中的‘corpus delicti’这一概念。……18 世纪末，Klein 在他的《普通德国刑法纲要》一书中将‘corpus delicti’翻译成‘Tatbestand’一词，日本学者将‘Tatbestand’译为构成要

---

〔1〕 *Black's Law Dictionary*, 8th ed. Thomson West, 2004, p. 628. 转引自张保生主编：《证据法学》，中国政法大学出版社 2018 年版，第 1 页。

〔2〕［日］小野清一郎：《犯罪构成要件理论》，王泰译，中国人民公安大学出版社 2004 年版，第 5 页。

〔3〕［日］奥田隆：“司法研修所教育及对法学教育的期望”，丁相顺译，载《法律适用（国家法官学院学报）》2002 年第 6 期。

〔4〕 参见［日］高桥宏志：《民事诉讼法：制度与理论的深层分析》，林剑锋译，法律出版社 2003 年版，第 340 页。

件。"[1] 根据德日刑法理论通说，"要成立犯罪必须具备构成要件符合性、违法性与有责性三个条件。……由于构成要件是将现实中的个别的具体的犯罪现象进行抽象、概括出共同要素后形成的形象观念，因此，构成要件是抽象的、观念的概念，而不是具体的事实。符合构成要件的事实，便是构成事实或者犯罪构成事实。"[2]

在刑事诉讼中，要想对犯罪构成要件进行讨论，就必须要先明确犯罪构成理论体系。根据德日刑法理论，犯罪构成是以构成要件该当性、违法性与有责性的三阶层模式存在的。相对于四要素理论（即犯罪的主体 、主观方面、客体、客观方面），三阶层理论更具合理性，是递进式构成要件认定体系。构成要件该当性，又可以叫作构成要件符合性，是指"所发生的事实与刑罚法规所规定的构成要件相一致"[3]。有的行为虽然符合犯罪的构成要件，但是由于不具有违法性，所以不应当被认定为犯罪，如：正当防卫、紧急避险等。在以上两条件都满足的情况下，如果存在行为人不具有刑事责任能力等情况，那么仍然不能认定其所实施的行为是犯罪。

综上所述，无论是民事诉讼中的要件事实（"要件事实论"），还是刑事诉讼中的构成要件，二者均为法律事实所必须，是司法证明的内容和目的，对于连接证据法与实体法，发挥实体法中构成要件对于证据法中司法证明的引导作用具有重要意义。

（二）法律事实（形式真实）与客观真实（实质真实）

在司法领域内，对事实的分析是无法避免"法律事实（形式真实）与客观真实（实质真实）"之争的，这也是研究证据法学的核心问题之一。

1. 法律事实（形式真实）。法律真实（形式真实）是指在诉讼中，对案件事实的认定只要符合法律规定的要求就可视为真实，并且客观真实是不可能实现的。法律真实论所强调的是认定案件事实的程序和规则。樊崇义教授认为，"法律真实是刑事诉讼证明的任务和要求"，有了法律真实的追求目标，以法律真实为标准，诉讼证明活动就能高效地进行，而这恰恰是"客观真实"所欠缺的。[4]

事实上，法律真实（形式真实）是英美法系国家的诉讼真实观。美国学者罗伯特·莎摩尔（Robert S. Summers）指出，"形式法律真实"是由法官或陪审团认定的事实，"在特定的案件中，形式法律真实的司法认定一般可能会达到与实体真实相一致。但是，在某一特定案件中，形式法律真实可能会偏离实体真实。"[5]

---

[1] 张明楷：《外国刑法纲要》，清华大学出版社 1999 年版，第 71 页。
[2] 张明楷：《外国刑法纲要》，清华大学出版社 1999 年版，第 73 页。
[3] 张明楷：《外国刑法纲要》，清华大学出版社 1999 年版，第 90 页。
[4] 樊崇义："客观真实管见——兼论刑事诉讼证明标准"，载《中国法学》2000 年第 1 期。
[5] [美] 罗伯特·莎摩尔、阿西尔·莫兹：《事实真实、法律真实与历史真实》，徐卉译，载王敏远主编：《公法》，法律出版社 2003 年版，第 132 页。

2. 客观真实（实质真实）。客观真实（实质真实）是指在诉讼中，办案人员所认定的案件事实应当符合客观存在的事实。针对来自“法律真实论”“误区论”和“相对真实论”的诘难，陈光中教授认为：刑事诉讼中应当追求也可能实现客观真实，尽管在一定条件下也必须辅之以法律真实；法律真实在民事案件中虽然比在刑事案件中有更大的适用空间，但也并不意味着要放弃对客观真实的追求；而行政诉讼中则必须强调客观真实。〔1〕

客观真实（实质真实）是大陆法系国家的诉讼真实观，尤其是在刑事诉讼中。如蔡墩铭教授所指，“刑事诉讼既在于决定国家刑罚权是否存在，则应以真实之事实为裁判之依据，稗对于犯罪者科以应得之刑罚，并避免罚及无辜，是以实质真实之发见，向被认为刑事诉讼之目的。因之，所谓实质真实主义遂成为刑事诉讼之原理，而与职权主义发生密切关系”。〔2〕也因为如此，在职权主义刑事证明逻辑里，“任何对被告人作出的有罪判决，均必须查证：犯罪事实是否发生；犯罪事实是否为被告人所实施；以及被告人在何种情况下实施犯罪行为……所有对被告人的指控均应以证据为基础”。〔3〕证明便是“揭示案件真相，令法官达致内心确信，获得完全的确定性”。〔4〕在法国刑事诉讼中，“实质真实”贯穿程序的各个阶段：于审前程序，司法官（检察官及预审法官）负责查明案件真相，听取证人、受害人、犯罪嫌疑人等的供述及对质，并监督侦查者的工作以在必要时进行补充；于审判程序，“审判长享有自由裁量权，可以凭借自己的荣誉和良心，采取自己认为有助于查明真相的任何措施”（《法国刑事诉讼法典》第310条）。在德国，“为查清真相，法院依职权应当将证据调查涵盖所有对裁判具有意义的事实和证据材料”（《德国刑事诉讼法典》第244条第2款）。民事诉讼及行政诉讼虽不如刑事诉讼典型，但亦更加强调真相查明，而非简单的纠纷解决。

法律事实（形式真实）与客观真实（实质真实）究竟孰优孰劣，这是一个难以回答的问题。当下较为公允且广为接受的一个学术观点是，当事人主义与职权主义并不存在孰优孰劣之分，仅与各国的诉讼传统有关。正如欧洲人权法院在判例中所指，“受害人是否可以阻碍公诉、证据是由双方当事人自行收集或由独立于当事人的法官收集等均不重要……职权主义与当事人主义并无优劣之分，仅取决于各成员国的法律传统”。〔5〕考虑到中国大陆法系的传统，客观真实（实质真实）似乎更符合理论的逻辑及实践的需求。

---

〔1〕详见陈光中：“诉讼中的客观真实与法律真实”，载《检察日报》2000年7月13日。陈光中、陈海光、魏晓娜：“刑事证据制度与认识论——兼与误区论、法律真实论、相对真实论商榷”，载《中国法学》2001年第1期。

〔2〕蔡墩铭：《刑事诉讼法论》，台湾五南图书出版有限公司2002年版，第26页。

〔3〕Mittermaier K. J. A., Traité de la preuve en matière criminelle, traduit par, C. -A. Alexandre, De Cosse et N. Delamotte, 1848, p. 2.

〔4〕Mittermaier K. J. A., Traité de la preuve en matière criminelle, traduit par, C. -A. Alexandre, De Cosse et N. Delamotte, 1848, p. 68.

〔5〕Cité par jean Pradel, Défense du système inquisitoire, Regards sur l'actualité, n° 300, 2004, p. 62.

三、诉讼证据

虽然“证据”一词是多学科背景下的概念，但其主要应用领域还是诉讼领域，因为“只有在诉讼活动领域内，证据的运用问题才如此重要如此频繁，以至于产生了建立专门学科的客观需要。诉讼活动的基本任务是查明案件事实或争议事实，而要查明案件事实或争议事实就要依靠证据，因此，证据的运用就构成了诉讼活动的基本内容。诉讼活动的这种特点在客观上要求人们认真研究证据的运用规律和方法并形成独立的理论知识体系”。[1] 因此，证据法学中所要研究的证据，也应当是诉讼意义上的证据。

（一）诉讼证据的语义辨析

证据是证据法学乃至整个法学的基础概念。从词义学上讲，“诉讼证据”有丰富的涵义。汉语中“证据”一词涵义也是在不断变化的。在古汉语中，“证据二字往往是分开使用的。其中，‘证’字犹如现代的证据，但多指人证；‘据’字则意为依据或根据”。[2] 在现代汉语中，证据一词是常用术语，《辞海》的解释为：“法律用语，据以认定案情的材料”。[3] 根据对上述解释的辨析，我们可以看出证据是认定案件事实的依据。我国《刑事诉讼法》就对证据作出了具有上述涵义的规定，即“可以用于证明案件事实的材料，都是证据”“证据必须经过查证属实，才能作为定案的根据”。

在其他语言中，证据也有类似的涵义。但由于不同文字的起源与形式不同，不同语言中表示“证据”涵义的词语在具体解释时也是存在区别的。

在英语中，可以表示“证据”的单词主要有两个，即“evidence”和“proof”，前者主要指诉讼中所提交的证据，后者则主要指证明的结果。因此，“evidence”是与汉语中“证据”意思最为接近的一个英语单词。根据《布莱克法律词典》对“evidence”一词的解释，证据是指“①证明一项事实主张存在或者不存在的东西（沾满鲜血的手套就是指控的关键性证据）；②证据事实；③为解决争议事项在法庭上出示的一系列事物，如：证言或者展示品；④用于规范可以进入司法程序之证据可采性规则的法律主体。也可作为解释证据规则的专门术语。”[4]

在法语中，可以译为“证据”的单词为“preuve”，它在诉讼语境中有三种涵义：一是证明；二是举证；三是证明的结果。

---

[1] 何家弘：“证据学抑或证据法学”，载《法学研究》2008年第1期。

[2] 何家弘、刘品新：《证据法学》，法律出版社2013年版，第101页。

[3] 辞海编辑委员会编：《辞海》，上海辞书出版社1979年版，第373页。

[4] Black's Law Dictionary (8th ed. 2004), pp. 1676~1677: “evidence, n. 1. Something (including testimony, documents, and tangible objects) that tends to prove or disprove the existence of an alleged fact (the bloody glove is the key piece of evidence for the prosecution). 2. See fact in evidence under FACT. 3. The collective mass of things, esp. testimony and exhibits, presented before a tribunal in a given dispute. 4. The body of law regulating the admissibility of what is offered as proof into the record of a legal proceeding. Also termed (in sense 4) rules of evidence.”

但我们应当注意到，很少有国家或地区会在立法中对“证据”进行定义。除了我国《刑事诉讼法》之外，其他对“证据”这一概念进行定义的法典主要包括：《加利福尼亚州证据法典》第140条规定：“证据是指被提供用以证明某一事实存在或者不存在的证言、文书、物品或其他感知物。”[1]《爱沙尼亚共和国民事诉讼法典》第4编第14章第90条规定：“民事案件中的证据，指具备法律规定的程序形式，法院依法定程序赖以认定当事人和其他诉讼参加人的主张或抗辩所依据的事实以及与案件公正裁判相关的其他事实是否存在的任何信息。”《菲律宾证据规则》“总则”第1条规定：“证据是本规则认可的在司法程序中就事实问题查明真相、辨明真伪的方法。”[2]

（二）诉讼证据的概念界定

对于“诉讼证据”这一概念的界定，不同学者之间存在观点上的差别。有学者将“诉讼证据”界定为诉讼中为确认双方当事人存在争议的事实而实施的行为。例如18世纪法国最负盛名的民法学教授多玛（Domat）认为，“所谓诉讼中的证据，指法律所规定的用于发现及证明争议事实之真相的方式”。有学者将“诉讼证据”界定为对双方当事人争议的事实让法官（陪审员）形成心证的行为。例如：法国民法学家普兰尼奥尔（Planiol）认为，所谓的“preuve”，便是使用不同的方法让法官形成心证；亨利·利维·布鲁尔（Henri Lévy Bruhl）认为，在诉讼领域，证据的核心目的便是让法官形成心证；边沁（Bentham）认为，“证据是所有能让法官在意识上可确认某一事实存在的另外所有事实的统称，一经证实，则可作出其所应负责的判决”。有学者认为，诉讼证据综合了“确定真相”与“法官及陪审员形成心证”的要素。例如：奥布里（Aubry）和雷比（Rauy）认为，“诉讼证据，与历史证据一样，不能达致绝对的确定性，目的是让法官确信事实的真相。或者通过经验情况，或者通过逻辑法则，或者通过法律规定以及充分的心证要素以确认事实为肯定”；格拉森（Glasson）认为，“证明，便是向法官提交心证要素的争议，以证实某一方当事人所主张或者另一方当事人所反对的事实为真实”。贾森奈特（Garsonnet）认为，“证明，便是证明争议事实为真以适用法律。这便是当事人向法官提交心证要素以证明主张事实，或者法官自身采取措施以印证其心证”。

上述观点各有其合理性，但在准确界定“诉讼证据”这一概念时，是不能仅考虑语义的，而是应当结合解释的目的与宗旨。就“诉讼证据”而言，其存在于诉讼中的目的在于发现真相，帮助法官认定待证事实，形成内心确信。因此，真相是诉讼证据存在的基准线，是法官形成内心确信的依据。因

---

[1] 原文为：“‘Evidence’ means testimony, writings, material objects, or other things presented to the senses that are offered to prove the existence or nonexistence of a fact.” 转引自何家弘：《虚拟的真实——证据学讲堂录》，中国人民公安大学出版社2009年版，第23页。

[2] 何家弘、张卫平主编：《外国证据法选译（增补卷）》，人民法院出版社2002年版，第425~523页。

此，“诉讼证据”应为在诉讼中对事实准确与否以形成法官心证的做法及方式。

（三）诉讼证据与科学证据、历史证据的区别

基于“科学事实”和“历史事实”的分类，证据也可以被分为“科学证据”[1]和“历史证据”。要准确理解和运用诉讼证据，就必须要厘清其与科学证据、历史证据之间的关系。

1. 科学证据。科学证据是随着科学技术的不断发展而产生和发展的。对于科学证据而言，可以从两个层面来理解。一是科学技术领域内的科学证据，以探求已发生的事实状况为目的；二是诉讼领域内的科学证据，以司法证明为目的，例如：DNA 技术、录音拍照、地理定位，等等。通过对已有科学证据的研究我们不难发现，目前针对科学证据的讨论大都集中在司法背景下。蔡墩铭教授将“科学证据”界定为“籍法科学进行采证取得之证据”[2]。陈学权教授认为，科学证据是“运用科学技术原理和方法发现、收集、保全以及揭示其证明价值的或本身就具有科学技术特性的一切具有查明案件事实真相的证据”[3]。华尔兹（John R. Walts）教授将科学证据的适用领域归纳为以下 13 项：①精神病学和心理学；②毒物学和化学；③法庭病理学；④照相证据、动作照片和录像；⑤显微分析；⑥中子活化分析；⑦指纹法；⑧DNA 检验法；⑨枪弹证据；⑩声纹；⑪可疑文书证据；⑫多点图仪测谎证据；⑬车速检测。[4]

2. 历史证据。历史证据是指在历史与考古领域，根据遗留文字甚至是残垣断简等历史文物探求史实的证据。在历史学中，对历史证据的认知也经历了从确定到确信的演变。最初，历史证据被当作看得见的事物，是一切正确推理的基础。古希腊历史学家修昔底德（希腊文 Θουκυδίδης，英文 Thucydides）认为其“所描述的事件，不是我亲自看见的，就是我从那些亲自看见这些事件的人那里听到后，经过我只想考核过了的”[5]。1909 年，牛津大学乔治（H. B. George）出版了《历史的证据》（Historical Evidence）一书，该书是最早的以历史证据为名的著作。乔治将证据与知识获得结合在一起，认为“任何传递信息的事物都是证据”，并明确认为判断证据的标准是可信性。他主张“科学能以确定性为目标，而历史，至少在理论上，不能超出可能性”[6]。法国史学大师马克·布洛克（Marc Bloch）在《历史学家的技

[1] 对于科学证据而言，其更多是在自然科学领域探讨的，但也有社会科学领域的分析，可参阅［美］盎格洛·昂舍塔：《科学证据与法律的平等保护》，王进喜、马江涛等译，中国法制出版社 2016 年版。

[2] 蔡墩铭：《刑事证据法论》，台湾五南图书出版有限公司 1997 年版，第 3 页。

[3] 陈学权：《科技证据论——以刑事诉讼为视角》，中国政法大学出版社 2007 年版，第 51 页。

[4] ［美］乔恩·R. 华尔兹：《刑事证据大全》，何家弘等译，中国人民公安大学出版社 2004 年版，第 456 页。

[5] ［古希腊］修昔底德：《伯罗奔尼撒战争史》，谢德风译，商务印书馆 1985 年版，第 18 页。

[6] H. B. George, Historical Evidence, Oxford: Clarendon Press, 1909, p. 26. 转引自余伟：“历史证据：近代以来西方世界的思考与脉络”，载《学海》2012 年第 6 期。

艺》中把证据置于历史之下，指出“过去是根本不能改变的既定事实。但对过去的认识是个发展的事物，它处在不断的改变和完善之中”[1]，也放弃了对绝对确定性的追求。

3. 诉讼证据与科学证据、历史证据的区别。诉讼证据有与科学证据、历史证据不同的特性：

第一，诉讼证据遵守一系列严密的证据规则。可以说，证据法就是众多的证据规则所组成的，旨在规范证据的取得、运用与证明。例如，这些证据规则决定了诉讼中哪方当事人承担证明责任，证据应以何种形式呈现，等等。再者，证据法在一些场合下会规定某一证据的证明力优于其他证据。反观科学证据、历史证据，虽然也遵循一定的规则，但其强制性远远不能与诉讼证据相比。

第二，诉讼证据力求查明的事实是“涉案事实”，或者说是“待证事实”。如果进一步限缩，则为“要件事实”。涉案事实一般为实体法所规制。此外，法官（或陪审团）不需要考虑庭审中未合法提交的证据。这些限制在历史考据中的证据便不存在。

第三，诉讼证据的目的是多元的。查明真相，只是诉讼证据的目的之一，并不是全部。有的时候，发现当事人所争议之事实的真相往往与司法稳定、尊重家庭和睦或者尊重私生活等目标相左。此时，法律为了追求某种更高的价值，便会将真相置于一旁。但是，科学证据则完全是为了发现真相，历史证据虽然不能完全发现真相，但也是为了查明历史真相而不断努力的。

第四，诉讼证据得以立足的事实不同。一是诉讼事实具有双重性，表现为一方当事人胜诉或者败诉，被告人有罪或者无罪。而科学事实却是或然的：原因和结果具有一定量上的比例。例如“某一药品在2%的病人中发生副作用”。二是诉讼事实应遵循既判力的规定。相反，科学事实却时常被推翻。三是诉讼真实的判断源自于中立的第三方裁判者，并构建了独特的证明。而一个科学的命题，应提交同行评议。但同行并不受制于公正性的限制。

（四）证据的本质

根据目前已有的研究，对证据本质的认定有事实说、材料说、根据说、信息说等观点，这些观点也都是随着人们对证据本质的不断深入认识而形成的。应当说，每一种学说在之前的特定时期内都对解释证据的本质起到了一定积极作用，但随着研究不断深入，这些学说除了自身的不断发展与完善之外，不同学说之间也在更迭交替地引导主流学术观点，以推动我们对证据本质形成更加准确的认识。

1. 事实说。“事实说”认为证据是能够证明案件真实情况的一切事实。1996年我国《刑事诉讼法》第42条第1款规定：“证明案件真实情况的一切

---

〔1〕［法］马克·布洛克：《历史学家的技艺》，黄艳红译，中国人民大学出版社2011年版，第70页。

事实，都是证据。”国家监察委员会法规室所编写的《〈中华人民共和国监察法〉释义》也用“事实说”给“证据”下定义，认为它“是指以法律规定形式表现出来的，能够证明监察机关所调查事项的真实情况的一切事实”。[1]

“事实说”不仅为我国证据法学界的观点之一，也是国外证据法学家支持的主流观点。英国法理学家杰里米·边沁（Jeremy Bentham）认为：“在最广泛意义上把证据假定为一种真实的事实，把它看成是一种成为相信另一种事实存在或者不存在的理由的当然事实。”[2] 美国法学家威格摩尔（John H. Wigmore）认为：“证据是任何一件或一组可知的事实，而不是法律的或伦理的原理，它被看作是在法庭上提出的，旨在法庭的重要阶段对于主张的真实性产生肯定和否定的信念，依据这个信念，法庭才能作出判断。”[3]

2. 材料说。“材料说”认为证据是证明案件事实的材料。2012 年《刑事诉讼法》第 48 条第 1 款规定：“可以用于证明案件事实的材料，都是证据。”

“材料说”的确立是证据立法的一大进步，它克服了“事实说”的逻辑混乱，表达了对证据运用和证明规律的尊重，淡化了对“真实性”的要求。但材料说仍有缺点，即并非所有证据都是“材料”。

3. 根据说。“根据说”认为证据是证明案件事实的根据。我国有学者认为：“所谓证据法中的证据，就是指证明案件事实或者与法律事务有关之事实存在与否的根据。”[4]

根据说将证据与定案根据作了区分，该观点认为，无论“根据”是真是假或者半真半假，都是证据，且无论“根据”是否被法庭采信，都是证据。根据说的缺点在于，它只是概念的反复，并未真正确定证据的定义。

4. 信息说。“信息说”认为，“证据是与待证事实相关的信息，用以证明所主张事实之存在的可能性。”[5] 根据信息说，证据具有信息表征性特征。之所以证据能够证明待证事实，并非因为信息的形式和存在方式，而是在于信息中所承载的信息。证据中所蕴含的信息是知识，也正是基于此，证据才是无所不在的，是多学科背景下的。美国法学教授艾伦（Allen）认为：“证据是与案件事实有关的任何信息——由证人证言、文字材料、实物对象或者任何可以呈现于感官的东西组成，用于证明一件事实的存在或不存在。”[6]

5. 统一说。“统一说”认为证据是证据内容与证据形式的统一。“从科学

---

[1] 中共中央纪律检查委员会、中华人民共和国国家监察委员会法规室编写：《〈中华人民共和国监察法〉释义》，中国方正出版社 2018 年版。

[2] 转引自［苏］安·扬·维辛斯基：《苏维埃法律上的诉讼证据理论》，王之相译，法律出版社 1957 年版，第 267 页。

[3] ［美］约翰·威格摩尔：《普通法的庭审证据》，转引自卞建林、刘玫：《外国刑事诉讼法》，人民法院出版社、中国社会出版社 2002 年版，第 218 页。

[4] 何家弘、刘品新：《证据法学》，法律出版社 2013 年版，第 109 页。

[5] 张保生等：《证据科学论纲》，经济科学出版社 2019 年版，第 59 页。

[6] ［美］罗纳德·J. 艾伦、理查德·B. 库恩斯、埃莉诺·斯威夫特：《证据法：文本、问题和案例》，张保生等译，高等教育出版社 2006 年版，第 79 页。

的观点来看，在诉讼证据中，形式和内容是辩证的统一。内容，就是事实材料，也就是有关事实的情况；而诉讼证据的形式，则是证明手段。对于诉讼证据来说，必须有这两种要素。证明手段如不包含案情和事实，那就什么也不能证明，相反，如果事实材料不是根据法律规定的证明手段取得的，它们就不能用来作为诉讼证据，也不能成为法院判决的根据。"〔1〕

应当说，"统一说"更能符合证据的概念和特征，理由有二：其一，"事实说""材料说""根据说"都有其自身难以克服的缺点，不能完全解释证据的概念。其二，在诉讼中，任何证据都是内容和形式的统一，二者不可分割。如果没有法定的证据载体，事实材料就不能被纳入诉讼，更不能成为定案的根据；如果证据载体不含有案件事实的信息，则就成了一幅空壳，不能发挥其作用。正如日本学者松尾浩也所说："证据是多种多样的，但所有证据的共同特点是，它们都是反映特定事实的信息媒体。"〔2〕

（五）诉讼证据的属性

诉讼证据属性，又可简称为证据属性，是证据的内在特征。长期以来，证据的属性都是我国证据法学界争论的焦点之一。

1. 证据属性之争。在我国，关于证据属性的学说中比较有代表性的是"两性说"〔3〕和"三性说"〔4〕。"两性说"认为，证据具有"客观性"和"关联性"（或者"相关性"）。"三性说"认为，除"客观性"和"关联性"（或者"相关性"）之外，证据还具有"法律性"抑或称为"合法性"的本质属性。上述二学说的争点在于，"合法性"是否属于证据的本质属性。持肯定意见者认为，诉讼法规定了证据的来源、收集程序、审查程序等，离开了法律规定的一切材料，都不能作为诉讼中的证据，并且认为合法性是证据真实性和相关性的法律保证。〔5〕持否定意见者认为：法律性并非证据的本质属性，其只是人为附加的外在特征，目的往往在于通过排除非法证据来遏制非法取证行为，而与证据自身的规定性无涉。〔6〕在"两性说"与"三性说"博弈的过程中，"三性说"逐渐成为学界普遍认可的观点，并在较长一段时期内成为了主流观点。但是，关于证据属性的争论并没有因此而终止，在理论不断发展与完善的过程中，有学者又提出了"四性说""修正的三性说""新四性说"等新的观点。本书对各学说主张的证据属性概括如下：

---

〔1〕［苏］A. A. 多勃洛沃里斯基主编：《苏维埃民事诉讼》，李衍译，常怡校，法律出版社 1985 年版，第 198 页。

〔2〕［日］松尾浩也：《日本刑事诉讼法》，张凌译，中国人民大学出版社 2005 年版，第 26 页。

〔3〕参见巫宇甦主编：《证据学》，群众出版社 1983 年版，第 67~71 页；陈一云主编：《证据学》，中国人民大学出版社 2000 年版，第 99~104 页。

〔4〕参见何家弘、张卫平主编：《简明证据法学》，中国人民大学出版社 2007 年版，第 29~34 页。樊崇义主编：《证据法学》，法律出版社 2017 年版，第 126~130 页。

〔5〕参见樊崇义主编：《证据法学》，法律出版社 2017 年版，第 130 页。

〔6〕参见张建伟：《证据法要义》，北京大学出版社 2014 年版，第 124 页。

表 1.1 证据属性学说概览

<table>
<tr><td colspan="2">学说</td><td colspan="4">证据属性的具体内涵</td></tr>
<tr><td colspan="2">两性说〔1〕</td><td>客观性，是指证据本身以及作为证据内容的事实是客观存在的</td><td>关联性（或相关性），是指“证据对其所要求证明的事实具有的必要的最小限度的证明能力”〔2〕</td><td></td><td></td></tr>
<tr><td rowspan="2">三性说</td><td>传统的三性说〔3〕</td><td>客观性，是指证据事实必须是伴随着案件的发生、发展的过程，而遗留下来的，不以人们的主观意志为转移而存在的事实</td><td>关联性，指证据必须同案件事实存在某种联系，并因此对证明案情具有实际意义</td><td>合法性，也称证据的许可性，是指证据只能由审判人员、检察人员、侦查人员依照法律规定的诉讼程序，进行收集、固定、保全和审查认定</td><td></td></tr>
<tr><td>修正的三性说〔4〕</td><td>客观性，含义基本同上，但认为客观性还包括作为证据内容的事实与案件待证事实之间的联系的客观性，同时认为强调证据的客观性旨在强调其真实性〔5〕</td><td>关联性，含义基本同上，同时认为证据的关联性具有客观性、多样性和可知性</td><td>可采性，是指证据被采纳进入诉讼程序的性质，取代“合法性”成为证据属性之一</td><td></td></tr>
</table>

---

〔1〕 持该观点的代表性作品参见卞建林、谭世贵主编：《证据法学》，中国政法大学 2014 年版，第 144 页。

〔2〕 ［日］我妻荣：《新版新法律学词典》，董璠舆译，中国政法大学出版社 1991 年版，第 249 页。转引自卞建林、谭世贵主编：《证据法学》，中国政法大学 2014 年版，第 144 页。

〔3〕 持该观点的代表性作品参见樊崇义主编：《证据法学》，法律出版社 2017 年版，第 126 页。

〔4〕 持此观点的代表性作品参见陈光中主编：《证据法学》，法律出版社 2015 年版，第 147 页。

〔5〕 除用可采性代替合法性的“修正三性说”外，还存在一种以真实性代替客观性的“修正三性说”，并且为一些法律文件所承认，例如：2002 年《最高人民法院关于行政诉讼证据若干问题的规定》第 39 条第 1 款明确规定，当事人应当围绕证据的关联性、合法性和真实性，针对证据有无证明效力以及证明效力大小，进行质证。

续表

学说		证据属性的具体内涵			
三性说	新三性说[1]		相关性，是指证据有助于证明事实存在可能性的属性	可采性，是指证据能否被采纳作为定案依据的属性	证明力，是指证据对待证事实存在的可能性具有的证明作用及程度
四性说	承继的四性说[2]	客观性，是指证据事实是独立于公安司法人员、当事人和其他证明主体主观认识的客观真实	相关性，是指证据对特定案件事实的证明价值	合法性，是指只有采取法定形式，具有法定来源，由法定主体以合法手段取得的证据材料才具有证据能力	连贯性，是指证据的本体或者状态在整个证明过程中应当保持一致，不能发生变化
	新四性说[3]	可信性，是证据值得相信的特性，是证据或其来源可被相信的程度，其内涵中包含可靠性	相关性，基本同“新三性说”	可采性，又称“证据能力”，是指“在听审、审判或者其他程序中被允许进入的证据的品质或状况”	证明力，基本同“新三性说”

之所以会出现这样众说纷纭的局面，与学者对证据属性本身的认识视角和问题导向密不可分。所谓“属性”，指“事物本身所固有的性质及与其他事物之间的关系”[4]。基于事物之间联系的普遍性，描述属性的视角呈现出多样性。如果以“证据的本质特征是什么”这一问题为导向研究证据的属性，就可以从不同角度抽象出不同的特征。然而，在我国法学界对于证据属性的研究中，有相当一部分研究是以“什么证据可以被采纳”这一问题为导向的，并且将客观性、关联性、合法性等“属性”作为证据采纳的标准加以论述。[5]显然，以这一问题为导向所进行的研究并不能将“证据属性”的理论内涵统摄其中，而仅是对“证据资格”论题的研究。因此，为了保证研究论

〔1〕 持此观点的代表性作品参见张保生等：《证据法学》，高等教育出版社2013年版，第19页。

〔2〕 持此观点的代表性作品参见高家伟等：《证据法原理》，中国人民大学出版社2004年版，第9页。

〔3〕 持此观点的代表性作品参见张保生主编：《证据法学》，中国政法大学出版社2018年版，第14页。

〔4〕 金炳华主编：《马克思主义哲学大辞典》，上海辞书出版社2003年版，第257页。

〔5〕 参见何家弘、刘品新：《证据法学》，法律出版社2013年8月版，第111页。

域的一致性，厘清研究问题的本质和目的势在必行。

近年来，不断有学者提出，不应再继续讨论证据的属性。例如，陈瑞华教授认为，“如何避免证据被任意采纳为定案根据，如何为证据转化为定案根据设定必要的条件，这属于证据法所要解决的首要问题。正因为如此，我们无需再去关注所谓的‘证据属性’问题，而应更多地讨论证据转化为定案根据的条件问题”[1]。还有学者提出，“我们认为，目前对于证据属性的争论是没有意义的，因为目前的探讨根本没有把握证据属性研究的实质。……学者们之所以经常犯下这样简单的错误，最根本的原因在于他们可能并不知道自己要做什么，应该做什么，从而一不小心就滑入了形而上学的泥坑，从而一方面成为哲学家嘲笑的对象，另一方面在自己应当作出贡献的领域却无所建树。因此，摆脱这一困境的根本出路也就在于从探讨证据的本质属性的泥坑中跳出来，将证据置于法律的领域进行研究”[2]。可见，近年学界争论的焦点已经由“证据属性是什么”逐渐转向“研究证据属性有无意义”。

2. 证据属性之批判。本书认为，关于证据属性的探讨并无太多学术价值，且带有诸多认识谬误。因此，与其纠结于证据属性诸多要素的争辩，不如回归法教义学的立场，结合中国司法实践的现实需求研究证据的审查判断要素。

（1）“证据资格”或“证据能力”概念之澄清。在一些较经典的作品中，中国学术界将“证据资格”和“证明力”视为大陆法系国家描述证据属性的概念。但事实上，在欧陆职权主义代表性国家的证据法理论中，“证据属性”的探讨几乎从未出现。无论是“证据资格”还是“证明力”，都并非欧陆证据法的基础概念。通说认为，“证据资格”或者“证明能力”的概念来自于德国，指某一材料具有用于严格证明[3]的能力或者资格，亦即能够被允许作为证据加以调查并得以采纳。[4] 德国证据法中确实存在“证据能力”（Beweisfähigkeit）与“证据资格”（Beweiseignung）这两个专业术语，且二者含义一致，可以通用。但这两个术语的内涵与国内学术界的解读大相径庭。更确切而言，“Beweiseignung”指“证据适合性”，即证据适合用于证明事实主张的性质，是法官驳回当事人证据调查申请的法定理由之一。依《德国刑事诉讼法典》第 244 条第 3 款第 2 句之规定，当法官根据一般的生活经验认为申请所称的证据形式完全不能证明其欲主张的事实时，即可以该证据“完全不合适”为由驳回证据调查申请（völlig Ungeeignetheit des Beweismittels）。例如，盲人针对颜色、相貌等需要看见的事实作出的证言是完全不合适的证据；鉴定意见对于不需要专业知识辅助的事实认定而言是完全不合适的证据。

---

[1] 陈瑞华：《刑事证据法学》，北京大学出版社 2014 年版，第 88 页。

[2] 陈卫东、谢佑平主编：《证据法学》，复旦大学出版社 2016 年版，第 46~48 页。

[3] “严格证明”与“自由证明”这一对概念，来源于德国证据理论，前者适用于有关定罪量刑的实体问题的证明，受法定证据形式和法定证据调查程序的约束；后者主要适用于程序上重要事实的认定，不需要严格遵守法定的证据形式和程序规则。

[4] 陈光中主编：《证据法学》，法律出版社 2015 年版，第 146 页。

可见，证据适合性并非法律所设定的以用于严格证明的证据形式要件，而是将一般生活经验与证据形式的本身特性相结合所作出的判断，以决定其是否能够用于证明待证事实。此外，自由证明中也存在对“证据适合性”的判断，且可以仅通过审查卷宗内容作出。[1]因此，关于“证据资格”就是证据用于严格证明程序条件的论断实属误读，真正的“证据资格”（Beweiseignung）不存在严格证明与自由证明之分，甚至也不以法定形式要件为判断标准，而仅为对证据形式是否适合于证明事实主张的判断。相比于“证据资格”，德国证据法中更常出现的是证据合法性（Zulässigkeit des Beweismittels）的概念，其以法律规定为判断标准，是筛选证据进入证明力评价阶段的首要关卡。“证明力”（Beweiskraft）又称“证明价值”（Beweiswert），是指证据在具体个案中对法官内心确信形成的作用。这一概念的内涵在国内外学界并无太多争议，但在欧陆证据法理论中通常作为证据自由评价的对象，并非证据的属性要素。

（2）证据“客观性”之反思。在中华人民共和国成立后较长的一段时间里，中国法学界普遍将“客观性”视为证据的基本属性之一，甚至是首要本质属性。早在1957年王之相翻译苏联法学家维辛斯基的著作《苏维埃法律上的诉讼证据理论》一书中就对“证据的客观属性”有所提及：“把审判员主观主义与证据的客观主义对立起来，是不正确的，因为证据的客观属性只是借助审判员的主观领会，才可能认识。证据，就是在侦查过程中表明研究现象特征的物体和人们的行为，是不依赖于侦查人员和审判员的意识或领会而存在的。它们是客观的，像人生活于其中的现象界和物质界是客观的一样。侦查的任务在于正确理解和判断成为证据的事实，但是这个已经是案件的主观方面。所谓证据客观主义化的理论，是把这两个问题：关于证据的客观性问题同关于判断证据与同样重要的判断证据的方法问题，混为一谈。”[2]可见，苏联关于证据“客观性”的理论与我国的相关认识基本一致。[3]自20世纪60年代起，我国学界开始深入探讨证据的属性，尤其是对证据客观性和阶级性的探讨。许多学者在论证“客观性”时会引用《毛泽东选集》《列宁全集》《唯物主义和经验批判主义》等马克思主义哲学著作，从客观存在与主观认识的方面进行论述，认为“证据是一种客观存在”，“不以人的意志为转

[1] BGH NStZ 99 362；Köln StV 96 368；LR-Becker 231 zu § 244.

[2] ［苏］安·扬·维辛斯基著：《苏维埃法律上的诉讼证据理论》，王之相译，法律出版社1957年版，第253页。

[3] 但经笔者考证，现行的《俄罗斯联邦刑事诉讼法典》已不再提及“客观性”。依《俄罗斯联邦刑事诉讼法典》第88条第1款之规定，Каждое доказательство подлежит оценке с точки зрения относимости，допустимости，достоверности，а все собранные доказательства в совокупности - достаточности для разрешения уголовного дела（证据评价应立足合法性、相关性及可靠性）。但对于何为可靠性（относимости，допустимости，достоверности），俄罗斯权威教材认为这是指证据不应是虚假的，这与苏联及中国对客观性的理解依然有明显区别。О. И. Андреевой，А. Д. Назарова，Н. Г. Стойко и А. Г. Тузова，УГОЛОВНЫЙ ПРОЦЕСС，Ростов-на-Дону《Феникс》，2015，С. 148.

移”。1979年《中华人民共和国刑事诉讼法》颁布后，有关证据客观性的讨论再次兴起。当时大多数学者已经认可了客观性是刑事证据的基本属性之一。也有少数学者提出了“证据是主客观的一体”[1]的观点，但这一观点被批评为混淆了客观和主观、存在与意识的关系。自此，客观性是刑事证据基本属性之一的观点成为主流学说，学者们大多从客观事实的角度出发来对证据的客观性进行定义，例如“证据事实必须是伴随着案件的发生、发展的过程而遗留下来的，不以人们的主观意志为转移而存在的事实”[2]；“证据本身以及作为证据内容的事实是客观存在的，即证据事实必须真实可靠，而不是主观想象、猜测和杜撰的，而且作为证据内容的事实与案件待证事实间的联系也是客观的”[3]。还有一些学者认为，在承认证据客观性的前提下，应当用“真实性”[4]替代“客观性”的表述。

但近年来，关于证据是否具有客观性的问题引发了越来越多的争论[5]。虽然客观性是以“证据是一种事实”“事实是客观存在”“客观存在不能与主观认识混为一谈”等理论为主要依据，旨在保障证据事实应当真实可靠而非主观臆测，但这一主流学说依然有欠妥当。一方面，站在理性主义的立场上，诉讼存在唯一、客观的事实真相，而证据则是发现真相的手段。但将证据本身的客观性与裁判者认识的主观性割裂开来是毫无意义的，这样并不能有助于司法证明。证据的真实性是由裁判者通过主观活动进行判断的，运用证据证明案件事实是无法与人的主观认识活动相分离的。另一方面，也如部分学者[6]所指出的，对证据属性的研究很容易陷入哲学的论域，“从而一不小心就滑入了形而上学的泥坑”。对证据客观性的研究更是如此。因此，在证据法的论域中，对如何审查判断证据真实性的研究要比对证据是否为一种“客观存在的事实”的研究更具实践意义。

四、证据与事实认定

在诉讼中，争议事实是司法证明的逻辑起点，事实认定是司法证明的终点。“事实认定是指在确定可适用的法律以及适用法律作出司法判决之前，对

---

〔1〕 肖胜喜：“再谈证据的特性”，载《政治与法律》1985年第4期。

〔2〕 樊崇义主编：《证据法学》，法律出版社2017年版，第126页。

〔3〕 张建伟：《证据法要义》，北京大学出版社2014年版，第134页。

〔4〕 参见《最高人民法院关于适用〈中华人民共和国民事诉讼法〉的解释》第104条第1款规定：“人民法院应当组织当事人围绕证据的真实性、合法性以及与待证事实的关联性进行质证，并针对证据有无证明力和证明力大小进行说明和辩论。”《最高人民法院关于行政诉讼证据若干问题的规定》第56条以及两高三部的《关于办理死刑案件审查判断证据若干问题的规定》第26、27、29条都规定审查证据时要审查“真实性和关联性”。

〔5〕 例如张晋红、易萍：“证据的客观性特征质疑”，载《法律科学．西北政法学院学报》2001年第4期；汤维建：“关于证据属性的若干思考和讨论——以证据的客观性为中心”，载《政法论坛》2000年第6期；张弢、王小林：“诉讼证据客观性的理性定位———与绝对肯定说、否定说和统一体说商榷”，载《现代法学》2002年第3期。

〔6〕 陈卫东、谢佑平主编：《证据法学》，复旦大学出版社2016年版，第46~48页。

尚未确证且必须认定的事实的确定，是法院在每一个案件中所必须采取的程序。事实认定程序实质上是对所述、所做、所为的一种再现。”〔1〕

（一）证据推理是事实认定的必由之路

在诉讼中，案件事实（待证事实）是既成事实，不可能完全再现，事实认定者只能依据对证据的经验推理进行重构和评价。证据在事实认定中的作用在于，“根据它们可以推断过去”〔2〕。塞耶（Thayer）认为，“法院通过衡量证词或其他证据的方法，在理性的天平上来决定任何问题。”〔3〕张保生教授将事实认定所遵循的法则称为“证据之镜”原理：“在这种情况下，证据便成为联系主客体的惟一‘桥梁’，或‘折射’事实的‘镜子’。没有证据这面‘镜子’，就不可能认定案件事实。”〔4〕

回溯司法证明的历史，事实认定经历了由非理性证明向理性证明转变的过程。“在‘神明裁判’下，‘神’会告知人们案件事实真相是什么，这被称为非理性的证明方式；而在证据裁判下，法官则是根据证据并通过推理来确定案件事实的，这被认为是一种理性的证明方式。”〔5〕

（二）事实认定是裁判者的确信

裁判者通过证据对过去的事实进行重构，以查明案件真相。这既取决于证据的多少，也取决于裁判者辨别证据的能力。艾伦（Allen）教授认为，“审判中的证言和物证展示，在由人类观察者——法官或陪审团成员——解释之前是没有意义的。而且，对任何证据片断的解释都不能预先决定，因为它是事实认定者的阅历和经验所发挥的功能。”〔6〕裁判者通过证据有可能查明案件真相，但也有可能离事实真相越来越远。裁判者最终所作的事实认定，只是内心确信，并未达到绝对的确定性。换言之，无论裁判者形成的内心确信有多强烈，事实认定还是有可能出错的。

（三）事实认定应当遵循司法证明的规律

“对事实的认定是从法庭所举证据得出的结论，而不仅仅是对直接观察到的事实的报告。……显然，事实认定者不能以同样的方式，自己亲眼看到案件中实际发生的事情。他不得不试图通过权衡证据并从中进行推论，来得出一个结论。”〔7〕因此，裁判者在运用证据重构案件事实时，应当遵循司法证明的要求和规律。其一，裁判者据以认定事实的证据，应当具有证据能力。

---

〔1〕［英］戴维·M. 沃克：《牛津法律大辞典》，李双元等译，法律出版社2003年版，第412页。

〔2〕［英］尼尔·麦考密克：《法律推理与法律理论》，姜峰译，法律出版社2005年版，第84页。

〔3〕［美］约翰·W. 斯特龙主编：《麦考密克论证据》，汤维建等译，中国政法大学出版社2004年版，序言第2页。

〔4〕张保生：“事实、证据与事实认定”，载《中国社会科学》2017年第8期。

〔5〕樊崇义、张中：“证据定义转向形式理性”，载《检察日报》2012年4月24日。

〔6〕［美］罗纳德·J. 艾伦、理查德·B. 库恩斯、埃莉诺·斯威夫特：《证据法：文本、问题和案例》，张保生等译，高等教育出版社2006年版，第143页。

〔7〕Ho Hock Lai, *A Philosophy of Evidence Law Justice in the Search for Truth*, p. 27. 转引自张保生：“事实、证据与事实认定”，载《中国社会科学》2017年第8期。

在我国刑事诉讼中，能够进入庭审的证据并非都是具有证据能力的，这就要求裁判者作出准确判断。其二，裁判者对于案件事实的认定，应当在要件事实得到证明的基础上进行。“对于攸关认定犯罪行为之经过、行为人之责任及刑罚之高度等问题的重要事项，法律规定需以严格之方式提出证据。”〔1〕其三，裁判者的事实认定，应当达到法律规定的证明标准。

第二节 证据法与证据法学

一、证据法的渊源、性质及结构

（一）证据法的渊源

证据法的渊源，是指证据法律制度的来源及表现形式。我国并未制定专门的证据法典，因此，有关证据的法律规范主要分散于三大“诉讼法”以及最高人民法院关于民事诉讼证据、刑事诉讼证据以及行政诉讼证据的司法解释之中。张保生教授主张，我国可以借鉴美国《联邦证据规则》的立法经验，制定专门的“证据法”或者由最高司法机关颁行“统一证据规定”〔2〕。这一学术观点较为新颖前沿，所进行的学术尝试也令人敬佩。〔3〕但职权主义传统的国家普遍未单设证据法典，而是将证据法纳入《刑事诉讼法典》《民事诉讼法典》及其他诉讼法典中，这主要是因为在这些国家，证据的运用规则通常依附于诉讼行为。〔4〕但也有个别例外。例如1988年，意大利刑事诉讼进行了较具颠覆性的改革，匠心独具地设立单独的“证据法”卷，将其作为法典的“总则”，而非仅是侦查程序或庭审程序的附带章节。通说认为，《意大利刑事诉讼法典》中的“证据法”卷便是意大利的刑事证据“法典”。因此，未来我国制定专门的“证据法典”也不无可能。

我国的证据法渊源主要有以下几种：

1. 三大“诉讼法”。《民事诉讼法》《刑事诉讼法》及《行政诉讼法》均在专门的章节中规定了证据制度，包括：证据的概念和种类，证据的收集、审查和判断等。可以说，三大“诉讼法”的证据篇章构成了我国证据法的核心内容，具体为《民事诉讼法》第六章、《刑事诉讼法》第五章、《行政诉讼法》第五章。除此之外，三大“诉讼法”的其他章节也有个别涉及证据条文的规定。

2. 司法解释。三大“诉讼法”的有关条文只是对证据进行了原则性规

---

〔1〕［德］克劳思·罗科信：《刑事诉讼法》，吴丽琪译，法律出版社2003年版，第208页。

〔2〕参见张保生主编：《〈人民法院统一证据规定〉司法解释建议稿及论证》，中国政法大学出版社2008年版。

〔3〕笔者有幸参与了张保生教授所主持的“统一证据规则”的编撰，近十年的时间从体系、结构到内容经过了上百次的学术讨论。

〔4〕法国比较特殊，许多刑事诉讼的证据规则还规定在其《刑法典》及《民法典》中。

定，最高人民法院司法解释对三大“诉讼法”的证据规定进行了具体化解释，使其更具可操作性，在司法实践中发挥着重要作用。具体包括以下内容：

第一，最高人民法院关于三大“诉讼法”的司法解释。《最高人民法院关于适用〈中华人民共和国刑事诉讼法〉的解释》（以下简称《刑诉法解释》）在第四章以九节52个条文对刑事证据问题作了规定，《最高人民法院关于适用〈中华人民共和国民事诉讼法〉的解释》（以下简称《民诉法解释》）在第四个问题“证据”中用35个条文对民事证据问题作了规定，《最高人民法院关于适用〈中华人民共和国行政诉讼法〉的解释》（以下简称《行政诉讼法解释》）在第四个问题“证据”中用14个条文对行政诉讼证据问题作了规定。

第二，最高人民法院分别就刑事证据、民事证据及行政诉讼证据颁布的专门司法解释。《最高人民法院关于民事诉讼证据的若干规定》（以下简称《民诉证据规定》）规定了民事诉讼中审查认定证据的制度。《最高人民法院关于行政诉讼证据若干问题的规定》（以下简称《行政诉讼证据规定》）规定了行政诉讼中审查认定证据的制度。《最高人民法院、最高人民检察院、公安部、国家安全部、司法部〈关于办理死刑案件审查判断证据若干问题的规定〉》（以下简称《死刑案件证据规定》）和《最高人民法院、最高人民检察院、公安部、国家安全部、司法部〈关于办理刑事案件排除非法证据若干问题的规定〉》（以下简称《排非规定》）不仅规定了对于以刑讯逼供等非法手段取得的言词证据不能作为定案的根据，还规定了审查排除非法证据的程序、证明责任等问题，明确了各类证据的收集、审查、判断和运用，对司法机关办理刑事案件特别是死刑案件提出了更高的标准和要求。《排非规定》规定了侦查、起诉、辩护、审判等刑事诉讼各阶段运用非法证据排除规则的标准和程序，从实体和程序两个方面进行了严格规范，是我国刑事证据制度的重大进步。

3. 其他法律等规范性文件。除了三大“诉讼法”和司法解释之外，全国人大及其常委会制定的其他法律，如《刑法》《民法总则》《行政处罚法》《侵权责任法》《律师法》《电子签名法》等也有条文涉及证据法律制度，同样可以作为证据法的法律渊源。除此之外，国务院及其有关部门颁布的行政法规、部门规章中也有涉及证据制度的规定，在特定情况下也能构成证据法的法律渊源。

4. 国际公约。国际公约虽然不能作为我国法官裁判的直接依据，但作为缔约国，我国仍要履行相应义务，并应通过国内立法的形式予以体现。因此，国际公约同样可以作为我国证据法的法律渊源。例如，《反腐败公约》《禁止酷刑公约》《公民权利和政治权利国际公约》《承认和执行外国仲裁裁决的公约》，等等。

5. 指导性案例。虽然我国不是判例法国家，判例并不能成为我国正式的法律渊源，但是，最高人民法院于2010年11月26日印发《最高人民法院关于案例指导工作的规定》，并于12月20日发布了第一批指导性案例，意味着我国开始建立案例指导制度。尤为重要的是，指导性案例所确定的裁判要点，对人民法院审理类似案件、作出裁判具有指导作用，即在根据法律、有关司法解释作出裁判的同时，各级人民法院在审判类似案件时应当参照，并可以作为裁判文书的说理依据加以引用。在此意义上，指导性案例具有"判例"的属性，当某一指导性案例涉及证据问题时，可以作为其他类似案件审理中的参考，因此指导性案例也可以作为证据法的法律渊源。

（二）证据法的性质

关于证据法的性质，学界存在实体法属性和程序法属性的争论，概括而言主要有三种观点：

第一种观点认为，证据法是程序法，是诉讼法的分支。陈朴生认为，"刑事证据法，乃刑事诉讼法之一部。"[1] 林钰雄教授认为："证据法乃诉讼法的灵魂。刑事诉讼法是确定并实现国家于具体刑事个案中对被告刑罚权的程序规范，实体刑法借此而得以实现，证据法则是沟通其间的桥梁。具体刑罚权存在与否，包含事实认定与法律评价两个方面……犯罪事实如何认定？应该透过何种程序认定？这是整部刑事诉讼法的核心问题，乃证据法所欲处理的对象，并且同时涉及发现真实与法治程序之目的。"[2] 日本学者松尾浩也认为："审判程序核心的部分是依据证据准确无误地认定事实的过程，规定这个过程的法律规范的总称是证据法，它是程序法的重要组成部分。"[3] 法国教授伯尼尔（Bonnier）认为，"证据的自然位置应在诉讼法典之中"，并批评在法国《民法典》中设立证据规则的做法。[4]

第二种观点认为，证据法属于实体法。雷蒙德（Raymond Legeais）认为，在民法典中引入证据规则，是因为立法者"意识到法律与证据之间存在根本的依赖关系"。[5] 莱昂（Léon Mazeaud）认为，"证据与法的实体紧密关联。证据规则通常援引实体法规则说明理由。两者持续互动"。[6]

第三种观点认为，证据法是混合法，兼具实体法与程序法的双重属性。混合法的观点在法国民法学界和民事诉法学界占据主导地位。法国学者雅克·盖斯坦（Jacques Ghestin）和吉勒·古博（Gilles Goubeaux）认为，"证据是实体法规则与程序法规则的交叉点"。这两位学者指出，证据规则与诉讼的开展紧密联系，但同样实体法的结果也有赖于证据。混合法的观点也获得了许多民法学者的支持，主要原因在于证据规则在民法典和民事诉讼法典中均有体现，民法典中通常会规定证明责任分配、证明对象、证据形式、证据可

---

〔1〕 陈朴生：《刑事证据法》，三民书局1970年版，第1页。

〔2〕 林钰雄：《刑事诉讼法》，中国人民大学出版社2005年版，第344页。

〔3〕 [日] 松尾浩也：《日本刑事诉讼法》，张凌等译，中国人民大学出版社2005年版，第1页。

〔4〕 Étienne Vergès, Géraldine Vial et Olivier Leclerc, Droit de la preuve, PUF, 2015, p.29.

〔5〕 Étienne Vergès, Géraldine Vial et Olivier Leclerc, Droit de la preuve, PUF, 2015, p.29.

〔6〕 Étienne Vergès, Géraldine Vial et Olivier Leclerc, Droit de la preuve, PUF, 2015, p.29.

采性等问题，民事诉讼法典中通常会规定证据运用的规则。

本书认为，证据法应当为程序法，原因如下：其一，证据法不是实体法。虽然证据法中包含有一定的实体法内容（如推定），但就整体内容而言，证据更多依附于诉讼行为，因此证据法主要应纳入程序法；其二，证据法亦不属于混合法，正如日本教授松冈正义的观点，“就法国而言，法国于一千六百六十七年之敕令，曾将证据之法则，悉规定于诉讼法之中；厥后制定法国民法时，则将证据之法则规定于债务关系之中，而将其他证据之法则规定于民事诉讼法之中，显系以民事诉讼法为民法中规定证据之补充。此种编纂，实缘于起草民法者之错误，早为识者所批评。”〔1〕

二、证据法学的学科属性及研究对象

（一）证据法学的学科属性

我国对于证据制度的研究，经历了从“证据学”到“证据法学”的转变，这一点可以从教科书名称的变化上得到印证。最初的证据法教材，几乎都是以《证据学》〔2〕或者类似名称命名的。后来证据法的教材，又几乎都以《证据法学》〔3〕或者类似的名称命名。教材名称上的“一字之差”，反映了证据法学科属性的变化。对于证据学和证据法学的区别，可作以下分析：

证据学是研究证据和证明的一般学科。受传统认识论的影响，“证据学”仍为部分学者所坚持，如龙宗智教授在《“大证据学”的建构及其学理》一文中提出了建立“大证据学”的主张。“证据学作为对事实进行证明的学科，其基本原理属于哲学以及科学哲学的认识论和方法论范畴，而这些学理具有广泛的适用领域。因为在自然科学与社会科学的各个分支以及人们的日常生活中，为了作出一定的结论并采取一定的行动，常常需要对已发生的事实进行判定，都面临着对事实进行证明的任务。将证据学的基本原理运用于各专门科学中并服务于该专门科学的认识目的，即形成各种证据学分支。其中包括：在科学技术领域探求已发生的事实状况的科技证据学（因学科性质的不同还可以再作细分）；在军事领域根据证据（情报）判断敌方行动的军事证据学；在历史与考古领域，根据遗留文字乃至残垣断简等历史文物考究史实的历史证据学；在日常生活中，根据人的行为举止以及其他各种征候判断与人相关的事实和各种社会事实的社会证据学及生活证据学；以及在法律活动中，为适用法律而依靠证据判定案件事实的法证据学等等。不同专业的学者可以

---

〔1〕［日］松冈义正：《民事证据论》，张知本译，洪冬英勘校，中国政法大学出版社2004年版，第30页。

〔2〕1991年中国人民大学出版社出版的，供全国高等学校法学专业学生使用的由陈一云主编的《证据学》教材无疑是典型代表。该书目前已至第六版，仍沿用的是“证据学”的名称。

〔3〕最早使用“证据法学”命名的著作是裴苍龄教授编写的《证据法学新论》，1989年由法律出版社出版。

在证据学基本原理的基础上进行本专业证据学的学理及实用探讨。"[1]

证据法学是证据学的子学科，受制于特定的时空场域。研究证据法学不能忽视对证据学一般理论的借鉴。事实上，"证据学"关于证明的一般理论为证据法学的研究提供了元理论，有助于证据法学学科体系的充实、完善和发展。在此意义上，"证据学"甚至"大证据学"的主张，都具有一定的合理性。

但是，"证据学"或者"大证据学"均不能涵盖有关证据运用的所有问题。对于证据法学的研究，应当回归到法学学科属性的内在要求之中，并限定在法学领域内，"将其从纯粹的经验论、逻辑学、认识论中解脱出来，使研究者从法律程序的视角观察、研究证据问题，使证据规则真正成为程序法的一部分"[2]。虽然证据的概念可以在不同情境下使用，但证据首先是一个法学概念和法律用语，而且有关证据学的研究也主要是对司法实践中证据运用问题的分析。如前所述，只有诉讼证据才具有研究适用规则的必要和价值，也才具有建立一个专门学科的必要。因此，对证据法学的研究，应首先在基础理论上予以深化，当然也不排斥对交叉学科方法及命题的借鉴与吸纳。

（二）证据法学的研究对象

本书所指的证据，专指诉讼法意义上的证据。证据法学，也仅指关于诉讼中证据和证明的学科。对于证据法学的研究对象，可以从以下三方面分析。

1. 证据法律规范。证据法学，首先应当以与证据运用及司法证明有关的法律规范为研究对象。其一，三大"诉讼法"中的证据法律规范是我国现行法律体系内证据法学研究的基础。根据法的效力位阶，三大"诉讼法"属于基本法，具有仅次于宪法的效力位阶，其他证据法律规范的制定不得与三大"诉讼法"中的证据法律规范相抵触。其二，最高人民法院分别就刑事证据、民事证据和行政诉讼证据作出的司法解释，是我国现行法律体系内证据法学研究的重要内容。最高人民法院关于证据制度的司法解释，是对三大"诉讼法"中证据法律规范作出的更明确详细、更具可操作性的规定。其三，实体法中的证据法律规范也是我国现行法律体系内证据法学研究的基本内容。

对于证据法律规范的研究主要适用法教义学的方法。所谓"法教义学"是指运用法律自身的原理，遵循逻辑与体系的要求，以原则、规则、概念等要素制定、编纂与发展法律以及通过适当的解释规则运用和阐释法律的法学研究方法，其核心在于"强调权威的法律规范和学理上的主流观点"。[3]法教义学的具体研究方法包括三个层面：一是对现行有效法律的描述；二是对这种法律之概念与体系的研究；三是提出解决法律争议的建议。[4]因此，对于

---

〔1〕 龙宗智："'大证据学'的建构及其学理"，载《法学研究》2006年第5期。

〔2〕 陈瑞华：《刑事证据法学》，北京大学出版社2014年版，第5页。

〔3〕 许德风："论法教义学与价值判断——以民法方法为重点"，载《中外法学》2008年第2期。

〔4〕 雷磊："法教义学的基本立场"，载《中外法学》2015年第1期。

证据法的法教义学研究，首先应当关注一国现行实在法中有关证据运用及司法证明的法律规范。这些法律规范通常以法律条文为表现形式，既包括法律规则，也包括法律原则；既可以是制定法规范，也可以是习惯或判例。如前所述，在我国，证据法律规范主要以制定法的形式散见于实体法、三大诉讼法及相关司法解释之中。其次应当按照逻辑与体系的要求解释证据法律规范的内容与意义并将其体系化。在这一逻辑分析过程中，任何解释方法的运用都无法脱离法律条文文本背后的目的、价值、意义，重视法律文本与词语是法教义学的一大主张，因为其承载着法的安定性和可预测性价值，对于现代法治具有重大意义。[1] 通过解释法律条文以及系统分析法律规范之间的关系，可以弥补法律的不确定性、发现法律漏洞。最后，针对现行法中存在的法律争议、法律冲突以及法律漏洞提出建议，可以促进司法实践适用证据法律规范的统一化，并有助于证据立法的规范、完善和进步。当这些建议成为多数法律人的共同意见（即“通说”），也就形成了所谓“教义”的主要内涵。对于我国证据法学界当下争议不断、各说各话的局面而言，在法教义学的研究框架下寻求体系化、合理化的统一认识无疑是一剂“治病良方”。例如，针对证据法学基本范畴，包括什么是证据、证据的属性、证明对象、证明责任、证明标准等，我国学界尚未形成统一认识，这就导致表面上探讨相同主题的研究实际上可能是南辕北辙的无用功，概念的混淆使用更是阻碍了学术研究的进一步交流探讨。因此，结合我国证据法学领域的实际情况运用法教义学方法回归对国内现行实在法的规范研究，不仅有助于解决证据法律规范在司法实践中的适用争议、解决证据立法中的矛盾、冲突与漏洞、增强证据法律规范的确定性和体系性，更有助于促进证据法学研究的统一认识，形成我国证据法学基本理论的“通说”，体现出中国证据法学理论的特色。

2. 与证据运用及司法证明有关的司法实践。“法律的生命不在于逻辑，而在于经验”（The life of law doesn't lie in logic, but in experience）。[2] 虽然逻辑极具重要性，但是经验（实践）在法律发展中更具重大价值。证据法属于应用法，其生命力在于司法实践；证据法学同样属于应用型学科，其理论基础更源于司法实践。在此意义上，证据法学要将与证据运用及司法证明有关的司法实践划入研究范围，以进行实证分析，发现和总结证据立法在司法适用中存在的问题，以促进证据法律制度的不断完善和发展。

以制定法为主要法律渊源的国家往往面临着法律规定滞后于实践需求的问题，无论制定多么完备、体系化且具有前瞻性的法典，都无法完全涵盖司法实践的全部情形。因此，大陆法系国家虽并未确立如英美法系国家一般的“遵循先例”原则，但事实上先前判例在司法实践中发挥着巨大的效用。以德国为例，通过创制判例并填补法律漏洞，也即“法律续造”（Rechtsfortbil-

---

〔1〕 雷磊：“法教义学的基本立场”，载《中外法学》2015年第1期。

〔2〕 ［美］霍姆斯：《普通法》，冉昊、姚中秋译，中国政法大学出版社2006年版，第1页。

dung)，是德国法官的重要任务之一。按照德国通说，除宪法法院的判例具有法律承认的约束力之外，其他法院作出的判例仅具有事实上的约束力。因此，从理论上看，是否遵循先前判例通常由法官自行决定，并不存在法律上的强制性。但实践中德国法院的判例却能够广泛得到遵循，这主要得益于其构建的一套相对完善的判例制度：首先，裁判说理义务保障了判例的合理性，这是判例得到遵循的基础。判例的事实拘束力主要来源于逻辑的力量。正如卡尔·拉伦茨（Karl Larenz）对判例拘束力所作的论述："不是判例本身有拘束力，而是在判例中所表达对规范的解释与具体化，才具有拘束力，只要他们是'正确的'。法院受'正确的'判例拘束的理由不在于赋予判例本身拘束力，而是在于判例被正确地承认、解释或者续造的规范。"〔1〕其次，比较成熟的判例公开与汇编制度方便法官查询与援引判例，这是判例得到遵循的保障。德国目前已经建立了官方数据库专门收录各个法院作出的重要判例。同时，还有《新法学周刊》（Neue Juristische Wochenschrift)、《新刑事法杂志》(Neue Zeitschrift für Strafrecht）等对一些重要判例进行汇编与评析。再次，待审案件偏离已决判例的提交制度在一定程度上保障了上级法院的判例得到下级法院的遵循。根据德国《法院组织法》第 121 条第 2 款的规定，特定情形下地区高等法院欲作出的裁决与其他地区高等法院或者联邦最高法院的裁决相左时，必须将案件交由联邦最高法院裁决。最后，法院的"一贯见解"(Ständiger Rechtsprechung）原则上应当得到遵循，除非法官有充分的理由否定该判例。如果一个法律观点连续在数个案件中为法院所认可，就成为法院的"一贯见解"，其基于社会广泛接受而获得更强的拘束力。在德国，判例的应用十分广泛，绝大部分的司法判决中都有对先前判例的引用。在德国证据法中，判例也发挥着重要的"法律续造"的作用，尤其是有关"非独立的证据使用禁止"〔2〕的规范，基本均为法官进行"法律续造"的产物。在我国，证据法同样以制定法为主要法律渊源，为弥补制定法的不足，可以适当借鉴欧陆国家的判例制度，以应对证据法实践性较强的特点。

3. 古今中外的证据制度与证据理论。证据法的发展史可以在证据制度上得以体现。从非理性证据制度到法定证据制度，再到自由心证制度及科学证据制度，都体现了证据法及证据理论的发展与完善。对于证据制度和证据理论的历史研究，可以帮助我们认识证据法的发展规律，汲取证据法发展中的经验和教训，有益于当今证据法的进步和完善。

域外证据制度及证据理论也值得我国证据法学界关注。时下，我国学界更关注英美法系国家的证据制度及证据理论，而较少涉及大陆法系代表性国家。事实上，因为法系相近，以德国、法国、意大利、西班牙、俄罗斯等国

〔1〕 Larenz, Über die Bindungswirkung von Präjudizien, FS Hans Schima, Wien, 1969, S. 262.

〔2〕 非独立的证据使用禁止指证据因违法取得而不可用。

为代表的职权主义国家证据制度及证据理论对我国更具借鉴意义。[1]

4. 科技发展对证据运用及司法证明有影响的成果。科学技术的发展与进步，不仅给证据法学研究注入了新的活力，同时也带来了新的挑战。正如达马斯卡（Mirjan R. Damaska）的预言："站在20世纪末思考证据法的未来，很大程度上就是要探讨正在演进的事实认定科学化的问题。伴随着过去50年惊人的科学技术进步，新的事实认定方式已经开始在社会各个领域（包括司法领域）挑战传统的事实认定法。"[2] 对于证据法学的研究，更应该借助于最新的科技和社会科学的成果。例如，DNA技术的进步，不仅增加了证据种类，还对司法证明活动产生了重大影响。再如，对于各国在司法实践中采用的测谎技术，同样面临着"测谎证据"在诉讼中能否作为证据使用的挑战。因此，科技发展会对证据法学的发展产生深远影响。

---

〔1〕 笔者和团队即将持续推出欧陆多国多卷本的《刑事诉讼与证据制度研究》，以弥补国内学术界对这些国家法律制度研究不足的缺憾。

〔2〕［美］米尔建·R. 达马斯卡：《漂移的证据法》，李学军等译，中国政法大学出版社2003年版，第200页。

第二章

证据法的历史演进

司法证明并不是纯粹的法律问题，而是一个国家在既定历史时期中受传统、宗教、政治、经济、社会、教育、文化、人口、文明以及主流意识形态等复杂因素影响的产物。在司法制度发展的漫长历史中，证据制度总是随着外部环境的变化而在“传承”与“割裂”之间交替更迭。正是在这一意义上，证据制度的演进史就是司法历史发展史的缩影。从远古时代至中世纪，再到现代，欧洲的政治、机构和法律呈有意识或无意识的趋同性，并经历了类似的发展阶段。相比于民事证据法及行政诉讼证据法，刑事证据法的发展最具典型性，因为在刑事证据领域，欧洲诸国几乎都经历了典型的神意裁判、罗马教会证据制度（邻里裁判）、法定证据制度以及自由心证制度的历史演进，构建了世界主流的证明模式，并影响了亚洲、非洲、拉丁美洲的其他国家。因此，欧洲刑事证据制度的发展，也可以称为人类社会刑事证明模式演进的重要范例。故本章将仅从欧洲近代刑事证据制度演进的视角出发，介绍和解读具有代表性和重要意义的证据制度[1]。

莱维-布吕尔（Lévy-Bruhl）教授在《司法证据——基于法社会学的研究》[2]一书中将刑事证据制度的演进史一分为二：非理性证据制度（irrationnel）与理性证据制度（rationnel）。前者主要指以神意裁判、决斗、宣誓等为主要证明手段的证据制度，后者则主要指以物证、书证、人证等为主要证明手段的证据制度。这种分类方式简单清晰，在理论界具有广泛的影响力。但理性与非理性的分类方法过于简单，既未能准确表达出每种刑事证据的核心特质，还容易形成优劣评判的前见，忽视了特定历史条件下人类认知水平的限制和社会群体认同的复杂性。此外，“非理性证据”与“理性证据”的划分，还刻意强调了刑事证明制度的割裂，忽视了两者之间的继承与共存。事实上，许多“非理性证据”在近代刑事证据制度中依然存在，只不过以更

---

〔1〕 参见 Roger Henrion, La preuve en droit romain, in La Prevue en droit, Études publiées par Ch. Perelman et Foriers, Bruylant, Bruxelles, 1981, p. 59 et s; F. L. Ganshof, La preuve dans le droit franc, in La Preuve, Recueils de la Societe Jean Bodin (4 vols), Paris, 1965, p. 71 et s.

〔2〕 Henri Lévy-Bruhl, *La preuve judiciaire*, *Étude de sociologie juridique*, Librairie Marcel Rivière et Cie, Paris, 1964.

加“隐秘”的方式存在，或者转化为证明的理念。

法国著名刑法学家皮埃尔·布扎（Pierre Bouzat）教授将刑事证据制度的演进发展分为四个阶段：“第一阶段为‘宗教证据’或‘非理性证据’阶段，即通过神意裁判、宣誓或‘上帝判决’来运用证据；第二阶段为‘法定证据阶段’，立法者确定一套具有严格证明力位阶的规则体系。其中，口供系‘证据之王’，置于该体系的最顶端，通常由暴力手段获得（酷刑或拷问）；第三个阶段为‘情感证据’阶段（即自由心证阶段），与人本主义思想的出现相对应。在此一阶段，法官或陪审团依自由心证裁断，矫正了以往残暴的做法；第四个阶段为‘科学证据’阶段。随着科学尤其是人类科学的发展，同时也因受到实证主义法学派的影响，科学证据开始出现，并取代了过去一些经验式的证据调查方法。”〔1〕本书认为，从严格意义上讲，科技证据并非独立的刑事证明阶段，而是法庭科学高速发展背景下自由心证制度的延伸，两者紧密联系，不可截然分开。但鉴于科技证据对于事实认定将发挥越来越重要的作用，故本书将其单独列出进行介绍。需要特别指出的是，科技证据仅能为法官提供较具证明力的依据，但无法取代法官的心证。

此外，在我国，主流学者对英国证据法了解更多。但从现实情况来看，英国证据法仅是欧洲刑事证据制度的一个特例，虽能提供必要的知识支撑，但却具有片面性，且与我国职权主义诉讼构造存在较大冲突。且欧洲近代刑事证据制度的形成与分野，也是国际刑事证据制度发展的反映，已成为当前证据理论研究的范本，其较为清晰的发展脉络也有助于初学者全面理解和掌握世界刑事证据制度的历史沿革和最新动向。本章将根据“四阶段说”介绍非理性证据制度、法定证据制度、自由心证制度和科学证据制度，并对当代不同法系的证据制度进行横向比较分析，全方位解读证据法的历史演进。

第一节　非理性证据制度

一、非理性证据制度的核心内容

非理性证据制度是欧洲古代（含中世纪早期）刑事证据制度，又被称为神示证据制度或神判证据制度。非理性证据制度是在早期人类社会受生产力发展水平限制、文明程度较低的情况下产生的。当时的人们普遍信奉神灵，相信“神意”即是公平、正义。因此，当诉讼中需要辨明是非时，司法人员往往会祈求神灵帮助作出决断，并借用一定的形式使“神意”显现，故谓之“神示”或“神判”。鉴于主流学说大多将该时期的刑事证据描述为“非理性证据”或者“宗教证据”，故本书也采用“非理性证据制度”的表述。

---

〔1〕 Pierre Bouzat, La loyauté dans la recherche des preuves, in Problèmes contemporains de procédure pénale. Recueil d'études en hommage à Louis Hugueney, Paris. Sirey, 1964, p. 155 et 156.

但是也应当指出，虽然“非理性证据制度”的表述总体上符合当时的历史状况，但是容易造成三大认识误区：其一，“非理性证据制度”的表述会让人误认为古代欧洲法中没有理性形式的证据，法官总是诉诸超自然或神明的力量以探求案件真相。但事实上，在古代欧洲法中（无论成文法或者习惯法），证人证言甚至文书证据等“世俗”或者“理性”的证据形式依然广为使用。[1] 裁判者仅在未有理性证据的情况下，才能诉诸宗教证据以查明真相。其二，“非理性证据制度”的表述会让人忽视神意裁判的实质变化。在学术表达上，“神意裁判”是宽泛的称呼（法语：jugement de Dieu，德语：Gottesurteil，英语：judgement of God），其在不同的国家中有着不同的表现形式，在不同的历史阶段中也会呈现不同的内容，且有实质性的区别。[2] 在早期的客观神判（jugement de Dieu objectif）时代，法官仅以中间裁决（la décision interlocutoire）的方式决定适用某一类型的神明裁判方式，但对具体的裁判结果并无掌控力。裁判者的作用消极机械，不得对抗神启（révélation）的结果。在后期的主观神判（jugement de Dieu subjectif）时代，裁判者可以借上帝之名介入刑事裁判，听取各方当事人陈述，审查各类证据并作出判决。司法权逐渐以“神授”的方式独立运行，并在一定程度上超越了王权。其三，“非理性证据制度”的表述会让人将古代与中世纪早期的类似做法割裂开来。事实上，许多神明裁判方式一直存续至中世纪早期，宣誓制度更是适用至今（尽管在形式和功能上均发生了根本变化）。因此，本书将对该时期以神意裁判为标志的非理性证据制度进行全面介绍，主要包括以下几种形式：

（一）单方的神意裁判：司法考验

单方的神意裁判，是指刑事被告一方要接受法定形式的考验，以特定“神启”的表征来确认其无罪或排除嫌疑的证明模式。这种证明方式在古代欧洲颇为盛行，且形式多样，主要有以下三种：一是沸水考验，是指让被告将手伸入充满沸水的锅中取出物品，如未烫伤，则为无罪，反之则有罪；二是烙铁考验，是指让被告手握烙铁或者在烧红的犁铧上行走，如受伤部位在一段时间内痊愈的，为无罪，如留有伤疤，则为有罪；三是冷水考验，是指将被告投入河中，由于人们坚信纯洁的河水不能容下有罪之人，因此如被告浮于水面，即为有罪，反之则无罪。类似的单方神意裁判形式还有很多，其相同点为均具有痛苦或侮辱的特征，在罗马法时代通常只适用于奴隶、农奴或异教徒。单方的神意裁判在欧洲中世纪早期达到鼎盛，随着罗马帝国的坍塌和蛮族的入侵，罗马法所推崇的证据形式日趋衰微。

研究欧洲单方的神意裁判制度最为重要的法律文献之一为《瓦拉迪安斯

---

〔1〕 Roger Henrion, La preuve en droit romain, in La Prevue en droit, Études publiées par Ch. Perelman et Foriers, Bruylant, Bruxelles, 1981, p. 59 et s; F. L. Ganshof, La preuve dans le droit franc, in La Preuve, Recueils de la Societe Jean Bodin (4 vols), Paris, 1965, p. 71 et s.

〔2〕 Robert Jacob, Le jugement de Dieu et la formation de la fonction de juger dans l’histoire européenne, in Archives de Philosophie du Droit, tome XXXIX, 1994, p. 87.

记录文书》（Regestrum Varadiense），是匈牙利国王安德烈二世（1205 年～1235 年）在位期间由奥拉迪亚（即现在的罗马尼亚奥拉迪亚地区）匈牙利神庙的教士所著。古匈牙利法院每年均会将部分案件的当事人送至神庙进行烙铁考验，《瓦拉迪安斯记录文书》也记载了奥拉迪亚地区每年进行神意裁判的案件数量，但并未记录铬铁考验的程序细则。在神意裁判的年代里，成文文献和司法记录都非常少，因此《瓦拉迪安斯记录文书》是十分珍贵的史料。

法史学家范·卡内冈（Van Caenegem）的细致研究如下：[1]

表 2.1　神意裁判的适用情况

年份	适用神意裁判的案件数量（单位：起）
1208 年	4
1213 年	63
1214 年	44
1215 年	40
1216 年	13
1217 年	10
1219 年	60
1220 年	45
1221 年	43
1222 年	22
1226 年	11
1229 年	16
1234 年	11
1235 年	7
总计	389

适用神意裁判的案件既包括刑事案件，也包括民事案件（当时刑事诉讼与民事诉讼并未严格区分）。刑事案件主要为盗窃案和投毒案，神意裁判的结果包括：被告无罪、有罪、原告撤回控告、当事人和解。在司法实践中，被告通常会找一位奴隶代为接受烙铁考验。《瓦拉迪安斯记录文书》记录了案件的处理结果（389 起案件中，308 起有结果记录）：

---

〔1〕 Van Caenegem, La preuve dans le droit du moyen âge occidental, in La Preuve, Recueils de la Societe Jean Bodin (4 vols), Paris, 1965, p. 699.

表 2.2 适用神意裁判的案件处理情况

案件处理结果	数量（起）
无罪	130
有罪	78
当事人之间形成合意	75
原告撤诉	25

（二）双方的神意裁判：司法决斗

双方的神意裁判，是指涉讼双方均应接受神的考验，神力将庇佑无辜者获胜的原始证明形式。当事人在司法决斗中通常会使用最原始的武器：盾牌与棍棒。东歌特人（les Ostrogoths）最早是承认司法决斗的，但是后来在国王狄奥多里克（Théodoric le Grand）的影响下废弃了这一制度。在勃艮第人、萨利克法兰克人（公元 6 世纪后）和里普利安法兰克人（大概在公元 7 世纪）的法律中，均能看到这种证据形式。尽管最早的《萨利克法典》中并没有规定司法决斗，但法兰克人在公元 6 世纪就已经将决斗作为刑事证明的一种主要方式了，“6 世纪的晚期书面记录并非一项革新，而是遭暂时压制的习惯之复兴”。[1] 史料表明，自 6 世纪至 9 世纪早期，绝大多数欧洲大陆的日耳曼民族均将决斗作为刑事裁判的重要证明方式，并影响了英国和北欧。中世纪早期，随着封建制度的发展和骑士文化的兴起，司法决斗变成了骑士阶层最热衷的纠纷解决方式，并且逐渐演变为一种激进的生活方式和尊严象征。

“战争和单人决斗仍然是人们灵魂中占支配地位的激情。试图对他们钟爱的凶残想法进行任何改善，都会遭遇他们最极端的蔑视和愤慨。然而，其中一些思想比较开明的人，极力想把这种勇气的迸发和军事暴力引向对它本身的克制和对它自身滥用的矫正上去。他们自己组织起军事性的社团来救济受到伤害的无辜者，抚慰所有的压迫和冤抑，保护弱者和不能自卫的人尤其是妇女；制止虐待，推进公用事业和公共安全的改进。……这就是骑士制度和骑士侠义精神的源流”，“当爱和宗教联系在一起，在武士骄傲的头盔上闪耀着光环，骑士精神把它的支持者从碍手碍脚的司法体制中解脱了出来。尽管骑士们充满敌意的对抗不太会被认为是寻求上帝裁决的神裁，但是，从个人的技能和在战争、爱情中的优越地位而来的声名中，滋长了虚荣和自负。这种自负使战士们不再关注当初创设这一制度时赋予这种制度的那些美好而精致的情感了”。[2]

---

〔1〕 Heinrich Bruner, Deutsche Rechtsgeschichte (2 vols: 1, 2nd edn, Leipzig, 1906, repr. Berlin, 1961; 2. rev. Claudius von Schwerin, Berlin, 1928, repr. Berlin, 1958), 2, p. 556. 转引自［英］巴特莱特：《中世纪神判》，徐昕、喻中胜、徐昀译，浙江人民出版社 2007 年版，第 135 页。

〔2〕［英］约翰·基甸·米林根：《西方决斗史》，苟峥译，中央编译出版社 2012 年版，第 44 页。

在司法实践中，司法决斗被广泛运用于各种类型的案件。例如：11 世纪意大利的《伦巴第法文集》中列举了 23 种“可能导致司法决斗的行为”，包括叛逆罪、性犯罪、纵火罪、投毒罪、证言冲突、对书证的异议、财产案件，以及一定金额以上的盗窃罪。[1] 这足以说明司法决斗适用的广泛性：既有针对人身的犯罪，也有针对财产的犯罪；既有刑事案件，也有民事事件以及政治案件。概括而言，中世纪欧洲大部分国家适用司法决斗的案件类型主要包括：恶性极大且秘密实施的犯罪，如叛逆罪、纵火罪和投毒罪；证据之间有争议的刑事案件；恶性不大但秘密实施的犯罪，如盗窃。轻微案件通常不适用决斗。英国在 1066 年诺曼征服之后引入了司法决斗，但具体时间无法查明。司法决斗在英国不仅适用于刑事诉讼，也适用于民事诉讼，尤其是涉及不动产争议的案件。

（三）宣誓涤罪

宣誓涤罪是性质特殊且存续时间最长的一种神意裁判方式，是指被告以特别虔诚的宗教方式，立足忠诚品格、宗教信仰、对已知或未知力量的恐惧（伪誓）而作出的事实论断，旨在证明自己无罪或起诉无依据的证明方式。宣誓在欧洲范围内极为盛行，但形式不一，较为常见的是共同宣誓，指除被告外，还应有一名或数名共同宣誓者（司法实践中最为常见的是被告的父母或者近亲属）作出支持被告的论断。从诉讼地位上看，共同宣誓者类似于品格证人，其无须就作证内容接受讯问，仅发表支持被告的论断。不同国家或地区对共同宣誓者的人数要求不相同，有 3 人、5 人、7 人或 12 人。在英国伦敦，共同宣誓者的人数甚至可以达到 36 人。宣誓通常在圣地进行，应摆设祭品并举行宗教仪式。宣誓者在宣读誓词时还要接受考验，例如喝下“用于宣誓的圣水”，以检验誓言的真实性。与其他神意裁判方式不同，宣誓不能立即区分有罪或无罪，对伪誓者的处罚通常较为滞后。如果在宣誓后至作出判决前的期间宣誓者遭遇一连串事故，则构成伪誓；反之则不构成伪誓。

二、非理性证据制度的核心特质

在欧洲的初民社会中，虽然非理性证明形式较为多样，且地区间差异较大，但非理性证据制度仍然蕴涵着共同的核心特质：其一，证明方式带有明显的非理性色彩，主要借助神明等超自然力量，证据的客观性及关联性不足，非逻辑化的因果关系在证明手段与待证对象之间形成明显割裂。在对案件事实的判断中，非理性证据制度未运用现代意义上的演绎与归纳逻辑。其二，法官的能动性较小，权力极为受限。在神意裁判中，法官与当事人一样是被动的旁观者，仅能决定神意裁判的方式，但无法左右神意裁判的结果。直到中世纪中后期，随着人类文明的发展，客观神意裁判逐渐演变为主观神意裁

---

[1] ［英］巴特莱特：《中世纪神判》，徐昕、喻中胜、徐昀译，浙江人民出版社 2007 年版，第 138 页。

判，法官的主观能动性及权威的裁判权才逐渐得以彰显。其三，证明责任分配无序，主要由被告承担。在宗教证据制度下，被告需要接受司法考验，来证明自己无罪。在司法决斗中，原、被告均承担相同的证明责任。在一些极其特殊的情况下，证人和法官也要承担一定的证明责任。其四，证明过程与裁判过程融为一体，证明即为诉讼。在欧洲的初民社会中，神意裁判既可以理解为证明方式，也可以理解为裁判方式，还可以理解为某种宗教仪式，三者在功能上并无实质差别。其五，证明手段原始、残忍，经常会与刑事处罚融为一体。在附司法考验的神意裁判中，许多刑事被告无法通过"神明"的考验，在证明过程中即接受了"神明"的处罚，致残乃至丧命。部分现存史学资料记录了许多被告人因接受水刑、烙铁刑、毒刑、食物刑、司法决斗而丧命的案例。即便到了中世纪早期，欧洲每年仍有为数众多的刑事被告死于神意裁判，尤其是司法决斗。〔1〕

三、非理性证据制度产生的原因

非理性证据在人类社会的古代法中具有普适性，不仅在欧洲盛行，在同时期的亚洲、非洲、拉美洲等国家中也有类似的制度设计。非理性证据制度产生的根本原因，在于社会文明程度低、人们认知能力弱。一如前述，欧洲古代法中也有理性证据形式的存在，如证人证言和文书证据，但理性形式的证据在应用于司法实践时却存在很大的局限性。例如：证人证言极易作假，因此要辅以宣誓或司法考验来验证。囿于一般大众较低的教育文化水平，文书证据很难在初民社会中普遍适用。正如冉·菲利浦·莱维（Jean-Philippe Lévy）教授所言，"现代的理念很难理解为何人类社会在如此漫长的时间内对这些相当乏力的调查手段赋予一定的证明力，结果更多具有或然性，而非调查所得的真相。但事实真相却往往与考验的结果吻合"。〔2〕初民社会普遍接受这些非理性的宗教证据，冉·菲利浦·莱维教授也谨慎地作出了解释，"一些设考验的神意裁判应用了某种经验的物理或化学方法，或者说神明时代的'科技证据'。这些神意裁判立足经验或无意识的心理学方法：真正的罪犯不敢接受考验，而倾向于认罪，或者即便不认罪，一开始也显得心虚，极易失败……而在外部氛围，公共舆论及立法者时常鼓吹神意裁判的正当性，这也令被告不敢说谎或者提供虚假证词。当然，神意裁判也会导致一些错案，但受害人却时常听之任之，因为他们内心深处认同超验的启示，并判定冥冥之中，自有天意"。〔3〕

〔1〕［英］约翰·基甸·米林根：《西方决斗史》，荀峥译，中央编译出版社2012年版，第40页及以下。

〔2〕Jean-Philippe Lévy, L'évolution de la preuve, des origines à nos jours, in La Preuve, Recueils de la Societe Jean Bodin (4 vols), Paris, 1965, p. 17.

〔3〕Jean-Philippe Lévy, L'évolution de la preuve, des origines à nos jours, in La Preuve, Recueils de la Societe Jean Bodin (4 vols), Paris, 1965, p. 17.

有学者[1]尝试以神判运作所处的共同社会类型来解释其合理性。他们认为，"（神判是）某些难题的一种令人满意的解决方法……在其社会背景中是理性的"，"在'面对面的小型群体'构成的世界中，神判是'一种［达成］共识的工具'。它是缓慢的、弹性的和治疗性的，即它'对群体的紧张情绪适用一种深思熟虑的抚慰'，并'使人心平气和，缔造安宁'"。[2]

尽管不同学者从不同的研究角度对有限的历史素材进行了差异化分析，但也形成了一致性的结论，即神意裁判在特定历史条件下具有"可接受性"，至少对于普通的大众阶层而言确实如此。[3] 从程序法的角度考量，这种裁判形式的"可接受性"源于社会治理中纠纷解决的必要性和有限条件下证据形式的稀缺性。在国家权威尚未完全形成之前，社会群体对宗教的原始服从成为纠纷解决的重要保障机制，从而有效地遏制了人类群体的越轨行为，使社会运作有序进行。因此，神意裁判所展现的结果虽然不比理性准确，但却能够获得公众的普遍接受。

在此一问题上，卢曼（Luhmann）有着精辟的论述，"对决定合法性的承认并非基于当事人是否确信决定的必然性、正确性和正义性。与此相反，程序向相关的个人提供了一个学习过程，让他们接受程序的结果并作为将来行为的依据。唯一重要的是外部意义上的成功。虽然被证实有罪的被告人会对有罪判决不满意，但他们仍然表现顺从，因为他们不得不认识到他们无法动员亲友和普通公众反对这一判决。这种成功只有在对约束性判决的承认已制度化了的社会氛围中才能实现。这就是程序的贡献：它不需要个人确信他们得到了公正的对待，而是改变了当事人的期望结构和生存环境，通过这种方式将当事人在程序中整合起来，使得他们在最后除了接受决定以外别无选择（就像我们虽然不喜欢某种天气，还是无可奈何地接受了它）"。[4]

四、非理性证据制度在欧洲的衰微及消亡

神意裁判在欧洲古代乃至中世纪早期的刑事证明中一直占据主导地位，但也陆续受到了一些精英人士的批评。9世纪，法国里昂大主教阿戈巴尔德提出，"忠实的信徒不应当相信全能的上帝会希望通过沸水或热铁来揭示人们现实生活中的秘密"，"它是一项人类的发明，一种上帝从未指示、从未期望的证明，且正如可论证的那样，一种并未通过圣徒或任何忠实信徒的范例而引入的证明……倘若上帝规定了神判"，"那么他就不会命令每一城市设立法官

〔1〕尤其是秉承社会人类学观点的学者，比较有代表性的如彼得·布朗（Peter Brown）和保罗·海厄姆斯（Paul Hyams）。

〔2〕［英］巴特莱特：《中世纪神判》，徐昕、喻中胜、徐昀译，浙江人民出版社2007年版，第50页。

〔3〕需要特别提及的是，神意裁判在当时也存在一些反对者，尤其是精英阶层，下有详述。

〔4〕［德］克劳斯·F. 勒尔："程序正义：导论与纲要"，陈林林译，载郑永流主编：《法哲学与法社会学论丛》，中国政法大学出版社2001年版，第299页。

和治安法官，那些否认指控之人将由证人证明有罪，或是在没有证人的情况下，案件以宣誓来终结”。[1] “倘若一切未来之事皆不确定，则试图通过可憎的决斗令不确定之事确定下来是何等惊人的愚昧。”[2] 尽管质疑声一直存在，但由于受到时代背景的限制，这些质疑声并不能成为主流。

到了12世纪，神意裁判开始面临危机，主要表现为以下两个方面：一是欧洲许多国家的统治者开始表现出对神意裁判证明制度的不信任，他们担心真正的罪犯会因为“神意裁判”的结果而逃脱公正惩罚，危及国家统治秩序。例如：12世纪前期的英国，有50位被指控在王室树林里犯罪的被告人接受了铁刑考验，因无人受伤被全部无罪释放。英王威廉二世对此结果非常不满，怀疑是教士们在考验中作弊，严重损害了王权和王室威望，因此决定不再适用这种证明方式。另一位英王亨利二世也对神意裁判持反对态度，他分别于1166年和1177年下令，规定在有目击证人的情况下，即便被告人成功通过冷水考验，也不能证明其无罪。法国、意大利、西班牙等国家的国王“授权”部分城镇不适用单方的神意裁判和司法决斗，后来这种做法几乎扩及到了整个欧洲。二是以神学家为主的人士也开始对不同形式的神意裁判展开程度不一的批判性思考，并且形成了一系列对权力阶层和底层民众均具影响力的学术著作。沃尔姆斯主教布克哈德（Burchard de Worms）在《沃尔姆斯教会家庭法》一书中对宣誓涤罪的神意裁判方式大加批判。他通过梳理案件认为，商人阶层更愿意进行宣誓涤罪，因为伪誓太过容易，却未有明显的“神力”制裁。布克哈德主教认为，司法决斗更能彰显神明意志。布鲁日主教加尔伯特（Galbert de Bruges）也持有相同观点，他讲述了这样一个案例：来自爱登堡（Aardenburg）的骑士兰伯特（Lambert）被控于1127年谋杀了查尔斯·乐·邦（Charles le Bon），但兰伯特顺利通过了烙铁考验。后来，兰伯特又涉嫌另一起刑事案件并参与司法决斗，最终被击杀。加尔伯特主教评论道，兰伯特无疑是有罪的，他之所以能通过烙铁考验，是因为上帝给了他一次改邪归正的机会，他没有珍惜这次恩赦，终究被杀。加尔伯特主教同时也是法兰德斯的法务人员，丰富的实务经验让他认为单方的神意裁判太过宽松，容易纵容真正的罪犯，因此他认为司法决斗更适宜作为证明手段以取代单方的神意裁判。许多欧洲知识精英反对所有的神意裁判，例如：皮埃尔·勒·尚特雷（Pierre le Chantre）在《浓缩的天主之言》（Verbum abbreviatum）一书中指出，“在烙铁考验中取胜的，比的是结茧的手，在冷水考验中取胜的，比的是呼吸调节，而在决斗中取胜的，比的是训练致胜”。[3] 直至12世纪下半

---

[1] ［英］巴特莱特：《中世纪神判》，徐昕、喻中胜、徐昀译，浙江人民出版社2007年版，第96~97页。

[2] ［英］巴特莱特：《中世纪神判》，徐昕、喻中胜、徐昀译，浙江人民出版社2007年版，第97页。

[3] Van Caenegem, La preuve dans le droit du moyen âge occidental, in La Preuve, Recueils de la Societe Jean Bodin (4 vols), Paris, 1965, p. 713.

叶，欧洲神学家反对神意裁判的意见终于成为了主流观点，并最终影响了立法。[1]

首先消失的是单方的神意裁判。在意大利北部城市中，单方的神意裁判于12世纪左右消亡。单方的神意裁判在其他城市消失的时间相对较晚，例如：在伊斯特拉半岛的弗里乌消失的时间为1234年，在贝内文托消失的时间为1230年，在利士里亚的阿普里卡莱消失的时间为1267年。1231年，意大利国王腓特烈二世颁布法令，再次禁止适用神意裁判。在西班牙，单方的神意裁判是在13世纪中叶才被彻底废除的。[2] 在葡萄牙，夫来索于1152年、梅尔加苏于1181年、乌罗什于1182年、圣克鲁斯于1125年分别废除了单方的神意裁判制度。在法国，中部地区的单方神意裁判消亡较早，如图鲁兹地区为1159年；北部地区的消亡较晚，大约为12世纪末期至13世纪早期。在法兰德斯，单方的神意裁判制度在12世纪下半叶被司法官调查制度（veritas scabinorum）取代，文献中最后一次提及单方神意裁判（火刑）的时间为1208年。在德国，单方的神意裁判制度消亡较晚，1220年至1235年的《萨克森明镜》（Sachsenspiegel）中依然规定了该制度。直到13世纪下半叶、14世纪初期，仍有一些法律规定了单方的神意裁判，如《莱比锡地方法》（Richtsteig Landrechts，约1325年）。在斯堪的纳维亚地区，瑞典在13世纪中叶才废除了单方的神意裁判，挪威对单方神意裁判的废除时间大约为1248年（1247年登基的哈康国王颁布法令废除了烙铁刑），丹麦为1216年（瓦尔德马二世通过国王法令废除了烙铁刑）。在匈牙利和斯拉夫国家，单方的神意裁判适用了很长时间，匈牙利大约于13世纪末、波兰于14世纪初、卡西米尔于14世纪中叶、塞尔维亚于1354年、波希米亚于1355年（查尔斯四世的《卡洛琳娜王室法令》）、克罗地亚于14世纪分别废除了单方的神意裁判制度。

与单方的神意裁判相比，司法决斗消亡的时间较晚，主要是因为许多欧洲国家的骑士阶层（特别是伦巴第人和日耳曼人）特别崇尚决斗，将其视为勇气和荣誉的象征。虽然第四次拉特兰会议认为司法决斗的影响远不如单方的神意裁判，且教会教义也对司法决斗持反对态度，甚至欧洲许多城镇的行政首长都以地方法令的形式禁止适用这一制度，司法决斗仍在欧洲民间盛行。因此，法史学家无法准确认定欧洲各国司法决斗消亡的具体时间，仅能作出粗略估计：意大利和西班牙大约在14世纪初；葡萄牙王室于14世纪和15世纪出台法令禁止司法决斗，但即便如此，在15世纪时，仍然有许多贵族热衷于以司法决斗来裁决刑事争讼。在法国，路易九世曾禁止在其领地内进行司法决斗，但1306年，菲利浦九世迫于贵族压力又重新引入司法决斗。在整个

---

〔1〕 例如，胡古齐奥的学说对教皇英诺森三世产生了重大影响，直接导致了在第四次拉特兰会议上出台了第18条教规。

〔2〕 西班牙于1247年颁布了《韦斯卡法典》（Code de Huesca）。

14世纪中，法国的不少地区都存在司法决斗的案例。在英国，司法决斗在12世纪就开始衰微。自13世纪初，司法决斗便被刑事陪审团所取代，因此，司法决斗仅在理论上存在，在司法实践中极少发生。法兰德斯于1116年废除了司法决斗，但直至14世纪，仍有不少司法决斗的个案发生。在德国和匈牙利，直至中世纪末，司法决斗的案例仍然大量存在。

需要特别指出的是，宣誓涤罪在绝大部分欧洲国家中一直沿用至今，但性质和功能均有所改变：宣誓涤罪不再是具体的证据形式，而是证人作证的前置程序。证人宣誓后作伪证的，将受到伪誓罪的刑事处罚。被告通常有权不进行宣誓。

五、非理性证据制度对欧洲近代刑事证据制度的影响

从现有学术成果来看，神意裁判虽然对欧洲近代刑事证据制度产生了一定影响，但并未引起应有的重视。原因可能在于神意裁判距今已年代久远，刑事证据的历史传统沿革在漫长的制度进化中被稀释，而且现在人们观念中的“非理性”证据形式很难与通过理性证据制度来揭示案件客观真相的诉讼目的相融合。但事实应如美国著名法史学家伯尔曼（Berman）所言，“这就是整个历史的统一性，任何力图了解它的某个片断的人都必须意识到，他的第一个句子就撕裂了一张没有接缝的网”。[1]

非理性证据的某些“基因”以隐性或显性的方式存在于欧洲近代刑事证据制度中。例如，神意裁判制度孕育了证据自由原则的核心要素，并为欧洲独立的刑事司法体制奠定了基石。一如前述，从罗马帝国后期到公元12世纪，客观神判逐渐取代主观神判，巫师开始假借上帝之名介入刑事诉讼，听取各方当事人陈述，审查各类证据并据此作出裁断，这就是罗伯特·雅克伯（Robert Jacob）教授所谓的“神谕裁判”。[2] 神谕裁判始于弥撒，礼拜仪式为颂扬神之裁判者。之后则为以水驱魔，并告诫各方当事人：“耶稣基督的身体与鲜血今日用于考验”（Corpus hoc et sanguis domini nostri Jesu Christi sit tibi as probationem hodie）。仪式后，巫师开始履行刑事裁判者的职权，对证据的证明力作出一定程度的“自由”评价。神谕裁判是法官自由心证的雏形。巫师在诉讼中须听取各方当事人意见，对各类证据进行细致审查，以去粗取精、去伪存真，并最终形成证据链条。这与现代自由心证制度中的“裁判者通过直觉从证据裁量到责任伦理”的过程十分相似。

雅克伯教授认为，神谕裁判是人类司法史上一个非常重要的发展阶段，具有现代刑事司法制度的许多核心特质，包括刑事司法独立于行政权。事实

---

〔1〕［美］哈罗德·J. 伯尔曼：《法律与革命——西方法律传统的形成》，贺卫方、高鸿钧、张志铭、夏勇译，中国大百科全书出版社1993年版，第57页。

〔2〕Robert Jacob, Le jugement de Dieu et la formation de la fonction de juger dans l' histoire européenne. in Archives de Philosophie du Droit, tome XXXIX, 1994, P. 87.

上，现代刑事诉讼在宗教与世俗分离时并未消除“神力”对于裁判的作用。与其说中世纪后期刑事程序的转变是对神的“驱逐”，不如说是对神的“重构”。法官保留了对“神力”的生动记忆，这一点在欧洲普遍以“末日审判”或“耶稣受难记”为法庭背景的图腾中可得以佐证。刑事法官在作出裁判的一刻即超越凡尘，注入了神的力量，刑事司法权之于王权，如同神权之于世俗权，崇高而独立。这也是许多未经历欧洲“从神至人”诉讼发展阶段的国家，迄今难以确立刑事司法的真正独立地位的原因。

对于宣誓制度，12世纪后，宣誓涤罪受到罗马教会诉讼的冲击而在功能上发生了根本转变：利害关系人的誓词不再是证明案件真相的直接证据，而是佐证证言真实性的辅助证据。与其他形式的神意裁判不同，宣誓在欧洲刑事司法中一直占据重要位置，且时至今日仍然发挥着积极作用。根本而论，对上帝的敬畏与信仰以简约的形式（誓词）体现在刑事司法的裁判中，彰显了法庭的庄重与权威。如法国社会学家涂尔干（Emile Durkheim）所言，“不管宗教生活以什么样的形式出现，它的目的都是为了把人提升起来，使他超越自身，过一种高于仅凭一己之力而放任自流的生活：信仰在表现中表达了这种生活，而仪式则组织了这种生活，使之按部就班地运行”。这大概就是欧洲刑事裁判核心特质的重要体现。

第二节 法定证据制度〔1〕

一、法定证据制度的核心内容

中世纪后期，非理性证据逐渐式微，理性刑事证明制度开始占据主导地位。12世纪至16世纪，欧洲各国的法学家们开始尝试多种全新的证据形式，形成了3种具有差异性的证据制度：①罗马教会证据制度，在意大利全境、法国和西班牙的部分城镇适用；②调查证人的证据制度，在德国、荷兰、苏格兰和法国部分城镇适用；③邻里裁判的证据制度，在英国、诺曼底、法兰德斯、斯堪的纳维亚等国适用。16世纪后，罗马教会证据制度在欧洲大陆成为主流，且一直延续至今；与此同时，英国另辟蹊径，构建了以陪审团为核心的证据规则体系。

近代学者将罗马教会刑事证据制度〔2〕概称为“法定证据制度”，自13世

〔1〕 更详细的研究，参见施鹏鹏：“法定证据制度辨误——兼及刑事证明力规则的乌托邦”，载《政法论坛》2016年第6期。

〔2〕 在中世纪中后期，法定证据制度亦适用于民事诉讼。事实上，欧洲不少国家的民事诉讼至今依然奉行法定证据制度。

纪起，欧洲各主要国家的立法者相继在刑事证据立法[1]上确立了十分精确的证明力等级体系，详细规定了每种证据形式的可采性、不同种类证据在诉讼中的证明力以及证据间出现证明力冲突时的优先取舍。法定证据制度包括三项核心内容：其一，法定的证据形式；其二，法定的证明力规则；其三，刑讯程序中酷刑的应用。

（一）法定的证据形式

欧洲各国立法中均明确规定了具有证据资格的证据形式，具体包括书证、证人证言、口供、推定、现场调查以及专家鉴定。

1. 书证。书证在刑事诉讼中的运用相对有限，仅适用于阴谋暴乱罪（complot contre l' État）、异端罪（hérésie）、伪造罪（faux）、暴力罪（usure）以及文书恐吓罪（menaces écrites）等。在民事诉讼中，书证在中世纪中后期得到了极大的发展，内容既包括公证文书（instrumenta publica），也包括私人文书（instrumenta privata），证明力甚至超过了证人证言，这也就是通常所说的“文书优于证言”规则（Lettres passent témoins）。

2. 证人证言。证人证言的适用须遵循如下规则：其一，证人应具有作证资格，不在回避之列。回避事由主要包括证人的情感状况，例如爱慕（l'affection）、恐惧（la crainte）、仇恨（l'inimitié capitale）等；证人的身体或名誉状况，例如年龄衰老（la faiblesse de l'âge）、精神衰弱（faiblesse de l'esprit）、失去信誉（l'infamie）等；证人与案件的利害关系，例如个人利益（intérêt personnel）、亲属关系（la parenté）、穷困潦倒或乞食等。罗马法学家参照《学说汇纂》总结了证人的作证资格：身份、性别、年龄、判断力、声誉、财产、忠诚（Conditio，sexus，aetas，discretio，fama，fortuna，fides，in testibus ista requires）。其二，证人证言应具有“说服力”（concluante），严格适用传闻证据排除规则。具体而言，证人须亲眼看到指控事实的发生，不得转述或以听闻事实作证。证人在侦查、核实证据（les récolements）和对质（les confrontations）的过程中，都必须遵守法律规定的各种程序。其三，两人作证规则，即至少有两名证人对同一指控事实及情节提供证言，且在根本内容上具有相似性。到了中世纪中后期，两人作证规则成为了证人作证所必须要遵循的规则，如拉丁法谚所云，“仅有一人作证，即无证人作证”（testis unus，testis nullus）。这一规则甚至被沿用至今。其四，证人有作证的义务。在智者法下，证人作证是公共职责（officium publicum），法官可以强制证人作证。虽然日耳曼等一些国家的习惯法中未规定这一义务，但证人不作证或作伪证可能导致决斗。

---

[1] 最为典型的当属1532年神圣罗马帝国皇帝查理五世所颁布的《加洛林纳刑法典》。法国1670年的《刑事法令》虽未冠以法定证据制度的表述，但基本理念是类似的，只不过更加隐晦。如法令第19编第1条规定了适用酷刑所需要的证据，第25编第5条规定了口供在一些情况下的精确定位。意大利在同一时期也盛行法定证据制度，法学家阿尔贝图斯·德·甘地纳（Albertus de Gandina）在《论罪行》（traité de maleficiis）一书中便专设两章以阐释这一套复杂的证明制度。

3. 被告口供（l'aveu）。在罗马教会主导的诉讼中，被告口供是极为重要的证据，长期被冠以“证据之王”的称号。在侦查能力较为低下、取证技术较为落后的中世纪，口供也是刑讯逼供和酷刑制度存在并盛行的根本原因。许多近现代法学家和启蒙思想家在批判中世纪刑事证据制度时，常以酷刑和口供为切入点，披露各种残暴的刑讯手段，以抨击旧制度下刑事司法的黑暗和残忍。虽然从现代人权法治的角度，对于酷刑和口供的批判是成立的，但是回看历史背景，仍然可以发现批判性观点中的错误，原因在于批判者只是片面地认识了中世纪的被告口供制度。例如，在罗马教会主导的诉讼中，原则上被告的口供应为自愿作出，不得被强迫自证其罪。仅在特别严重的刑事案件中（可能判处死刑），且存在证明力较强的不利证据指向被告时，法官才能对其适用酷刑。即便在这种情况下，口供亦应在被告身体恢复后经重新讯问才能成为证据。

4. 推定（les présomptions）。推定是法官从一个已知事实得出另外一个未知事实的逻辑推理过程。18 世纪法国著名法学家尤斯（Jousse）在论及刑事诉讼中的推定时提到，“如果针对于主要事实的证人证言并不能证明案件事实本身，但是可以证明其他事实，且其他事实与主要事实之间存有关联并可予以证明，则法官将依智识分析适用该份证人证言”。[1] 主流学说将推定分为法律推定（les présomptions de droit）和事实推定（les présomptions de fait）。法律推定是指立法所明确设定的必然逻辑结果，具有不可反驳性（irréfragable），例如，法律规定一定年龄以下的未成年人不被追究刑事责任。除此之外，一些法律推定允许当事人提出相反事实进行反证，如：立法在夜袭（attaque nocturne）案件中或者在暴力行窃（vol avec violences）案件中关于正当防卫（légitime défense）的推定。[2] 事实推定又称为征凭推定（les présomptions des indices），指根据一定的事实（征凭）推断出某些结论，并据此判定犯罪事实是否存在以及被告是否有罪的逻辑过程。在法定证据制度中，事实推定具有非常重要的作用，在立法中进行了详细的规定和分类。依证明力强弱，征凭（indice）可以分为确实的征凭（indices manifestes）、强证明力的征凭和弱证明力的征凭。欧洲各国的立法、惯例和判例对三者进行了详细规定。例如：在凶杀案件中，确实的征凭必须是两名证人看到被告手持利刃从发出尖叫或发现尸体的房间中逃出。强证明力的征凭是已被证实的威胁。弱证明力的征凭主要指“那些与犯罪事实及犯罪情节无关，但涉及被告的个人状况，证明其可能实施被控之罪行的事实”。[3] 立法者还特别规定了以下

---

[1] André Laingui et Arlette Lebigre, Histoire du droit pénal, tome II, La procédure criminelle, Cujas, Paris, 1979, p. 112.

[2] André Laingui et Arlette Lebigre, Histoire du droit pénal, tome II, La procédure criminelle, Cujas, Paris, 1979, p. 112.

[3] André Laingui et Arlette Lebigre, Histoire du droit pénal, tome II, La procédure criminelle, Cujas, Paris, 1979, p. 112.

几种弱证明力的征凭：被告实施犯罪可能获得利益、声名狼藉（sa mauvaise renommée）、装聋或假装健忘（l'affectation de surdité ou d'amnésie）。在司法实践中，即便报告不存在弱证明力的征凭，但如果其对于犯罪调查表现得过分热情，也可以作为弱证明力的征凭。缪亚·德·乌格朗甚至“将被告相貌作为弱证明力征凭”，由此成为了意大利实证法学家“犯罪人”（l'homme criminel）理论的先驱。此外，立法者还常以列表的形式详尽的区分了可以适用于所有犯罪的一般征凭（les indices communs），以及仅适用于某些犯罪的特别征凭（les indices particuliers），并据此确定证明力（la valeur probante）。例如：《加洛林纳刑法典》规定，下列征凭为一般征凭，可适用于所有犯罪：被告在诉讼外的供认（confession extrajudiciaire）、与被害人有深仇大恨、被告的威胁行为、逃逸、公众舆论（la voix publique）、与被害人的交易、被告犯罪的利益、被告隐匿、未揭发犯罪（la non-révélation du crime）、共同犯罪案件中经证实的合意（l'approbation témoignée），等等。

5. 现场取证（la descente sur les lieux）和专家鉴定。现场取证主要用于查证法官记录中所载明的犯罪要件（le corps du délit）。专家鉴定与现代刑事鉴定制度并无太大差异。鉴定意见仅供法官参考，并无强制约束力。

（二）证据的证明力

法定证据制度的核心特质在于法律对各种证据形式的证明力预先作出了规定，以约束法官在证据运用、事实认定和司法裁判中的专权。按照证明力的强弱，可以将证据分为三类：确实的证据、半证据和不完整的证据。

1. 确实的证据（La preuve pleine ou manifeste）。确实的证据是指，在刑事审判中，法官可以仅依据一份确实的证据作出有罪判决甚至死刑判决。按照中世纪的立法、惯例和学说，确实的证据主要包括：①无争议或者经公证的书证。②两份相互印证的证人证言。③有确实征凭的事实推定。虽然在16世纪之前，理论界与实务界均对推定的证明效力存有较大争议。但16世纪后，这种争议就消失了，只要有确实的征凭，法官就可以作出有罪判决，甚至是死刑判决。④被告口供。在中世纪，对于被告口供是否能作为确实的证据，理论界与实务界亦持有较大争议。虽然拉丁法谚有“之于可判处死刑之人，不得听取其证言”（nemo auditur perire volens）的说法，但在中世纪中后期的司法实践中，被告自愿的供述普遍被认为是确实的证据，法官可以据此定罪甚至判处死刑。对于被告口供，学者们也有不同意见。尤斯认为，“在刑事诉讼所能获得的证据中，被告的供述是最具证明力且最为确定的”。布兰·杜·帕尔克（Poullain du Parc）则认为，口供可能有悖于真相，“……尽管并未精神错乱，但一位心存悖意的无辜者在受到对其不利敕令的惊吓时仍可能受到不利判决；恐惧可能使他承认了并未做过的犯罪行为”，口供需要强证明力的征凭（indices graves）或者证人证言等证据进行补强 。

2. 半证据（la preuve semi-pleine）。半证据是指，法官只能根据半证据作出刑讯判决（un jugement de question）、更充分查明之判决（un jugement de

plus amplement informé)，或者低于所控刑罚的有罪判决，而不得仅凭半证据作出死刑判决。如果法官作出刑讯判决，则将对被告适用酷刑，依酷刑所得的供述作进一步的判决考量。半证据主要包括：单一证人的证言，或者强证明力的征凭。

3. 不完整的证据（La preuve imparfaite）。不完整的证据是证明力最弱的证据，法官不得仅依据不完整的证据作出有罪判决或者刑讯判决，仅能发布传唤令（un décret d'ajournement personnel）或者拘提令（un décret de prise de corps）。不完整的证据主要由弱证明力的征凭（les indices légers）构成。

受法国著名启蒙思想家伏尔泰的影响，对于半证据和不完整的证据，当今仍有学者（既包括欧美学者，也包括中国学者）存有误解，认为半证据或不完整的证据可经过简单的算术叠加构成证明力层级较高的证据[1]。1763年5月3日，伏尔泰在写给达米拉维尔（Damilaville）的信中描述了卡拉案件的判决情况："图卢兹高等法院承认半证据、四分之一证据和八分之一证据，以致于八位传播流言者仅构成毫无依据的嘈杂声，但却成为一个（可定罪的）完全证据"。[2] 但"伏尔泰并不了解现行法，不完全了解法定证据制度在整个证明体系中的作用"，[3] 事实上，在法定证据制度下，"半证据并不意味着可推断出半个事实，同理，两个不肯定不能构成一个肯定，两个半证据也不能构成一个充分的证据"。[4] 这是中世纪欧洲理论界及实务界的通说，卡拉案件仅是极为特殊的个案。

（三）刑讯程序（la question）与酷刑（la torture）

酷刑产生于13世纪，是基督教会和世俗王权实施集权统治的重要手段。较之于神意裁判，酷刑取证更具理性，在几乎所有的欧洲国家[5]适用，且持续时间较长，直至18世纪末期才逐渐消亡。中世纪中期欧洲的罗马法和教会法学者均普遍认为，酷刑是一种正当的侦查手段，对于保障良好的刑事司法必不可少。[6] 自16世纪起，欧洲各国的刑事立法中几乎都将酷刑作为专章规定（如1532年德国的《加洛林纳刑法典》、1567年西班牙的《新法典编

---

〔1〕例如何家弘："对法定证据制度的再认识与证据采信标准的规范化"，载《中国法学》2005年第3期。

〔2〕Cité par Tricaud F., Le procès de la procédure criminelle à l'âge des Lumières, in Archives de philosophie du droit, Vol. 39, 1995, p. 153.

〔3〕Esmein A., Histoire de la procédure criminelle en France (et Spécialement de la procédure inquisitoire depuis le XIII siècle jusqu'à nos jours), Paris, 1882, rééd. Verlag Sauer et Auvermann KG, 1969, p. 368.

〔4〕Denisart, Collection de décisions nouvelles et de notions relatives à la jurisprudence actuelle, 3 vol., 1768, V°semi-preuve, tome 3, p. 71.

〔5〕包括英国，虽然很多秉承"英美法中心主义"的学者否认此观点。本书下文有详述。

〔6〕但中世纪后期（尤其是17世纪后），开始有不少学者反思这一制度的正当性，并对滥用酷刑的现象进行了严厉的抨击。

纂》、1670年法国的《刑事法令》[1] 等)。欧洲刑事法学者对酷刑进行了非常深入的研究，比较具有代表性和影响力的作品有13世纪的佚名作品《论酷刑》(Tractatus de tormentis，约写于1263年至1286年)、13世纪末阿尔伯特·甘迪努斯（Albert Gandinus）所撰写的《论犯罪》(Tractatus de maleficiis)、1484年海因里希·克雷默和耶科布合著的《女巫之槌》（Malleus maleficarus)、1580年冉·布丹（Jean Bodin）所撰写的《巫师的魔鬼附身狂想》(Démonomanie des sorciers)、1588年意大利罗马律师法里纳修斯（Farinaccius）所撰写的《刑事理论与实务》（Praxis et theorica criminalis）等。此外，波伦亚学派在评注《狄奥多西法典》和《学说汇纂》时也对罗马法中的酷刑理念进行了较具深度的阐释，酷刑是中世纪刑事法学者最为热衷的学术命题。

不同欧陆国家对刑讯和酷刑规定的适用细则有不同的规定，但基本原理大体相同。法国1670年《刑事法令》第19编对刑讯和酷刑作了极为详尽的规定，可作为欧陆国家的典型范本。该法律将“刑讯”分为两种：预备刑讯(la question préparatoire）和预先刑讯（la question préalable)。虽然名称类似，但两种“刑讯”程序的功能和目的完全不同：预备刑讯是在最终判决作出前，法官为获得被告口供和掌握更充分的证据，以证明被告有罪时所适用的一种预审措施，由中间裁决决定。预先刑讯是对已经判处死刑的被告采取的预审措施，旨在“揭露被告的共犯”，由终局判决确定。两种刑讯程序在本质上均属预审手段，但因为方式严酷被纳入到法令的刑罚编。本书将仅介绍预备刑讯。

1670年《刑事法令》第19编第1条规定了适用预备刑讯程序的三大要件：①被指控的罪名应被判处死刑；②犯罪事实确实存在；③存在不利于被告的重要证据。

在司法实践中，最为突出的争议问题是第三个要件，即“存在不利于被告的重要证据”。一如前述，法官仅在掌握对被告不利的半证据下，才能启动刑讯程序并对被告科以酷刑。半证据可以是经两名证人证实的被告庭外供认(la confession extrajudiciaire)，也可以是一份证人证言且辅以征凭，尤其是证明被告声名狼藉的征凭，也可以是所有确实的征凭。“这些征凭与主要事实具有紧密直接的联系：例如，在盗窃案件中，如果发现被告持有被盗财物，或者发现被告在被盗地方拿走被盗物品，或者被告在尸体附近被抓且手中握剑，试图逃逸……”[2] 如果法官未遵守前述条件而非法对被告适用酷刑，则应承担责任，甚至是刑事责任。被告也可对适用预先刑讯的中间裁决提起上诉。上诉一旦获得批准，被告就不再由一审法院的法官处置（巴黎刑事法院除

---

[1] 法国于1670年颁布的《刑事法令》在立法讨论期间，几乎所有的学者对酷刑的适用均有批评意见，但拉曼翁（Lamoignon）和普索（Pussort）一致认为，酷刑外的其他预审手段对于侦破重大的刑事案件并不得力，故法令最终保留了酷刑的相关规定。

[2] André Laingui et Arlette Lebigre, Histoire du droit pénal, tome II, La procédure criminelle, Cujas, Paris, 1979, p. 117.

外)，改由上诉法院进行刑讯。立法者希望通过这些程序限制刑讯案件的数量。

预备刑讯存在多种形式，欧洲各地刑事法庭的做法也有所不同。例如：巴黎采用灌水（l'eau）或者夹棍（brodequins）；雷恩的受刑者应佩戴在火中烤过数次的脚镣，或者在被告脚上负重并将其吊起等；法兰德斯同样采用灌水；意大利采用悬吊（suspension）。15 世纪的学者伊波利特·德·玛尔斯尔（Hippolyte de Marsiliis）专门研究过欧洲 14 种酷刑模式。在预备刑讯期间，书记官应认真记录酷刑的进程和强度。如果法官在适用酷刑时超出必要限度而致使受刑人死亡，则应承担责任；如果法官存在主观欺诈，则将被处以死刑；如果法官并非有意为之，则应依过错的严重程度接受惩罚。此举在于保障被告以便执行随后的免诉或者死刑判决。[1] 按照惯例，在预备刑讯中还应有医师参加，法官在预备刑讯中也应当依据审慎义务（devoirs de conscience）和怜悯之心（compassion）保持节制，这也会产生比"可能追究法官责任"更好的效果："刑讯中的节制或粗暴完全取决于法官的考虑、裁量以及审慎。但是好的法官往往对受刑人怀有怜悯之心，并应充分考虑被告的年衰、稚嫩及精力。"[2]

刑讯结束后，被告将被置于火旁的床铺上，法官应立即针对被告在刑讯中所承认或者否认的犯罪事实进行新一轮的讯问。有些国家（如意大利）在刑讯结束后会给被告预留新一轮讯问的期限，通常为 24 小时，因为如果被告在刑讯后立即承认其在刑讯中所作的口供，不能排除刑讯后的口供是受到了畏惧酷刑或者疼痛的影响。如果被告在刑讯中承认了被指控的犯罪，并在随后的讯问中予以确认，则该口供补强了此前所收集的各种不利于被告的证据，法官可据此作出有罪判决。但如果被告在刑讯后否认了刑讯时的口供，并声称是迫于酷刑的暴力而招供，则该口供"不能作为证据"。除流刑外，被告不得被科处其他任何刑罚。在司法实践中，如果法官在刑讯中获得的口供十分精确详细，以至于可认定"被告如未参与犯罪，绝对不可能了解得如此确切"，则法官可以宣判被告有罪，而无需考虑被告是否翻供。1670 年的《刑事法令》对刑讯次数也作出了明确规定，该法律第 19 编第 12 条规定："即使出现新的证据，也不能对被告就同一事实进行两次刑讯"。

---

〔1〕 由阿尔贝图斯·德·甘地纳（Albertus de Gandino）提出。

〔2〕 André Laingui et Arlette Lebigre, Histoire du droit pénal, tome II, La procédure criminelle, Cujas, Paris, 1979, p. 119.

二、对法定证据制度的若干误解与厘清

我国证据法学界对欧陆法定证据制度未进行过较为深刻、全面的研究,[1] 且存在一定数量的误解，原因主要有四：其一，法定证据制度主要为欧陆理论，且又以意大利实证法学派和法国1670年的《刑事法令》最为典型。时下国内精通拉丁语、意大利语和法语的证据法研究者尚少。国内证据法学者对法定证据制度的了解更主要立足于英美法学者的现有研究成果，不免带有“英美法中心”的预判和前见。其二，近代各主要发达国家的刑事诉讼普遍奉行自由心证制度，而欧陆的自由心证体系是建立在对法定证据制度的反思和批判之上的，容易令人产生法定证据制度是“非理性、落后、野蛮”证明制度的误解，进而影响对其内涵的客观理解。其三，中国学术界参考了中世纪欧陆启蒙思想家的批判性论点，但欧陆启蒙思想家普遍缺乏证据法和诉讼法的专业知识，其对于法定证据制度的批判多源自于对旧制度的控诉，缺乏资料支撑，甚至依据了错误的史料，而且逻辑论证也显得片面简单。其四，受职权主义传统影响，欧陆学术界对刑事证明制度的研究不如英美证据法精细，很少有学者专门出版证据法方面的教材和论著，由此提供给域外法研究者的文献资料较少。

从目前我国既有的学术成果来看，对法定证据制度的误解主要集中于以下三个核心论断：

第一，法定证据制度的核心并非通过证明力的数学累加达到定罪标准。具体而言，确实的证据、半证据和不完整的证据仅是证据分类，不能简单地进行加减转换。两个“半证据”不会转变为一个“确实的证据”，理论上也不存在所谓的“1/4证据”或“1/8证据”[2]，伏尔泰所批判的卡拉案是极

---

[1] 代表性作品有，何家弘：“对法定证据制度的再认识与证据采信标准的规范化”，载《中国法学》2005年第3期；王亚新：“刑事诉讼中发现案件真相与抑制主观随意性的问题——关于自由心证原则历史和现状的比较法研究”，载《比较法研究》1993年第2期；张友好：“经验与规则之间：为法定证据辩护”，载《中国刑事法杂志》2005年第6期。我国台湾地区学者亦有涉猎，如陈朴生著：《刑事证据法》，台湾三民书局1970年版；林钰雄：《严格证明与刑事证据》，学林文化事业有限公司2002年版。

[2] 相关误解，参见何家弘：“对法定证据制度的再认识与证据采信标准的规范化”，载《中国法学》2005年第3期。特别需要指出的是，何家弘教授援引了法国19世纪著名刑事法学家波尼厄尔（Bonnier）的经典作品《论刑事证据与民事证据的理论和实务》（Traité théorique et pratique des preuves en droit civil et criminel）中的论述，“如果一个证言受到对方的质疑，那么法官将酌情减低其证明价值。法官不会一笔勾销该证言的价值，而是酌情将其降低为1/8、1/4、1/2或3/4个证言。这些降低了价值的证言需要其他证据佐证才能构成一个完整的证言。假设在一起案件中，一方当事人的四个证言都受到对方的质疑。根据质疑的情况，其中两个证言的价值减半，一个减为1/4，一个减为3/4，那么加在一起，就是两个证言。由于两个良好的证言就可以构成一个完整的证明，所以，尽管这四个证言都在不同程度上受到对方的质疑，但是仍然可以构成一个完整的证明，法官仍然可以据此做出判决”。何教授的引注为第243页，可能系笔误，实际应为第376页，原文所论述的也是卡拉案。E. Bonnier, Traité théorique et pratique des preuves en droit civil et criminel, 1888, Henri Plon Éditeur et Marescq Ainé Éditeur, 1873, tome 2, p. 376.

具特殊性的个案，并非司法实践中的通例。

第二，酷刑在法定证据制度下既非通例，也非核心所在。对法定证据制度的另一极大误解是酷刑泛滥，被告的人权未获得尊重，这也是当前反思、检讨中世纪刑事证明制度的重要论据。但是，绝大多数的欧洲法律均给酷刑设立了极为严格的适用条件，如法官违法适用酷刑可被追究责任，如导致被告死亡或残废的，法官还可能被判处死刑。此外，被告享有上诉权和不得重复适用酷刑的权利。虽然从现代的眼光来看，酷刑是侵害被告基本人权的，而且违反了不被强迫自证其罪的特权，但是在中世纪，欧陆刑事司法禁止法官仅通过一般的征凭或者推定对被告定罪，控方承担了极为沉重的证明责任，而且侦查手段不发达、证明大量依赖口供等现实情况加剧了这一难题。对此，司法实践作出了相互矛盾的调整：一方面通过剥夺被告的正当程序权利以方便定罪；另一方面又通过"酷刑"的严格适用以减少错误指控的可能。从根本意义上讲，酷刑并非法定证据制度的固有组成部分，而是调整该制度的"极为扭曲的反作用力"（contrecoup pervers），这也是酷刑适用在16世纪达到顶峰，而法定证据制度开始衰微，自由心证制度萌芽的原因。无论从历史的角度还是从法律的角度，酷刑的出现均是对被告有利的证据制度，因为可避免其进入后续侦查的各种程序环节，以及可能的错判。英国在同时期虽未采用法定证据制度，但酷刑在重大刑事案件的裁判中依然存在。

第三，法定证据制度与自由心证制度之间并无绝对界限，且在多数情况下存在交叉，仅有主次之分。在法定证据制度下，法官在证据形式的选择和适用上依然享有一定的裁量权，对犯罪事实与证据（尤其是征凭）仍应审慎审查，且作必要的智识分析，以避免错案发生。在自由心证制度下，一些约束证据形式和证明力的规则仍然存在，如近亲属作证豁免、原件证明力优于复印件、事实推定与法律推定的效力设定等。事实上，当今法国的民事诉讼依然奉行法定证据制度。在刑民交叉案件中，法定证据制度与自由心证制度同时存在。

因受到启蒙思想家和法学家的批判，法定证据制度自16世纪起开始走向衰微，并于18世纪法国大革命后为自由心证制度所取代。

三、法定证据制度在欧洲的衰微和消亡

法定证据制度在欧洲的衰微始于17、18世纪兴起的酷刑废除运动，终于法国大革命胜利后英国陪审团和自由心证制度在欧洲大陆的引入。

（一）酷刑废除运动

16世纪著名人文主义思想家蒙田（Michel de Montaigne）在《随笔全集》（Essais）中写道："酷刑是地狱般的危险发明，它更多是一种忍耐力的考验而非真相。确切而言，酷刑是一种充满危险且不确定性的手段。一个人在承受

不了痛苦折磨时又有什么不会做呢?”[1] 蒙田并非反对酷刑的个例，同时期在鲁汶大学授课的西班牙人文主义者玖恩·维夫斯（Jean Louis Vivès）也在评述奥古斯汀《万民法》时以基督教、人文和逻辑之名写道：“无论支持与否，酷刑均一文不值”。[2] 16 世纪的意大利刑法学家如卡索尼（Casoni, 1557 年）、扎瓦塔利（Zavattari, 1584 年）、玛斯卡尔迪（Mascardi, 1584 年）、芒吉尼（Mancini, 1604 年）等均指出了适用酷刑的危险性，认为通过酷刑获取口供违背基督教义、司法科学、理性和公平原则。荷兰人冉·威尔（Jean Weyer）在 1563 年撰写的书稿《恶魔的骗术》（De praestigiis daemonum）中对冉·布丹（Jean Bodin）所著《巫师的魔鬼附身狂想》进行了尖锐批评，并获得认可和赞同。早期反对酷刑的学者通常以女巫诉讼为分析范本，认为此类案件中酷刑的适用过于残忍、荒谬，违背基督教的基本教义。

第一个对酷刑进行系统性批评的欧洲学者是阿纳姆的阿米尼乌斯派牧师冉·德·格雷夫（Jean de Grève），他在 1624 年出版的《法院改革》（Tribunal reformatum）一书中对酷刑适用进行了深刻的剖析和批判。鲁汶大学教会法教授凡·埃斯本（Z. B. Van Espen）于 1700 年出版了《统一教会法》（Jus ecclesiasticum universum）一书，也对酷刑的滥用发表了许多见解，并为后来的贝卡里亚所援引。但这一时期的大部分学者不敢直接主张废除酷刑，如：法国学者图雷耶（Tourreil）在 17 世纪末撰写的《论酷刑》（De la torture）中指出，“酷刑，虽不人道，但之于我们认知的脆弱却不无裨益且与之适应”。[3]

18 世纪末，酷刑废除论在欧洲兴起，并成为欧陆学界的主流学说。伏尔泰、贝卡里亚、孟德斯鸠等均是酷刑废除论的先驱和文明程序的倡导者。[4] 孟德斯鸠在抨击酷刑制度时援引了英国提供的正面经验，并在《论法的精神》一书中指出，“我们今天看到一个非常警察化的国家（英国）抛弃了这种制度而并未造成任何不便。因此，从本质上而言，酷刑并不是必须的”。孟德斯鸠希望将政治变革理想建立在“驱益”的精神基础上，并宣扬自然法中的理性变革热情，“多少聪慧的人们、多少才华洋溢的天才都写下了反对这种实践的论著，我不敢对此评论……我听到了理性的声音在呼唤”。贝卡里亚同样将功利主义的经验原则与自然法的理性主义相结合，全面有力地揭示了酷刑制度的“无用性”与“野蛮性”。从功利主义经验原则的方面，贝卡里亚援引了英国、古罗马和瑞士的成功范例作为论据，认为“这些真理也已为英国所接

---

[1] Livre II, ch. 5: De la conscience. Première édition en 1595. Cité par John Glissen, La preuve en Europe du XVIe au début du XIXe siècle, in La Preuve, Recueils de la Societe Jean Bodin (4 vols), Paris, 1965, p. 794.

[2] Cité par John Glissen, La preuve en Europe du XVIe au début du XIXe siècle, in La Preuve, Recueils de la Societe Jean Bodin (4 vols), Paris, 1965, p. 794.

[3] Cité par John Glissen, La preuve en Europe du XVIe au début du XIXe siècle, in La Preuve, Recueils de la Societe Jean Bodin (4 vols), Paris, 1965, p. 794.

[4] 更详细的介绍，参见施鹏鹏：“贝卡利亚刑事诉讼思想论略”，载《暨南学报（哲学社会科学版）》2008 年第 3 期。

受，在那里，文字的光荣，贸易和财富——也就是实力——的崇高地位，美德和勇敢的典范，使我们完全相信他们法律的优良”；“他们（罗马立法者）仅仅对少数完全被剥夺了人格的奴隶才采用刑讯”；“在瑞士，刑讯已经被废除，被欧洲一位最贤明的君主废除”。〔1〕在功利主义看来，政治改革与司法改革的热情应以对现实的考量为基础。通过介绍域外成功的范例，贝卡里亚旨在表明其所要建构的理性程序并非空中楼阁，旧制度所奉行的酷刑制度也不是万世不易的真理，废除酷刑制度势在必行，且早为域外成功经验所证实。基于无罪推定的司法原则，贝卡里亚指出，“如果犯罪是肯定的，对他只能适用法律所规定的刑罚，则没有必要折磨他，因为他交待与否已经无所谓了。如果犯罪是不肯定的，就不应折磨一个无辜者，因为在法律看来，他的罪行并没有得到证实”。〔2〕酷刑并不能帮助发现案件事实，反而“能保证强壮的罪犯获得释放，并使软弱的无辜者被定罪处罚”；〔3〕贝卡里亚攻击了“酷刑可以洗涤耻辱”的思想，认为这是对宗教炼狱教义的滥用。“有人认为，作为一种感觉的痛苦可以洗刷纯粹作为一种道德关系的耻辱。难道痛苦是一块试金石吗？难道耻辱是一种肮脏的混杂物吗?”〔4〕在贝卡里亚看来，酷刑制度不但“无用”，而且“危害极大”，必须坚决废除。在自然法的理性原则上，贝卡里亚强调人性情感，并试图通过一种感觉主义（sensualiste）的方法来解释酷刑问题。“我们意志的一切活动永远是同作为意志源泉的感受印象的强度相对称的，而且每个人的感觉都是有限的。”〔5〕这就是为何人们一旦面临酷刑，“痛苦的感受占据人的整个感觉，给受折磨者留下的唯一自由只是选择眼前摆脱惩罚最短的捷径”。〔6〕无论是对于有罪者还是无罪者，“两者间的任何差别都被这种号称可发现真相的同一手段所掩盖了”。〔7〕“（法官）可以根据一个无辜者筋骨的承受力和皮肉的敏感度，计算出会使他认罪的痛苦量。”〔8〕在回答“应当考虑到，这些秘密、不为所知的酷刑手段既专横地适用于有罪之人，也专横地适用于无罪之人”的问题时，贝卡里亚认为，“如果说自然在你们身上创造了一种不可泯灭的自爱精神，并赋予你们一种不可转让的自卫权利的话，那么，我为你们创造的则是一种恰恰相反的东西，即勇敢地痛恨自己。我命令你们指控自己，即使骨位脱臼，也要讲实话”。〔9〕贝卡里亚认为应摒弃这种“野蛮”“非人性”的制度，“这就是那臆想的真相尺度造成的致命弊端，而只有食人者才需要这种尺度”；“没有人会使自己的思想超越生

---

〔1〕［意］贝卡里亚:《论犯罪与刑罚》，黄风译，中国大百科全书出版社 1993 年版，第 36 页。
〔2〕［意］贝卡里亚:《论犯罪与刑罚》，黄风译，中国大百科全书出版社 1993 年版，第 31 页。
〔3〕［意］贝卡里亚:《论犯罪与刑罚》，黄风译，中国大百科全书出版社 1993 年版，第 33 页。
〔4〕［意］贝卡里亚:《论犯罪与刑罚》，黄风译，中国大百科全书出版社 1993 年版，第 35 页。
〔5〕［意］贝卡里亚:《论犯罪与刑罚》，黄风译，中国大百科全书出版社 1993 年版，第 32 页。
〔6〕［意］贝卡里亚:《论犯罪与刑罚》，黄风译，中国大百科全书出版社 1993 年版，第 32 页。
〔7〕［意］贝卡里亚:《论犯罪与刑罚》，黄风译，中国大百科全书出版社 1993 年版，第 33 页。
〔8〕［意］贝卡里亚:《论犯罪与刑罚》，黄风译，中国大百科全书出版社 1993 年版，第 33 页。
〔9〕［意］贝卡里亚:《论犯罪与刑罚》，黄风译，中国大百科全书出版社 1993 年版，第 32 页。

存的需要，没有人愿意服从这种秘密、混乱的方式。但酷刑的习惯是对人思想的暴虐，使他畏惧，使他退缩”。[1]

在启蒙思想家和法学家的推动下，欧陆各国纷纷于 18 世纪下半叶至 19 世纪上半叶以立法的方式废除酷刑。早期废除酷刑的法律文件往往设有保留性条件。例如：第一个废除酷刑的欧陆国家瑞典在 1734 年的法典中明确规定，酷刑在刑事诉讼中不再适用，但一些特别严重的犯罪除外。在两西西里王国，查尔斯三世（Charles III de Bourbon）于 1738 年下令严格限制酷刑适用，至 1789 年最终废除酷刑制度。第一个通过立法完全废除酷刑的欧陆国家是普鲁士。腓特烈二世在 1740 年继位时下令禁止适用酷刑，但谋害君主罪、叛国罪、谋杀多人的犯罪不在此列。1754 年，腓特烈二世在一起错案后决定完全废除酷刑。其他欧洲国家也相继废除酷刑，如丹麦（1770 年）和波兰（1776 年）。法国于 1780 年废除了预备刑讯，1788 年废除了预先刑讯，但受到其高等法院的抵制。数年后，路易十六通过御前会议恢复预先刑讯，因为高等法院的报告表明此预先刑讯在司法实践中确有必要。法国大革命后，制宪会议通过法令彻底废除酷刑。在法国大革命和法兰西帝国的影响下，部分当时法国的附庸国也相继废除酷刑，如荷兰和瑞士（1798 年），以及西班牙（1808 年）。但瑞士又于 1815 年重新启用酷刑，直到 19 世纪中期才废除，成为了欧洲历史上最后通过法律废除酷刑的国家。

（二）法定证据制度的最终废除

随着酷刑废除运动的兴起，法定证据制度也在欧陆各国受到普遍质疑，主要因为判例对征凭和事实推定的普遍适用，以及在理念上受到了古罗马法人本主义（亚里士多德的理性与辩证法以及西塞罗的自然法）的影响。欧陆启蒙思想家也开始对职权主义诉讼与法定证据制度进行批判，认为此套程序机制和证明系统根本不能揭示案件真相，“仅是一套获取被告口供的强力机器”。[2] 其中，最具代表性的是意大利著名启蒙思想家贝卡里亚。

贝卡里亚认为，理性程序的核心在于理性的证明系统，建构理性的证明系统对于构建现代刑事诉讼程序至关重要。贝卡里亚批评了传统的“相互依赖证据系统”（le système des preuves interdépendantes），认为“在计算某一事实的确定程度时，例如，衡量犯罪嫌疑的可靠性时，可使用得上这样一个一般的定理：如果某一事件的各个证据是互相依赖的，即各种嫌疑只能相互证明，那么援引的证据越多，该事件的或然性就越小，因为可能使先头证据出现缺陷的偶然情况，会使后头的证据也出现缺陷。如果某一事实的各个证据都同样依赖于某一证据，那么，事件的或然性并不因为证据的多少而增加或

---

〔1〕［意］贝卡里亚：《论犯罪与刑罚》，黄风译，中国大百科全书出版社 1993 年版，第 34 页。

〔2〕Esmein A., Histoire de la procédure criminelle en France (et Spécialement de la procédure inquisitoire depuis le XIII siècle jusqu´à nos jours), Paris, 1882, rééd. Verlag Sauer et Auvermann KG, 1969, p. 282.

减少，因为所有证据的价值都取决于它们所唯一依赖的那个证据的价值”。[1] 贝卡里亚主张建立独立理性的证据系统，“如果某一事实的各个证据是相互独立的，即各个嫌疑被单个地证实，那么，援引的证据越多，该事件的或然性就越大。因为，一个证据的错误并不影响其他证据”。但关键问题在于：应达到何种程度的或然性标准才可以对被告人定罪量刑？贝卡里亚认为，“我在犯罪问题上讲或然性，而为了足以科处刑罚，犯罪则应当是肯定的”[2]，这里所谓的“肯定”主要涉及司法的良知（bon sens）问题，而非纯粹数学意义上的肯定，“我们称之为确实性，因为每个具有良知的人都必须接受一种行事所需不期而然的习惯……证实某人是否犯罪所要求的肯定性，是一种对每个人生命攸关的肯定性”[3]。应当承认，“就证据在道德上的确实性而言，感觉它比明确加以界定要容易一些”，尤其是在证人证言的评价上。“权衡证人可信程度的真正尺度，仅仅在于说真话和不说真话同他的利害关系……证人的可信程度应该随着他与罪犯间存在的仇恨、友谊和其他密切关系而降低”[4]。为了准确判断各种证据的证明力，法院或者陪审员仅可依据理性的良知加以判断。贝卡里亚主张的理性证明系统已经相当接近于近代的自由心证制度，裁判者基于“良知”对案件事实的“确信”，是最为理性的证据证明系统。

法国大革命初期，部分政治家和法学家曾试图在法定证据制度和自由心证之间寻求折中之路，构建“相对的自由心证制度”（l'intime conviction relative），代表性人物为罗伯斯比尔（Robespierre）和特罗塞（Trochet）。罗伯斯比尔主张，如果法定的证据形式不存在，则不得对被告进行定罪；而如果法定证据与法官的心证以及司法认知相冲突，亦不得对被告进行定罪。[5] 但该观点受到了批判，孔多塞（Condorcet）和杜尔哥（Turgot）在通信中写道，这是自由心证在法定证据制度弥留之际的危险变异。[6] 在1791年1月18日的制宪会议中，通过了以陪审制、言辞预审和自由心证为基础的刑事诉讼改革草案。自此，“绝对的自由心证制度”（l'intime conviction absolue）在法国得以确立。1808年的《重罪法典》第343条明确规定了自由心证原则，“在重罪法庭休庭合议前，审判长应责令宣读下列训示，并将内容大字书写成布告，张贴在合议室最显眼处：法庭并不考虑法官通过何种途径达成内心确信；法律并不要求他们必须追求充分和足够的证据；法律只要求他们心平气和、精神集中、凭自己的诚实和良心，依靠自己的理智，根据有罪证据和辩护理

---

〔1〕［意］贝卡里亚：《论犯罪与刑罚》，黄风译，中国大百科全书出版社1993年版，第19页。

〔2〕［意］贝卡里亚：《论犯罪与刑罚》，黄风译，中国大百科全书出版社1993年版，第19页。

〔3〕［意］贝卡里亚：《论犯罪与刑罚》，黄风译，中国大百科全书出版社1993年版，第19页。

〔4〕［意］贝卡里亚：《论犯罪与刑罚》，黄风译，中国大百科全书出版社1993年版，第19页。

〔5〕Séance du 3 janvier 1791, Archives Parlementaires, T. XXII, p. 10 et 11.

〔6〕Astaing A., Droits et garanties de l' accusé dans le procès criminel d' Ancien Régime (Xvème–XVIIIème siècle), Audace et pussilanité de la doctrine pénale française, Thèse Université de Montepellier I, p. 368.

由，形成印象，作出判断。法律只向他们提出一个问题：你们是否形成内心确信？这是他们的全部职责所在”。该条款也成为学术界定义自由心证时引用最为频繁的法条。《重罪法典》在国际范围内产生了重大深远的影响，适用法定证据制度的欧洲国家几乎全部效仿《重罪法典》确立了自由心证制度。至19世纪末，自由心证已成为欧陆刑事证明的通用制度，甚至影响了拉丁美洲、日本乃至中东地区。

四、法定证据制度对欧洲近代刑事证据制度的影响

法定证据制度对欧洲近代刑事证明理论产生较大的影响，不少技术设计依然融汇于时下的自由心证的证明之中[1]：其一，法律对部分证据形式要件进行了设定，例如：笔录须附签名才能有效，证人作证原则上应经宣誓，不具备诉讼认知能力的公民（如儿童）不得出庭作证。其二，法律对部分罪名的证明要件进行了设定，例如：《法国刑事诉讼法典》第537条第1款规定，违警罪以笔录或报告证明，或在没有笔录或报告的情况下由证人证明，或在证人的佐证下以笔录或报告证明。其三，法律对部分证据形式的证明力进行了设定，在涉及劳动工伤、税收、城市规划等刑事案件中，行政部门的笔录具有更高的证明力，除当事人证明笔录系伪造，或者通过“伪造确认”程序确定笔录系伪造之外，法官必须接受该证据（《法国刑事诉讼法典》第646条及以下）。

法定证据制度实现了从非理性司法向理性司法的跨越，创设了一种更为有效的真相查明方法。尽管从现代的角度来看，将典型的经验法则和逻辑法则上升为普遍法律规范的做法不能应对刑事司法中千差万别的个案，预先设定的证明力等级和严格苛刻的定罪标准有碍于司法官在具体个案中发挥智识和理性，但在中世纪的历史条件下，犯罪形式和手段远不如现代复杂，侦查手段和水平极为有限，司法官的职业素养和法律水平也参差不齐，加之缺乏有效的制约手段，故保证判决的稳定性和可预见性比解决社会冲突和维护稳定秩序更为重要，这种立足于不完全归纳的立法方式虽然简单，却也行之有效。此外，法定证据制度还促成了职权主义国家设立更为完备的侦检机构并赋予法官在量刑上更大的自由裁量权：一方面，立法对定罪证据和证明责任的严格规定，要求欧陆各国设立更为专业的侦检机构并赋予侦检人员更大的收集证据的权力，因此，欧洲大陆国家的侦检机构远比英国更为发达。孟德斯鸠虽然对法国旧制度下刑事诉讼的各种程序设计大加批判，但亦承认“现在我们有一项很好的法律，那就是，根据法律，君王是为着执行法律而设的，所以每一个法庭应由他委派一个官员，用他的名义对各种犯罪提起公诉”[2]。

---

〔1〕 Robert Legros, La preuve légale en droit pénal, in La preuve en droit, Études publiées par Ch. Perelman et P. Foriers, Bruxelles, 1981, p. 151 et s.

〔2〕 ［法］孟德斯鸠：《论法的精神》，张雁深译，商务印书馆1995年版，第82页。

另一方面，法官在法定证据制度下虽然没有认定罪责的裁量权，但享有适用刑罚的权力（尤其在中世纪后期），可依据被告人格和案件的具体情况对刑罚进行个别化裁量，判决通常有利于被告。在司法实践中，法官常为避免适用死刑或其他严苛刑罚而“废法”。[1]

总体而言，现代刑事证明制度以自由心证证明为主，以法定证明为例外，不宜过分夸大法定证明的实践意义，也不宜将英美证据法则、心证制约机制与法定证据制度等概念混为一谈。但当前中国刑事法官在证据层面较大的自由评价权正孕育着这样的理论趋势。[2]

第三节 自由心证制度

一、自由心证制度的缘起

1791年1月18日，法国制宪会议通过了杜波尔提出的改革草案，并于同年9月29日颁布法令，确立了自由心证制度。1808年颁布实施的法国《重罪法典》，以更明确的方式提出了自由心证原则，“在重罪法庭休庭合议前，审判长应责令宣读下列训示，并将内容大字书写成布告，张贴在合议室最显眼处：法庭并不考虑法官通过何种途径达成内心确信；法律并不要求他们必须追求充分和足够的证据；法律只要求他们心平气和、精神集中、凭自己的诚实和良心，依靠自己的理智，根据有罪证据和辩护理由，形成印象，作出判断。法律只向他们提出一个问题：你们是否形成内心确信？这是他们的全部职责所在”（第343条）。《重罪法典》在国际范围内产生了重大而深远的影响。此后，欧洲各国几乎全部效仿《重罪法典》，确立了本国的自由心证制度。“自由心证作为一项实定法原则在各国诉讼制度中的确立被认为是西方法制度近代化的标志之一”。[3] 自由心证制度在欧洲大陆各国确立的原因有多种，概括而言有以下四点：

第一，客观条件。科学技术的发展和认知水平的提高使法官形成自由心证成为可能和必要。“物理学、化学、医学、生物学的发达带动了法医学、弹道学等等与证据的科学鉴定直接关联的学科进步，使在中世纪并不十分重要的物证一跃成为诉讼中发现真相的最有力武器之一。科技进步带来的‘证据法革命’可以说正是法定证据原则衰亡、自由心证原则出现的历史客观

[1] 施鹏鹏：《为职权主义辩护》，载《中国法学》2014年第2期，第291页。

[2] 何家弘：《对法定证据制度的再认识与证据采信标准的规范化》，载《中国法学》2005年第3期；陈瑞华：《以限制证据证明力为核心的新法定证据主义》，载《法学研究》2012年第6期。

[3] 王亚新：“刑事诉讼中发现案件真相与抑制主观随意性的问题”，载《比较法研究》1993年第2期。

条件。”[1]

第二，理论基础。在启蒙思想家和法学家的推动下，贝卡里亚的情感确信理论[2]成为了欧洲大陆各国构建自由心证制度的理论基础。

第三，配套机制。重罪陪审团在欧陆的引入，很大程度上实现了刑事裁判权的主体回归，催化了欧陆传统庭审结构的改革，确立了现代意义上的刑事庭审原则。“在新的诉讼构造下，搜集充分和确实的证据并在公开的法庭上展示出来，进行关于被告有罪的证明是警察和检察官的任务。被告及其辩护人则对这种证明活动加以质疑、反驳或提出关于被告无罪或罪轻的证据。具有中立、公正立场的陪审团，通过双方当事者的当庭辩论，逐渐形成关于被告是否有罪的内心确信，并据此作出有法律效力的事实认定。”[3]

第四，制度推广。法国1808年的《重罪法典》确立了陪审制和自由心证制度，随着拿破仑和法兰西帝国在欧洲的征战，该制度推广至整个中欧和西欧，尤其在法国的占领区和附庸国中得到广泛使用。此后，许多欧洲国家在制订本国的刑事诉讼法典中，均不同程度地接受了《重罪法典》所确立的自由心证制度（如1864年的《普鲁士刑事诉讼法典》、1877年的《德意志帝国刑事诉讼法典》等），使其在大陆法系国家成为通例。

至19世纪末，自由心证已成为欧陆刑事证明的通用制度，甚至影响了拉丁美洲、日本乃至中东地区。明治维新时期，日本法学家将法语的“自由心证”（l'intime conviction）一词译为日语。清末修律运动时期，“自由心证”一词正式传入我国。

二、自由心证制度的内容

自由心证作为一种完整的现代证明制度体系，由“证据自由”“证据自由评价”“判决责任伦理”三个层次构成。

1. “证据自由”是指证据的形式自由，与证据能力之间不存在逻辑关系，犯罪事实可以通过任何形式的证据加以证明。民事诉讼和行政诉讼所适用的是契约证据理论，通常情况下，只要双方当事人达成一致，即可使用法律没有明确规定的证据形式，各国的规定差别不大。但是否应当在刑事诉讼中设置开放的证据形式体系，各主要国家做法不一。根据目前已有的类型，可以将证据自由分为三种模式：一是绝对自由模式，以法国为代表，即任何形式

---

〔1〕 王亚新：“刑事诉讼中发现案件真相与抑制主观随意性的问题”，载《比较法研究》1993年第2期。

〔2〕 意大利启蒙思想家贝卡里亚提出理性证明系统，核心思想是裁判者基于良知达致对案件事实的确信。情感确信理论的详细介绍参见［意］贝卡里亚：《论犯罪与刑罚》，黄风译，中国大百科全书出版社1993年版，第19页；Des délits et des peines, traduit par Maurice chevalier, Paris, Flammarion, 1997, p. 91；施鹏鹏：《贝卡利亚刑事诉讼思想论略》，载《暨南学报（哲学社会科学版）》2008年第3期。

〔3〕 王亚新：“刑事诉讼中发现案件真相与抑制主观随意性的问题”，载《比较法研究》1993年第2期。

的证据都可以用于证明案件事实；二是相对自由模式，以意大利为代表，即原则上遵循法定的证据形式，但经当事人同意可以使用法定证据形式以外的其他证据形式；三是严格限制模式，以德国为代表，德国区分严格证明与自由证明，前者主要适用于认定对判决至关重要的事实，如刑事诉讼中的定罪量刑事实，必须使用法定的证据形式；而后者则适用于程序上的重要事实认定，可以使用任何证据形式。可见，德国证据自由的严格限制模式实际是以证据形式的限制为原则，以证据形式自由为例外，仅允许在部分程序事项的证明中使用非法定的证据形式。本书认为，在刑事诉讼中应当确立"证据自由"，保持证据形式体系的开放性，其依据有四：其一，"证据自由"的设立是基于刑事犯罪具有偶发性及不可预期性的考虑，其必然要求查证犯罪的证据形式不能预先确定；其二，"证据自由"是自由心证制度对证据形式和证明力不作任何预设的必然要求；其三，"证据自由"有利于提高打击犯罪的效率；其四，"证据自由"有利于揭示案件真相。尤其是在科技证据不断快速发展的背景下，通过科技所带来的查案便利，开放对证据容纳形式的限制可以有效实现证明的目的和效果。针对我国目前相对封闭的证据形式体系，可以考虑借鉴域外立法例设置开放性的证据形式，允许新出现的、对于查明案件事实有重大意义的证据形式进入诉讼。

2. "证据自由评价"是指法官对证据证明力的自由评价。证据自由评价包括批判性审查和事实推定两方面。前者系法官理性的智识评价，要求"审慎的法官应如智者一般，首先应持不信任的态度或者临时的怀疑，仅将心证立足于对证据的充分审查之上"[1]，在特定的案件中自由地获悉各种证据，并基于理性的逻辑作出判断评价，以形成被告有罪或无罪的推测；后者系法官的审慎认知，是以司法官的"学识"为前提，包括但不仅限于经验常识，还涵盖了已证事实、相邻事实、职业思维以及专业研判等。[2] 法官在推定事实时应当"审慎"，避免陷入主观臆测。在德国证据法理论中，证据自由评价还应遵循如下三个原则：一是理性客观原则，即法官应当在理性客观的基础之上以足可理解的方式作出判决；二是综合评价原则，即法官应当综合评价所有在主审程序中提出的证据以及属于诉讼法所允许的审理对象（指所有对判决具有重要意义的、需要证明的事实），并形成庭审的"整体印象"；三是全面评价原则，即法官在进行证据评价时应穷尽所有的直接证据（Beweistatsache）和间接证据（Beweisanzeichen），并考虑判决的所有要点。[3]

3. 判决责任伦理是指法官依据内心确信作出裁判的责任和要求，包括不

---

〔1〕 François Gorphe, L´appréciation des preuves en justice : essai d´une méthode technique, Paris: Sirey, 1947, p. 69.

〔2〕 关于经验法则，参见［意］Michele Taruffo, Considerazioni sulle massime d'esperienza, in Evidence Science, vol. 17, 2009, p. 162，中译本，孙维萍译，载《证据科学》2009 年第 2 期。

〔3〕 Ulrich Eisenberg, Beweisrecht der StPO, Spezialkommentar. 10. Auflage. Beck, München 2017, Rn. 97ff.

得拒绝裁判的职责要求以及存疑有利于被告人的判决责任。不得拒绝作出裁判要求法官必须在对所有证据进行证明力评价后，在法定期限内形成心证，作出公正的判决。存疑有利于被告人要求法官在形成心证过程中如果存有怀疑，就应当作出有利于被告的判决。在职权主义国家，存疑有利于被告人必须是在法官已经履行依职权查明义务、调取完一切证据、并且穷尽所有调查手段后仍然无法形成被告人有罪的内心确信时才能适用。此处的“怀疑”仅指针对事实问题的怀疑，而不包括法律适用的争议，且“怀疑”应当是一种具体的实际的可能性（konkrete praktische Möglichkeit），而不只是一种抽象的联想。[1] 裁判者主观判断中的“存疑”必须由确实无疑的事实依据作支撑。

三、自由心证制度的制约机制

在自由心证制度下，法官专有接受证据、评价证据以及认定事实的权力。为防止法官滥用权力，立法者往往会在法官心证形成的各个阶段设立一定的制约机制。具体包括以下两方面：

1. 证据自由的正当性限制，即证据调查方式必须合法、正当。法国刑法学学者布扎（Bouzat）教授认为：“所谓正当性，系证据调查所应秉承的方式，即尊重个人权利、合乎司法尊严。”[2] 由此，对个人权利的保护以及对司法尊严的维护便构成了证据自由正当性限制的主要内容。个人权利保护是构成刑事证据自由正当性限制最为重要的因素，在国际条约、各国宪法和刑事诉讼法中均有明确规定，在判例中也常有详细解释。例如，《世界人权宣言》规定，“任何人不得科以酷刑，或施以残忍的、不人道的或侮辱性的待遇或刑罚”（第5条），“任何人的私生活、家庭、住宅及通信不受任意干涉……所有人均受法律保护，以免受这种干涉”（第12条）。《欧洲人权公约》第3条规定，“不得对任何人施以酷刑或者是使其受到非人道的或者是侮辱的待遇或者是惩罚”；第8条第1款规定，“人人有权享有使自己的私人和家庭生活、家庭和通信得到尊重的权利”。德国刑事诉讼主要采取“基本权限定模式”对证据自由作出限制，即以宪法上的基本权利规范为依据按照基本权干预理论[3] 审查证据取得与使用的合法性，证据的取得与使用构成侵犯基本权利时应当加以禁止。法国的证据自由限制模式可称为“辩护权限定模式”，因为法国判例将辩护权视为刑事诉讼中个人基本权利的核心所在，且赋予其相当广泛的内涵及外延。在法国，非法电话窃听、不当诱惑侦查、非法录音录像等许多不正当的取证方式均被视为严重侵害了公民的辩护权，因此被列入非法证据

---

〔1〕 Tonio Walter, Die Beweislast im Strafprozeß, JZ 2006, 340 (345ff.)

〔2〕 Pierre Bouzat, La loyauté dans la recherche des preuves, in Problèmes contemporains de procédure pénale. Recueil d'études en hommage à Louis Hugueney, Paris, Sirey, 1964, p. 172.

〔3〕 “基本权干预理论”是德国公法上用于审查国家公权力行为是否侵犯宪法上基本权利的一套合宪性审查理论，也适用于对刑事诉讼中公权力行为的审查。

之列。[1] 司法尊严是对证据自由进行正当性限制的另一个重要因素。司法是社会正义的捍卫者，当然不能“为达目的，不择手段”（la fin justifie les moyens）。如布扎教授所言，“司法应当获得尊重与信赖……应当具有尊严，不辞劳苦地与罪犯作斗争……司法机关本身不得使用违法或违反社会伦理底限的手段以打击犯罪”。[2] 因此，各国刑事诉讼法及判例对司法机关采取诸如诱惑侦查、暴力或“软”暴力刑讯等证据调查方式都持反对或至少是十分谨慎的态度。例如在诱惑侦查方面，司法机关原则上只得在十分特殊的刑事案件（主要是毒品交易案件）中适用以获取证据，否则证据不可采。

2. 心证责任伦理的限制，即法官必须立足于控辩双方提交的证据，根据理性和良知进行审慎判断，并作出最终的判决。法官心证责任伦理的限制由判决理由的公开、法官对当事人和社会公众负有说服义务两方面构成。判决理由是裁判者据以评价证据、认定事实并适用法律的依据。在现代法治国家中，判决理由公开已成为程序正义的基本构成要件。法官的说服义务（un devoir de persuasion）要求法官在心证形成的过程中应遵循逻辑理性，严格恪守职业伦理，对所有证据进行周密的批判性审查，并结合长期实务经验的司法认知，作出最具说服力的判决——既要说服“特殊听众”（当事人），又要说服“普遍听众”（社会公众），“在具体背景下，正义规则的成功运用在很大程度上取决于听众的感情”。[3]

第四节　科技证据制度[4]

一、科技证据制度的起源和发展

人类社会的科技发展日新月异，这对证明制度产生深远的影响：一方面，科技服务所产生的新型纠纷（如电子商务纠纷）以及高科技犯罪，在证据应用及证明方式上与传统的证明制度有较大的区别；另一方面，法庭科学（forensic science）的兴起及蓬勃发展为新的证明手段和方式提供了基础和平台，之前无法通过传统手段和方式进行分析的证据，都随着科技进步变得可知可读。例如震惊全国的甘肃省白银市连环杀人案，便是在30余年后通过新型的染色体Y-DNA检验抓获真凶。

法庭科学是法庭的科学，广义的法庭科学是指综合运用物理学、化学、医学、生物学等自然科学的原理和技术方法，研究证据采集、鉴定之一般规律的科学理论和技术方法体系，包括法医学、物证技术学等。从更广泛的意

---

〔1〕 C. Poitiers, 16 janv. 1960, JCP. 1960. II. 11599, note Chambon.

〔2〕 Pierre Bouzat, La loyauté dans la recherche des preuves, in Problèmes contemporains de procédure pénale. Recueil d'études en hommage à Louis Hugueney, Paris, Sirey, 1964, p. 165.

〔3〕 吕世伦：《现代西方法学流派》（下卷），中国大百科全书出版社2000年版，第727页。

〔4〕 也有学者称为科学证据。本书在同一意义上使用科技证据和科学证据。

义上说，任何科学技术被应用于解决诉讼中的事实认定问题，都可以被视为法庭科学。[1] 法庭科学涉及众多内容，包括现场勘查、痕迹检验、毒物检验、法医学鉴定、精神病学鉴定以及现代发展起来的法庭昆虫学、法庭植物学、法庭孢粉学等内容。在这其中，DNA 鉴定的出现及稳定发展成为了法庭科学发展史上的重要分野，并为科技证据制度步入历史舞台提供了有力支持。

众所周知，DNA 证据是 20 世纪 80 年代法庭科学最为重要的发现之一。鉴定人员通过对未知物证与利害关系人的基因对比，可在极短时间内形成准确性极高的关联，进而锁定犯罪嫌疑人，极大提高了案件侦破的效率，并有效地防止了错案的发生。自 1989 年起，美国各种“洗冤项目”便通过 DNA 技术矫正了数百起冤假错案，令诸多无辜者沉冤得雪，但也有不少“凶手”已被处决。DNA 证据之于刑事证明的重要作用不言而喻，倘若说时下的刑事证明正进入“科技证据”时代，那么 DNA 证据便是当之无愧的“科技证据”之王。[2]

我们仍然应当看到，即便是有像 DNA 证据这样的“科技证据”之王，但如果没有科学的认定方法和认定规则，“科技证据”也可能会把事实认定推向另外一个错误的深渊。例如：在美国的一起刑事案件中，侦查人员在女尸身上发现了一只被压碎的缺少左腿的蝗虫，通过比对，该蝗虫的 DNA 与犯罪嫌疑人裤边一只蝗虫左腿的 DNA 相吻合，而法庭仅通过该项证据便作出了被告人有罪的认定，但这事实上并未排除被告人可能仅与受害人在生前有过形体接触的“合理怀疑”。在我国的杜培武案件中，警犬气味识别认定、测谎仪等侦查结果对侦查人员的引导，使案件偏离了正确的侦查方向。因此，如何正确认定、适用科技证据，就成了研究科技证据制度的重中之重。

除 DNA 技术的广泛应用外，一些新兴的科学技术也将越来越多的新型证据带入大众的视野里，如区块链技术、脑成像技术、微表情识别技术等。这些新型证据具有新的形式和证明方式，证据运用及证据评价的相关规则也明显有别于传统的证据形式。因此，在诉讼程序中，新型科技证据是否只能为查明案件事实提供一定的科学依据，还是仅凭这些证据就能认定案件事实，这些都需要从实践出发，探索科技证据适用的新规则，以促进科技证据制度的不断发展与完善。尤其是自 20 世纪 40 年代起，科学哲学观开始从实证主义走向后实证主义。在实证主义的哲学下，科学是无限、完整及绝对可靠的，即：每一项科学法则都有其一般意义上的绝对价值；单一的科学法则足以完全解释现象的发展过程；科学不可能犯错，只有科学家可能犯错。但随着科学技术的发展，实证主义的科学理念逐渐受到颠覆：科学是有限的，对于每一种现象，人类可能仅掌握有限的几个方面并用科学法则来展现；科学是不完整的，一旦知道同一现象的其他方面，科学法则必须在可能的情况下进行

[1] 张保生主编：《证据法学》，中国政法大学出版社 2018 年版，第 247~248 页。
[2] 施鹏鹏：“破除 DNA 证据的神话”，载《检察日报》2018 年 5 月 15 日第 3 版。

更新和修改以全面展现，如果无法更新或修改，则必须放弃该科学法则；科学可能是错误的，每一项科学法则都有一定的错误率，对错误率的了解是理论经过严格测试的唯一标志。这一套全新的科学理念被冠之为“后实证主义”，其核心主张是：科学仅通过不断重复实验予以验证是不够的，还应尝试证伪（falsificazione）。但科学万能论的崩塌并不意味着应走向不可知论，更不意味着证据法应排斥科学方法的应用。事实上，尽管科学并非绝对无限、完整及可靠，应用科学方法作出裁判也必然可能存在错误，但只要判决作出时其所依据的科学证据在当时是有效的，则判决便具有正当性。

可见，科技证据适用于司法领域所带来的不仅有便利，也有挑战：一方面，科技证据在很多情况下有助于提高事实认定的精准性和高效性，为法官的心证提供有力的支撑；另一方面，一些新型科技证据也可能对犯罪嫌疑人、被告人的隐私权、形体完整权造成伤害。因此，各国普遍对包括监听、犯罪心理测试、DNA 技术、催眠等在内的科技证据制定单行法或将其纳入刑事诉讼法典的相应规范。对于很多新型的科技证据，我国当下虽然还没有立法，但是也相继出台了一系列司法解释和部门规章，如《最高人民检察院关于CPS 多道心理测试鉴定结论能否作为诉讼证据使用问题的批复》《公安机关指纹信息工作规定》《人民法院司法鉴定工作暂行规定》等。

二、科技证据制度的核心内容

如前文所述，在各种类型的诉讼中，科学知识的作用越来越重要，科技证据的运用也越来越广泛。甚至可以认为，科技证据制度是证据制度发展的最新风向标，是证据制度在科学技术发展的带动下所展现出的最新样态。但因为科技证据所包含的内容繁杂、各自的特点迥然，我们仅能作一概括性描述，而后选择若干重要的科技证据类型进行分析。

（一）科技证据的概念

目前，我国尚无“科技证据”的单行立法，三大诉讼法中也未专设“科技证据”这一种类。因此，“科技证据”的界定并无法律规范上的指引，仅得从学理上进行分析：一方面，“科技证据”首先应是证据，即用来证明所主张的事实存在并与案件事实相关的信息；[1] 另一方面，“科技证据”应具有“科技”的特点，其发现、收集或者保全应运用科学原理和技术方法。由于人类科学技术不断发展和对科技证据的认识不断提高，“科技证据”的概念也在不断精确和完善。

此前，人们对“科学证据”的理解会因当时既有的证据形式不全面而受到局限，这一点在初期对科技证据的研究成果中有所体现。例如：塔安蒂农（Tarantino）在《科学证据的战略性使用》一书中认为，科技证据包括：①指纹鉴定；②微量物证；③声纹鉴定；④催眠术；⑤测谎；⑥热红外成像检测

---

〔1〕 邱爱民：“科学证据内涵和外延的比较法分析”，载《比较法研究》2010 年第 5 期。

技术；⑦法毒物学；⑧武器和弹药识别；⑨法病理学；⑩可疑文书；⑪车速检测；⑫法毒理学；⑬交通事故现场重构。[1] 美国证据法学家乔恩·R. 华尔兹（Jon R. Waltz）教授在《刑事案件中的科技证据》一书中从以下方面对“科技证据”进行了介绍：①精神病学和心理学；②毒物学和化学；③法医病理学；④照相证据、动作照片和录像；⑤显微分析；⑥中子活化分析；⑦指纹法；⑧DNA 检验法；⑨枪弹证据；⑩声纹；⑪可疑文书证据；⑫多电图仪测谎审查；⑬ 车速检测。[2] 日本的田口守一教授认为，“有些科学证据是通过科学的侦查方法得出的结果而形成的证据（如鉴定笔录、勘验笔录等），有些是由法院鉴定”：①拍照、摄像；②采集体液；③监听；④测谎器检查；⑤警犬气味鉴别；⑥声纹鉴定和笔迹检验；⑦DNA（基因）鉴定。[3]

但不完全归纳无法囊括所有科技证据的种类和形式，还应进行必要的定性。本书认为，“科技证据”是运用科学原理或者方法所获得的并可在具体案件中使用的证据类型。

（二）科技证据的属性

除证据的一般属性外，科技证据还有其自身所特有的属性。

1. 科学性。科技证据的特点在于其依托科学技术，运用科学原理和方法，在发现、收集和保全过程中都遵循科学规律、规范和流程，主要表现在以下四方面：①发现的科学性。受限于人类感官和认知的局限性，人们要想了解特定的事物，就需要借助科学手段，在案件中表现为通过科学技术让无法感知的物质以人们可以感知的方式呈现于法庭，以查明事实真相。例如，对于在案发现场无法用肉眼看到的指纹，就可以借助科学方法使其显现。②收集的科学性。对于案件中某些不能通过一般方法收集的证据，可以用科学方法收集，以保持证据的完整性。例如，从血液中提取 DNA 并进行检验。③保全的科学性。收集证据后，要尽可能保证证据不变质不变形，所以保全证据也同样需要遵循科学的方法，如保证温度条件、湿度条件符合证据保存条件等。④证据本身的科学性。某些科技证据本身就是科技的产物，如借助测谎仪、电子设备等仪器形成的与查明案件事实有关的信息。

2. 可靠性。科学上的可靠性是指在某种条件和情境下所得出结果的可重复性。以此为标准，科技证据的可靠性是指科技证据能够经受得起多次重复检验。一如前述，科技证据以专业知识和科学设备为基础，高准确性和低错误率使科技证据自然而然地具备了可靠性。以测谎技术为例，虽然测谎技术自诞生以来就备受争议，但是通过测谎技术准确侦破犯罪案件的数量和比率却是有目共睹的。1921 年，第一台测谎仪在美国试制成功，并在加利福尼亚州伯克利市成功破获了一起盗窃案。据统计，有 50 多个国家测谎的准确率已

---

〔1〕 陈学权：《科技证据论——以刑事诉讼为视角》，中国政法大学出版社 2007 年版，第 45 页。

〔2〕 陈学权：《科技证据论——以刑事诉讼为视角》，中国政法大学出版社 2007 年版，第 45 页。

〔3〕［日］田口守一：《刑事诉讼法》，刘迪等译，法律出版社 2000 年版，第 239~242 页。

经超过了 98%。[1] 随着测谎仪准确性的不断提高，执法部门和法院支持使用测谎仪的呼声越来越高。但科学技术受到其自身发展水平的限制，科技证据并不能保证百分之百的可靠性。世界各国司法实践中均有因 DNA 检测失真或测谎失真等情形导致的冤假错案。

3. 开放性。开放性是指科技证据的种类和形式并不固定，随着科技的发展而不断更新增加。尽管许多学者尝试进行穷尽式的列举，但范围依然受限。如前文所述，乔恩·R. 华尔兹（Jon R. Waltz）教授在《刑事案件中的科技证据》中列举了 13 类科技证据。但诉讼实践中的科技证据种类远不止于此，如利用红外线摄影技术还原犯罪分子作案时遗留在现场的红外热像、建立耳纹数据库认定涉案人员身份等。可见，未来科技证据的种类会随着科技的进步而不断丰富、精细和复杂化。

（三）主要的科技证据

鉴于科技证据的开放性及多样性，我们无法对其进行穷尽式的列举，在此仅对较有代表性的科技证据进行介绍，主要包括 DNA 证据、区块链证据、脑成像证据和微表情证据等。

1. DNA 证据。DNA 证据是科技证据制度的重要标志。DNA 技术以遗传学规律为基础，采用科技手段对生物检材进行鉴定，可以达到高准度识别个体的目的。因其频繁的适用率及极高的精确度，DNA 证据被司法界冠以“新一代证据之王”“人类终极身份证”等头衔。在国际范围内，首次将 DNA 技术用于司法证明的是 1984 年英国内政部所处理的一起移民案件。在该案中，一名男孩以其母亲是英国居民为由，申请移民至英国。如果根据传统的检验方式，最多只能证明二人是亲属关系。但是通过 DNA 技术检测，则可以证明二人是母子关系。此后，DNA 证据逐步进入了世界各国的司法领域，并在审判中发挥着关键性作用。我国于 1989 年开始将 DNA 技术运用于强奸案、凶杀案等案件的侦查取证环节。随着 DNA 技术的不断发展，可以提取到 DNA 的物质范围也在不断扩大，除了新鲜的血液、精斑等之外，陈旧的血液、毛发、骨骼、尸体肌肉组织、唾液等也成为了获得 DNA 证据的重要载体。

此前，世界各国对 DNA 证据的认可度非常之高。许多案件甚至将 DNA 证据作为唯一的定案依据。例如：在罗伯逊诉得克萨斯州案（Roberson v. State）中，将被告人与强奸案现场联系起来的唯一依据就是 DNA 证据，法庭也仅依据了 DNA 证据对被告人作出了有罪判决。罗伯逊提出了上诉，上诉法院认为，根据 DNA 技术原理，在被害人与被告人完全陌生的情况下，被告人血液的 DNA 图谱与从被害人处提取的精液的 DNA 图谱相一致的概率仅为 1/5 000 000 000。因此，支持有罪裁决在法律上是充分的。[2] 但事实上，仅

---

[1] 樊崇义、陈永生：“科技证据的法定化——刑诉法修正不可忽视的一个重要问题”，载《南都学坛》2005 年第 2 期。

[2] 陈学权：“科学对待 DNA 证据的证明力”，载《政法论坛》2010 年第 5 期。

通过 DNA 证据定案也并不能确保审理结果百分之百准确，因为基因组成会存在多种例外情况，比较典型的是“奇美拉”现象，即一个人携带至少两组 DNA。此后，各国司法对 DNA 证据的态度开始发生转变，并在证据规则中设置了专门针对 DNA 证据的补强规则。英国皇家上诉法院刑事审判庭在审理英格兰诉沃特思案（England v. Wats）中明确提出，DNA 证据必须经过补强才能成为认定有罪的证据。德国联邦最高法院也于 20 世纪 90 年代初提出：“在其他证据之外，承审法官考量了 DNA 检查后的结果，作为在此用以补充以确认被告刑事责任的方法，此种观点是正确的。”日本学者村井敏邦教授也认为，“在承认 DNA 鉴定具有证据能力时，虽可作为证据，但应与采用自白为证据之情形相同，不可以此为惟一之证据，必须另有其他证据（补强证据）证明犯罪事实为真实，在别无其他证据存在之情况，不可仅依 DNA 鉴定而认定被告犯罪”。[1]

我国各大诉讼法中对 DNA 证据也设有相关规定。例如：《刑事诉讼法》第 132 条规定，为了确定被害人、犯罪嫌疑人的某些特征、伤害情况或者生理状态，可以对人身进行检查，可以提取指纹信息，采集血液、尿液等生物样本。犯罪嫌疑人如果拒绝检查，侦查人员认为必要的时候，可以强制检查。检查妇女的身体，应当由女工作人员或者医师进行。上述规定中的血液、尿液等生物样本，均可用于提取 DNA，以确认被害人、犯罪嫌疑人的身份。对于提取的方式、手段、程序等，则应当符合法律要求。否则，DNA 证据就可能因非法取证而无法作为认定案件事实的依据。此外，在 DNA 证据的举证、质证方面，《刑事诉讼法》和《民事诉讼法》均设置了鉴定人出庭制度，以便于鉴定人能够对法庭的提问进行回答，对当事人提出的异议进行解答，有助于法官准确认定事实，作出正确的裁判。

2. 区块链证据。[2] 自 2016 年起，“区块链”便成为国务院颁布文件中的高频词。2019 年 10 月 24 日，中共中央政治局就区块链技术发展现状和趋势进行第十八次集体学习，强调区块链技术的集成应用在新的技术革新和产业变革中起着重要作用，将区块链作为核心技术自主创新的重要突破口，明确主攻方向，加大投入力度，着力攻克一批关键核心技术，加快推动区块链技术和产业创新发展。在技术层面，根据中国区块链技术和产业发展论坛所编写的《中国区块链技术和应用发展白皮书（2016）》，区块链是“分布式数据存储、点对点传输、共识机制、加密算法等计算机技术在互联网时代的创新应用模式”。尽管行业内对区块链的界定存在不同表述，但“不可篡改”和“不可伪造”是共识。因此，在互联网技术与虚拟庭审技术快速发展的今天，“区块链证据”在诉讼中的应用极具生命力，它能够保证取证的真实性，

---

[1] 陈学权：“科学对待 DNA 证据的证明力”，载《政法论坛》2010 年第 5 期。

[2] 对区块链证据更进一步的研究，参见施鹏鹏、叶蓓：《区块链技术的证据法价值》，载《检察日报》2019 年 4 月 17 日第 3 版。

极大提高证明效率。

目前，我国已有在庭审中运用"区块链证据"的案例。2018 年 6 月，杭州互联网法院审理了一起信息网络传播权益争议案。在该案中，原告为证明被告在其运营的网站上发表了原告享有著作权的相关作品，通过第三方平台对侵权网页进行自动抓取及源码识别，并将该两项内容和调用日志等压缩包计算成哈希值上传至公证通（Factom）区块链和比特币区块链中。本案的核心争点便是区块链中所存储的证据是否可以作为定案依据。杭州互联网法院首先分析了区块链技术，将区块链定义为"一种去中心化的数据库""一串使用密码学方法相关联产生的数据块，每一个数据块中包含了一次网络交易的信息，用于验证其信息的有效性（防伪）和生成下一个区块"。在认定"区块链"的可靠性后，法院通过时间戳与哈希值计算的方式，认定存证平台保存的电子数据为真实上传的电子数据，且与诉争事实具有同一性。在此基础上，法院认定"区块链证据"可以作为认定案件事实的依据。

2018 年 9 月 7 日所实施的《最高人民法院关于互联网法院审理案件若干问题的规定》进一步明确："当事人提交的电子数据，通过电子签名、可信时间戳、哈希值校验、区块链等证据收集、固定和防篡改的技术手段或者通过电子取证存证平台认证，能够证明其真实性的，互联网法院应当确认。"上述条款对"区块链证据"的证据能力进行了肯定，并以司法解释的方式为"区块链证据"进入司法领域提供法律支持。实践中，为确保"区块链证据"的真实性，公证处、司法鉴定机构以及第三方电子认证机构均可以提供信用上的保障。但是在立法方面，我国还未设立与"区块链证据"相关的证据规则，对于"区块链证据"合法性、证明力等方面的判断并无具体法律法规可循。因此，对于"区块链证据"在我国的司法适用，则应当通过借鉴国外立法经验的方式加以完善。

目前，世界上已有制定与"区块链证据"相关的法律的国家和地区，比较有代表性的是美国佛蒙特州。佛蒙特州法律将"区块链"定义为"通过互联网、对等网络或其他交互方式维护的、安全被加密的、以时间为顺序的、去中心化的一致分类账或一致数据库"，将"区块链技术"定义为"利用或启用区块链的计算机软件、硬件、计算机软件或硬件的集合，或两者兼而有之"。通过上述宽泛的界定，佛蒙特州法律为"区块链证据"的发展保留了充足空间。值得注意的是，佛蒙特州并没有承认"区块链证据"具有"不可篡改"和"不可伪造"的属性，而仅着重强调"区块链证据"的"一致性"，并为此确立了数项证据规则。

（1）"区块链证据"的鉴真规则。美国《联邦证据规则》901 及 902 规定，为满足对证据进行验真或者辨认的要求，证据提出者必须提出足以支持该证据系证据提出者所主张证据之认定的证据。但是，有些证据可以实现自我鉴真的，并不以其他证据或者证明作为其可采的先决条件，"区块链证据"正是如此。佛蒙特州法律规定，在区块链中以电子方式记录的数字记录，在一定条件下可以实现自我鉴真，而无需通过外来证据进行。要想使“区块链证据”实现自我鉴真，必须符合以下要求：有适格证人经宣誓作出书面声明，说明作证资格、记录进入区块链的日期及时间、区块链收到记录的日期和时间；记录是作为定期进行的活动而保存在区块链中的，记录是定期活动的常规做法。此外，“区块链证据”的提出方必须向对方当事人提供书面通知，而且应当于提交证据之前提供记录和声明，以供对方查阅和质疑。

（2）“区块链证据”的传闻证据规则。由于“区块链证据”产生于法庭之外，并且要被用来证明某一事实是否存在，因此会受到传闻证据规则的约束。佛蒙特州法律规定，在区块链中以电子方式记录的数字记录（包括信息和数据），如附有适格证人声明，则应视为传闻规则的例外，即“定期进行的业务活动记录”，除非材料的信息来源或准备材料的方法表明，材料缺乏可信度。

（3）“区块链证据”的推定规则。佛蒙特州法律规定，通过区块链技术的有效应用而核实的事实或者记录是真实的，但对事实或者记录真实性的推定不适用于内容的真实性、有效性或者法律地位。因该事实而处于不利一方的当事人，负有提供证据证明相关事实、记录、时间或者身份与添加到区块链时的事实、记录、时间或者身份不符的责任。关于“区块链证据”的推定不影响案件证明责任的分配。

佛蒙特州法律关于“区块链证据”规则的规定有以下两大特点：一是承认“区块链证据”虽然难以篡改但依然可能受到篡改，故在一定外部条件下可进行自我鉴真，但应提供记录和声明以供对方当事人查阅和质疑。二是佛蒙特州法律更青睐“技术自证”，不依赖于公证处、司法鉴定中心以及第三方电子认证机构的“公证证明”。

在区块链进入司法证明领域之前，电子数据的司法采信率较低，法官往往纠结于相关数据究竟是原生证据还是派生证据，是否有可能造假。而区块链使用分布式、去中心化的分布式记账技术，区块链上的任一节点均可共享和复制分类账。在区块链技术的支持下，电子数据究竟是原生证据还是派生证据便显得并不重要，因为副本与原件具有同等的可信度。在我国当下，随着互联网法院的推广以及若干司法区块链的建立，当事人取证和存证的成本大大降低，这对于解决当下诉讼案件爆炸、法官疲于奔命的司法现状极有助益。这也是区块链技术受到司法实务人员普遍青睐的原因。但也应注意，区块链技术并非毫无缺陷的技术，未来应出台更严谨的证据规则，保障双方当事人的质证权。此外，从公证背书转向技术自证也是区块链发展的必然趋势，否则实践中容易出现责任的转移，既可能导致伪证，也不利于提高效率；当然，这有赖于技术的进一步成熟。

3. 脑成像证据。[1] 脑成像技术是指通过 CT 扫描（计算机 X 线断层摄影）、PET 扫描（正电子发射断层扫描术）、MRI（磁共振成像）等方式，让神经科学家可以观察“活体脑的内部”，并理解脑特定区域与其功能之间关系的技术。脑成像技术在医学领域已经得到了广泛应用，但在刑事司法领域却面临着生命伦理、人权保障及证明力认定等多重障碍，因此各国对刑事领域内脑成像技术的应用均保持十分谨慎克制的态度。

从国际范围内既有的刑事案例来看（美国、意大利和印度等国家均有类似案例），脑成像技术最初主要应用于判断被告人的刑事责任能力，包括检验被告人是否因患有精神疾病而导致无刑事责任能力，以及是否因患有严重的脑功能障碍而导致刑事责任能力受限。之后，对于脑成像技术是否可以作为取证方式而拓展适用于刑事司法其他领域，许多国家也进行过一些探索。

例如，脑成像技术是否可以作为测谎手段，以辅助审查口供的真实性。印度在这一领域是极端的先行者。由印度“国家心理卫生神经科学研究院”研发的脑波测谎系统（BEOS：Brain Electrical Oscillation Signature）在印度的刑事司法实践中频繁适用。研发者号称该系统测谎的准确率无可非议，可以轻易突破被告人的心理防线，获取有价值的证据线索。在一起判例中，印度法官甚至仅凭脑部扫描结果便判处被告人谋杀罪成立。这是世界范围内首例以脑成像技术作为唯一定罪依据的刑事案件。与传统的测谎技术相同，脑成像证据面临着科学及司法层面证明力的追问：这样一种新型的技术手段和证据形式是否如同 DNA 证据一样，可达到刑事诉讼所要求的确定无疑的证明标准；即便达到证明标准，在人权保障层面，脑成像技术是否也侵犯了被告人不得被迫自证其罪的特权及无罪推定权。

又如，在一些取证特别困难的案件中（尤其是在针对幼童的暴力伤害案件），脑成像结果是否可以作为要件事实的证据。近年来，包括中国在内的许多国家均出现了许多令人发指的保姆虐童案件。由于受害者是 1 周岁以下的幼童，无法自行作证，再加上有些虐待手段较为隐蔽，短时间内无法看到危害后果，因此司法实践中难以确定幼童是否受到了虐待以及受损的程度如何。以摇晃婴儿综合征为例，这是一种严重的虐待婴儿形式，施害者持续摇晃婴儿而对其脑部造成了不可修复的损害，而且这一损伤常常是在没有外部损伤迹象的情况下造成的。在这样的案件中，脑成像技术便既可以作为获取证据线索的重要手段，也可成为证明刑事犯罪要件的重要证据。正如学者史密茨贝格尔·霍夫在法国最高法院公报上撰文所指，“如果没有医生的（脑成像）诊断，律师将永远不能确保婴儿的正当权利受到保护”。

但作为一种新型的取证手段，脑成像技术依然受到了很大的非议：一方面，这种新型的技术对鉴定人的能力要求极高，可能需要多领域（如神经科

---

[1] 对脑成像证据更详细的论述，参见施鹏鹏、田静宜：“脑成像技术：刑事证明的潘多拉魔盒”，载《检察日报》2019 年 01 月 16 日第 3 版。

学、心理学、认知科学或神经影像学）专家的相互配合；另一方面，脑成像技术即便在神经科学领域也倍受争议，现阶段技术水平尚不完善，甚至仍有不少行业学者拒绝承认其为科学。此外，也是最为重要的一点，刑事诉讼法的学者对脑成像技术的应用及拓展持十分谨慎的态度。尤其是当此种所谓的“完美证据”出现后，被告人的辩护权、无罪推定权以及正当程序的诸项保障机制均会受到最为严厉的挑战，技术的应用也变得难以控制。正如科林格里奇困境（Collingridge's Dilemma）所阐释的，“一项技术的社会后果不能在技术生命的早期被预料到。然而，当不希望的后果被发现时，技术却往往已经成为整个经济和社会结构的一部分，以至于对它的控制十分困难。这就是控制的困境。当变化容易时，对它的需要不能被预测；当变化的需要变得明显时，变化却变得昂贵、困难和耗时间，以致难以或不能改变”。

4. 微表情证据。微表情的概念是由美国心理学家保罗·埃克曼（Paul Ekman）在 1969 年正式提出的。根据埃克曼的定义，持续时间在 1/25 秒~1/5 秒之内的表情是微表情。由于微表情持续的时间极短，且动作幅度小，因此不容易被察觉。但是，微表情能反映一个人在极短时间内的情感变化和心理状态，因此在刑侦、心理学等方面具有较大的发展前景。

从历史条件来看，限制微表情技术发展的最主要原因在于微表情不易被捕捉，因此检测和识别就会变得非常困难。随着图像识别和处理技术的迅猛发展，高清捕捉微表情已经成为了现实。而且在大数据和云计算的技术支持下，通过对大量微表情数据的录入、统计、运算等操作，我们就可以较为精确地分析，以计算出每一种微表情背后的心理动机概率。可以说，通过微表情识别技术，我们就可以基本实现“知人知面又知心”了。

截至目前，微表情识别技术还处于发展完善阶段，其较多被运用于心理学分析。因此从某种程度上讲，微表情识别与测谎技术、脑成像技术有异曲同工之用，可以发现案件中的蛛丝马迹，为破案和结案提供线索和依据。

由于现阶段还没有运用微表情证据进行审判的案例，因此时下对微表情识别技术的讨论还未涉及对其证据能力的研究。毋庸置疑的是，微表情识别是一种概率计算，因此必定会存在误差。在侦查中采用微表情识别来跟踪犯罪嫌疑人、审查口供真实性无可厚非，但是在建立微表情数据库的过程中是否会侵犯人权（尤其是隐私权），在微表情捕捉前是否应当进行“米兰达警告”，以及在微表情的收集、保存、运用等过程中如何适用非法证据排除规则等，都是需要解决的问题。

（四）科技证据的应用规则

科技证据在诉讼领域的广泛应用对传统证据规则提出了新的挑战：一方面，科技证据具有前沿性及开放性，立法往往滞后，无法对各种证据形式进行完全归纳；另一方面，事实认定者多数不是科学家，不可能完全掌握所有科技证据的证明原理，也不可能亲自验证每一个科技证据的可靠性程度。因此，在科技证据大量适用于司法实践的背景下，相关的证据应用规则亦应及时出台，以使法官能够对科技证据的准入和采信作出合理把握，从而避免因新证据形式出现而带来的证明困境。

第一，科技证据不宜设置过于严格的范围限制。人类的科技日新月异，诉讼证明理应更广泛地吸收最新的科技成果。如果设置过高的准入门槛，则可能将一些高效、便捷的新型科技证据排除在诉讼程序之外，不利于查明案件事实，也有悖证据自由原则。因此，在判断科技证据是否可以进入诉讼程序时，应当主要审查其所依托的科学技术是否可靠、完备、成熟（例如：区块链技术）以及是否经得起检验（例如：DNA 技术、脑成像技术）。只有在科技学术能够对证据形成有力支撑的情况下，新类型的科技证据才有进入诉讼程序的可能性。

第二，科技证据应符合法律对证据所设定的一般性要求，如取证程序合法、能够以可被感知的方式呈现、与待证事实之间具有关联性等。这里尤其要强调合法性，因为许多科技证据会对个人基本权利造成侵害，如何在高效发现真相与保护基本人权之间形成平衡，这是需要作进一步研究的问题。例如对微表情的捕捉和分析、对脑成像的获得和解释均可能侵犯犯罪嫌疑人的“不得强迫自证其罪”的权利，损害其自由意志。因此，对于科技证据的调取、保存、运用、认定等，均应考虑确立专门的合法性规则。

第三，确立专家制度以协助解决科学证据中的专门性问题。无论是英美法系的专家证人，还是大陆法系的专家辅助人、鉴定人，其核心职责便是以专业的知识、技能和经验对案件中的专业性问题发表意见，帮助法官更加准确地认定案件事实。在我国，可进入诉讼程序的专家有两种，一是以鉴定人身份出庭的专家，负责对鉴定意见中的专门问题进行解答；二是以专家辅助人身份出庭的专家，负责对法庭审理中的专业性问题提出有效质疑和解答。通过专家制度，法官能够对案件审理中所涉及的专业性问题逐步形成心证，并最终确定科技证据是否能够证明案件事实。

最后，法官拥有最终的决定权。随着科学证据的兴起，裁判者可能面临着观点完全为科学家所左右的风险，从而放弃裁判职能，让“司法官”的裁判最终变为“科学家”的裁判。但这里需要特别说明的是，在各种类型的诉讼中，专家意见均仅作为“参考”，最终的决定权仍为法官所掌控。也有学者担心，拥有最终决定权的法官也可能作为“业余科学家”强势地在某些自己并不熟悉的领域主导事实认定。为避免后一种情况，法官在判决理由中应详细说明据以认定科学证据的原因，包括科学方法的可靠性评估、专家相冲突观点的合理评价、鉴定报告与其他证据的契合度等，从而接受社会公众的监督。

【案例】白银市连环杀人案[1]——DNA 证据的运用

基本案情："白银案"是新中国成立以来影响最为重大的命案之一。被告人高某勇于1988年5月至2002年2月，先后在甘肃省白银市、内蒙古自治区包头市共作案11起，其中实施抢劫作案4起，实施抢劫、侮辱尸体作案4起，实施抢劫、故意杀人、强奸作案2起，实施抢劫、故意杀人、侮辱尸体作案1起，共致11名女性被害人死亡。首案距今已有30年之久。凶手作案手段十分残忍，令人发指，不仅强奸、杀害女性，还残忍切割受害女性生殖器官、人体组织等，受害人中年龄最小的仅8岁，社会影响极其恶劣，在当地造成极大恐慌。

侦破过程：2001年8月，此案被公安部列为督办案件。2004年8月5日，公安部组织专家对案件进行会诊，将白银、包头两地案件并案，确定为甘肃、内蒙古"8·05"系列强奸杀人残害女性案。尽管各级公安机关全力侦破此案，但案件迟迟没有取得实质性突破。2016年3月，公安部刑侦局组织开展疑难命案积案攻坚行动以来，对甘肃、内蒙古"8·05"系列强奸杀人残害女性案展开新一轮的侦破工作。公安部工作组先后4次带领刑侦专家赴白银市、包头市研讨案件，认真分析犯罪嫌疑人特征，对其活动地域进行科学判定，确定了利用新科技手段对原有生物物证再利用的主攻方向。专案组按照公安部工作组的工作要求加强科技攻关力度，很快取得了重大突破：警方通过染色体Y-DNA检验，发现城河村高氏家族有作案嫌疑，挨个录入指纹。提取高某勇指纹和DNA时，他表现惊慌。警方现场将指纹和DNA发回比对后，很快发现他的指纹和命案现场指纹高度吻合，实施抓捕，甘肃、内蒙古"8·05"系列强奸杀人残害女性案成功告破。

案例评析：所谓Y-STR方法，是法医学对精子的一种DNA检测手段。同一父系的所有男性个体——兄弟、父子、叔侄、堂兄弟和祖孙等都具有同源的Y染色体。高某勇一位堂叔的DNA，因行贿被录入数据库中，警方将它与当年命案现场留下的痕迹相比对，最后发现高氏家族的成员高某勇高度吻合。侦破技术的飞跃，让残害11条人命的杀人狂魔最终伏法。

---

〔1〕"白银市连环杀人案"，载"百度百科"，https://baike.baidu.com/reference/6418102/0ad90Y6gMW4QKRvEmRC7gz2_c8rrkJx0VI8lwQ1C9VlpN-0TGn2PKZ_ulfw3H6HZMlKkHgCENUMn1igMRu20M18YOf8Gdi9cJF9RtVUZwSdiLPyWb3Z_，访问时间：2019年11月16日。

第三章

证据法的理论基础

当下中国的证据法学研究可以说是百家争鸣，证据法的理论基础亦经历了从传统“一元论”向“多元论”[1] 的演变。在众多学说之中，证据法的理论基础主要涉及认识论和价值论。

第一节 证据法理论的不同思潮

回溯证据法悠长的历史进程，有许多学者对证据法理论进行了深刻的研究和检讨。其中，当代证据法学家特文宁（Twining）教授便对证据法理论进行了逻辑化和体系化分析阐述，为我们科学地认识和理解证据法理论提供了指引。

一、理性主义传统

特文宁教授系统梳理了18世纪以来有关英美证据法学的思想史，在《证据法学研究的理性主义传统》中冠之以“理性主义传统”之名。特文宁教授认为：“认识论是一种可知论而非怀疑论；真理反映论比真理融贯论获得更为普遍的认同；相比于像决斗、免罚宣誓审判（compurgation）或者痛苦考验这样的‘非理性’模式来说，裁判制作模式一般被视为是‘理性的’；推理的主要特征是归纳；通过追求真相达致正义是法律的最高命令，但在所有社会价值中又不是必然的、压倒性的或优先的价值。”[2] 我国也有学者认为：“从吉尔伯特到边沁，从威格摩尔到麦考密克，都明确或默示地认为，英美证据法的理论基础就是乐观理性主义。该理论认为，对于过去事实的正确认识，

---

〔1〕“多元论”已为多数学者接受，但仍存在分歧。参见卞建林：“略论我国证据制度的理论基础”，载《人民检察》2000年第11期；陈瑞华：“从认识论走向价值论——证据法理论基础的反思与重构”，载《法学》2001年第1期；陈光中、陈海光、魏晓娜：“刑事证据制度与认识论——兼与误区论、法律真实论、相对真实论商榷”，载《中国法学》2001年第1期；张建伟：“证据法学的理论基础”，载《现代法学》2002年第2期。

〔2〕William Twining, *Rethinking Evidence: Exploratory Essays*, Northwestern University Press, 1994, p. 78. 转引自郑飞：“论理性主义传统中的威格摩尔证据法思想及其启示”，载《中国刑事法杂志》2012年第11期。

可以而且只能通过对证据进行理性的推理而获得，从而，法律的目的就是通过对事实材料的精确决断而获得正确的决定。"[1]

概言之，所谓“理性主义”传统，主要是指一种可能性，即司法中的证明是一个理性的过程，可有效发现争议的事实；证明被视为发现案件真相的理性手段，尤其是通过法官的演绎推理。理性主义传统认为证据对于确定案件真实是必不可少的，也是司法实现社会功能的路径所在。因此这些学者对一些证据规则（如排除规则）普遍持保留态度，认为它们无益于案件真相的发现。

二、怀疑主义传统

在特文宁看来，理性主义传统的一个很大弱点在于他们对哲学怀疑者[2]所提出的挥之不去的问题的典型回应或者是自信满满的断言，或者是滑头的避实就虚，又或者是直接的避而不谈。[3] 与理性主义传统相反，特文宁提出了另一流派，即“怀疑主义”，并且谈到这种颠覆性的、怀疑主义的趋势绝不仅仅局限在社会学家或其他有关刑事程序的作者们的著作当中。

在“怀疑主义”看来，证据应用的目的不在于发现真相，不可能（也不期待）在证据和事实之间建立联系；某一事实之所以得到证明，仅是因为法官作出了裁决。美国的司法现实主义便是“怀疑主义”最极端的体现。美国法学家弗兰克（Jerome Frank）认为，某一事实主张之所以得到证明，并不是因为该事实是真实的，而仅仅是因为在法官推理的世界里，他认为其构成一项事实，即法官认为争议问题已经得到证明。“拟作出判决的法官，是因为他认为判决是公正的，用于证明他所提及之事实的证据，连同传统的证据规则，可证明其所宣布的裁决正当。”法国法学家拉加尔德（Lagarde）认为，证据规则的目的并不是为了发现真实，而是确保司法裁决的正当性。还有一些学者则认为证据规则的存在必然与事实疏远。证明，并不意味着揭示争议事实的真相，而是依特定的程序正式确立或确定事实。例如法国著名的历史学家、法社会学家莱维布吕尔（Lucien Lévy-Bruhl）便认为，证据是“对不确定的要点确立心证的机制”。

三、新证据学派

20世纪70年代初，证据法的研究发生了革新，在英国和北美洲诞生了“新证据学派”。“新证据学派”这一术语是密西根大学法学教授伦伯特

---

〔1〕 易延友：《证据法的体系与精神——以英美法为特别参照》，北京大学出版社2010年版，第49页。

〔2〕 哲学上，怀疑论对认识的可能性表示极大的担忧，因此不作积极的主张。

〔3〕 参见［英］威廉·特文宁：《证据理论：边沁和威格摩尔》，吴洪淇、杜国栋译，中国人民大学出版社2015年版，第270页。

(Lempert) 在《新证据学》一文中提出的[1]，在欧洲也有相当影响。“新证据学派”将关注点集中于证据收集及评价中的实际做法及认识论的分析，尤其是对其他学科知识的借鉴，例如心理学、犯罪学、逻辑学以及文本分析。“它的核心思想是用标准的数学与概率逻辑公式对证据予以量化，通过公式演算获得事实盖然性的准确数据。它认为，所有有争议的事实问题与证明推理问题大致上都是数学性的，在裁判真伪时，采用量化的数学推理可以对证明标准与事实可能性予以科学评估。”自20世纪80年代开始兴盛的新证据学派将兴趣集中于广义的证据学概念，主张在“特定背景”中思考证据。

第二节 认识论

认识论是哲学的一部分，是指“关于人类认识的来源、发展过程，以及认识与实践关系的学说”。[2] 长期以来，认识论，尤其是辩证唯物主义认识论都理所当然地被视为了证据法学的理论基础。“我国证据法首先应当坚持以辩证唯物主义认识论为指导，将认识论的基本原理与诉讼证据运用的特殊规律结合起来，形成诉讼认识论。”[3] “辩证唯物主义认识论是马克思主义理论的重要组成部分，它应该成为我国证据法在认识论方面的理论基础。”[4] 但也有学者极力反对将认识论作为证据法学的理论基础。“辩证唯物主义认识论作为马克思主义理论的重要组成部分，其正确性是毋庸置疑的。但是，任何科学的理论都有其固有的适用范围，并在此范围内具有合理性。……在这一点上，辩证唯物主义认识论也不例外。作为哲学上的一种认识论学说，辩证唯物主义认识论所调整的对象主要是人类的认识活动。……但是，人类运用证据进行的诉讼活动，究竟是不是一种认识活动呢？答案如果完全是肯定的，那么将辩证唯物主义认识论视为这种活动的指导思想和制定证据法的理论基础，确实是无可厚非的。相反，如果诉讼活动不是认识活动，或者至少在一定程度上不属于认识活动，那么将认识论作为证据法的理论基础，就显得不科学了。……围绕着证据的运用所进行的活动都是以解决利益争端为目的的法律实施活动，其中尽管包含着认识过程，但绝不仅仅等同于认识活动。在这一意义上，诉讼都包含着裁判者运用证据对案件事实进行确定的认识活动。但是，这种认识活动在诉讼中并不具有根本的决定性意义。”[5] 在该观点看

---

[1] Richard Lempert, “The new evidence scholarship: analyzing the process of proof”, *Boston University Law Review*, 66 (1986).

[2] 中国社会科学院语言研究所词典编辑室编：《现代汉语词典》，商务印书馆2002年版，第1067页。

[3] 陈光中主编：《证据法学》，法律出版社2015年版，第86页。

[4] 何家弘、刘品新：《证据法学》，法律出版社2013年版，第42页。

[5] 陈瑞华：“从认识论走向价值论——证据法理论基础的反思与重构”，载《法学》2001年第1期。

来，将认识论作为证据法学的理论基础，必然会导致“重实体，轻程序”“重结果，轻过程”，甚至“重权力，轻权利”的负面后果，进而主张证据法学应当建立在形式理性观念和程序正义理念的基础之上。也有学者认为：“认识论是以如何发现案件事实真相为己任，但非常不幸的是证据制度恰恰以规范发现事实真相的程序为要旨，甚至一系列证据规则直接妨碍了事实真相的发现。这表明，证据规则和认识论实际上是相互冲突的，因此证据法学的理论基础根本不可能从认识论那里找到正确的答案。”〔1〕

本书认为，在现行的证据法中，即便有些证据规则是基于价值权衡和外部政策的考虑而确立，但认识论依然是证据法的核心理论基础。辩证唯物主义认识论为理性主义的证据观提供了认知层面的方法论。因此，本书拟从证据与真相、证据与推理两方面对这一理论基础进行阐述。

一、证据与真相

真相，或者称之为真实，“不只是法律、程序、科学、政治和社会生活的首要原则。真实是人类道德价值的本质，对许多人而言，或许是唯一的道德价值。”〔2〕在诉讼中，查明真相依然应当是首要的追求；要查明真相，司法人员必须通过诉讼证据这个桥梁来实现，通过证据来构建案件的真相。在英语世界里，《肯尼刑法原理》指出：“我们的证据规则大都是在多年经验的基础上建立起来的，其宗旨只有一条，就是保证求得案件的客观真实，防止发生冤枉无辜的现象。”〔3〕在欧陆法学界，许乃曼（Schünemann）教授也谈道：“事实上，尽管人类的认识能力是有限的，而且事后再来澄清历史事实有着特殊困难，但是这并不妨碍对客观真实的追求。与此相反，不以客观真实为目标会导致刑事诉讼与实体法的基本要求脱节。”〔4〕

（一）反对排除规则

查明真相，要求向法庭提交的证据是真实的，或者说是具有可信度的。为此，很多证据法学者对证据的可采性进行了深入研究，这一点在英国和美国表现得尤其突出。证据法在这些国家集中体现为“排除规则”。这可以作为英美法系国家由陪审团认定事实的解释。这些证据规则可以避免向法庭所提交的证据缺乏可信度，或者使陪审团犯错。但不可否认的是，“排除规则”对查明真相的证据资格具有影响，使诉讼中确立真相变得困难：法官及陪审团被剥夺了一些可以查明事实的证据。因此，边沁对所有的排除规则均持敌对

---

〔1〕周菁、王超：“刑事证据法学研究的回溯与反思”，载《中外法学》2004年第3期。

〔2〕Heike Jung：“真相？刑事诉讼程序之中真实的事证、印象和自白”，载 Antony Duff 等：《审判的试炼Ⅲ：刑事审判的新规范理论》，李姿仪译，台湾财团法人民间司法改革基金会2015年版，第165页。

〔3〕［英］J. W. 塞西尔·特纳：《肯尼刑法原理》，王国庆等译，华夏出版社1989年版，第484页。

〔4〕［德］许乃曼：“论刑事诉讼的北美模式”，茹艳红译，载《国家检察官学院学报》2008年第5期。

态度。但与此同时，很多学者则致力于精化排除标准，保证普通法证据规则协调有序。

边沁旗帜鲜明地反对证据排除规则，他的经典名言是："证据是正义的基石：排除证据，即排除了正义（真实）。"他在《司法证据专论》中指出："显然，要发现无误的证据规则和确保正确判决的规则，是绝对不可能的；但人类的头脑倾向于创建这种只能增加错误判决概率的证据规则。一个公正的真相发现者在这方面所要做的全部事情，就是要使立法者和裁判者警惕和抵制这种草率的规则。"[1] 在《司法证据的理论基础》中，边沁认为对可靠性、证明力和证据数量进行规范的规则，都是有害的，他认为证据法应采取"不排除原则"。

但需要说明的是，边沁并不主张所有证据在司法程序中绝对可以适用。在边沁看来，某些证据应当予以排除，但仅是因为不便（如期限、烦恼和费用）超过了益处。边沁的观点在证据法领域的影响巨大，不仅对于英美法系国家来说是这样，甚至对于欧陆国家来说亦是如此。19 世纪下半叶英国所进行的改革便是限制排除规则（配偶的证言不再不能使用、具有刑事前科的证人证言不再不能使用）的改革。事实上，边沁这一观点对大陆法系（尤其是法国）的影响更为深远。例如法国的证据自由原则，便主张所有的证据均可进入诉讼，以达致实质真实。德国对合法性的要求稍高，但也将实质真实作为证明最核心的目标。

（二）探索证据排除的标准

不得不说，边沁的作品催生了对证据排除标准的讨论。英美法学者重拾了真实的理念，即诉讼证据的目的是查明案件真实以及排除一些偏离这一目的的证据。

1. 最佳证据规则。"最佳证据规则"为英国著名证据法学家吉尔伯特（G. Gilbert）所倡导，该规则致力于寻找完美的证据，以在司法审判中获得采纳。格林列夫（Greenleaf）也认为如此，还提出了若干最佳证据的规则。在格林列夫看来，这一标准并不意味着提供尽可能多数量的证据，而应尽可能避免未提供最佳的证据（为一方当事人所有）。因此，证据规则应预防欺诈。原因在于，裁判者可以合理地推定，如果一方当事人拥有最佳证据而未提供，则其具有不可告人的秘密。此外，格林列夫区分了最佳证据即原生证据和次生证据。原生证据具有更高的证明力（如相关人员的证言、书证原件），应当优先使用；而次生证据则不具有这些特征，如传闻证据、书证复印件。这一理念为英美法系的多数学者所支持。而且，"最佳证据规则"依然是时下重要的证据规则。

---

[1] Jeremy Betham, *A Treatise on Judicial Evidence*, E. Dumont ed., London (1825), p. 180. 转引自吴丹红："证据法的批判与建构——边沁的证据法思想及其启示"，载《环球法律评论》2006 年第 6 期。

2. 相关性标准。相关性标准是英美证据法的指导思想，是应陪审团制度的要求而确立并不断完善的。在英美证据法中，“相关性要求是最基本的证据法原则”。英国著名法史学家斯蒂芬（Stephen）认为，可以将“相关性”作为理论主轴对证据法进行体系化。“证据法的核心便在于否定性规则……即确立不是证据的规则。所有涉案及具有相关性的事实均可以得到证明，反之则不然，这便是这些否定性规则的核心，并赋予其统一性”。[1]

事实上，英美证据法中的相关性指的是证据与待证事实之间具有逻辑关系，即可以依一般人的逻辑和日常生活经验对证据与待证事实之间的关联程度作出评价。相关性是英美证据法中证据的基本属性之一，目的在于允许证据进入诉讼程序中，以便于为证明案件事实提供足够的依据。只有在证据具有相关性的基础上，才能对其是否具有需要被排除的因素，以及其证明力大小作出评价。因此，证据的相关性是证据裁判的基础，也是英美法系国家法官行使裁量权的重要内容。

以美国为例，其证据立法历经了百年改革历史，其中，塞耶（James Bradley Thayer）、威格摩尔（John Henry Wigmore）、摩根（Edmund M. Morgan）三位证据法学巨匠对美国证据法的改革与完善影响最大。[2] 塞耶在《普通法证据初论》一书中时常援引的一段话，也是他所认为一个理性证据制度所应包含的两个最基本的命题：首先，“一个原则，即禁止采纳任何无关、逻辑上不具有证明力的证据”；其次，“另一原则……除非被一些法律规则或原则所排除，否则所有逻辑上具有证明力的证据均可被采纳”。[3] 在 20 世纪的每项重大改革中，这些命题被重新整塑为相关性规则（the rule of relevance）。[4] 而后，威格摩尔和摩根都赞同塞耶所主张的“证据相关性居首”的伟大见解。

根据塞耶的观点，理性的证据制度具有两个特征：其一，“不具有相关性或者逻辑证明力的”，不应为法庭所采纳；其二，除非某一司法规则或司法原则作了其他规定，否则所有具有逻辑证明力的，均应为法庭所采纳。简言之，塞耶的相关性标准，可以概括为“逻辑上相关性”（logical relevancy）。塞耶所主张的以逻辑相关性为指引来排除证据，对美国证据法产生了重大影响。事实上，从法律文本来看，美国《联邦证据规则》是完全援引塞耶的观点而确

[1] Étienne Vergès, Géraldine Vial et Olivier Leclerc, *Droit de la preuve*, PUF, 2015, p. 117.

[2] Eleanor Swift, “One hundred Years if Evidence Law Reform: Thayer's Triumph”, *Cal. L. Rev.* Vol. 88, 2000, pp. 2437~2476.

[3] James Bradley Thayer, *A Preliminary Treatise on Evidence at the Common Law*, Adamant Media Corporation, 1898, p. 265. 更详尽的论述，参见 Eleanor Swift, “One Hundred Years of Evidence Law Reform: Thayer's Triumph”, *Cal. L. Rev*. Vol. 88, 2000, pp. 2437~2476.

[4] 参见 Eleanor Swift, “One Hundred Years of Evidence Law Reform: Thayer's Triumph”, *Cal. L. Rev.* Vol. 88, 2000, pp. 2437~2476.

立了规则 401 及规则 402。[1]

3. 辩证唯物主义认识论与真相查明。辩证唯物主义认识论认为，事物是可知的。但由于认识的主体、方式、客体等均可能存在不同，因此，即便对于同一事物而言，不同的人可能会产生不同的认识，或者不同程度的认识。但通常而言，人们对于事物的认识总是从最容易被感知的表象（又可以被称为现象）开始的。当然，随着认识过程的逐步推进、认识程度的不断加深，人们对事物的认识可能会突破事物的现象而深入到事物的本质，这也是认识论的基本要求和体现。

唯物主义认识论不仅适用于认识世界和改造世界的过程，也同样适用于查明案件事实的过程。根据认识论的观点，虽然事实认定者并非案件事实的亲历者，但仍然可以通过证据重建事实的“原貌”，并以此作出裁判。因此，唯物主义认识论秉承真相认知的理性主义立场，与我国职权主义真相查明传统相契合。案件真相并非“镜中花、水中月”，而是可通过证据收集、评价及裁判者严谨的心证获得的。也正因为如此，习近平总书记对当下的司法工作提出了根本性的要求，“努力让人民群众在每一个司法案件中都感受到公平正义”。

二、证据与推理

从证据到待证事实，事实认定者需要通过一定的思维过程来实现，即法律推理。在很长一段时间里，国内外理论界都将证据推理简化为法官纯粹的经验、逻辑和常识问题。但随着新证据学研究思潮的兴起，来自逻辑学、心理学、哲学、数学、人工智能等不同学科领域的西方学者开始尝试对诉讼证据推理进行精密化、科学化的研究。[2] 威格摩尔便是这一领域的先驱者。早在 100 多年前，威格摩尔就倡导司法证明的科学化，尝试以树状图表的形式来表现法律推理和逻辑证明过程，即威格摩尔“图表法”。但威格摩尔“图表法”因过于复杂而未引起理论界及实务界足够的关注。直到 20 世纪 80 年代以后，威格摩尔的证据推理方法才被特文宁重新发掘出来，后在蒂勒斯、安德森以及舒姆等“新威格摩尔主义者”（the Neo-Wigmoreans）的共同努力下，“图表法”得到了理论上的完善和修正，以适应司法实践的要求。

---

〔1〕 美国《联邦证据规则》第 401 条是有关“相关证据的标准”的规定：在下列情况下，证据具有相关性：（a）该证据具有与没有该证据相比，使得某事实更可能存在或者更不可能存在的任何趋向；并且（b）该事实对于确定诉讼具有重要意义。第 402 条是关于“相关证据的一般可采性”的规定：相关证据具有可采性，但《合众国宪法》、联邦制定法、本证据规则以及联邦最高法院制定的其他规则另有规定的除外；不相关证据不可采。参见 Eleanor Swift，“One Hundred Years of Evidence Law Reform：Thayer's Triumph”，*Cal. L. Rev.* Vol. 88，2000，pp. 2437~2476.

〔2〕 较详细的介绍，参见封利强：“我国刑事证据推理模式的转型：从日常思维到精密论证”，载《中国法学》2016 年第 6 期。

（一）威格摩尔“图表法”

威格摩尔希望通过“图表法”将法律推理平面化，其主要贡献有两方面：图表方法（chart method）和概括（generalization）。

1. 图表方法。威格摩尔所设计的图表由一系列推论组成，而推论的构成要素则是命题。每一个命题都是图表的一个节点，分析者用箭头表明命题之间的推论关系，以完整呈现案件的推理路径。为了避免图表变得过于庞大，威格摩尔将塔状图中的所有命题以编号来代替。同时，在图表后方附上一个关键事项表（命题列表），以防止图表制作者遗忘图表中的编号所代表的内容。为了具体说明图是如何使用的，威格摩尔以合众国诉昂梅连（Commonwealth v. Umilian）一案为例画出了如下图式[1]：

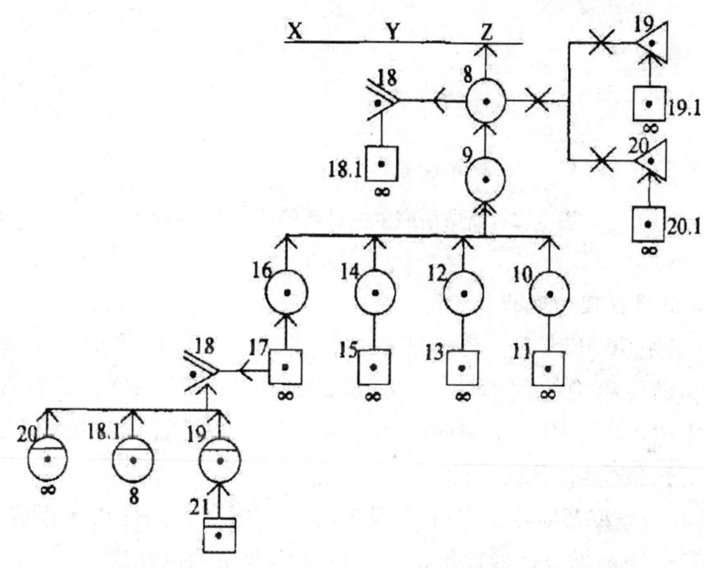

图 3.1 合众国诉昂梅连一案的威格摩尔图表

可以看到，威格摩尔的本意是将法官无意识的经验、逻辑和常识理性化，将貌似杂乱无章的思维过程精细化。但图表显然过于复杂，即便是专业的证据法学者在梳理其中的逻辑关系时亦感到吃力，遑论实务工作者——这也是威格摩尔“图表法”未产生重大影响的原因。此外，图表对每份证据的证明力也缺乏量化指引，这必然导致证据推理的不完整，无法为法官的心证提供全面的依据。

2. 概括。威格摩尔认为，证据推理通常是一种归纳法，但是每一个归纳推论或多或少潜在地依赖于某一规则或命题。因此，当归纳推论被转化为演绎推论之后，作为演绎推论的大前提便称为“概括”。将“概括”过程进行

[1] 参见王佳：“司法证明科学的新视野——威格摩尔证明图式研究”，载王进喜、常林主编：《证据理论与科学——首届国际研讨会论文集》，中国政法大学出版社 2007 年版，第 319~333 页。

平面化展示，可将法律推理过程中不自觉地加以运用的大前提呈现出来。近年来，"新威格摩尔主义者"对证据推理中的概括进行了更深入的探索。例如，在推理链条中，待证事实可以区分为中间待证事实、次终待证事实和最终待证事实等层级。链条中的每一个环节都可能成为不确定性之源。参见下图：

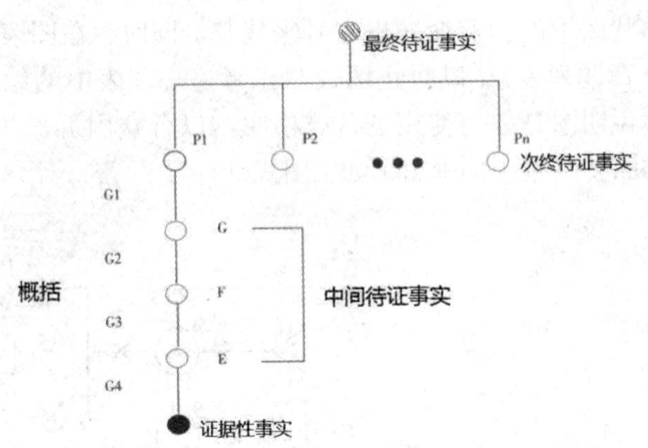

图 3.2 新威格摩尔主义者的"概括"图示

（二）证明推理的现代化

自 20 世纪 70 年代起，英美证据法学者进一步尝试将证明推理现代化，例如希望借助更精确的数学计算对证据的证明力进行评价。如有观点认为，法官和陪审团可以采用数学中的概率论来裁决与司法证明有关的问题。但这样的学术尝试也受到广泛的批评。

1. 贝叶斯概率及应用。贝叶斯概率由联合概率和条件概率组成，可向我们展示如何运用证据合理地评价特定事件真实发生的可能性。

P（A）：事件 A 发生的概率；

P（A&B）：事件 A 和事件 B 同时发生的概率（即联合概率）；

P（B | A）代表在事件 A 发生的条件下，事件 B 发生的概率（即条件概率）；

则 $P(A\&B) = P(A) \cdot P(B|A)$

$P(A\&B) = P(B) \cdot P(A|B)$

可推出：$P(B) \cdot P(A|B) = P(A) \cdot P(B|A)$

等式两边同时除以事件 B 发生的概率后，我们可以进一步得出：

$P(A|B) = P(A) \cdot P(B|A) / P(B)$

这一公式可以用法律的语言进行解释：在事件 B 发生的条件下事件 A 发生的概率，等于事件 A 单独发生的概率乘以在事件 A 发生的条件下事件 B 发生的概率，再除以事件 B 单独发生的概率。

将贝叶斯定理应用于司法证明的一个代表性案例为美国加利福尼亚州高

等法院所审理的人民诉柯林斯案（People v. Collins）[1]。

该案中，劫匪把一位妇女逼入胡同，然后抢走了她的钱包。目击证人称他看到了劫匪是一名白人女性，头发为淡黄色，扎马尾辫，上了一辆留着小胡子的黑人男性驾驶的黄色小轿车，然后逃走了。一天之后警察逮捕了一名符合上面所有特征的女性：白人，淡黄色头发，扎着马尾辫，其丈夫是黑人，有黄色小轿车。审理过程中检察官聘请了一位数学教授（爱德华·O. 索普）来解释这位白人女性是犯罪嫌疑人的可能性：

假设任一特定女性扎马尾辫的概率是10%，头发为淡黄色的概率是33%，小汽车为黄色的概率是10%，任意特定男人留小胡子的概率是25%，黑人男性留小胡子的概率是10%，一辆小汽车中载有不同种族夫妇的概率是1%。那么根据概率论的原理，这对夫妇无罪的概率应为1/120 000，陪审团据此作出了有罪认定。

加利福尼亚州最高法院在该案的二审中认为，一审的举证和证明是在滥用数据统计方法，并推翻了一审判决。在案件中，证据与证据之间都不是孤立的，而是具有一定的互相联系。例如，一个留胡子的男人很可能是在他下巴的位置留着小胡子，这就使一项概率导致另一项概率的可能性提高。如果仅能找到符合目击证人描述特征的犯罪嫌疑人，那么也不能证明这个人就是犯罪的实施者。例如，即便一辆小汽车中载有不同种族夫妇的概率是1%，那么也不能得出不同种族夫妇犯罪的概率是99%。

2. “帕斯卡主义”“培根主义”与“归纳概率”。英国哲学家乔纳森·科恩（Laurence Jonathan Cohen）在《可能与证明》（The Probable and the Provable）一书中区分了“帕斯卡主义”与“培根主义”。科恩认为，非数学领域的“盖然性”和数学领域中的“概率”是完全不同的，前者可称为“培根式盖然性”，后者则为“帕斯卡式盖然性”。如果对司法活动中的盖然性作“帕斯卡式盖然性”的解释，则可能会陷入困境，因为并非所有的盖然性推理都是数学领域内的，有些盖然性判断是建立在非数学标准之上的。事实上，绝大多数司法中的盖然性更适合用培根式的归纳方法来解释。科恩的观点在包括证据学在内的多个学科领域产生了强烈反响，由此形成了“帕斯卡主义者”（Pascalian）和“培根主义者”（Baconian）之间的争论。“帕斯卡主义者”倾向运用数学方法来对案件事实进行盖然性判断，而“培根主义者”则相反，倾向于运用非数学方法来对案件事实进行盖然性判断。

科恩立足“培根主义”提出了一种替代性的概率理论，称为“归纳概率”。科恩认为，给待证事实或者证据赋予一定的数字或量化概率，这显然是

---

〔1〕 参见［美］沃德·法恩斯沃思：《高手：解决法律难题的31种思维技巧》，丁芝华译，法律出版社2016年版，第330页。在中国，南昌大学原校长周文斌受审时，也曾用概率论质疑证据。较详细的案情描述，可参见梁权赠：“用数字证明：从周文斌案的概率分析说起”，载《证据科学》2015年第4期。

过于专断的做法。因此，科恩希望能够通过培根式的概率概念来进行解释。培根式的概率概念能够更好地描述证据，也能够提供更优化的运行手段。虽然培根式的概率不能进行数学计算，但是却能够提供渐进的流程比照，使得每项待证事实在获得归纳支持时都能够呈现出明显的层次性，以使得相互之间能够进行充分对照。换言之，培根式的概率并非确定的数值（既定的证明力），而是一种排序（证明力层次的高低）。在使用培根式的概率进行解释时，可以通过对待证事实所达致的确定程度来进行排序，而无须量化每一个待证事实所达致的概率。

3. “模糊”概率。“模糊”概率是拉特飞·扎德（Lotfi Zadeh）〔1〕所提出的理论，用来分析证明中推论的不确定性。在进行推理时，法官并不能完全确定推理的准确性，而只能达到一定的确信程度。法官进行这一推理所依据的便是“模糊”（fuzzy）概率。扎德认为，对于诸如“被告无罪的概率为87%”“被告有罪的概率为13%”之类的表述都是不准确的，而是应当以“该事实非常可能”取而代之。因此，使用较为模糊的语言来表达更为准确，如“或许”“可能”“极有可能”“肯定”等，而不是强调事实存在的可能性概率。这种不确定的描述在司法推理中大量存在，尤其是在评价某一证据的证明力以及形成案件的综合评断时。

4. 概率论的评价。在司法证明中适用概率论，是颇具想象力的学术命题，但也因此受到了诸多批评，其中劳伦斯·却伯（Laurence H. Tribe）的观点较具代表性。却伯教授认为，暂且不论数学方法的科学性和有效性，无论是对于当事人、职业法官还是陪审团，使用数学分析的方法来解释证明中的概率均不具有相关性。〔2〕在却伯教授看来，在诉讼中使用数学工具，所带来的更多只会是困难，让证明变得更加复杂。数学推理具有很强的专业性，法官和陪审员很难有能力计算“证实”所应达到的概率值，也不太可能依据贝叶斯定理进行概率修正。例如前一事实的概率已经确定，陪审团又认定了后一事实，那么后一事实对前一事实概率影响的计算将变得更加复杂，这显然超出了一般事实认定者的认知范围，极易成为错案的导火索。且使用数学方法分析证据时可能会损及诸如“无罪推定”“不得强迫自证其罪”等法律原则，导致“司法的非人性化”，使司法证明偏离“权利保障”的价值追求。

但也应指出，虽然将概率论应用于司法证明并不能完全实现证明结果的可靠性，也可能给法官及陪审员带来专业上的困扰。但随着大数据及人工智能的飞速发展，概率论极有可能在新的技术背景下焕发出强大的生命力。因此，证明推理现代化的诸多命题依然值得证据法学者关注，并投入学术精力。

---

〔1〕 拉特飞·扎德因此被称为“模糊理论”之父。

〔2〕 参见 Laurence H. Tribe，“Trial by Mathematics：Precision and Ritual in the Legal Process”，in *Harvard Law Review*，1971.

第三节 价值论

证据法的价值论基础，是哲学价值论的延伸。哲学上的价值体现为主体与客体之间的关系，一般是指主体对客体的需要以及客体能够满足主体需要的程度。“只有以主体的本性、需要和能力为尺度去衡量客体时，主客体之间才构成价值关系，客体的存在和属性才对主体有价值意义。”〔1〕党的十九大报告明确指出，我国社会主要矛盾已经转化为人民日益增长的美好生活需要和不平衡不充分的发展之间的矛盾。而人民对美好生活需要的追求，不仅是指对物质文化生活的追求，更重要的是对法治、公平、正义、安全等方面的向往。因此，证据作为“正义之基”，亦应反映人民对相应价值目标的追求，以实现公平、正义为使命，这既是保障司法公正的客观需要，也是全面依法治国的必然要求。在程序上，证据彰显诉讼价值，在实体上，证据保障权利实现。

一、证据与诉讼价值

“在法制史的各个经典时期，无论在古代和近代世界里，对价值准则的论证、批判或合乎逻辑的适用，都曾是法学家们的主要活动。”〔2〕证据镶嵌在诉讼程序之中，反映并实现诉讼价值。在学理上，诉讼价值具有多元性，既可能涉及实质正义，也可能涉及程序正义，或者兼而有之。因此，证据法所要追求和实现的价值也应当是多元的，是对多种价值的选择和平衡。例如学者戴维·伯格兰（David P. Bergland）便认为美国证据规则的价值基础有8项：①生命；②个人自由；③稳定性，包括社会稳定性、政府稳定性和商业稳定性；④正当程序；⑤事实真相；⑥司法经济；⑦联邦制；⑧健康和安全。〔3〕弗罗布莱夫斯基（Wroblewski）则认为证据的价值基础区分为：人身价值、司法安全价值以及制度价值。本书认为，证据法的价值基础应当包括以下几个方面：

（一）公正

公正，即公平、正义。“在很多情况下，人们往往把公平看作法律的同义语。”〔4〕如罗尔斯（Rawls）所言，“正义是社会制度的首要价值”〔5〕，因此公

---

〔1〕 李德顺：《价值新论》，中国青年出版社1993年版，第58页。

〔2〕［美］罗斯科·庞德：《通过法律的社会控制 法律的任务》，沈宗灵、董世忠译，商务印书馆1984年版，第55页。

〔3〕 参见［美］戴维·伯格兰：“证据法的价值分析”，张保生、郑林涛译，载何家弘主编：《证据学论坛》，法律出版社2007年版，第244~263页。

〔4〕［美］彼德·斯坦、约翰·香德：《西方社会的法律价值》，王献平译，中国人民公安大学出版社1990年版，第74页。

〔5〕［美］约翰·罗尔斯：《正义论》，何怀宏等译，中国社会科学出版社1988年版，第1页。

平、正义也应当是证据制度的首要价值。

证据制度所追求的公正，是实体公正与程序公正的统一。实体公正，要求司法机关、司法人员在诉讼中应当查明案件真相，追求实质真实，以正确适用法律。在刑事诉讼中，司法机关、司法人员要力争实现既不冤枉无辜也不放纵罪犯的目标。但也得承认，在现实的司法实践中，由于认知能力的有限性，也可能出现案件无法查清的境况。但这并不意味着实体正义的落空。此时，司法人员可借助司法证明原理判断案件的事实。程序公正则要求审判人员、检察人员、侦查人员必须依照法定程序，收集能够证实犯罪嫌疑人、被告人有罪或者无罪、犯罪情节轻重的各种证据。而且，应当坚持证据裁判原则，严格排除非法证据。非法证据之所以被排除，并不是因为不具有真实性，而是因为非法证据的获得违背了正当程序，侵犯了被追诉者的正当权利。因此，即便非法证据与案件待证事实具有紧密的关联性，且真实可靠，依然应予以排除。

（二）自由

对自由的向往与追求，乃是人之天性。法律自创设之日起，自由便占有一席之地，而且无比重要。“在一个正义的法律制度所必须予以充分考虑的人的需要中，自由占有一个显要的位置。要求自由的欲望乃是人类根深蒂固的一种欲望。”〔1〕某种意义上，自由几乎是与人权相同的一个概念，因此自由作为证据法追求的基本诉讼价值也是无可厚非的。

证据法对自由的尊重和追求，主要体现在对正当程序观念的遵循。在诉讼中，当事人及诉讼参与人的权利能够依法得到保障，尤其是与诉讼结果有利害关系的人能够自由且充分地参与到诉讼程序之中，能够提出有利于自己的主张和证据，并且能够反驳对方的主张和证据，这些都是实现自由价值观的重要保障。其中，对于严重侵犯个人自由、尊严、人格等权利而取得的有关证据，应当依法排除。换言之，当事人在诉讼中能够真正成为诉讼的“主体”，而不是作为诉讼的“客体”存在。

同时，自由也不可能是没有限制的“任意妄为”。“我们能够要求于社会的惟一自由，是在正义的限制之下做自己想做的事的自由。”〔2〕证据法律制度，一方面体现了对于个人自由和权利的尊重，而另一方面，个人自由也是在规则限制范围之内的自由。例如，当事人有提出证据的权利，但对于证据的形式、内容、种类，以及提出证据的时间等，法律都有严格的限制。对自由的限制，往往是出于维护秩序的需要。

（三）秩序

秩序，即安全与稳定，“意指自然进程和社会进程中都存在着某种程度的

〔1〕［美］E·博登海默：《法理学：法律哲学与法律方法》，邓正来译，中国政法大学出版社 1999 年版，第 278 页。

〔2〕［英］约翰·密尔：《论自由》，许宝骙译，商务印书馆 1959 年版，第 12~13 页。

一致性、连续性和确定性"[1]。在很多情况下，当人民谈起法律时，实际上就是在谈秩序，实质上是对安全与稳定的向往。"今夫法者，秩序之谓也；良好法，即良好之秩序。"[2]

秩序之所以成为重要的诉讼价值目标，就在于诉讼能够解决纷繁复杂的利益纷争，能够惩罚犯罪，恢复被违法及犯罪行为所破坏的社会关系，保障有序稳定的社会秩序。刑事诉讼如此，民事诉讼和行政诉讼也是如此。因此，证据法律制度必然要以秩序作为基本的价值追求。一国的证据法，无论是以解决纠纷，还是以查明真相作为司法公正的主要判断标准，二者最终的指向都是对秩序的保障。

（四）效率

诉讼需要成本，需要耗费大量人力、财力、物力。很多时候，我们不得不考虑司法投入与产出之间的关系。因此，对诉讼效率的追求，也自然会成为法律的重要价值目标。检视当下的司法改革，无论是认罪认罚从宽制度，还是速裁程序，抑或是大量适用的简易程序，无一不体现出了对于诉讼效率的追求。即使是在已经将正当程序发挥至极致的美国，在诉讼中也广泛采用了"辩诉交易"，只有极少数量的案件才适用陪审团审判。

对诉讼效率的追求，不仅能够节约诉讼成本，更重要的是，能够使被违法行为及犯罪所破坏的社会秩序得以恢复，使得与诉讼结果有利害关系的人的法律关系得以确定。正如贝卡里亚所谈到的："惩罚犯罪的刑罚越是迅速和及时，就越是公正和有益。"[3] 证据法的多项法律制度也都显示出对诉讼效率的追求，例如举证时效制度、推定制度、自认制度、传闻证据排除规则、关联性，甚至连非法证据排除规则也体现出了对于效率的追求。

当然，对于诉讼效率的追求，是不能以牺牲司法公正为代价的。正如罗尔斯所讲的："某些法律和制度，不管它们如何有效率和有条理，只要它们不正义，就必须加以改造或者废除。"[4] 公正和效率之间的关系，是一个古老的命题。有时二者能够实现统一，但有时二者又会发生冲突。究竟孰先孰后，不同时代可能会有不同的侧重。在现代证据法律制度中，效率通常要让位于公正。

二、证据与权利实现

法国19世纪的证据法权威邦尼尔（Bonnier）教授认为，证据是准确适用实体法规则的手段，实体法规则（财产规则、债法规则等）往往通过证据证明具体化为权利实现。

---

〔1〕［美］E. 博登海默：《法理学：法律哲学与法律方法》，邓正来译，中国政法大学出版社1999年版，第219页。

〔2〕卓泽渊：《法的价值论》，法律出版社1999年版，第184页。

〔3〕［意］贝卡里亚：《论犯罪与刑罚》，黄风译，中国大百科全书出版社1993年版，第56页。

〔4〕［英］约翰·密尔：《论自由》，许宝骙译，商务印书馆1959年版，第1页。

在历史上，诉产生于实体权利之前，权利只能通过诉的方式实现，权利的类型也是通过诉的类型来彰显。例如：虽然当前我们已经有了“物权”和“人权”的概念，但是这两个概念并不等同于“对物之权”和“对人之权”，而后者的确切意思应为“对物之诉”和“对人之诉”，由此来实现权利人的“物权”和“人权”。当然，这一论断是建立在将哲学理论上的权利与司法理论中的权利进行区分的基础上。本部分仅讨论法律所认可的权利。借用施塔姆勒（Stammler）的说法，“预设”（présupposition），再辅以“法律效力”（effet juridique），即构成了法律规则的“强制性规定”（impératif）。因此，如果某一法律规则规定，“出售合同缔结条件具备的，卖方可要求买方支付货款”，则卖方有权依规范的强制性规定提起诉讼。这一权利正是权利司法化的结果。[1]

证据与诉的关系密不可分，可用于证明诉讼请求所依据的事实存在与否、真实与否。只有诉讼请求所依据的事实能够被法官认定，它才有可能得到支持。而此处的诉讼请求，应当是具体的利益，并非抽象的合法性。诉讼请求所代表的，就是权利人应有的权利。裁判者应运用证据规则对证据加以认定，以最终保证权利得以实现。以返还物之诉（in rem verso）为例，很显然，并非所有人均可主张返还不当得利。但一旦发生不当得利事由，法律就会授权遭受损失的个人提起诉讼。但仅在相关证据足以证明不当得利事由存在的情况下，遭受损失者的实体权利才能得到实现。

莫图尔斯基（Henri Motulsky）较系统地论证了证据与主观权[2]实现的关系。莫图尔斯基认为，诉是主观权的实现手段，证据是确保“主观权实现”的方式。虽然权利的产生发生于法庭之外，但权利的效力甚至其深层次的本质只有在司法诉讼中方能真正显露。因此我们可以说，如果没有司法诉讼，那么就不会有主观权这一概念。但诉之权利并不等同于裁判所解决的实体权利，二者之间是紧密关联的。虽然目前学界并未对“诉”与“主观权”作出明确的、不具争议的定义或者解释，但毋庸置疑的是，诉是用于彰显“权利”的。而在“诉”之中的证据，更是对于“主观权”的实现具有决定性作用。证据是当事人的“责任”。首先，主张责任意味着“主张司法上主观权的各方当事人必须提出与该权利生成要素相对应的所有事实境况”，除非存在他所称的“免证理论”。其次，证据责任应交由“各方当事人，各方当事人应依法定的手段对其所宣称的权利生成要素所对应的事实情境进行证明，并交由对方进行有效的异议，以形成法官的心证”。以民事侵权责任之诉为例。如果个人因他人的过错遭受损失，则有权获得赔偿。此时，虽然法律设定了受害人的

---

〔1〕 参见 Motulsky, “Le droit subjectif et l'action en justice”, *Archives de la Philosophie du droit*, 1964, p. 215 et s.

〔2〕 在欧陆语言中（如法语、德语、意大利语及西班牙语等），“权利”与“法律”属同一单词，故传统上以主观权（指代权利）及客观法（指代法律）来进行区分。

损害赔偿请求权，但仅能引发诉的产生，而不能保证损害赔偿的必然实现。对此，权利人应当提出符合法律规定的证据，证明：其利益受到了损害，存在他人的过错行为，且其利益损害与他人的过错行为之间存在因果关系。只有在权利人所提出的证据能够证明上述情形的情况下，其权利才有可能通过司法来实现。而对方当事人则需要提供反证，证明其行为并非过错行为，或者其行为与损害结果之间不具有因果关系，否则便应承担损害赔偿责任。[1]

---

〔1〕 参见 Motulsky, “Le droit subjectif et l’ action en justice”, *Archives de la Philosophie du droit*, 1964, p. 215 et s.

第四章

证据的合法性与关联性

在法教义学层面，对证据属性的传统探讨并无太多理论价值及实践意义，反而混淆了法学与哲学一些貌似相似、实则迥异的术语与论断。因此，我们有必要立足证明规范，回归证明制度的内在逻辑，重新阐释证据在诉讼中的功能实现。在自由心证制度下，法官对证据的证明力评价是“自由”的，但并非所有证据均可进行证明力评价。限制主要来自于两方面：法律规范与经验逻辑。法律规范通常表现为法定的证据排除规则、法定的证据形式、法定的证据调查程序等；经验逻辑则主要表现为证据与事实主张之间的联系、所主张事实的证明必要性等。至于这样重重筛选出的证据究竟对法官心证产生何种影响，即属于证明力评价的问题。但证明力评价的“自由”也非完全，仍然需要遵循逻辑与经验法则的内在约束。概言之，法律规范对证据使用的限制，可以概括为“证据的合法性”问题；逻辑与经验对证据使用的限制以及对法官心证影响的判断，可以概括为“证据的关联性”问题。

诉讼中的事实查明主要通过证据调查（Beweisaufnahme）。证据调查以应调查证据的范围为起点，以证明力评价为终点，以证据的合法性审查和关联性审查为两大支点。证据调查是审判活动的核心，但不仅限于在庭审阶段进行，在法定情形下也可以在庭外进行。例如在德国，如果证人、鉴定人因为生病、身体虚弱、路途遥远等原因无法出席庭审时，可以由特定的法官在庭审准备阶段对其进行询问（《德国刑事诉讼法典》第 223 条）；此外，为准备庭审而需要勘验时，也可以由特定的法官在审前进行（《德国刑事诉讼法典》第 225 条）。在意大利，如果证人面临特殊情况（如受到威胁或者身患重病）无法在庭审程序中出庭作证，则检察官或者犯罪嫌疑人应在预先侦查程序中提出申请，由法官提前组织对证人的听审程序（又称为附带证明程序，incidente probatorio）。在我国，《刑事诉讼法》第 196 条第 1 款规定，法庭审理过程中，合议庭对证据有疑问的，可以宣布休庭，对证据进行调查核实。此外，采取技术侦查措施收集的材料作为证据使用时，为保护相关人员的人身安全以及避免产生其他严重后果，必要时可以由审判人员在庭外对证据进行核实。但无论证据调查以何种形式进行，证据的合法性与关联性审查始终是最核心的要素。

第一节　合法性

一、合法性的界定

证据的合法性是指证据本身为法律所允许使用，且按照法定的程序加以调查。此处的“法律”应作广义解释，除诉讼法中涉及证据的相关规定外，还包括宪法的基本原则和基本权利规范、实体法上的原则和规范以及判例。这里尤其要重点强调判例在证据合法性问题上的重要作用。我国是大陆法系国家，传统上以法典为主要法律渊源。因此，判例的功能容易受到忽视。事实上，判例在大陆法系国家的证据法中占有十分重要的地位：一方面，大陆法系国家普遍未有统一的证据法典，也不像英美法系国家有构建系统、成文证据规则的传统。因此，在司法实践中，大陆法系国家的法官往往通过判例确立具体的证据规则。判例虽不具有法源效力，但对下级法院有事实上的约束力；另一方面，证据的合法性问题涉及面颇广，很难通过成文法进行严谨周密的界定。而判例则更具时效性、灵活性和可参照性。例如在德国，自由证明的适用范围以及大多数“非独立的证据使用禁止”〔1〕均来自于判例；在法国，最高法院或上诉法院频繁在一些较典型的案件中以明示或默示方式阐明证据合法性的制度法理，从根本上确立了法国非法证据排除的类型和标准。〔2〕

设置证据合法性条件的主要目的在于平衡各项诉讼价值。正如法国学者雷蒙·勒热（Raymond Legeais）所言，“不能不惜所有方式收集所有证据，这可能涉及严重的利益冲突，即取证与因提供证明文件而使当事人利益受损……”诉讼中除需追求查明真相的价值以外，还需要顾及人身价值、司法安全价值以及制度价值等。因此，证据合法性设定便是在众多价值中寻求平衡。

此处的“合法性”不同于英美证据法中的“可采性”。“可采性”（Admissibility）是指，“可在听证、审判或者其他正式诉讼程序中允许作为证据进入的性质或者状态”。〔3〕因此，可采性解决的是证据进入法庭的资格问题。

---

〔1〕 德国将证据使用禁止分为“非独立的证据使用禁止”（也称为“依附性的证据使用禁止”）和“独立的证据使用禁止”（也称为“自主性证据使用禁止”）。“非独立的证据使用禁止”指因侦查机关违法取证而导致的证据使用禁止。因为此类使用禁止“依附于”侦查机关的违法取证，故又称为“依附性的证据使用禁止”。“独立的证据使用禁止”指即使侦查机关取证过程合法，但法官基于对其他更高价值、目的的维护，可能禁止使用特定的证据。参见［德］Peter Kasiske：“刑事诉讼证据使用禁止的放射效力、继续效力与溯及效力”，陈真楠译，施鹏鹏校，载《证据科学》2018年第2期。后文有详述。

〔2〕 施鹏鹏：“诱惑侦查及其合法性认定——法国模式与借鉴意义”，载《比较法研究》2016年第5期。

〔3〕 Bryan A. Garner, *Black's Law Dictionary* (ninth edition), West Publishing Co. / Thomson Reuters, 2009, p. 53.

《美国联邦证据规则》402规定："所有具有相关性的证据均可采纳，但美国宪法、国会立法、本证据规则以及联邦最高法院根据立法授权确立的其他规则另有规定的除外。没有相关性的证据不能采纳。"可见，证据具有可采性的前提是与案件事实具有相关性，且可采性主要通过法定的证据规则予以限制。因此，虽然可采性与合法性均要求证据应受法律约束，但合法性并不以证据与案件事实相关为前提。

"可采性"与英美法系国家的诉讼制度及陪审团的传统紧密相关。相比而言，大陆法系国家（包括中国）[1] 通常不以"可采性"作为限制证据准入的标准。我国的证据法倾向于由法官在证明力评价的层面上根据经验法则和逻辑法则自由判断关联性的有无和大小，对于关联性的审查只是提出了一些原则性的要求，几乎没有确立任何限制证据关联性的具体规则。[2]这与大陆法系多数国家相同，也与我国的诉讼结构及传统相契合。因此，本书并不主张将"可采性"的概念纳入我国证据法的体系之中。

二、合法性的内容

合法性主要包含证据未被禁止使用、证据形式合法性和证据调查程序合法性三方面的内容。

（一）证据未被禁止使用

各国基于人权保障、秩序维护等因素的考量，均会在证据规范中设置与排除非法证据有关的规则，禁止将非法证据作为判决的依据。法国主要依据程序无效制度限制证据的使用范围。所谓程序无效，指"依法律明文规定或法律未作规定但某一行为已严重损及公共秩序或当事人利益的，法官经当事人之请求或在损及公共秩序情况下可主动裁定该程序及之后的程序无效"。[3]依据《法国刑事诉讼法典》第171条（侦查阶段）及第802条（所有阶段），宣告程序无效必须同时满足4项条件：①违反刑事诉讼的法律规定；②违反重大程序细则或写明违者无效的法律条款；③违法行为损害有关当事人的利益；④当事人未放弃提起无效请求的权利。[4]宣告程序无效的法律后果之一就是法官不得以无效程序所获得的证据材料作为心证的依据。但程序无效制度也有例外，即在重罪法院中，审判长可将这些存有瑕疵的证据材料作为简

---

〔1〕 许多大陆法系国家现在也适用陪审制（如法国、德国的参审团制度，西班牙、俄罗斯的陪审团制度），但证据法体系却沿袭了职权主义的传统。我国于2018年颁布了《中华人民共和国人民陪审员法》，除原先的"三人合议庭"外，还仿效大陆法系国家增设了"七人合议庭"，但证据法体系并未因此改变。

〔2〕 参见陈瑞华：《刑事证据法学》，北京大学出版社2014年版，第94页以下。

〔3〕 施鹏鹏："法国刑事程序无效理论研究——兼谈中国如何建立'刚性'的程序"，载《中国法学》2010年第3期。

〔4〕 王晨辰："法国刑事证据自由原则及其限制"，载《证据科学》2016年第6期。

单信息交由陪审员自由判断。[1] 意大利也有类似的程序性制裁制度，即证据“不可用”（Inutilizzabilità）。[2] 在意大利刑事诉讼中，“不可用”这一概念描述了同一现象的两个方面：一方面，它表明诉讼行为存在非常严重的“缺陷”；另一方面，它表明缺陷诉讼行为的“效力”，即不能作为法官裁决或者检察官、司法警察令状的依据。因此，“不可用”其核心内容并非否定诉讼行为本身，而是对该诉讼行为所获得的证据进行排除。“不可用”从根本上构成了意大利刑事诉讼中的非法证据排除规则。如《意大利刑事诉讼法典》第220条第2款规定，“不允许为确定是否具有犯罪的惯常性、职业性或倾向性或者为确定被告人的特点和人格以及与病理性原因无关的心理特点而实行鉴定”。违反该条款所实施的取证行为，构成“不可用”。德国则主要通过证据禁止理论规范证据的收集与使用。证据禁止（Beweisverbote）分为证据取得禁止（Beweiserhebungsverbote）与证据使用禁止（Beweisverwertungsverbote）：前者是对取证行为的规范，包括对证明对象、证据形式以及收集方法等的限制；后者则是禁止特定的证据材料作为证据使用，包括证据中所包含的特定信息和证明结果（至少是不利的证明结果）不能进入证据评价阶段或者作为判决形成的依据。[3]违反证据取得禁止可能导致证据使用禁止，称为非独立的证据使用禁止；不以违反证据取得禁止为前提的证据使用禁止，称为独立的证据使用禁止。独立的证据使用禁止以侵犯宪法上的基本权利为制裁依据，与取证程序是否合法无关。德国的证据禁止理论强调面向基本权利的实体制裁，更具包容性（事实上也涵盖了程序制裁），比法国、意大利纯粹的程序制裁模式更为全面、严谨，值得我们作进一步研判。[4]

我国三大诉讼法均规定了以非法方式、手段取得的证据以及收集程序严重违法的证据不能作为定案依据。《刑事诉讼法》第56条规定：“采用刑讯逼供等非法方法收集的犯罪嫌疑人、被告人供述和采用暴力、威胁等非法方法收集的证人证言、被害人陈述，应当予以排除。收集物证、书证不符合法定程序，可能严重影响司法公正的，应当予以补正或者作出合理解释；不能补正或者作出合理解释的，对该证据应当予以排除。在侦查、审查起诉、审判时发现有应当排除的证据的，应当依法予以排除，不得作为起诉意见、起诉决定和判决的依据。”此外，司法解释中还规定了一些证据严重违反法定程序被排除的规则[5]以及轻微违反法定程序但不能补正或作出合理解释时的排除规则[6]。《行政诉讼法》第43条第3款规定：“以非法手段取得的证据，不

---

〔1〕施鹏鹏：“法国刑事程序无效理论研究——兼谈中国如何建立‘刚性’的程序”，载《中国法学》2010年第3期。

〔2〕施鹏鹏：“刑事诉讼中的诉讼行为理论研究”，载《比较法研究》2019年第4期。

〔3〕Ulrich Eisenberg, Beweisrecht der StPO, 10. Auflage , Verlag C. H. Beck, München, 2017, Rn. 356.

〔4〕参见本节第三部分。

〔5〕例如《刑诉法解释》第76条关于证人证言不得作为定案根据的情形列举。

〔6〕例如《刑诉法解释》第77条关于证人证言的收集程序、方式的程序瑕疵的列举。

得作为认定案件事实的根据。”同时《行政诉讼证据规定》第58条对此作出了进一步解释：“以违反法律禁止性规定或者侵犯他人合法权益的方法取得的证据，不能作为认定案件事实的依据。”《民诉法解释》第106条也规定：“对以严重侵害他人合法权益、违反法律禁止性规定或者严重违背公序良俗的方法形成或者获取的证据，不得作为认定案件事实的根据。”

但在术语使用上，本书严格区分了“非法证据排除规则”（刑事诉讼）和“非法取得的证据排除规则”（民事诉讼及行政诉讼），原因是两套体系的理论原理完全不同，不可混为一谈。我国“非法证据排除规则”的概念以及相关理论主要源自于美国，该规则确立的最初目的在于震慑警察的违宪行为，防止警察滥用权力造成对公民基本权利的侵害，这显然有别于民事诉讼及行政诉讼。当然，本书也认为，我国刑事诉讼中这套主要源自于美国的“非法证据排除规则”的理论学说及概念体系与大陆法系的诉讼结构及程序机理存在诸多冲突。但囿于当下我国的立法、理论界及实务界已广泛接受并使用相关概念，为避免造成不必要的混淆，本书依然保留了“非法证据排除规则”的称谓。

（二）证据形式合法性

证据形式的合法性与证据自由原则的适用密切相关。证据自由是指证据形式的自由，即原则上可以使用任何形式的证据证明案件事实。根据证据自由原则，欧陆多数国家都设置了开放性的证据形式体系，但开放的方式和程度却有所不同。法国奉行证据自由原则，法律及判例原则上不对证据形式作特别要求，犯罪事实可通过各种形式的证据予以证明；意大利对于法定证据形式以外的非典型证据持开放态度，但法官不得依职权直接决定接纳非典型证据，而应听取双方当事人的意见；德国证据法中区分严格证明与自由证明两种证明方式，前者适用于有关定罪量刑的实体问题的证明，受法定证据形式和法定的证明程序约束，而后者主要适用于程序上重要事实的认定，不拘泥于任何证据形式与程序规则。

证据形式的合法性审查仅限于采用法定封闭证据形式体系的国家。例如，在德国刑事诉讼中，证据形式的合法性审查仅限于严格证明。在我国，三大诉讼法中均明确列举了证据的法定形式，构建了全封闭的证据形式体系。《刑事诉讼法》第50条第1、2款规定：“可以用于证明案件事实的材料，都是证据。证据包括：①物证；②书证；③证人证言；④被害人陈述；⑤犯罪嫌疑人、被告人供述和辩解；⑥鉴定意见；⑦勘验、检查、辨认、侦查实验等笔录；⑧视听资料、电子数据。”《民事诉讼法》第63条第1款列举的证据形式除前述①②③⑥⑧以外，还包括当事人陈述、勘验笔录。行政诉讼中的证据形式与民事诉讼基本相同，只增加了一类笔录证据——“现场笔录”。这种划分详细而又封闭的证据形式体系在包容性与灵活性方面会有所欠缺。确立证据自由原则应当是我国证据法未来的改革方向。但基于目前我国证据形式体系的封闭性，法官必须审查证据形式的合法性，主要包括两个方面：

1. 证据是否属于法定的证据形式。这可能涉及对法定证据形式本身的内涵及外延设定问题。尤其是一些新型的科技证据，是否可基于包容性的考虑纳入既有的法定证据形式，这可能引发较激烈的争议。例如电子数据，我国在2012年修改《刑事诉讼法》之前并未将电子数据规定为法定的证据形式，但在司法实践中又频繁涉及电子数据的应用。因此，理论界及实务界曾就电子数据的归类进行过激烈的讨论，出现了“视听资料说”“物证说”“鉴定结论说”“独立证据说”“混合证据说”等多种观点。[1]但这种立足实用主义的“扩大化解释”，显然有悖程序法定及证据形式法定的要求。这也是证据自由原则的优势所在。

2. 证据是否符合法律对该证据形式的具体限制条件。我国各大诉讼法详细规定了各种证据形式合法性限制的具体要件，主要包括（但不限于）如下三种类型：

第一，证人、鉴定人的资格。证人作证应至少具备最低限度的感知、记忆和表述能力，否则便不能提供证言。我国《刑事诉讼法》第62条第2款规定了对证人资格的限制：“生理上、精神上有缺陷或者年幼，不能辨别是非、不能正确表达的人，不能作证人。”同样，鉴定人也应具备在具体领域提供专业意见的资质和能力。根据《刑诉法解释》第85条第1、2项，具有下列情形之一的鉴定意见不得作为定案的根据：①鉴定机构不具备法定资质，或者鉴定事项超出该鉴定机构业务范围、技术条件；②鉴定人不具备法定资质，不具有相关专业技术或者职称，或者违反回避规定的。

第二，证据需要记载的内容要求。我国诉讼法对部分证据形式规定了内容、签字、盖章等要件。例如，刑事诉讼中的勘验、检查笔录，行政诉讼中的勘验笔录、现场笔录以及民事诉讼中的勘验笔录等均要求载明勘验或检查的时间、地点；又如，刑事诉讼中，搜查笔录应由侦查人员和被搜查人或者他的家属、邻居或者其他见证人签名或者盖章，如果被搜查人或者他的家属在逃或者拒绝签名、盖章，应当在笔录上注明。

第三，证据需附带的辅助材料。例如，在行政诉讼中，当事人向人民法院提供计算机数据或者录音、录像等视听资料的，声音资料应当附有该声音内容的文字内容；提供证人证言的，应当附有居民身份证复印件等证明证人身份的文件。

（三）证据调查程序的合法性

证据调查程序的合法性是指证据必须由法官遵循法定的程序加以调查。例如在德国，证据调查程序合法性主要针对的是严格证明程序：一方面，法律对各种证据形式规定了具体的调查程序和规则，例如证人宣誓制度；另一方面，法律也规定了各种证据形式在庭审中的适用原则，包括直接原则、言

---

[1] 刘品新：“论电子证据的定位——基于中国现行证据法律的思辨”，载《法商研究》2002年第4期。

词原则[1]、公开原则等。直接原则是指法庭对拟评价之事实应尽可能形成直接、未设防的印象，并自行作出判决。直接原则分为形式的直接原则和实质的直接原则：形式的直接原则指法庭的判决必须立足于法官对事实的直接感观认知，法官应当自行审理案件，并在原则上不得将证据调查工作委托他人。如果法官因某种原因（如生病或其他）无法继续审理，则可指定另外的法官替代，但主审程序必须重新开始（《德国法院组织法》第192条第2款）；实质的直接原则则指法庭必须从原始资料中提炼事实，原则上不得使用替代证据（Beweissurrogate）。证人、鉴定人及被告人必须到庭陈述，不得以宣读询问笔录或者书面供述取而代之。无论是形式的直接原则还是实质的直接原则均有例外。例如，依据《德国刑事诉讼法典》第223条，如果证人、鉴定人因为长时间或不定期生病或者身体虚弱以及有其他不可克服的障碍阻挡其出席庭审，则证人或鉴定人可由受命的法官[2]（beauftragter Richter）或者受托的法官[3]（ersuchter Richter）对其进行询问。当委托询问发生在主审程序中时，就构成了形式直接原则的例外。实质的直接原则也可能因证人保护、被害人保护、诉讼效率等法益考量而设有例外。《德国刑事诉讼法典》第251条规定了若干实质直接原则的例外情形，例如被告人有辩护人且检察官、辩护人和被告人均同意宣读笔录代替询问证人、鉴定人及共同被告人；宣读笔录仅是为了证实被告人的供述，且无辩护人的被告人以及检察官均同意此宣读；等等。在上述情形下，可以通过宣读笔录或书面声明的方式来代替询问证人、鉴定人或者共同被告人。言词原则指作为判决依据的证据应以言词的形式在主审程序中展现，并经控辩双方言词辩论，凡未经言词展现及辩论者，视为未发生或不存在（《德国刑事诉讼法典》第250条、第261条及第264条）。公开原则是当今各国普遍采取的诉讼原则，指法庭的审理和宣判都应当公开进行。证据调查作为庭审活动的核心也要遵循公开原则。当然，公开原则也设有例外，为保护国家机密、个人隐私、商业机密、未成年人权利等优位法益，法律允许全部或者部分审理活动不公开。

在自由证明程序中，法官可以裁量选用何种证据形式，穷尽其所能获得的一切信息来源作出判断。同时，自由证明也不必遵循严格的证据调查程序，不受直接原则、言词原则和公开原则的约束。法官可以在自由证明程序中通过远程连线或者书面阅卷的方式询问证人或鉴定人；在审前程序的自由证明

---

〔1〕 中国学术界时常将“言词原则”与“直接原则”合并研究，统称为“直接言词原则”，这主要是考虑到两者之间的联系较为紧密。例如“实质的直接原则”要求不得使用替代证据，证人、鉴定人及被告人必须到庭作证，这与“言词原则”的要求是一致的。但应注意的是，两者仅在功能上具有趋同性，但在内涵方面却存在较为明显的区别。另外，“直接原则”源自于德国，德语词为“Unmittelbarkeitsgrundsatz”，英语可译为“principle of immediacy”，意大利语则为“il principio di immediatezza”，欧美国家的语言可以较明显的区分“direct”和“immediacy”，但中文均译为“直接原则”。但此处“直接”并非简单对应于“间接”（indirect），而带有“即时”“亲历”的抽象认知。

〔2〕 受命的法官是指由合议庭法官任命的法官。

〔3〕 受托的法官是指依《德国法院组织法》第157条所规定之接受司法协助请求的法官。

中，询问证人或鉴定人甚至可以由法院人员以外的司法工作人员进行，例如检察官、警察等。但是自由证明也并非完全“自由”，法定听审原则（《德国基本法》第 103 条第 1 款）同样适用于自由证明程序，要求证明的结果必须在庭审中成为审理的对象，以便诉讼参与人有机会对其表达意见。[1]

我国三大诉讼法均有非经法庭质证，证据不能作为定案依据的规定。在制度设计上，人民法院是审查、核实、认定证据的主体，所有证据必须要呈现于法庭，经过质证才能作为认定案件事实的依据。这既是保障当事人诉讼权利的基本要求，更是落实以庭审为中心，实现庭审实质化的重要方式。对于言词证据的出示而言，我国目前的做法是宣读笔录，法庭在必要时可通知证人出庭。对于书证而言，应当庭出示原件，并宣读内容，对于书证内容过长的，可宣读摘要或者部分内容。对于物证而言，应当庭出示原件，种类物可出示部分。对于鉴定意见、勘验、检查、辨认、侦查实验等笔录、视听资料、电子数据，均应当庭宣读或者播放，必要时可以通知鉴定人、勘验检查人员、资料保管人员等出庭。在质证时，可以一物一证，也可以分组出示。各方当事人就每项证据的真实性、合法性、关联性发表意见，由合议庭对证据作出最终判断。可见，在证据调查程序的合法性规则方面，我国并未确立严格的直接原则、言词原则，在保障司法裁判的亲历性以及刑事诉讼被告人的对质权方面尚有欠缺。

三、刑事诉讼中非法证据排除的两种模式

较之于民事诉讼及行政诉讼，刑事诉讼中的非法证据排除更具典型性，因为涉及对国家公权力的制约以及对犯罪嫌疑人、被告人的基本人权保障。在比较法上，刑事诉讼中的非法证据排除具有两种模式，一种是以法国、意大利为代表的程序制裁模式，另一种是以德国为代表的实体制裁模式。

（一）程序制裁模式

程序制裁模式最早源自于 1808 年的拿破仑《重罪预审法典》，即“在被告被判有罪的情况下，如果在王室法院给重罪法院的移送裁定中、在预审程序中、在重罪法院的审判程序中甚至在有罪判决中存有违反或遗漏本法典所规定的、将予以撤销的某一诉讼程序，则此一遗漏或违反行为将因被告或检察官的起诉而导致有罪判决无效，此一无效诉讼行为后的诉讼行为亦无效”（《重罪预审法典》第 408 条第 1 款）。刑诉学界又将这一制裁模式称之为法定无效制度。欧洲刑事诉讼的程序制裁模式几乎均源于此，包括意大利、西班牙以及改革前的德国等，仅是作了理论及实践的拓展。例如法国 1897 年 12 月 8 日的法律极大扩展了法定无效的程序事由，1958 年的新《法国刑事诉讼法典》引入了判例所创设的实质无效，强化了对侦查行为的司法审查。[2] 意

---

〔1〕 MüKoStPO/Trüg/Habetha, 1. Aufl. 2016, StPO § 244 Rn. 46.

〔2〕 Jean Danet, Brèves remarques sur la typologie et la mise en oeuvre des nullités, Actualité Juridique Pénal 2005 p. 133 et s.

大利1988年的新《意大利刑事诉讼法典》规定了四种类型的诉讼行为无效，分别是：不予受理（l'inammissibilità）、逾期无效（decadenza）、程序无效（nullità）以及不可用（inutilizzabilità）。[1] 在这些程序无效事由中，侵害宪法或宪法性文件所规定的基本权利，属于最严重的程序无效，往往构成绝对无效，且具有衍射效力，即自始无效、始终无效。可见，在程序制裁模式下，宪法或宪法性文件所规定的基本权利主要通过刑事诉讼法典相关程序无效条款的适用予以实现；而在立法层面，刑事诉讼法典与宪法或宪法性文件的衔接则主要通过违宪审查机制予以实现（如图4.1所示）。[2]

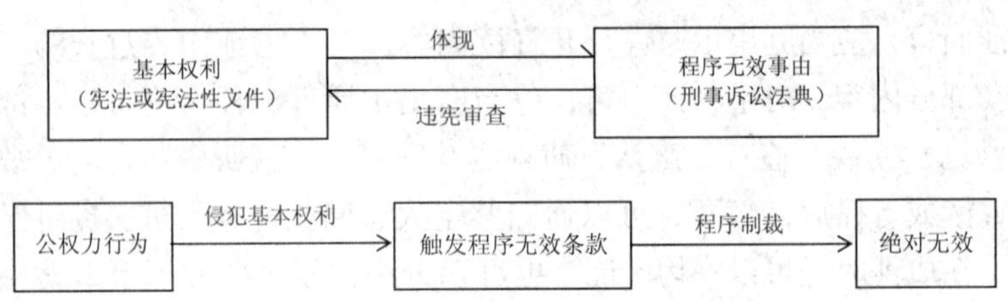

图4.1　程序制裁模式下的基本权利保护

以法国为例。[3] 法国“宪法性文件”以高度抽象、凝练的方式确立了刑事诉讼的基本权利谱系，主要包括：诉诸司法的权利、平等权、住宅不受侵犯的权利、无罪推定权、辩护权以及个人自由不受侵犯的权利。其中，无罪推定权、辩护权以及个人自由不受侵犯的权利被法国刑诉学界称为“刑事宪法”的三大基石。[4] 在新近发生的一起刑事案件中，警方怀疑律师为犯罪团伙提供预审文件的机密信息而搜查了律师事务所。依《法国刑事诉讼法典》第56-1条之规定，搜查律师事务所或住所，只能由司法官进行，并且应有律师公会会长或其代表在场。司法官在决定进行搜查和扣押时，必须咨询律师公会会长或其代表的意见。警察的搜查及扣押行为侵害了法国宪法性文件所规定的辩护权[5]，违反了《法国刑事诉讼法典》第56-1条的规定，构成绝对无效，所获取的证据及衍生证据均应彻底排除。因此，在程序制裁模式下，宪法所规定的被告人基本权利，体现在刑事诉讼法典的程序条款中。这就可能出现刑事诉讼法典的程序条款没有或者未完全保障被告人基本权利的情形，此时将触发违宪审查机制。例如2004年法国为打击恐怖主义犯罪颁布了贝尔

[1] Tonini, Manuale di procedura penale, Giuffrè, 2015, p. 69; G. Conso, I fatti giuridici processuali penali, Milano, 1955, p. 199.

[2] Jean-Baptiste Perrier, La QPC et la garantie des droits et libertés en procédure pénale, AJ Pénal 2018, p. 391 et s.

[3] 意大利亦类似，参加Tonini, Manuale di procedura penale, Giuffrè, 2015, p. 69.

[4] Jean Pradel, Les principes constitutionnels du procès pénal, in Les Cahiers du Conseil Constitutionnel, N° 14, 2003, p. 112 et s.

[5] 辩护权虽未明确规定在1789年的《人权宣言》、1946年的《法国宪法》序言以及1958年《法国宪法》中，但属于法兰西共和国法律所承认的一项基本原则，亦具有宪法效力。

本二号法律，授权警方对恐怖主义犯罪适用包括监听、电信数据存储、伪基站信息窃取等特殊侦查手段，无须经过严格的审批程序。法国宪法委员会及时介入，在判决中多次重申特殊侦查手段仅适用于特别严重的犯罪，“（特殊的侦查手段）本质上严重损害了宪法所保护的权利和自由，如个人人身自由、住宅不可侵犯以及私生活秘密不可侵犯的权利”，因此适用这些特殊的侦查手段“应严格局限于查找特别严重及复杂之案件的罪犯”，“……适用这些强制措施的犯罪必须极有可能对个人安全、尊严甚至生命造成严重损害”（判决理由第 16 点），否则便构成 1789 年《人权宣言》第 9 条意义上的“不必要的严苛”（une rigueur non nécessaire）。这直接导致立法者对《法国刑事诉讼法典》第 707-73 条进行了修改，限缩了适用范围，强化了审批程序，以保证犯罪嫌疑人、被告人的基本权利不受随意侵犯。

程序制裁模式的核心特点便是在程序法层面对可能侵扰基本权利的侦查行为进行干预，审查主体主要为刑事法官或者预审法官。宪法法官的介入机制主要为抽象性的违宪审查，极少介入具体刑事案件的评价。刑事法官或预审法官的核心审查内容是侦查行为是否违反了程序无效条款，通常并不会直接援引宪法所规定的基本权利条款，侦查行为所侵害之基本权利的内容及程度并非判决依据。

（二）实体制裁模式（基本权干预模式）

实体制裁模式的代表性国家为当代的德国。德国刑事司法领域中的基本权保护最早亦采用程序制裁模式，受到拿破仑《重罪预审法典》的深刻影响。检警机关的侦查行为在传统的德国刑事法理论中称为“刑事强制处分措施”（strafprozessuale Zwangsmaßnahme），并未与“基本权干预”（strafprozessualer Grundrechtseingriff）这一概念产生关联。1877 年，德国对法国式的刑事诉讼进行了自由主义改革，颁布了《德意志帝国刑事诉讼法典》（RStPO），强化了对侦查权的制约，尤其是对涉及自由和财产的侦查行为及强制措施确立了更详细的程序细则，但侦查行为作为“基本权干预”的理念仅在学说中零星论及，并未在理论界及实务界产生过多的影响。[1] 事实上，1871 年的“俾斯麦宪法”也没有统一的基本权利目录。

直至 1949 年《波恩基本法》（Bonner Grundgesetz，以下简称《基本法》）颁布后，宪法及刑诉法学者们方意识到“《基本法》的有效性须以其他方式……对 1877 年《刑事诉讼法典》进行解释”，[2] 刑事诉讼法是“应用的宪法”（angewandtes Verfassungsrecht）。20 世纪 50 年代末、60 年代初，基本法教义学理论的发展重新阐释了刑事侦查行为的性质：如果说《基本法》的出发点是保障基本权保护范围内的自由，而《德国刑事诉讼法典》则主要

---

〔1〕 11 *Feuerbach*, Lehrbuch des gemeinen in Deutschland geltenden Peinlichen Rechts, 1801, S. 443 f.（§ 553）.

〔2〕 *Baumann*, Festschrift für Eberhard Schmidt, 1961, S. 525, 528.

限制了公民的自由，因此刑事诉讼领域内的基本权干预行为必须以宪法上的法律保留原则为首要考虑因素。[1] 传统的“刑事强制处分措施”概念逐渐为更广泛意义上的“基本权干预”行为所取代。通说认为，以刑事诉讼中的“基本权干预”取代原先的“刑事强制处分措施”并非仅是概念的置换，而是重大理论的发展：一方面，诉讼行为固然具有双重性。从传统刑事诉讼的角度看，侦查措施属于次第进行之刑事程序的重要一环，程序面的诉讼行为与实体面的权利干预属于“一体两面”，相互之间并无根本的互斥性。但“刑事强制处分措施”的定位主要针对被告人的意志而论，即“违反被告人的意志自主性”而采取之强制行为，无法囊括诸如电信监控、欺骗引诱等与被告人意志无涉的侦查行为；另一方面，也是最为重要的，以实体面向的基本权干预概念可以避免宪法中的基本权利在刑事诉讼领域内被旁落，具有学理及实践的优势，能够概括所有侦查措施的一致特征，并指向同一的法律后果，适用法律保留、过度禁止以及《基本法》第 19 条第 4 款的权利救济保障。[2] 鉴于实体制裁模式在国内学术界较少论及，且对中国非法证据排除规则的重构极具借鉴意义，此处稍作展开。

1. 基本权干预概念的形成与扩张。基本权干预以德国基本权教义学中的自由权教义学为基础。所谓“基本权教义学”（Grundrechtsdogmatik），指“阐明宪法基本权规定的内涵，建立其体系架构，以供基本权解释与适用的一门学问”。[3] 自由权与平等权是基本权利的一种经典分类：自由权旨在保护公民的自由领域不受减损；而平等权旨在禁止国家无正当理由对公民进行差别对待。德国《基本法》中大多数基本权利属于自由权，平等权主要规定在第 3 条。[4] 自由权的首要功能便是作为一种防御权对抗国家的干预。

古典的干预概念（der klassische Eingriffsbegriff）最早为德国公法上的通说，即认为所谓的国家干预行为应具备四个要素：①目的性（Finalität）。国家行为对基本权保护范围的损害应是故意为之。基于其他目的的国家行为因纯粹意外造成附带损害效果的，不在此列。②直接性（Unmittelbarkeit）。基本权损害是由国家行为直接导致而不存在中间原因。③法律行为（Rechtsakt）。国家行为应具有法律效力而非仅有事实上的效力。④强制性（Imperativität）。国家行为必须指向具有约束力的命令以及必要时可以经由指令和强制力加以执行。[5] 但随着现代国家干预行为范围的扩张，古典的干预概念显得狭隘，

---

〔1〕 *Matthias Jahn*, Strafprozessuale Eingriffsmaßnahmen im Lichte der aktuellen Rechtsprechung des BVerfG: Unter besonderer Berücksichtigung der in BVerfGK 1－5 veröffentlichten Entscheidungen, NStZ 2007, S. 256.

〔2〕 *Knut Amelung*, Zur dogmatischen Einordnung strafprozessualer Grundrechtseingriffe, Juristen Zeitung, 42. Jahrg., Nr. 15/16 (14. August 1987), S. 737.

〔3〕 李建良：“德国基本权理论摘要”，载《月旦法学教室》2011 年第 100 期。

〔4〕 *Volker Epping*, Grundrechte, 6. Aufl. Springer-Verlag Berlin Heidelberg 2015, Rn. 9.

〔5〕 *Volker Epping*, Grundrechte, 6. Aufl. Springer-Verlag Berlin Heidelberg 2015, Rn. 392.

公民的基本权利在很多情况下也可能为国家行为事实上的间接作用所损害，过于严苛的构成要件不利于公民基本权利的保护。因此，当下的主流通说扩大了干预概念的范围（erweiterter Eingriffsbegriff），形成了“现代干预概念”（moderner Eingriffsbegriff），判断标准如下：①可归责性（Zurechenbarkeit）。基本权利的损害可归责于国家公权力行为，而无论两者之间有无第三方原因。例如警察在鸣枪警示中误伤了非当事人，亦属于损害了基本权利。②可预见性（Vorhersehbarkeit）。现代干预概念取消了“目的性”的要求，只需要有“可预见的结果”即可。因此，如果某一损害后果是典型或应容忍之国家行为的附带结果，则属于“可预见的结果”，亦构成基本权干预。在具体的个案中，评价要点（Wertungsgesichtspunkte）应考虑与干预强度的相互作用：威胁强度越高，对可预见性的要求越低。③强度（Intensität）。现代干预概念以基本权损害的“强度”取代原先的“强制性”。如果国家公权力行为对个人基本权的损害特别严重且不合理（与古典基本权利干预体系中通过命令或禁令而实施的损害相当），则认为损害强度大。④法律行为或事实行为均可。在现代干预概念中，基本权利损害可以（间接）由法律行为（Rechtsakt）导致，但也能由事实行为（Realakt）导致。[1] 古典干预概念与扩大干预概念的构成要素对比，可参见图4.2：

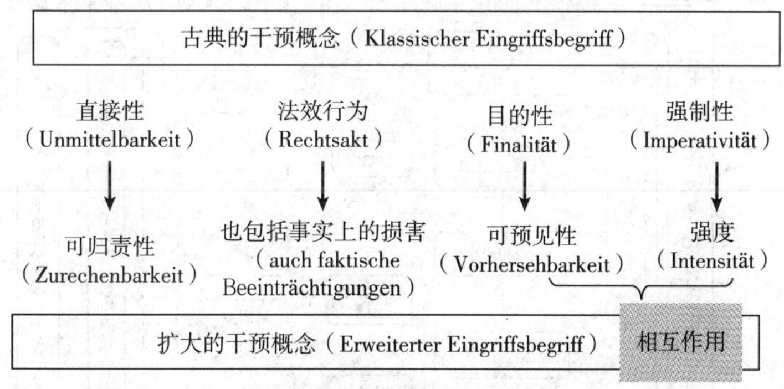

图4.2　古典的干预概念与扩大的干预概念要素对比[2]

2005年及2009年，德国联邦宪法法院及联邦社会法院分别在“全球定位系统判决”（GPS-Entscheidung）[3] 和“私营医疗保险判决”（PKV-Entscheidung）[4] 中提出了“累加性基本权干预”（additiver Grundrechtseingriff）的概念，即“各种单个的、本身可视为轻微的对基本权保护领域的干预在整体效果上造成了严重的损害，且超过了法治国标准所能接纳的干预强度”，则亦应视为对基本权形成干预。但联邦宪法法院所反复使用的“累加性基本权

---

[1] *Volker Epping*, Grundrechte, 6. Aufl. Springer-Verlag Berlin Heidelberg 2015, Rn. 393-397.

[2] 原图参见 *Volker Epping*, Grundrechte, 6. Aufl. Springer-Verlag Berlin Heidelberg 2015, Rn. 398.

[3] BVerfGE 112, 304.

[4] BVerfGE 123, 186.

利干预”并非特殊形式的干预，而是强调干预的正当性，即个别轻微的损害行为经累加也可能在整体效果上损及法治国，立法者和行政当局必须采取程序性预防措施，将干预强度保持在可接受的范围内。〔1〕

2. “三阶审查模式”（dreistufiges Prüfungsschema）。自由权教义学为防止国家公权力行为肆意侵害公民的基本权利，确立了“三阶审查模式”（dreistufiges Prüfungsschema）：①保护范围（Schutzbereich）。即公权力行为是否涉及基本权利的保护范围。②干预（Eingriff）。即公权力行为是否妨害了基本权利的保护范围。具体而言，公权力行为是否使个人受保护的行为更加难以进行，或者完全或部分无法进行。③正当性（Rechtsfertigung）。即干预行为是否为基本权的限制所涵盖。〔2〕“三阶审查模式”不独为刑事诉讼所有，但此处仅以刑事诉讼为论域展开（见图 4.3）。

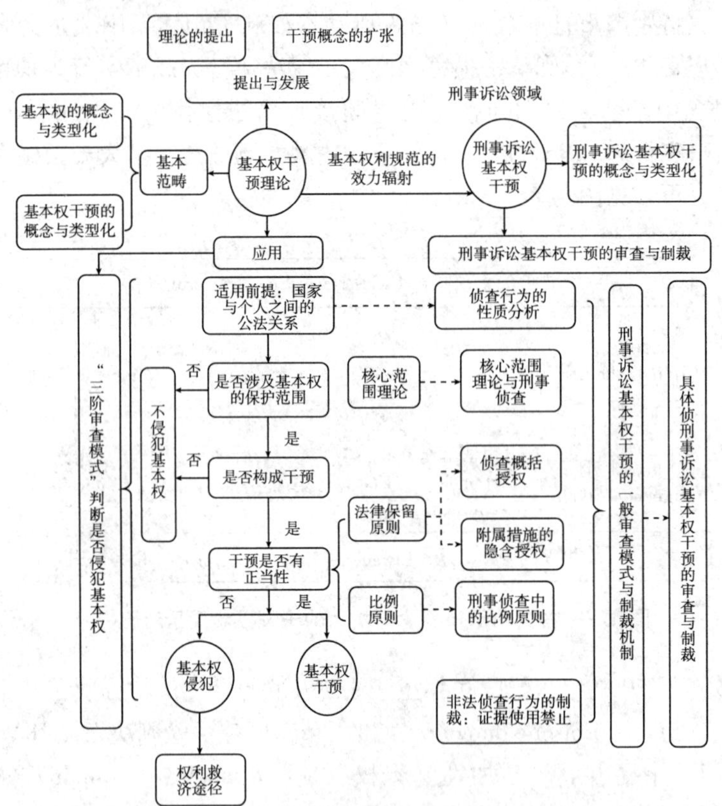

图 4.3 基本权干预理论的内容结构图

（1）保护范围。保护范围是“三阶层审查”的前提，即受保护对象在哪些领域享有对受基本权利约束的义务人行为的请求权，简而言之，即涉及受

〔1〕 *Volker Epping*, Grundrechte, 6. Aufl. Springer-Verlag Berlin Heidelberg 2015, Rn. 401.

〔2〕 *Volker Epping*, Grundrechte, 6. Aufl. Springer-Verlag Berlin Heidelberg 2015, Rn. 26-27.

保护对象的范围及内容问题。为充分发挥基本权利的保护功能，主流基本权利教义学的惯常做法[1]是对保护范围进行扩大化解释，降低干预门槛，在最大程度上保护普通公民免受刑事司法权滥用的威胁。具体主要体现在如下几个方面：其一，对基本权利保护范围内的概念作广义解释。如对“住宅不受侵犯之权利”中的住宅作泛化解释，将经营场所也囊括其中；其二，对核心概念的理解具备开放性及前瞻性，认为保护范围需满足新的或者新近承认的保护需求。例如“通信秘密权”中的“通信”应随着科技手段的发展作延伸性的解读；其三，在不涉及特定自由的情况下，仍应对“兜底性基本权利”(Auffanggrundrecht）作广义理解。德国学界也有观点认为应对基本权保护范围进行必要的限制解释，避免泛滥的正当性审查。但主流通说认为，限制解释说更多秉承历史的观点，无法应对预期的危险状况变化。且限制解释说并非避免了正当性衡量，实际上只是提前到第一阶段进行。[2]

在保护范围中，私生活的核心范围是较为特殊的概念，甚至通过宪法法院的判例进入了《德国刑事诉讼法典》的文本（第 100d 条）。即指无论基于何种情形考虑，被告人私生活的核心范围不应受到任何干预。[3] 2011 年 12 月 7 日，德国联邦最高法院 2 号法庭对核心范围进行了简要的描述[4]：依《基本法》第 1 条第 1 款之规定，私生活的核心范围受到保护，绝对不受侵犯。[5] 即便是非常重大的公共利益也不能为这一干预提供正当依据。这里不存在裁量的情况。[6] 与核心范围相关的信息不可用，因此不会用于判决之中。[7] 信息是否属于核心范围，取决于信息涉及他人或共同利益的范围和强度。[8] ……核心范围包括诸如内心的表达或性的表达。[9] 但核心范围不包括与特定犯罪直接相关的陈述，例如有关计划即将发生的犯罪或犯罪报告的信息。[10] 罗科信教授认为，私生活的核心范围应作更广义的解读，“人类隐私存在的核心领域包括来自私密领域（Intimbereich）（涉及疾病、成瘾、性需求、问题和偏好），任何形式的幻想表达，以及为内心减压的忏悔（可能是不受控制的自我谈话，或是向知心人的忏悔），还是各种形式的自我挣扎，与自己的抗争（我应该犯罪吗？我应该向警察投降吗？我应该认罪，否认或保持

---

[1] *Ulrich Jan Schröder*, Der Schutzbereich der Grundrechte, JA 2016, S. 648.

[2] *Ulrich Jan Schröder*, Der Schutzbereich der Grundrechte, JA 2016, S. 641-648.

[3] *Claus Roxin*, Kernbereichsschutz und Straftatermittlung, in Gesamte Strafrechtswissenschaft in internationaler Dimension, Festschrift für Jürgen Wolter zum 70. Geburtstag am 7. September 2013 Herausgegeben von Mark A. Zöller, Hans Hilger, Wilfried Küper und Claus Roxin, 1057f.

[4] 2 BvR 2500/09; 2 BvR 1857/10. Die im Text enthaltenen Rechtsprechungsbelege habe ich der besseren Lesbarkeit wegen in Fußnoten gesetzt.

[5] Vgl. BVerfGE 119, 1 (298); 120, 274 (335); 124, 43 (69).

[6] Vgl. BVerfGE 34, 238 (245); 80, 367 (373 f.); 109, 279 (313 f.); 120, 274 (335).

[7] Vgl. BVerfGE 109, 279 (324, 331 f.); 120, 274 (337).

[8] Vgl. BVerfGE 80, 367 (374); 109, 279 (314 f.); 113, 348 (391); 124, 43 (69 f.).

[9] Vgl. BVerfGE 109, 279 (313, 314 f.); 119, 1 (29 f.).

[10] Vgl. BVerfGE 80, 367 (375); 109, 279 (319); 113, 348 (391); 124, 43 (70).

沉默吗？我怎样才能在已发生事情的背景下塑造我的生活?）”。[1]

（2）干预与正当性。如前所述，“现代干预概念”对干预行为进行了更宽泛的解释，这与保护范围的扩大化趋势秉承相同的逻辑，即法治国框架下应对国家公权力行为作更严格的约束，避免使个人基本权利面临现实、潜在或者预期的危险状态。但考虑到刑事犯罪的特殊性，强调个人基本权利保障的同时也应兼顾对犯罪（尤其是有组织犯罪）的打击及社会秩序维护，因此德国基本法也对干预行为的正当性作了保留性规定，主要体现为法律保留与比例原则。

法律保留的思想渊源最早可追溯至1215年英国的大宪章（Magna Charta)，但作为现代法治国的宪法原则，主要为德国著名公法学者奥托·迈耶（Otto Mayer）所倡导。法律保留的核心要义是：一方面，从国会民主角度看（der parlamentarisch-demokratische Aspekt），重要的决定，包括对公民基本权形成重大干预的决定，不应由行政权作出，而应由立法者作为国家权力的代表机构予以规制；另一方面，从法治国的角度看，法律保留预先限定了公权力行使的模式与范围，保障个人免于国家公权力难以预期的侵犯。具体在刑事诉讼领域，所谓法律保留指宪法或法律为基本权干预行为提供了依据，是对基本权的限制。

在德国《基本法》中，基本权利规范中的法律保留主要包括简单的法律保留（einfacher Gesetzesvorbehalt）与特别的法律保留（qualifizierter Gesetzesvorbehalt)。简单的法律保留，指基本权利条款中规定此项权利“可由法律或根据法律”予以限制，对于法律保留中的“法律”未作进一步限定。属于简单保留的，包括《基本法》第2条第2款第3句规定的生命与身体健康权、第8条规定的露天集会自由权、第12条第1款第2句规定的职业自由权等。而特别的法律保留，则指基本权利条款对法律保留中的“法律”作了进一步的规范和限定，即不仅要求对该项基本权利的限制应由法律或基于法律而作出，同时要求该项法律应“满足一定的前提要件、追求特定的目的或是使用特定的方式”。[2]依法律保留的思想，刑事侦查必须有宪法或法律的授权，“法无授权即禁止”，“无授权”所获取的证据将导致使用禁止。《德国刑事诉讼法典》的大量条款便是基于法律保留原则，对于各种侦查行为的程序要件及证据要件进行了明确的规定。例如《德国刑事诉讼法典》第100a条涉及“电信监控”的规定，“下列情形，即使所涉及人不知情，亦允许监控与记录电信通讯：①一定的事实构成法定严重罪名的嫌疑；②在个案中犯罪行为亦属严重；③以其他方式查清案情或侦查被指控人停留地可能十分困难或无

---

〔1〕 *Claus Roxin*, Kernbereichsschutz und Straftatermittlung, in Gesamte Strafrechtswissenschaft in internationaler Dimension, Festschrift für Jürgen Wolter zum 70. Geburtstag am 7. September 2013 Herausgegeben von Mark A. Zöller, Hans Hilger, Wilfried Küper und Claus Roxin, 1057f.

〔2〕 *Bodo Pieroth & Bernhard Schlink*, GrundrechteⅡ, C. F. Müller Verlag, 2004, S. 61.

望”。在法律保留方面，有时宪法或法律会将法官保留原则列为授权的程序要件，即对于特定的国家措施的命令实施只能由法官负责决定（比如《基本法》第 13 条〔1〕及第 104 条〔2〕）。

但在司法实践中，由于犯罪手段的日新月异以及法律规定的滞后性，是否所有法律未作规定的侦查手段均不得使用成为了学界探讨的问题，尤其是对于一些不涉及或轻微涉及基本权干预的侦查措施。为在打击犯罪与基本权保障之间寻求平衡，德国学界提出了门槛理论（Schwellentheorie），确立了侦查概括条款，即司法人员在从事干预性的追诉活动时，在一定的干预门槛以下，可以援引法律的一般授权条款，作为基本权干预的依据。所谓一般授权条款（Generalermächtigungsklausel），是指刑事诉讼法上关于侦查权限的一般性规定，通说认为是《德国刑事诉讼法典》第 161 条〔3〕和第 163 条〔4〕。学说对于一般授权条款的适用范围仍有争议，但一般认为，不属于一般侦查概括授权范围的侦查措施包括：已由立法进行特别授权的措施；对宪法特别列举的基本权（宪法古典权利清单）造成干预的措施；涉及刑法上犯罪构成要件的干预以及附带干预。反之，上述情形以外仅涉及一般人格权或信息自决权的非强制性干预措施，原则上可以援引一般侦查概括授权条款为干预依据。〔5〕

---

〔1〕 根据《基本法》第 13 条的规定，“住宅不得侵犯。搜查唯法官命令，或遇有紧急危险时，由其他法定机关命令始得为之，其执行并须依法定程序”。

〔2〕《基本法》第 104 条规定：“①个人自由非根据正式法律并依其所定程序，不得限制之。被拘禁之人，不应使之受精神上或身体上之虐待。②唯法官始得判决可否剥夺自由及剥夺之持续时间。此项剥夺如非根据法官之命令，须实时请求法官判决。警察依其本身权力拘留任何人，不得超过逮捕次日之终了。其细则由法律定之。③任何人因犯有应受处罚行为之嫌疑，暂时被拘禁者，至迟应于被捕之次日提交法官，法官应告以逮捕理由，加以讯问，并予以提出异议之机会。法官应实时填发逮捕状，叙明逮捕理由，或命令释放。④法官命令剥夺自由或延续剥夺期间时，应实时通知被拘禁人之亲属或其信任之人。”

〔3〕《德国刑事诉讼法典》第 161 条标题为“检察院的一般侦查权限”，规定如下：“①为第 160 条第 1 款至第 3 款所称目的，只要其他法律对检察院职权无另有特别规定，检察院有权向所有机关要求提供讯息，并自行或通过警察机关及警察官员采取各种侦查形式。警察机关及警察官员有义务执行检察院的请求或委托，并且在此情形中他们亦有权向所有机关要求提供讯息。②如果依照本法，某项措施仅在特定犯罪行为嫌疑情况下准许实施，对依照其他法律的相应措施获得的涉及个人的数据，仅当为查明依照本法允许命令该措施的犯罪行为时，才能不经措施所涉及人同意在刑事程序中为证据目的使用。第 100e 条第 6 款第 3 项的规定不受影响；③警察法上非公开的侦查过程中，为保护自身在住宅内或从住宅处以技术手段获得的涉及个人的数据，在顾及比例原则情况下，仅当命令机关所在地地方法院（第 162 条第 1 款）确认措施的正确性时，才能为证据目的使用（《基本法》第 13 条第 5 款）；迟延就有危险时，应当不迟延地补行取得法官裁定。”

〔4〕《德国刑事诉讼法典》第 163 条标题为“警察在侦查程序中的任务”，规定如下：“①警察机关及警察官员应当侦查犯罪行为，并作出所有不容推延的命令，以避免事实真相被掩盖。为此目的，只要其他法律未特别规定其职权，他们有权向所有机关请求提供讯息，迟延就有危险时要求提供讯息以及采取各种侦查形式。②警察机关及警察官员应当不延迟地将案卷材料移送检察院。法官调查行为看来有必要尽快进行时，可以直接向地方法院移送。”

〔5〕 林钰雄：“干预保留与门槛理论——司法警察（官）一般调查权限之理论检讨”，载《政大法学评论》2007 年第 96 期。

法律保留还可能涉及侦查行为的"附属权限"（Annexkompetenz）问题。[1] 所谓"附属权限"，指在特定条件下某些侦查措施的实施必然涉及对其准备措施或配套措施的隐含授权。比较典型的情况如：①依《德国刑事诉讼法典》第81a条进行身体检查，为进行采血将被告人带到警察局或医院；②依原《德国刑事诉讼法典》第100a条对计算机进行电信监控，用间谍软件渗透计算机，以防止匿名或加密（所谓的源电信监控：Quellen-TKÜ）[2]；③依《德国刑事诉讼法典》第100h条采取盯梢措施（Observation）的情况下，将机动车辆搬到车间，以便在那里安装GPS探测器；④依《德国刑事诉讼法典》第102条搜查住所，对拟搜查的住所破门而入。在刑事诉讼领域，"附属权限"可否必然导致隐含授权，这存在严重的争议。因为在很多情况下，附属措施可能具有独立的干预性，涉及或附带涉及干预授权规范以外的基本权利。例如将被告人强制送往警局或者医院进行血液取样，血液取样涉及形体完整权，而强制送往警局或医院则涉及人身自由权。尤其是在一些情况下，附属措施可能比主措施的干预强度更大。例如将被告人在医院扣留多日以进行人身检查。对于这些争议，主流通说认为，"附属权限"的隐含授权应具备两大条件：一是附属措施必须与主措施的适用有典型的关联（Typizität）；二是对于拟达到的目的，附属措施必须合适、必要、恰当，即应成比例（geeignet, erforderlich und angemessen, also verhältnismäßig）。但也有批评认为，这两个标准过于粗疏，不具操作性。[3]

比例原则，也称"过度禁止"（Übermaßverbot），是现代法治国原则的重要内容，指公权力行为必须依正当目的且为此一目的所采取之措施在范围及程度上是适当的。比例原则最初形成于18世纪晚期德国的警察法领域，20世纪50年代以后，德国联邦宪法法院大量援用比例原则进行违宪审查，开启了比例原则宪法化的时代，比例原则成为宪法位阶的法律原则。[4] 学理上，比例原则由四个子原则组成：①合法目的。措施的适用应是为了追求符合宪法的目的。司法、行政以及法律位阶之下的法律规范制定应由法律确定其目的，而正式的立法可以在宪法的框架内确定其立法目的。②有效性。措施的适用必须以实现该目的为主要作用。这并不要求目的完全由该措施达到，只要该措施提高了所追求结果出现的可能性即可。③必要性。国家为达到目的在效果同样良好的手段中选择了最为温和、对所保护的法律地位影响最小的手段。

---

[1] *Sascha Ziemann*, Strafprozessualer Eingriff und Gesetzesbindung: Ein Beitrag zur Lehre von der Annexkompetenz im Strafverfahrensrecht, ZStW 2018; 130 (3), S. 775.

[2] 原本的源电信监控措施已经由德国2017年颁布的《关于构造更有效且合乎实践的刑事诉讼的法律》正式引入《德国刑事诉讼法典》，因此该措施已具有明确的法律授权，不再属于"附属措施"的涵盖范围之内。

[3] *Sascha Ziemann*, Strafprozessualer Eingriff und Gesetzesbindung: Ein Beitrag zur Lehre von der Annexkompetenz im Strafverfahrensrecht, ZStW 2018; 130 (3), S. 775.

[4] 秦策："刑事程序比例构造方法论探析"，载《法学研究》2016年第5期。

④适当性（狭义的比例原则）。国家采取的措施不能与措施的目的不成比例，即在措施的有益性与措施造成的影响之间进行权衡并为结果划定界限。[1]

在刑事诉讼领域，比例原则为基本权干预确立了两个层次的要求：一是侦查措施的强度应与案件的严重程度成比例；二是侦查措施的程序约束应与措施的强度成比例。[2]《德国刑事诉讼法典》通过多种立法技术以确保刑事侦查措施合乎比例原则的要求：首先是限定特殊侦查手段可适用的“罪名目录”（Straftatenkataloge）。例如电信监控、在线搜查、住宅监听等秘密侦查措施因对基本权干预的强度较高，故仅适用于法定的严重犯罪；其次是谦抑性条款（Subsidiaritätsklauseln）。谦抑性条款要求仅在其他措施无法或者很难达到查明事实或者其他追诉目的的情况下才允许适用该措施。例如《德国刑事诉讼法典》第100c条第1款第4项规定，只有当“以其他方式查明事实或确定共同被告人的下落存在不合理的难度或无望达到目的”时，才可适用住宅监听。最后是法官保留原则。在一些情况下，法官负责判定侦查措施是否合乎比例原则。

（3）基本权干预与证据禁止。如前所述，德国的证据禁止分为证据取得禁止和证据使用禁止，证据使用禁止又分为非独立的证据使用禁止和独立的证据使用禁止。证据禁止与基本权干预理论之间有着紧密的联系。首先，证据取得禁止是以刑事诉讼法中有关取证行为的规定为依据对于违法取证的禁止，而刑事诉讼法的取证规定也是来源于基本权干预理论的要求。根据该理论，对于基本权利进行正当干预主要需满足法律保留原则和比例原则的要求，在特殊情况下还需要满足法官保留原则的要求，据此，刑事诉讼法对于各类干预基本权利的取证行为规定了相应的授权条款以及具体的适用条件。因此，刑事诉讼法对于违法取证行为进行程序性制裁的背后依据仍然是源于基本权利保护的实体性制裁。证据取得禁止是否会导致证据使用禁止需要法官适用权衡理论进行裁量，由证据取得禁止导致的证据使用禁止成为非独立的证据使用禁止。独立的证据使用禁止则是依据基本权干预理论针对证据内容本身进行审查，在其构成基本权侵犯时禁止使用。例如警察依合法程序搜查了被告人住宅，发现一本记载了被告人的犯罪行为的日记，但日记涉及个人私生活的核心范围，不得作为定罪证据使用。同样，在私人住所中熟人之间的亲密交谈或者被告人的独白，均属于核心范围，不得作为定罪证据使用。[3]基本权干预与证据禁止之间的关系如下图所示：

---

〔1〕 *Maunz/Dürig/Grzeszick*，84. EL August 2018, GG Art. 20 VII. Rn. 110-117.

〔2〕 秦策：“刑事程序比例构造方法论探析”，载《法学研究》2016年第5期。

〔3〕 Claus Roxin, Kernbereichsschutz und Straftatermittlung, in Gesamte Strafrechtswissenschaft in internationaler Dimension, Festschrift für Jürgen Wolter zum 70. Geburtstag am 7. September 2013 Herausgegeben von Mark A. Zöller, Hans Hilger, Wilfried Küper und Claus Roxin, 1057f.

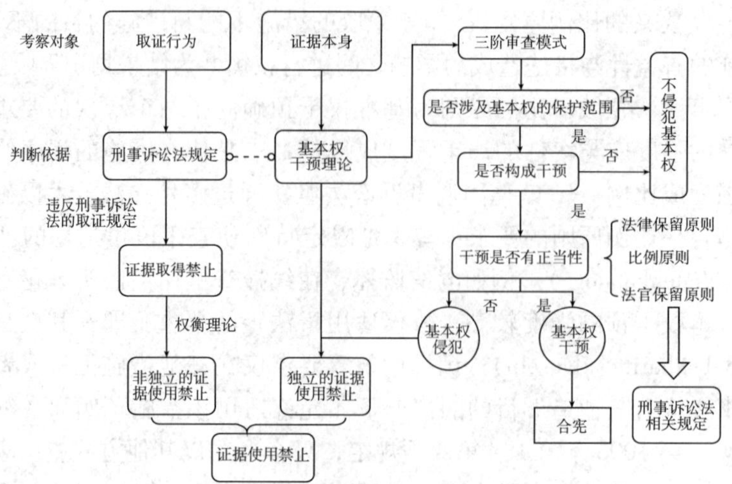

图 4.4 基本权干预与证据禁止

（三）两种模式的简要比较

尽管理论体系与制度原理并不相同，但在功能上，程序制裁模式与实体制裁模式均能实现对刑事诉讼中公权力行为（主要为侦查行为）的制约。程序制裁模式立足于程序法定原则，根本的思想渊源便是希望在刑事诉讼尤其是侦查及预审中设立刚性的程序规则，杜绝各种损及公共秩序及基本人权的违法侦查、预审乃至裁判行为。而实体制裁模式则以被告人的基本权利为基础，对损及基本权利的诉讼行为进行合宪性审查，对于不具有正当性的干预行为进行制裁（证据禁止）。当然，这一区分并非绝对的，适用程序制裁模式的国家也愈发强调基本权利在刑事诉讼法中的转化，而德国现行的《刑事诉讼法典》也设有若干具有程序制裁性质的条款。

但实体制裁模式对被告人的保护范围、程度及灵活度要高于程序制裁模式。较极端的一种情况是，许多盛行于刑事侦查领域的措施，虽然可能涉及基本权，但在刑事诉讼法中却未有明确的授权依据。如林钰雄教授所指，“尤其是拜现代科技之赐，犯罪手法日新月异，侦查措施更须快速地相应调整……‘魔高’已经一丈时，‘道高’不能停留在一尺，不然就会变成是‘法网恢恢，又疏又漏’”。[1] 而随之而来的诸多现代侦查手段，往往欠缺（或者滞后）程序法典的授权基础，应当如何评价及规制？以基本权利为基础的实体制裁模式在这一方面具有明显的优势，可以避免程序制裁模式下僵化的“程序法定原则”（il principio di tassatività）。[2]

---

〔1〕 林钰雄：“干预保留与门槛理论——司法警察（官）一般调查权限之理论检讨”，载《政大法学评论》2007年第96期。

〔2〕 比较典型的例子是，《意大利刑事诉讼法典》第124条第1款明确规定了诉讼行为无效的程序法定原则，即仅当《意大利刑事诉讼法典》明文规定了诉讼行为无效的情况，不遵守程序法方成为无效事由。

我国刑诉学界当下更青睐程序制裁模式，对实体制裁模式有分量的学术研究并不多，散见于一些比较法的介绍。〔1〕主流通说希望在我国的刑事司法体系中建构一种常设的、有效的、“刚性”的纠错及制裁机制，以有效制约公权力的滥用。应当说，这些学术研究在很大程度上推动了我国刑事司法的进步，尤其是在非法证据排除领域。但也应看到，程序制裁模式在当下的中国具有一些先天的不足。比如，刑事诉讼的大量规范性文件为部门立法，夹杂着诸多部门利益，根本无力提供刚性的程序机制。以电子数据为例，电子数据的相关取证规则主要体现在公安部所出台的《公安机关办理刑事案件电子数据取证规则》，故授权性条款要优先于限权性条款。又如沉默权问题。我国《刑事诉讼法》第 52 条第 2 句规定，“严禁刑讯逼供和以威胁、引诱、欺骗以及其他非法方法收集证据，不得强迫任何人证实自己有罪”。但该法第 120 条第 2 句又规定，“犯罪嫌疑人对侦查人员的提问，应当如实回答。但是对与本案无关的问题，有拒绝回答的权利”。那么犯罪嫌疑人在面临侦查人员的提问时，究竟是否有权保持沉默，还是应如实供述，这几乎无法从刑诉法本身的立法文本中找出合理的解释，也无法立足程序制裁理论，因此只有寻求上位法的支撑，并尝试挖掘新的更具解释力的理论，以寻求“侦查权”与“公民基本权利”之间的一般界限。再如泛侦查行为的权利侵害问题。2018 年，随着《监察法》的出台以及《刑事诉讼法》的配套修改，对职务犯罪的调查转由监察委员会负责。依监察体制的一般构想，监察委员会的调查行为并不属于刑事侦查领域，因此不受刑事诉讼法及程序制裁理论的约束。故被调查对象在刑事司法领域内的基本人权便很难通过程序面向的诉讼行为（Prozeßhandlung）理论得到保障，而仅得转向实体面向的基本权利干预理论寻求保障。

相比而言，实体制裁模式在解决前述问题上具有一些不可比拟的优势：例如，鉴于宪法作为国家基本法的地位，刑事司法不同部门的利益之争仅得在宪法的框架下达成共识，《监察法》与《刑事诉讼法》的衔接及协调机制最终也应遵循宪法的框架。甚至可以认为，我国刑事司法当下面临的最核心难题均只能在宪法层面予以根本解决，在这一方面，刑事诉讼法无力独自应对。因此，本书认为，实体制裁模式是我国未来非法证据排除规则的重要发展方向。

四、我国的非法证据排除规则

如前所述，我国的非法证据排除规则属于程序制裁模式，即以侦查取证行为违反程序法的规定为依据排除非法证据。本书主要立足现行立法规定及相关的司法解释解读我国非法证据排除规则的内容及程序。

---

〔1〕 如赵彦清：“受基本人权影响下的证据禁止理论——德国刑事诉讼法中的发展”，载赵海峰、金邦贵主编：《欧洲法通讯》，法律出版社 2003 年版，第 139 页。

（一）非法证据排除规则的主要内容

我国《刑事诉讼法》第56条第1款规定了非法证据排除规则，即“采用刑讯逼供等非法方法收集的犯罪嫌疑人、被告人供述和采用暴力、威胁等非法方法收集的证人证言、被害人陈述，应当予以排除。收集物证、书证不符合法定程序，可能严重影响司法公正的，应当予以补正或者作出合理解释；不能补正或者作出合理解释的，对该证据应当予以排除。”可见，针对言词证据，我国确立了强制性的排除规则；针对实物证据，我国确立了非法实物证据排除规则与瑕疵证据补正规则相结合的裁量性排除规则。因此，我国非法证据排除规则的主要内容如下图所示：

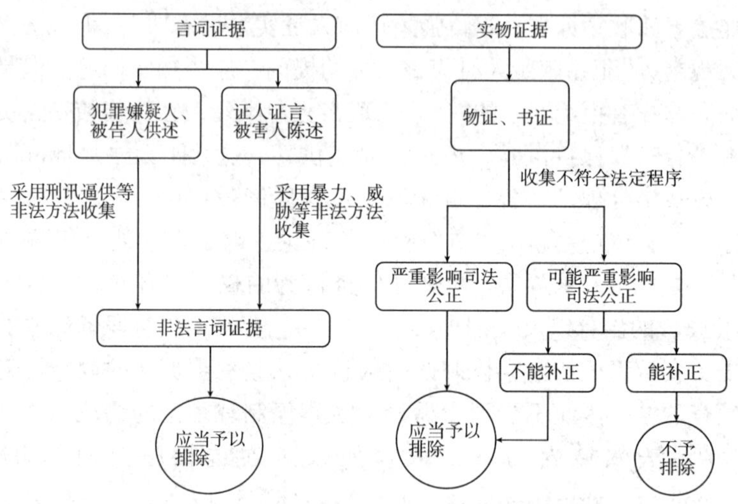

图4.5 中国非法证据排除规则主要内容

1. 非法言词证据排除规则。非法言词证据排除规则适用于犯罪嫌疑人、被告人供述、证人证言和被害人陈述。排除犯罪嫌疑人、被告人供述的条件是侦查人员采取“刑讯逼供等非法方法”获得供述。此处的“非法方法”在司法解释中有明确列举，包括殴打、违法使用戒具等暴力方法或者变相肉刑、以暴力或者严重损害本人及其近亲属合法权益等方式进行威胁以及非法拘禁等非法限制人身自由的方法。排除证人证言、被害人陈述的条件是侦查人员采用“暴力、威胁等非法方法”收集此类言词证据。此处的“非法方法”还包括非法限制人身自由。[1] 此外，收集程序严重违法的言词证据，亦属于非法言词证据。例如《刑诉法解释》第76条规定，证人证言具有下列情形之一的，不得作为定案的根据：①询问证人没有个别进行的；②书面证言没有经证人核对确认的；③询问聋、哑人，应当提供通晓聋、哑手势的人员而未提供的；④询问不通晓当地通用语言、文字的证人，应当提供翻译人员而未提

〔1〕 参见《人民法院办理刑事案件排除非法证据规程（试行）》第1条第1款及第2条的规定。

供的。违反前述规定获取的非法言词证据将予以强制排除。

2. 非法实物证据排除规则。非法实物证据排除规则适用于物证和书证。排除物证、书证应符合两大条件：其一是程序违法性，即“收集物证、书证不符合法定程序”。根据全国人大常委会法工委的解释，“不符合法定程序”是指不符合法律对于取证主体、取证手续、取证方法的规定。其二是违法的严重性，即使用该非法取得的物证、书证会严重影响司法公正。非法取得的实物证据是否构成对司法公正的严重影响，由法官裁量判断：如果法官认为其构成严重影响司法公正，则应当予以排除；若法官并不能确定其对司法公正的影响程度，则适用瑕疵证据补正规则，给予检控方补救的机会。

3. 瑕疵证据补正规则。瑕疵证据补正规则与非法实物证据排除规则规定在同一条款中，均适用于物证、书证，且均以收集物证、书证不符合法定程序为前提。适用哪条规则取决于法官对取证行为违法严重性的判断：如果法官认为非法物证、书证对于司法公正的影响程度轻微或者不太严重，则可认定为“瑕疵证据”，允许控方对证据收集中存在的程序瑕疵进行补正。瑕疵证据的补正方式有两种：一是狭义的补正，即“对取证程序上的非实质性瑕疵进行补救”，包括对证据笔录进行必要的补正、重新实施特定的侦查行为并重新制作笔录等方式；二是作出合理的解释或者说明，即“对取证程序的瑕疵作出符合常理及逻辑的解释”，包括对已经进行的程序补正情况进行必要的说明，以及对实在无法补充和纠正的瑕疵证据作出解释。如不能补正或者给出合理解释，则应当予以排除；如果能够补正或者给出合理解释，则不予排除。由此可见，瑕疵证据补正规则是非法实物证据排除规则的补充，允许违法程度尚不算严重的瑕疵证据进入刑事诉讼，避免过于严格的准入标准影响实质真实。但应当指出的是，我国的瑕疵证据补正规则标准过于宽松，在司法实践中容易变相架空非法实物证据排除规则，给侦查机关更多的补正机会。

（二）非法证据排除规则的直接效力及延伸效力

非法证据不得作为起诉意见、起诉决定和判决的依据，这是非法证据排除规则的直接效力。但非法证据排除还可能具有延伸的法律后果，即对“重复自白”与“毒树之果”的排除。

“重复自白”又称“重复供述”“二次自白”，指在采取非法手段获取犯罪嫌疑人、被告人的有罪供述后，再次或多次以合法方式审讯，获得了同样的后续供述。在比较法上，“重复自白”通常应予以排除，因为犯罪嫌疑人、被告人首次审讯时受到胁迫的心理将延续至后续的审讯。但对于“重复自白”，我国规定了原则加例外的排除模式：根据《人民法院办理刑事案件排除非法证据规程（试行）》（以下简称《非法证据排除规程》）第1条第2款的规定，“采用刑讯逼供方法使被告人作出供述，之后被告人受该刑讯逼供行为影响而作出的与该供述相同的重复性供述，应当一并排除，但下列情形除外：①侦查期间，根据控告、举报或者自己发现等，侦查机关确认或者不能排除以非法方法收集证据而更换侦查人员，其他侦查人员再次讯问时告知诉讼权利和认罪的法律后果，被告人自愿供述的；②审查逮捕、审查起诉和审判期间，检察人员、审判人员讯问时告知诉讼权利和认罪的法律后果，被告人自愿供述的。"

"毒树之果"是指以非法证据为线索而合法获取的其他证据。例如侦查人员通过刑讯逼供获得犯罪嫌疑人的口供，得知凶器藏在住宅内，后通过合法的搜查程序获得该证据。关于"毒树之果"是否应当排除，目前我国法律尚无明确规定。学界对此存在不同观点：一些学者持否定态度，认为非法证据排除规则针对的是以非法方式获取的证据，而对于经合法手段取得的"毒树之果"，并无排除依据。因为派生证据是通过合法方式取得的，并未侵犯相关人员的基本权利，非法取证只能导致由该行为取得的证据无效，如果将非法证据排除的效力无限扩大到阻止一切证据信息暴露的程度，则犯罪控制的目标将会受到过度伤害。[1]也有一些学者持肯定态度，认为非法证据排除规则不仅针对非法取证行为直接获取的证据，还应当包括经由原始证据派生出来的其他证据。"毒树之果"是遭受了污染的派生证据，只有彻底排除才能杜绝非法取证行为，对侦查机关形成震慑。还有学者认为应当区分看待，依"毒树"是否为言词证据而作出区分：如果言词证据是"毒树"，则"毒树之果"应当被排除，反之则不应被排除，因为实物证据是客观的，不会因为收集程序的违法而改变效力。本书认为，"毒树之果"可适用权衡理论，即由法官通过对程序违法程度、法律保护目的、涉嫌犯罪行为的严重性程度综合考虑来进行判断，具体而言：首先，如果侦查人员的非法取证行为系故意，则"毒树之果"应予以排除，以实现非法证据排除规则的惩戒功能；其次，如果侦查人员的非法取证行为并非故意，则法官应综合考量非法取证行为对基本权利的侵犯程度与"毒树之果"对发现案件真实的价值。如果涉及严重侵犯犯罪嫌疑人、被告人的基本权利，则应予以排除。反之，如果对基本权利的侵犯并不严重，且"毒树之果"对发现案件真实极具价值，则可以不排除；最后，可设立"必然发现"的例外。如果不将非法证据作为线索，后续侦查仍然或者极有可能会发现原本的派生证据，则可以不排除。

（三）非法证据排除程序

1. 程序启动。启动非法证据排除程序有依职权和依申请两种方式：

（1）依职权启动是指侦查人员、检察人员、审判人员在各自参与的刑事诉讼阶段依职权启动非法证据排除程序。①侦查人员启动非法证据排除：根据《公安机关办理刑事案件程序规定》第67条第3款规定，"在侦查阶段发现有应当排除的证据的，经县级以上公安机关负责人批准，应当依法予以排除，不得作为提请批准逮捕、移送审查起诉的依据"。②检察人员启动非法证据排除：根据2019年新修订的《人民检察院刑事诉讼规则》（以下简称《高检规则》）第72条第1款规定，"人民检察院发现侦查人员以非法方法收集

[1] 汪建成："中国需要什么样的非法证据排除规则"，载《环球法律评论》2006年第5期。

证据的，应当及时进行调查核实”。③审判人员启动非法证据排除：根据《刑事诉讼法》第58条第1款规定，“法庭审理过程中，审判人员认为可能存在本法第56条规定的以非法方法收集证据情形的，应当对证据收集的合法性进行法庭调查。”

（2）依申请启动是指当事人及其辩护人、诉讼代理人可以向侦查机关、检察机关、审判机关申请排除非法证据，由三大机关审查决定是否排除。依申请启动非法证据排除的要件包括：①申请人应当在提出申请的同时提供相关线索或者材料。“线索”，是指内容具体、指向明确的涉嫌非法取证的人员、时间、地点、方式等；“材料”，是指能够反映非法取证的伤情照片、体检记录、医院病历、讯问笔录、讯问录音录像或者同监室人员的证言等。②申请应当以书面形式提出。但被告人书写确有困难的，可以口头提出申请，但应当记录在案，并由被告人签名或者捺印。③提出申请的时间包括侦查阶段、审查起诉阶段、审判阶段，但在审判阶段，原则上应在开庭审理前提出，除非相关线索是在庭审过程中发现的或者材料是在庭审过程中形成的。对于可能被判处无期徒刑、死刑的案件，或者黑社会性质组织犯罪、严重毒品犯罪等重大案件，被告人在驻看守所检察人员对讯问合法性进行核查询问时，明确表示侦查阶段没有刑讯逼供等非法取证情形，但在审判阶段又提出排除非法证据申请的，还应当说明理由。此外，被告人及其辩护人在第一审程序中未提出排除非法证据的申请，在第二审程序中提出申请，有下列情形之一的，第二审人民法院应当审查：①第一审人民法院没有依法告知被告人申请排除非法证据的权利的；②被告人及其辩护人在第一审庭审后发现涉嫌非法取证的相关线索或者材料的。

2. 合法性审查。在非法证据排除程序启动之后，相关机关应对所涉证据的合法性进行审查。在刑事诉讼不同阶段，各机关审查的方式也有所不同。

在侦查阶段，侦查人员可以对非法取证行为进行自我纠正，在发现应当排除的非法证据时，经县级以上公安机关负责人批准予以排除。

检察机关基于侦查监督职能对侦查人员取证合法性进行监督。

（1）监督方式：一方面，重大案件中，人民检察院驻看守所检察人员应对讯问合法性进行核查及全程录音录像。驻看守所检察人员应当将核查情况报给负责逮捕、起诉的部门，如该部门认为确有刑讯逼供等非法取证情形的，应当要求公安机关依法排除非法证据，不得作为逮捕、移送起诉的依据；另一方面，人民检察院发现或者根据当事人的报案、控告及举报得知非法取证线索时，应当及时调查核实。

（2）审查手段：人民检察院认为可能存在以刑讯逼供等非法方法收集证据情形的，可以书面要求监察机关或者公安机关对证据收集的合法性作出说明。说明应当加盖单位公章，并由调查人员或者侦查人员签名。此外，针对公安机关立案侦查的案件，人民检察院还可以在法定情形下调取公安机关讯问犯罪嫌疑人的录音录像，对证据收集的合法性以及犯罪嫌疑人、被告人供述的真实性进行审查（《高检规则》第75条）。

（3）审查结果。人民检察院经审查认定存在非法取证行为的，对该证据应予以排除，其他证据不能证明犯罪嫌疑人实施犯罪行为的，应当不批准或决定逮捕。已经移送起诉的，可以依法将案件退回监察机关补充调查或退回公安机关补充侦查，或者作出不起诉决定。被排除的非法证据应当随案移送，并写明为依法排除的非法证据。对于侦查人员的非法取证行为，尚未构成犯罪的，应当依法向其所在提出纠正意见。对于需要补正或者作出合理解释的，应当提出明确要求。对于非法取证行为涉嫌犯罪需要追究刑事责任的，应当依法立案侦查。

人民法院对于证据收集合法性的审查分为主动审查与被动审查两种方式：

主动审查为承办法官通过阅卷对证据收集合法性进行审查。审查内容包括：①被告人在侦查、审查起诉阶段是否提出了排除非法证据的申请；提出申请的，是否提供了相关线索或者材料；②侦查机关、人民检察院是否对证据收集的合法性进行了核实，核实后是否作出了结论；③对于重大案件，人民检察院驻看守所检察人员在侦查终结前是否核查了讯问的合法性，是否对核查过程进行了同步录音录像；进行核查的，是否作出了核查结论；④对于人民检察院在审查逮捕、审查起诉阶段排除的非法证据，是否随案移送并附有为依法排除的非法证据的说明。法院对证据收集的合法性进行审查后，认为需要补充证据材料的，应当通知人民检察院在3日内补送。

被动审查是指，对于当事人及其辩护人、诉讼代理人申请排除非法证据，并提供相关线索或者材料的，人民法院应当对证据收集的合法性进行审查。人民法院应于审查之前履行权利告知义务，并为没有辩护人的被告人申请法律援助。被动审查可以分为庭前会议中的审查和庭审中的审查两个阶段：

第一，庭前会议中的审查。在庭前会议中，人民法院对证据收集的合法性进行审查的，一般按照以下步骤进行：①被告人及其辩护人说明排除非法证据的申请及相关线索或者材料；②公诉人提供证明证据收集合法性的证据材料；③控辩双方对证据收集的合法性发表意见；④控辩双方对证据收集的合法性未达成一致意见的，审判人员归纳争议焦点。在庭前会议中，人民检察院应当通过出示有关证据材料等方式，有针对性地对证据收集的合法性作出说明。人民法院可以对有关材料进行核实，经控辩双方申请，可以有针对性地播放讯问录音录像。在庭前会议中，人民检察院可以撤回有关证据，被告人及其辩护人可以撤回排除非法证据的申请。庭前会议报告中应对证据收集合法性的审查情况作出说明，主要包括控辩双方的争议焦点以及就相关事项达成的一致意见等内容。

第二，庭审中的审查。控辩双方在庭前会议中对证据收集的合法性达成一致意见的，法庭应当在庭审中向控辩双方核实并当庭予以确认。对于一方在庭审中反悔的，除有正当理由外，法庭一般不再进行审查。控辩双方在庭前会议中对证据收集的合法性未达成一致意见的，人民法院应当在庭审中进行核实，但公诉人提供的相关证据材料确实、充分，能够排除非法取证情形，且没有新的线索或者材料表明可能存在非法取证的，法庭调查以及举证、质证可以简化。人民法院决定对证据收集的合法性进行法庭调查的，应当首先进行。如果被申请排除的证据与其他犯罪事实没有关联，为防止庭审过分迟延，可以先调查其他犯罪事实，再对证据收集的合法性进行审查。在证据收集合法性的法庭调查程序结束前，不得对有关证据宣读、质证。法庭决定对证据收集的合法性进行审查的，一般按照以下步骤进行：①召开庭前会议的案件，法庭应当在宣读起诉书后，宣布庭前会议中对证据收集合法性的审查情况，以及控辩双方的争议焦点；②被告人及其辩护人说明排除非法证据的申请及相关线索或者材料；③公诉人出示证明证据收集合法性的证据材料，被告人及其辩护人可以对相关证据进行质证，经审判长准许，公诉人、辩护人可以向出庭的侦查人员或者其他人员发问；④控辩双方对证据收集的合法性进行辩论。人民法院对证据收集的合法性进行调查后，应当当庭作出是否排除有关证据的决定。必要时，可以宣布休庭，由合议庭评议或者提交审判委员会讨论，再次开庭时宣布决定。

3. 证明责任。对于证明证据合法性的证明责任，世界各国普遍规定由控方证明取证的合法性，仅在特定情形下，由辩方承担举证责任，例如，在美国，当控诉方能够证明搜查、扣押等是依据法官签发的令状而进行，或者申请排除“毒树之果”时，证明证据非法的责任转为辩方承担。

在我国，对于非法证据“合法”的证明责任由公诉方承担，侦查人员应证明侦查行为的合法性。《刑事诉讼法》第59条第1款规定：“在对证据收集的合法性进行法庭调查的过程中，人民检察院应当对证据收集的合法性加以证明。”但同时，被告人与其辩护人申请排除非法证据时，应当提供相关线索或者材料，因此其也承担初步的证明责任。《非法证据排除规程》第20、21条规定，公诉人对证据收集的合法性加以证明，可以出示讯问笔录、提讯登记、体检记录、采取强制措施或者侦查措施的法律文书、侦查终结前对讯问合法性的核查材料等证据材料，也可以针对被告人及其辩护人提出异议的讯问时段播放讯问录音录像，提请法庭通知侦查人员或者其他人员出庭说明情况。不得以侦查人员签名并加盖公章的说明材料替代侦查人员出庭。被告人及其辩护人可以出示相关线索或者材料，并申请法庭播放特定讯问时段的讯问录音录像。被告人及其辩护人可以向人民法院申请调取侦查机关、人民检察院收集但未提交的讯问录音录像、体检记录等证据材料，也可以申请人民法院通知侦查人员或者其他人员出庭说明情况，人民法院经审查后可以决定是否调取相关证据或通知相关人员出庭。《刑事诉讼法》第59条第2款规定，“现有证据材料不能证明证据收集的合法性的，人民检察院可以提请人民法院通知有关侦查人员或者其他人员出庭说明情况；人民法院可以通知有关侦查人员或者其他人员出庭说明情况。有关侦查人员或者其他人员也可以要求出庭说明情况。经人民法院通知，有关人员应当出庭”。结合前述《非法证据排除规程》的规定可知，侦查人员出庭说明情况的启动，包括检察院提请法院通知出庭、被告人及其辩护人申请法院通知出庭、法院依职权通知出庭、有关侦查人员主动要求出庭四种情形。同时，为了节省司法资源，避免诉讼拖延，《刑事诉讼法》为侦查人员出庭设定了“现有证据材料不能证明证据收集的合法性”的适用前提，明确了侦查人员出庭的谦抑性原则。侦查人员及其他人员出庭的，应当向法庭说明证据收集过程，并就相关情况接受发问。同时，《非法证据排除规程》的一大进步是规定了对侦查人员不出庭的程序性制裁，其第23条第2款规定：“经人民法院通知，侦查人员不出庭说明情况，不能排除以非法方法收集证据情形的，对有关证据应当予以排除。”

4. 证明标准。在德国、日本等国家，排除非法证据的证明标准多采用低于定罪标准的“优势证据标准”。在美国，虽然排除非法证据的证明标准较为复杂，但在通常情况下只要达到“优势证据标准”即可。英国设置的证明标准较高，要求检察官在证明口供来源的合法性时应达到“排除合理怀疑”的标准。

我国《刑事诉讼法》第60条规定：“对于经过法庭审理，确认或者不能排除存在本法第56条规定的以非法方法收集证据情形的，对有关证据应当予以排除。”由此可见，我国非法证据排除的证明标准具有“二元”性特点：一是人民法院“确认”存在非法取证的情形；二是检察机关的证明“不能排除”存在非法取证的情形。《非法证据排除规程》第26条将“二元”证明标准的适用进一步细化，经法庭审理，具有下列情形之一的，对有关证据应当予以排除：①确认以非法方法收集证据的；②应当对讯问过程录音录像的案件没有提供讯问录音录像，或者讯问录音录像存在选择性录制、剪接、删改等情形，现有证据不能排除以非法方法收集证据的；③侦查机关除紧急情况外没有在规定的办案场所讯问，现有证据不能排除以非法方法收集证据的；④驻看守所检察人员在重大案件侦查终结前未对讯问合法性进行核查，或者未对核查过程同步录音录像，或者录音录像存在选择性录制、剪接、删改等情形，现有证据不能排除以非法方法收集证据的；⑤其他不能排除存在以非法方法收集证据的。这一规定列举了几种“不能排除以非法方法收集证据”的情形，为在司法实践中判断是否达到排除非法证据的证明标准提供了指导。

【案例】张某、张某平叔侄涉嫌强奸案[1]——证据合法性存在疑问时的处理

基本案情：2003年5月18日晚9时许，被害人王某（殁年17岁）经他人介绍搭乘张某、张某平驾驶送货去上海的“皖J-11260”解放牌货车，途

[1] 吴小军：“当不能排除公安机关存在以非法方法收集证据的情形行为人的有罪供述、指认现场笔录等证据，依法应予排除——张某、张某平叔侄无罪案”，http://www.faxin.cn/lib/cpal/AlyzContent.aspx?isAlyz=1&gid=C1352005&libid=0202，访问时间：2019年11月16日。

经浙江省临安市昌化镇，次日凌晨1时30分到达杭州市天目山路汽车西站附近。被害人王某离开汽车西站后于2003年5月19日早晨被人杀害，尔后尸体被抛至杭州市西湖区留下镇留泗路东穆坞村路段路边溪沟。

相关争议：被告人作出有罪供述，一审、二审认定被告人犯强奸罪。被告人主张受到刑讯逼供，再审法院改判二被告人无罪。原判认定原审被告人张某、张某平强奸的事实，主要依据两原审被告人有罪供述与现场勘查笔录、尸体检验报告反映的情况基本相符来定案。再审庭审中，张某、张某平及其辩护人以两原审被告人的有罪供述和指认犯罪现场笔录均是采用刑讯逼供等非法方法收集为由，申请法院对上述证据予以排除。

案例评析：本案不能排除公安机关在侦查过程中有以非法方法获取证据的一些情形。经再审庭审查明，公安机关审讯张某、张某平的笔录、录像及相关证据证明，侦查人员在审讯过程中存在对犯罪嫌疑人不在规定的羁押场所关押、审讯的情形；公安机关提供的张某首次有罪供述的审讯录像不完整；张某、张某平指认现场的录像镜头切换频繁，指认现场的见证人未起到见证作用；从同监犯获取及印证原审被告人有罪供述等侦查程序和行为不规范、不合法。因此，本案不能排除公安机关存在以非法方法收集证据的情形，张某、张某平的有罪供述、指认现场笔录等证据，依法应予排除。

第二节 关联性

一、关联性的界定

关联性是指证据与待证事实之间、证据相互之间、待证事实相互之间所具有的，且能对法官心证形成产生实际影响的联系。关联性审查包含三个层次的问题：一是证据本身是否适合用于证明事实主张（又称为证据的适合性）；二是事实主张是否需要证明；三是证明结果对心证形成产生多大程度的影响。对于前两者，这是证据进入证明力评价阶段前的审查要素，即不适合证明事实主张的证据不能进入庭审，所证明之事实对于裁判并无意义的证据不能进入庭审。而对于第三项，这涉及证据的证明力评价。在自由心证制度下，法律对证据关联性的有无和大小原则上不作规定，这需要法官在个案中依逻辑和经验进行判断。当然，法官的心证也受到逻辑法则与经验法则的约束，通过判决说理及文书公开，接受上诉法院的审查及当事人、公众的监督。

需要特别指出的是，此处所指的“关联性”不同于英美法系国家的“相关性”。在英美证据法中，“相关性”（relevance，relevancy）指证据所具有的在逻辑上与争议事项相关联并倾向于证明其成立或者不成立的情况、性质或者状态。[1] 美国《联邦证据规则》401中将证据的“相关性”定义为“证据具有使一项事实的存在比缺乏此证据时更有可能或更无可能的任何倾向性，且该项事实在诉讼裁决过程中具有重要意义”。可见，在英美证据法背景下，审查证据的相关性主要涉及两个层面的问题：①证据是否有助于证明或反驳某个事实主张，此为相关性（relevance）问题；②该事实或者主张是否对于诉讼裁决具有重要意义，此为实质性（materiality）问题。例如，甲被指控犯有谋杀罪，甲母作为证人提供证言，证明甲有胃病，由于甲有胃病的事实主张与指控甲犯有谋杀罪的诉讼并无逻辑关系，因此不属于对诉讼裁决有重要意义的事实，既不具有相关性，也不具有实质性。再如，专家证人乙提供证言，证明甲有精神病，由于精神病可以影响刑事犯罪的定罪量刑，因此乙的证言既具有相关性，也具有实质性。因此，英美法系的“相关性”概念更倾向于描述证据、事实之间存在联系的特性，相关性有无的判断需要遵循一定的可采性证据规则，例如品性证据规则、传闻证据规则等，法官需要防止事实认定者产生不公正的偏见、受到误导、混淆争议等，并在可能存在的上述危险与证据的证明价值之间进行权衡，以决定是否排除相关证据。而本书所指的“关联性”不仅涵盖了“相关性”所涉及的证据准入问题，还主要涉及证明力评价。“相关性”与“关联性”的审查约束机制也有着本质不同。

二、关联性的构成

关联性主要由证据的适合性、事实主张的证明必要性以及证明力三个层次构成：

（一）证据的适合性

证据适合性（Beweiseignung），指证据适合用于证明事实主张。证据的适合性由积极要件与消极要件两方面组成。积极要件是指在证据在内容上与事实主张具有一定的联系（Konnex），基于这种联系，证据对所主张事实的存在有正面或者反面的证明作用。消极要件是指客观上没有明显理由能够表明该证据完全无法证明事实主张。客观理由包括两类：一是抽象的客观理由，是指某一事实主张客观上不能通过某一类证据加以证明，而不考虑证据的具体内容。例如，对于犯罪嫌疑人的内在动机、某人的心理活动等，因其不可能为证人所知，因此不能通过证人加以证明，证人证言只能证明犯罪嫌疑人、被告人的外在行为表现，不能证明其内心的状态；当对某一事实的证明不需要专业知识时就不适合使用鉴定意见，而当对某一事实的判断必须要使用专业知识时，那么仅依靠五官感知进行勘验就不是合适的证据形式；等等。二是具体的客观理由，是指在个案中根据具体证据的具体情况来判断其不具备证据适合性。例如，鉴定使用的检查方法尚不成熟或者根据科学知识显示没

---

〔1〕 参见 Bryan A. Garner, *Black's Law Dictionary* (ninth edition), West Publishing Co. / Thomson Reuters, 2009, p. 1404.

有证明价值，则可以构成鉴定不合适的具体客观理由；针对文件书证，如果不能确定复制件与原件一致，则复制件的提出就是完全不合适的证据。

法官主要依据生活经验来判断证据的适合性，以认定证据与事实主张之间的联系。例如，在案件发生后很长一段时间才传唤证人作证，法官需要根据一般的生活经验来判断其是否能够通过记忆复述其在案发当时的感知，即判断该证据形式的适合性。[1]法官判断证据适合性时不能考虑已有的证明结果，也不能以预测证明力较低为由认为其完全不合适。在自由证明中，法官可以仅依据审查卷宗内容而作出证据适合性的判断。[2]

我国《人民法院办理刑事案件第一审普通程序法庭调查规程（试行）》第 45 条第 2 款规定，证据与待证事实没有关联，或者证据自身存在无法解释的疑问，或者证据与待证事实以及其他证据存在无法排除的矛盾的，不得作为定案的根据。该条规定实际上体现了对证据适合性的要求，证据与待证事实存在关联是证据能够成为定案根据的前提条件。

（二）所主张事实的证明必要性

证明必要性（Beweisbedürftigkeit）是指主张事实对于裁判有显著意义且需要证明。证明必要性的首要条件是主张事实与裁判对象之间存在一定联系，即事实的存在与否对于判决的结果产生显著的影响。刑事诉讼、行政诉讼因为适用职权调查原则，原则上需要证明所有对法院裁判有一定显著意义的事实（以下简称“裁判显著性事实”）；而民事诉讼因适用辩论原则，故只需要证明有争议的裁判显著性事实。同时，诉讼法还规定了证明必要性的例外，最典型的是众所周知的事实（offenkundige Tatsachen），包括一般公众周知的事实（allgemeinkundigen Tatsachen）和法院周知的事实（gerichtskundigen Tatsachen）。一般公众周知的事实指理性的人普遍了解或者能够自行从可靠的来源（百科全书、地图等）处获得确定认识的事实，例如自然规律、历史上的重大事件等。而法院周知的事实指法官因职务活动获得可靠经验而认知的事实，但这不能是法官的个人认知，而是法院大多数“有经验”的法官都确信认知的事实。[3]在德国民事诉讼中，除了众所周知的事实以外，没有证明必要性的事实还包括当事人双方协议无争议的事实（《德国民事诉讼法典》第 138 条第 3 款）、当事人自认的事实（《德国民事诉讼法典》第 288 条）以及法律推定的事实（《德国民事诉讼法典》第 288 条）。我国《民诉证据规定》中也规定了一些无须证明的事实：①众所周知的事实；②自然规律及定理；③根据法律规定或者已知事实和日常生活经验法则，能推定出的另一事实；④已为人民法院发生法律效力的裁判所确认的事实；⑤已为仲裁机构的生效裁决所确认的事实；⑥已为有效公证文书所证明的事实。除了生效裁判确认

〔1〕 BGH, NStZ 1993, 295, 295.

〔2〕 BGH NStZ 99 362; Köln StV 96 368; LR-Becker 231 zu § 244.

〔3〕 Roxin/Schünemann, Strafverfahrensrecht, 29. Auflage, Verlag C. H. Beck, München, 2017, S. 167.

的事实以及自然规律和定理之外，对于其他无须证明的事实，是允许当事人提出相反证据的。

（三）证明力

“证明力”（Beweiskraft），又称“证明价值”（Beweiswert），是指证据在具体个案中对法官内心确信形成的作用。法官对证据证明力的评价需要综合证据的可靠性（Zuverlässigkeit des Beweismittels）以及证据对待证事实的证明作用。如果待证事实属于间接事实时，还要考虑间接事实对要件事实的证明作用。以证人证言为例，评价其证明力主要从证人的陈述能力与证言的可信性两个方面进行，前者包括证人的感知能力、记忆力、身份、年龄、精神状况等因素；后者则包括运用心理学知识对证人陈述状态的判断、证言在证据法上的相关性、根据司法实践经验发现证言的可信特征或者不可信特征等。

德国法还针对文件书证和庭审记录将证明力区分为形式证明力与实质证明力：前者针对证据本身的真实性，具有形式证明力即表明文书中记载的声明或者庭审程序确实按照记载的时间、地点、人物发生，但并不代表声明的内容或者记载的内容与事实一定相符，这属于实质证明力的评价范畴。以《德国民事诉讼法典》第415条规定的“公文书的证明力”为例，当公文书记载了当事人在公共部门或者文书制作人面前作出的声明时，该文书能够完全证明这一事实过程，但允许提出相反证据证明该事实过程错误。此处公文书的证明力仅指形式上的证明力，只能证明文书确实由签字的制作人作出，且特定人确实在文书记载的时间、地点作出了特定内容的声明。基于法律的规定，公文书在具备法定的形式要件时即推定其具有形式上的证明力，排除法官的自由评价。但至于声明的内容是否正确、对于待证事实又有何种证明作用，均属于实质的证明力问题，仍需由法官自由评价。

我国《民诉法解释》第114条规定：“国家机关或者其他依法具有社会管理职能的组织，在其职权范围内制作的文书所记载的事项推定为真实，但有相反证据足以推翻的除外。必要时，人民法院可以要求制作文书的机关或者组织对文书的真实性予以说明。”该条规定涉及对公文书内容真实性的推定，此处的“真实性”亦属于形式上的证明力。

三、我国关联性审查的有关证据规则

《刑诉法解释》第104条规定：“对证据的真实性，应当综合全案证据进行审查。对证据的证明力，应当根据具体情况，从证据与待证事实的关联程度、证据之间的联系等方面进行审查判断。证据之间具有内在联系，共同指向同一待证事实，不存在无法排除的矛盾和无法解释的疑问的，才能作为定案的根据。”虽然我国将证据的真实性与对证明力的审查分开规定，但实际上两者很难完全切割。在司法实践中法官往往需要综合考虑全案的证据情况，审查证据与证据之间、证据与事实之间的关联性才能作出判断。如前所述，欧陆证据法中的“证明力”实际上隐含了对真实性审查的要求。因此，本书的“证明力”概念，涵盖了前述条款所指的“真实性”和“证明力”。

我国证据法中有关关联性审查的规则可以分为两类：一类是预先设定关联性有无的证据排除规则，称为“有无关联性的证据排除规则”，包括意见证据排除规则以及和解、调解中自认的排除；另一类是预先设定证据证明力大小的证明力规则，包括原始证据优先规则、补强证据规则、证明力优先规则。

（一）有无关联性的证据排除规则

1. 意见证据排除规则。我国的意见证据规则是指证人不得在陈述自己亲身经历的事实之外，陈述其意见、推理或结论。[1]这一规则在我国三大诉讼法中均有规定：《行政诉讼证据规定》第46条规定，证人应当陈述其亲历的具体事实。证人根据其经历所作的判断、推测或者评论，不能作为定案的依据；《民诉证据规定》第72条第1款规定，证人应当客观陈述其亲身感知的事实，作证时不得使用猜测、推断或者评论性语言；《刑诉法解释》第75条第2款规定，证人的猜测性、评论性、推断性的证言，不得作为证据使用，但根据一般生活经验判断符合事实的除外。可见，民事诉讼与行政诉讼对于证人的意见采取“绝对排除”的态度，而刑事诉讼则规定了例外情形，即“根据一般生活经验判断符合事实的”意见证据可以不予排除。

排除意见证据的正当理由在于：①意见证据不具有关联性，更确切地说是不具备最基本的证据适合性。因为意见证据是证人在其对事实感知的基础上作出的猜测、推论和评价，不能用于证明事实就如其推断的那样。例如，证人目击了被告人在案发前匆忙从被害人家中跑出，又看到被害人在家中倒地身亡，便推断被告人杀了被害人，其作证时可能会说：“我看到一个杀人犯逃走了。”那么证人所说的“杀人犯”就是一种推断性的证言，属于意见证据，不能用于证明被告人杀人这一待证事实。假如证人确实目击了被告人用刀捅死了被害人并逃走的全过程，那么他所说的这一证言就是对其亲历事实的陈述，能够证明被告人杀人的事实。②采纳意见证据会侵犯事实裁判者的职权。运用证据推理、判断出有关事实是否成立的结论以及评价证据是事实裁判者的职权，不能由证人代劳。证人只能就自己亲身感受的事实作出陈述，而不需要进行推理和判断。

意见证据与证人证言的区别在于，证人证言是对其所感知的客观事实的描述，意见证据是在事实感知基础上的推论。但这种区分并非泾渭分明，正如塞耶（Thayer）所言：“从某种意义上说，所有的证人证言实际上都是意见证据，是从现象和心理印象形成的结论。”[2]例如，证人认为其在辨认程序中所指认的人与其在犯罪现场看到的人是同一个人，该项证言已包含推论，是

---

〔1〕 陈光中主编：《证据法学》，法律出版社2015年版，第270页。

〔2〕 James Bradley Thayer, *A Preliminary Treatise on Evidence at the Commen Law*, 1989, p. 524. See Andrews& Hirst, *Criminal Evidence*, 2nd ed., London: Sweet & Maxwell, 1992, p. 631.

证人在考虑两者身体特征极其相似的情况下，认为他们不可能是不同的两个人。[1]有鉴于此，对于刑事诉讼法中意见证据排除规则的例外也可以这样理解：证人陈述事实时可能不自觉地运用一般生活经验自然而然地作出一定的判断，与证人证言区分不大，此时的意见证据便可以采纳。虽然在理论上区分陈述和意见比较困难，但是在实践中却并非很大的难题，法官可以运用常识排除那些明显的意见证据，例如关于某人是否有罪的陈述；也可以通过询问证人发现意见证据，例如针对前文提及的“我看到一个杀人犯逃走了”这一证言，通过询问证人是否看到了被告人杀人的动作、方法、凶器等，即可发现其究竟是真正目击还是推断出被告人杀人的事实。

我国的意见证据排除规则不同于英美证据法上的意见证据排除规则。这主要源于证人概念的不同。英美法系国家中的证人包括外行证人、被害人、专家证人、出庭作证的警察、自愿作证的被告人等，而我国的证人仅指外行证人，专家证人称为鉴定人。因此，英美法上的意见证据既包含外行证人的意见，也包括专家意见，只是外行意见一般需要排除，仅在少数的情况下有例外，而专家意见则是意见证据排除规则的主要例外，一般可以采纳。其中，外行意见的排除与例外对应于我国的意见证据排除规则，能为我国这一证据规则的发展与完善提供思路。在美国证据法上，外行意见的排除规则规定于美国《联邦证据规则》701 中：“如果证人不是作为专家而作证，其以意见形式作出的证言需满足如下条件：（a）合理地基于该证人的知觉；（b）有助于对证人证言的清晰理解或者确定争议事实；并且（c）不是基于规则 702 范围内的科学、技术或者其他专门知识。”美国的外行意见证据排除主要有如下几种例外情形：①同时察觉的事实，即从外观、情况、人或动物的状况及其他同时呈现于感觉上的不同事实，一经观察就能产生的结论，可以视为对事实的感知，允许作为证据采纳。②连续察觉的事实，即根据一连串的物理现象而来产生的心理印象，这种心理印象可以视为对事实的陈述。③总括式的陈述。即在陈述各项待证事实后作出总括式的结论。④印象之陈述。在证人记忆已经模糊时，法院可以允许其陈述印象，但证人不得陈述非基于本人观察所形成的印象。⑤视同专家证人意见。当外行证人了解某一事实真相时，可以允许其陈述意见，此时的意见与专家意见并无区别。⑥品格意见陈述。证人对某人性格的意见陈述具有可采性。[2]总体而言，外行证人可以陈述意见的条件为：①证人个人认知的事实不能用其他方式表达；②证人虽然不能详细叙述事实，但对这些事实已经形成了一个总体印象；③最重要的是，仅仅陈述事实细节尚不能准确地传达证人所具有的总体印象。[3]

---

〔1〕 张保生主编：《证据法学》，中国政法大学出版社 2018 年版，第 319 页。

〔2〕 参见刁荣华主编：《比较刑事证据法各论》，汉林出版社 1984 年版，第 262~263 页；参见卞建林、谭世贵主编：《证据法学》，中国政法大学 2014 年版，第 119 页。

〔3〕 参见张保生主编：《证据法学》，中国政法大学出版社 2018 年版，第 320 页。

2. 和解、调解中自认的排除。和解、调解中自认的排除是指当损害事件发生后，当事人为达成调解、和解作出妥协所涉及的对案件事实的认可，不得在其后的诉讼中作为对其不利的证据。这一规则在我国法律中已经明确规定，但目前仅在民事诉讼和行政诉讼中确立。[1] 在现实生活中，从调解、和解提议似乎可以得出一个貌似合理的推断是，主动要求调解、和解是因为自己在导致针对其提起赔偿请求的事故中有过错，在调解、和解中的妥协就是对过错或责任的默认。但这一推论具有明显的漏洞，要求调解、和解的理由可能是是因为潜在的诉讼费用会远远超过偿付的费用，或者为了节省时间，首先提出调解、和解解决的人不一定是在事故中具有过错的人。因此，为了鼓励进行调解、和解，不应将调解、和解中对案件事实的认可作为可证明妥协一方有过错或责任的证据。

此外，如果认定关联性时所运用的经验法则有明显漏洞，且认定关联性的存在极有可能违背社会的主流价值观，则不能认定证据与特定的事实之间具有关联性。例如，以下证据也不能用以证明过错或责任：①事后补救措施。在伤害或者损害发生后，行为人可能会采取一些“亡羊补牢”的事后补救措施，但其不得采纳作为证明过错、产品瑕疵、产品设计瑕疵或者未尽警示义务的证据。在判断事后补救措施与补救者的过错与责任之间的关联性时，可能是基于以下经验法则，即在损害发生后作出补救措施的人是因为其相信造成损害的物体或者条件在事前存在不合理的伤害风险。但这种推论显然有较高的错误风险，并且有可能挫伤当事人预防损害再次发生的积极性。因此事后补救措施不能作为证明过错或责任的证据，其正当理由在于，法律不应阻止人们从事对社会有益的行为，不能让人们因为做好事而受到“惩罚”或损害，不能用一个人的善行来反对该人。②支付医疗费用或类似费用。有关支付或者承诺支付因伤害而引起的医药、住院或者类似费用，不得采纳作为支付者或者承诺支付者对该伤害负有责任的证据。与前述证据类似，由支付医药费的行为推论出支付者对过错的默认，这是不合理的。[2] 这些证据在我国立法上并未明确规定排除，但在司法实践中对证据关联性的审查具有重要的参考价值。

(二) 证明力规则

1. 证明力优先规则。证明力优先规则是预先设定不同种类证据的证明力大小的规则。根据《行政诉讼证据规定》第63条的规定，关于数个证据对同一事实的证明力，法院可以依照下列原则认定：①国家机关、社会团体依职权制作的公文书证的证明力一般大于其他书证；②物证、档案、鉴定意见、勘验笔录或者经过公证、登记的书证，其证明力一般大于其他书证、视听资料和证人证言；③原始证据的证明力一般大于传来证据；④证人提供的对与

---

[1] 参见《行政诉讼证据规定》第66条、《民诉法解释》第107条。

[2] 参见张保生主编：《证据法学》，中国政法大学出版社2018年版，第338页。

其有亲属或者其他密切关系的当事人有利的证言，其证明力一般小于其他证人证言；⑤法定鉴定部门的鉴定意见优于其他鉴定部门的鉴定意见；⑥法庭主持勘验所制作的勘验笔录优于其他部门主持勘验所制作的勘验笔录；⑦原件、原物优于复制件、复制品；⑧出庭作证的证人证言优于未出庭作证的证人证言；⑨数个种类不同、内容一致的证据优于一个孤立的证据。

需要作进一步阐释的是原始证据优先规则，即前述条款第③项及第⑧项。三大诉讼法均根据原始证据优先规则对部分证据的收集与提供提出了要求，原则上书证应当提交原件、物证应当提交原物，以及调查收集计算机数据或者录音、录像等视听资料的，应当要求被调查人提供有关资料的原始载体。只有在提供原件、原物确有困难的情况下可以提交复制件、复制品，且复制件、复制品仅在与原件或原物核对一致的情况下可以作为定案根据。

我国的原始证据优先规则与英美证据法上的"最佳证据规则"既有联系，又有区别。英美法系的"最佳证据规则"（best evidence rule）是指，对于文书以及记载有思想内容并以此证明案件真实情况的证据，证据法上要求通常必须出示原件，只有当存在可信以为真的理由的情况下，才可以作为例外不出示原件。美国《联邦证据规则》1002 具体规定了最佳证据规则："为证明书写文件、录制品、影像，要求提供书写文件、录制品、影像的原件，本证据规则或国会立法另有规定者除外。"英国的最佳证据规则与美国基本相同，但存在一些差别，主要体现在如下两个方面：一是英国的最佳证据规则的范围仍然限于书证，而未被扩展至录音、录像等影像资料；二是关于计算机资料的原件，英国法院是根据最佳证据规则的例外使其具有可采性，而美国《联邦证据规则》则是通过扩大"原件"的解释使其具有可采性，其开创性地规定将计算机的打印物或输出物视为原件。[1]可见，当今英美法系的最佳证据规则只是针对文书的规则，但其对"文书"概念进行了宽泛解释，即"手写、打字、印刷、影印、照相及每一种其他记录之方法，如记录于任何可触知之事物，任何通信或表示之方法，包括信函、文字、图画、声音或符号或其他结合物"，包括录音带、录像带等。所以，最佳证据规则适用的证据范围实际上包含了我国证据法意义上的书证、视听资料等证据。因此，我国的原始证据优先规则与英美法系的最佳证据规则的相似之处在于：①确立规则的理由相同，即认为一般情况下原始证据比传来证据更可靠；②均适用于书证。差别之处在于规则适用范围：我国的原始证据优先规则主要适用于物证、书证、视听资料甚至电子数据，而英美法系的最佳证据规则主要针对文书证据，其外延包括我国法律意义上的书证、部分视听资料和电子数据，但不包括物证。

2. 补强证据规则。补强证据规则是指法律规定在某些种类的证据证明力不足时，需与其他证据结合方可作为证明案件事实的根据。"补强"是指支持或印

---

〔1〕 参见陈光中主编：《证据法学》，法律出版社 2015 年版，第 265 页。

证。补强证据的作用在于通过证据的相互印证而增强或担保主证据的证明力。[1]

在民事诉讼和行政诉讼中，根据《民诉证据规定》第 90 条、《行政诉讼证据规定》第 71 条的规定，下列证据不能单独作为认定案件事实的依据：①当事人的陈述；②无民事行为能力人或者限制民事行为能力人所作的与其年龄、智力状况或者精神健康状况不相当的证言；③与一方当事人或者其代理人有利害关系的证人陈述的证言；④存有疑点的视听资料、电子数据；⑤无法与原件、原物核对的复制件、复制品；⑥应当出庭作证而无正当理由不出庭作证的证人证言；⑦经一方当事人或者他人改动，对方当事人不予认可的证据材料；⑧其他不能单独作为定案依据的证据材料。

刑事诉讼中的补强证据规则主要指口供补强规则，即仅有被告人的口供不能作为认定案件事实的依据，须有其他证据对口供的证明力进行补强。根据《刑事诉讼法》第 55 条第 1 款规定："对一切案件的判处都要重证据，重调查研究，不轻信口供。只有被告人供述，没有其他证据的，不能认定被告人有罪和处以刑罚；没有被告人供述，证据确实、充分的，可以认定被告人有罪和处以刑罚。"《刑诉法解释》第 83 条规定，审查被告人供述和辩解，应当结合控辩双方提供的所有证据以及被告人的全部供述和辩解进行。被告人庭审中翻供，但不能合理说明翻供原因或者其辩解与全案证据矛盾，而其庭前供述与其他证据相互印证的，可以采信其庭前供述；被告人庭前供述和辩解存在反复，但庭审中供认，且与其他证据相互印证的，可以采信其庭审供述；被告人庭前供述和辩解存在反复，庭审中不供认，且无其他证据与庭前供述印证的，不得采信其庭前供述。该解释第 106 条规定："根据被告人的供述、指认提取到了隐蔽性很强的物证、书证，且被告人的供述与其他证明犯罪事实发生的证据相互印证，并排除串供、逼供、诱供等可能性的，可以认定被告人有罪。"

在自由心证制度下，法律本不应预设证据证明力的有无及大小，证明力应交由法官自由评价。因此我国的证明力规则饱受学界批评，被认为带有落后的法定证据制度的色彩。但与中世纪的法定证据制度大大不同，我国现行的证据规则并不推崇被告人供述的证明力，也不会将证据的证明力量化，而只是规定了证明力的优先顺序与证明力的补强。据此，有学者认为我国证据立法遵循了一种以限制证明的证明力为核心的基本理念，即"新法定证据主义"的理念。[2] 本书亦认为，不宜在立法中过细地确立各种所谓的"证明力规则"，这既是对法官智识理性与审慎认知的不信任，也使司法实践走入极端"立法主义"。[3]

---

〔1〕 陈光中主编：《证据法学》，法律出版社 2015 年版，第 276 页。

〔2〕 陈瑞华："以限制证据证明力为核心的新法定证据主义"，载《法学研究》2012 年第 6 期。

〔3〕 施鹏鹏："刑事裁判中的自由心证——论中国刑事证明体系的变革"，载《政法论坛》2018 年第 4 期。

【案例】雍某魁涉嫌杀人案[1]——待证事实与客观事实之间的关联性

基本案情：2008年1月19日11时许，吉林省通化市公安局东昌分局接到尹某报案称：其74岁的母亲白某被杀死于自家蔬菜水果店内。经警方勘查，白某系被他人用钝器打击头部死亡。次日，警方在现场附近的铁路292号楼走访时，在该楼一单元二楼与三楼间缓台上发现一袋橙子，结合案发现场有散落橙子这一情况，警方认为可能与案件有关，将之提取送检；同时在周围对外来人口及家庭条件较差的，可能铤而走险的人员进行排查，提取指纹，其中就有来自四平市农村的雍某魁。经鉴定，塑料袋上唯一可查清的指纹与雍某魁指纹一致。2008年3月5日，公安机关在四平市家中将雍某魁抓获。根据雍某魁的供述，其是用斧子作案，但侦查人员并未提取到这一“凶器”。2009年7月，通化市中级人民法院以故意杀人罪判处雍某魁死刑，缓期2年执行。雍某魁不服，以被“刑讯逼供”为由，提出上诉。吉林省高级人民法院裁定，认为本案事实不清、证据不足，撤销原判，发回重审。通化市人民法院于2010年12月，再次以抢劫罪判处雍某魁死刑。雍某魁以“没有杀人”为由，提出上诉。2012年6月，吉林省高级人民法院再次裁定，认为本案事实不清、证据不足，发回重审。2014年10月，通化市人民法院第三次判决，雍某魁犯故意杀人罪，判处死刑，缓期两年执行。雍某魁不服，上诉。吉林省高级人民法院再审改判被告人雍某魁无罪。

争议焦点：一是铁路292号楼发现的橙子，与本案是否有关联；二是作案凶器是否为斧子；三是雍某魁的供述是否可以作为证据使用。

案例评析：就本案而言，有三个细节问题显示案件待证事实与客观事实不具有关联性：其一，警方发现的橙子与本案没有关联性。公安机关没有将塑料袋内的橙子和塑料袋与案发现场的橙子和塑料袋进行比对鉴定，无法确定提取的橙子和塑料袋是从现场拿走的，也未能查实该袋橙子是何时、何种情况下所遗留。现有证据无法确定该袋橙子是雍某魁从案发现场拿走的，与本案不具有关联性。其二，斧子作为作案凶器与本案不具关联性。尸检鉴定只是认定本案作案凶器系钝器，并没有确定具体的凶器。案发现场也没有提取到作案工具，一审判决依据雍某魁供述认定作案工具为斧子，但是该斧子在案发后未提取到。确定杀人凶器是斧子及雍某魁持斧子击打被害人头部致其死亡缺乏证据支持。这一判断是基于证据关联性的实质性作出的。其三，雍某魁的供述与本案待证事实没有关联性。雍某魁被采取强制措施后，从审讯录像中可见脸上有伤痕，故不能排除公安机关刑讯逼供的可能。犯罪嫌疑人的口供属于主观性证据，其真实性、可靠性和稳定性较差。在司法实践中，待证事实与客观事实之间的关联性审查，是司法证明非常重要的环节。

---

[1] 樊崇义：“从证据关联性看雍奎魁案”，载《人民法治》2016年第1期。

第二编

诉讼证据

第五章

证据形式与学理分类

证据形式，又称为证据的种类[1]，是法律对证据外在表现方式的划分。研究证据形式具有重要意义和功能，主要体现在以下三个方面：

第一，有利于把握对证据的规律性认识。“划分证据种类是人们认识证据的第一步”[2]，我国对证据种类进行划分是将证据形式作为外延纳入到证据的整体概念中。证据形式反映了证据的本质属性和特征，是某类具有共性特征的证据的集合，从而使人们辨识出此类证据的特性，进而形成条理化、系统性的认识。

第二，不同的证据形式决定了不同的证据收集方法。证据形式在很大程度上反映出证据的生成方式，不同的证据形式决定了证据收集方法不尽相同。如：书证在案件发生时已经生成，在收集时突出其“原始性”，尽可能提交原件；而勘验检查情况属于在侦查中形成的“过程性”证据，按照刑事诉讼法的要求在收集时“应当写成笔录，由参加勘验、检查的人和见证人签名或盖章”。

第三，不同的证据形式决定了不同的证据审查判断规则。为确定证据的证据能力和证明力，司法人员需要根据不同的证据特性确定证据审查判断的重点及适用规则。如：对于依赖外部特征起到证明作用的物证，需要重点审查有无伪造、变造或受客观环境影响发生改变的情形，适用原物规则；对于依赖人的主观感受起到证明作用的犯罪嫌疑人供述，审查重点在于其真实性，适用口供补强规则、非法供述排除规则等。

---

〔1〕 根据我国学界普遍观点和司法实务观点，将法定证据形式称为证据的种类。参见何家弘、张卫平主编：《简明证据法学》，中国人民大学出版社 2016 年版，第 27 页；陈光中主编：《刑事诉讼法》，北京大学出版社、高等教育出版社 2016 年版，第 207 页；杨秀清：《民事诉讼法》，中国人民大学出版社 2016 年版，第 96 页；胡锦光、莫于川：《行政法与行政诉讼法概论》，中国人民大学出版社 2017 年版，第 218 页；全国人大常委会法制工作委员会刑法室编著：《〈中华人民共和国刑事诉讼法〉释义及实用指南》，中国民主法制出版社 2012 年版，第 124 页；全国人大常委会法制工作委员会民法室编著：《〈中华人民共和国民事诉讼法〉释解与适用》，人民法院出版社 2012 年版，第 92 页；信春鹰主编：《中华人民共和国行政诉讼法释义》，法律出版社 2014 年版，第 85 页；袁杰主编：《中华人民共和国行政诉讼法解读》，中国法制出版社 2014 年版，第 89 页。

〔2〕 裴苍龄：“论证据的种类”，载《法学研究》2003 年第 5 期。

除法定的证据形式外，证据也可进行学理上的划分。与法定的证据形式不同，证据的学理分类仅是通过分析某类证据的共同特征，以寻找某类证据的运用规则，其本身并无法律上的约束力。“通过对不同证据的分类，有助于彰显彼此之间的共性与差异”〔1〕：一方面，在证据法研究过程中，将证据按照不同的标准进行分类，可以认识不同证据之间的特点，从而提取出收集、审查判断和运用各类证据的规则；另一方面，证据分类也可在诉讼实践中指导司法人员正确地认识、收集、审查和判断证据，实事求是地查证和认定案情，保证办案质量。

第一节　证据形式

证据是内容与形式的统一，证据形式承载了与案件事实有关的信息。由于受到人类认知水平和知识背景的限制，证据在不同时期表现为不同形式，也经历了从非理性到理性的发展。例如，在奴隶制早期，除物证、书证、双方当事人陈述外，还有火审、沸油审、水审、神兽触、决斗、诅誓等证据种类。“在封建制度时，除有物证、书证、被害人控告、被害人口供外，增加了法医检验尸体、骨骼、伤情、指纹、足迹等经验。”〔2〕证据形式不是一个封闭的概念，它随着科技水平和立法技术水平的发展而发展。一般而言，除了法律明确规定的证据形式外，实践中还有一定数量的“未具名证据”〔3〕，以帮助法官准确认定事实和适用法律。“未具名证据”在将来可能会被写入法律，成为法定形式的证据。例如，随着网络技术的发展，电子数据在证明案件事实中的作用日益凸显，但其生成方式和运用方法与传统法定形式的证据有所不同，在此前的一段时期内并没有被归入任何一类证据中。直到 2012 年我国《刑事诉讼法》修改，才正式将电子数据确定为法定刑事诉讼证据形式。

关于证据形式，域外大多设置开放式体系。在刑事诉讼中，法国奉行证据自由原则，法律及判例原则上不对证据形式作特别要求，犯罪事实可通过各种形式的证据予以证明。意大利对于法定证据形式以外的非典型证据持开

---

〔1〕 张保生等：《证据法学》，高等教育出版社 2013 年版，第 44 页。

〔2〕 陈光中主编：《中华法学大词典/诉讼法学卷》，中国检察出版社 1995 年版，第 760 页。

〔3〕 刑事证据尤其典型，这是因为刑事犯罪具有偶发性及不可预期性的特点。犯罪事实发生的时间、地点及方式均无从预判，查证犯罪的证据形式亦难以预先确定。因此，欧陆诸国普遍不要求证据形式法定。法律明确列明的证据形式，称为“具名证据”，法律虽未明确列明、但依然可纳入刑事诉讼的证据形式称为“未具名证据”。比较典型的如意大利。意大利区分了典型证据与非典型证据（Mezzi di prova tipici ed atipici），与“具名证据”及“未具名证据”完全对应，仅是称谓不同。《意大利刑事诉讼法典》规定了 7 种典型的证据形式，分别为证人证言、询问当事人、对质、辨认、司法经验、鉴定及书证。但在特定情形下，案件可能涉及非典型的证据形式。《意大利刑事诉讼法典》第 189 条对非典型证据进行了概括性规定，“如果需要获取法律未规定的证据，当该证据有助于对事实的核查且不影响关系人的精神自由时，法官可以调取该证据。法官就调取证据的方式问题听取当事人意见后决定接纳该证据”。

放态度，但法官不得依职权直接决定接纳非典型证据，而应听取双方当事人的意见。德国证据法中区分严格证明与自由证明两种证明方式：前者适用于有关定罪量刑的实体问题的证明，受法定证据形式和法定的证明程序约束，而后者主要适用于程序上重要事实的认定，不拘泥于任何证据形式与程序规则。在民事诉讼和行政诉讼中，大陆法系国家大多根据证据契约理论赋予当事人一定的对采纳非法定证据形式的决定权，证据形式体系也呈现开放式。在英美法系国家，法律并不对证据种类明确加以规定，只是作粗略的划分。判例和单行法规概括性地将证据分为实物证据、言词证据和司法认知三种，从而使证据种类具有较大的包容性，能够接纳社会生活中不断出现的新的材料。例如，美国《加州证据法典》法律修订委员会对该法第 140 条“证据”所作的注释指出：“证据”被扩大解释为包括证人证言、有形物体、所见（比如陪审团查验或展示给陪审团的某人的外貌）、所闻（比如为陪审团展示的声音）以及其他可以作为证明根据提出的物。与证据粗略种类相适应的是纷繁复杂的配套证据规则，确保证据的可采性。[1]

我国证据形式的主要特点为证据种类的全封闭性，具有很强的形式主义。我国三大诉讼法均明确规定了证据的法定形式，并分别根据证据的性质特点划分了 8 个类别，详见下表。

表 5.1 我国三大诉讼法中的法定证据形式

	《刑事诉讼法》第 50 条	《民事诉讼法》第 63 条	《行政诉讼法》第 33 条
1	物证	当事人的陈述	书证
2	书证	书证	物证
3	证人证言	物证	视听资料
4	被害人陈述	视听资料	电子数据
5	犯罪嫌疑人、被告人供述和辩解	电子数据	证人证言
6	鉴定意见	证人证言	当事人的陈述
7	勘验、检查、辨认、侦查实验等笔录	鉴定意见	鉴定意见
8	视听资料、电子数据	勘验笔录	勘验笔录、现场笔录

与域外开放型证据形式体系相比，我国上述证据形式的规定受到一定争议。“证据分类上的形式主义倾向，具有一定的实用意义，即便于把握实践中千差万别的各种证据材料。这种分类，给各类证明材料都贴上了某种明确的

[1] 孙远：“论法定证据种类概念之无价值”，载《当代法学》2014 年第 2 期。

标签，使之类别清楚，‘取用’比较方便。但在另一方面，形式主义要求每一类证据界定清楚且具体却带来某些问题。因为法定类别有限，而实际材料样式多，严格形式主义可能导致缺乏必要的灵活性，使证据形式不能有效容纳其应当容纳的证据内容。”[1] 比如在刑事诉讼中，随着自然科学的进步，科技证据正逐渐改变传统的证明方式，封闭型的证据立法将未来司法实践中可能出现的新证据形式排除在外，这显然不利于打击犯罪。[2]

第二节 证据分类

一般认为，对证据学理分类的研究最早可以追溯至18世纪。英国著名法学家边沁（Bentham）在其代表作《司法证据原理》一书中对证据提出了九种分类方法，包括实物证据和人的证据，自愿证据和强制证据，言词证据、宣誓证据和书证，直接证据和间接证据以及原始证据和传来证据等。然而证据法发展至今，由于分类标准和方法上的不同，世界各国对证据的分类也不尽相同。

英美法系国家秉承着证据自由原则，将证据的种类和分类糅杂在一起，不做严格的界限。[3] 美国学者华尔兹（Walts）教授将证据分为两种基本类型和三种基本形式。两种基本类型包括直接证据和间接证据（旁证），二者区别在于是否能“直接地、一步地达到案件中的实质性争议问题”。三种基本形式包括言词、实物和司法认知的证据，其中实物证据又分为实在证据和示意证据。[4] 在基本形式层面，我国学者普遍认为，除了司法认知，英美法系国家的证据类型包括人证、物证、书证三种形式。其中，人证即证人证言，包括被害人、普通证人、专家证人的陈述；物证即实物证据，是法官能够通过其感官感知得出结论的一切物体；书证即文书证据，包括各种笔录、录音带、影片等。[5] 总体来说，英美法系国家更注重提交法庭的证据的相关性，对待证据种类和分类的态度是一致的，均持一种开放、包容的态度。在成文法和判例中并不会罗列可在法庭上使用的证据形式，而是规定哪些证据形式在法庭上不能使用。受此影响，英美法系国家的教科书往往不会专章讲述证据形式。相反，教科书会详细解读证据可采的实质条件（例如相关性）和不可采的实质条件（如特免权、非法证据排除等）。

与英美法系国家的做法不同，大陆法系国家对证据的分类主要是在诉讼

---

〔1〕 龙宗智：“证据分类制度及其改革”，载《法学研究》2005年第5期。

〔2〕 施鹏鹏：“刑事裁判中的自由心证——论中国刑事证明体系的变革”，载《政法论坛》2018年第4期。

〔3〕 卞建林、谭世贵主编：《证据法学》，中国政法大学出版社2014年版，第333页。

〔4〕［美］乔恩·R. 华尔兹：《刑事证据大全》，何家弘等译，中国人民公安大学出版社2004年版，第14~17页。

〔5〕 龙宗智：“证据分类制度及其改革”，载《法学研究》2005年第5期。

法中予以体现，将证据种类或分类作为调查程序的附带品进行规定。在学理分类上，德国刑事诉讼中的证据主要分为人证（persönlicher Beweismittel）和物证（sachlicher Beweismittel）两类，前者包括被告人、证人、鉴定人，后者则包括文件书证和勘验。日本证据法则将证据分为直接证据和间接证据、供述证据和非供述证据、实质证据和辅助证据。多数大陆法系国家从证据调查的角度规定了不同种类证据适用的证据规则，在法律中对证据种类进行专章规定并不多见。[1]

我国证据分类研究实际上深受苏联证据分类理论的影响，苏联学者根据证据的形式、内容、作用或来源，将证据分为人证和物证、有罪证据和无罪证据、直接证据和间接证据、原始证据和传来证据。我国自20世纪50年代便开始了对证据分类的研究。根据理论界通说，刑事诉讼证据分为：原始证据和传来证据、有罪证据和无罪证据、言词证据和实物证据、直接证据和间接证据[2]；民事诉讼证据分为：本证和反证、直接证据和间接证据、原始证据和传来证据[3]；行政诉讼证据分为：本证和反证、直接证据和间接证据、原始证据和传来证据、言词证据和实物证据、定案证据和非定案证据、法定证据和非法定证据。结合法学界的普遍认识和我国立法及司法的现状，本书将介绍四种证据的学理分类：言词证据和实物证据、直接证据和间接证据、原始证据和传来证据、合法证据和非法证据。

一、言词证据和实物证据

根据证据的表现形式可将证据分为言词证据与实物证据：言词证据，是指以人的陈述为表现形式的证据，其本质是要求用语言进行陈述，但是语言无形，因此司法实践中往往将言词证据转化为客观形态在法庭上予以呈现。如证人的证言、犯罪嫌疑人的陈述可以书面的形式向法院提交，也可以使用录音、录像等方法记录。实物证据，是指以实物形态为表现形式的证据，包括以物体、文件等特征、性质、内容、位置等证明案情的证据。二者的主要差异在于：

1. 言词证据通常能够综合性地证明案件事实，而实物证据通常只能证明案件事实的某个片段。言词证据是通过人的陈述表达出来，人们可以主动地提供他所感知的案件事实。陈述人通过感知，形成对案件事实的认识，往往能够就案件或某一事实进行系统描述，使司法人员能够从整体上把握案件。实物证据又被称为“不动嘴的证据”，只能依据其自身属性说明或者证明案件

---

〔1〕 意大利是例外。如前文所论及，意大利1988年的刑事诉讼改革匠心独具地设立单独的“证据法”卷，且作为法典的“总则”（通说认为，意大利刑事诉讼法典前4编为总则，条款效力扩及整部法典，除非设有特别条款或者例外条款），而非仅是侦查程序或庭审程序的附带章节。因此，“证据法”卷可以称为意大利的刑事证据“法典”。

〔2〕 陈光中主编：《刑事诉讼法》，北京大学出版社、高等教育出版社2016年版，第220~223页。

〔3〕 江伟主编：《民事诉讼法》，高等教育出版社、北京大学出版社2000年版，第133~135页。

事实的某个片段或者某个情节，往往需要结合举证人的说明或其他证据共同发挥证明作用。

2. 言词证据的证据源不易灭失，而实物证据更易灭失。言词证据是人的陈述，只要作出陈述的人还在，言词证据就能够继续获得。而实物证据是客观存在的，因此往往依赖专门人员运用一定的技术手段去发现和保存；实物证据的存在也往往依赖客观条件，如果客观条件发生变化，实物证据很有可能灭失，无法收集和保存；实物证据也会由于被人为毁弃而灭失。〔1〕

3. 言词证据易发生变化，而实物证据更为稳定。由于言词证据是陈述人主观意识的反映，往往不会像实物证据那样直观真实，会受到感知、记忆、表达能力、思想感情、个人品德素质、利害关系等因素影响，容易出现前后矛盾、反复的现象。而实物证据是以实物形态而呈现，它不依赖于人的记忆、感知、知识水平，具有较强的稳定性。

如此划分的意义在于分析比较两类证据的不同特点，以使司法人员和诉讼参与人可以对涉案证据按照其性质特点进行判断，更加客观、理性地去探求案件事实。对言词证据和实物证据运用的最佳方法便是将二者结合，彼此补充、印证，充分发挥两类证据的各自优势、克服各自缺陷，从而取得最佳的证明效果。言词证据易出现虚假或者失真，为避免在认定案情上出现差错，在运用言词证据时应当将其与实物证据相结合，利用实物证据的客观性、稳定性以克服言词证据的缺点。同样，实物证据在运用过程中为了增加其证明力，也可用鉴定、辨认的方式来揭示实物证据与案件事实的联系，利用当事人对案件事实的陈述来增强实物证据的证明力。

就目前法律规定的证据形式而言，被害人陈述、犯罪嫌疑人或被告人供述和辩解、当事人陈述、证人证言、鉴定意见均属于言词证据，而物证、书证、视听资料、电子数据属于实物证据。对于勘验、检查笔录等笔录证据的分类在我国理论界一直存在争议。一种观点认为，勘验、检查笔录应当归入实物证据范畴。〔2〕 而另一种观点认为，不能简单将勘验、检查笔录归为实物证据，而应该具体分析其内容和性质。〔3〕 本书认为，勘验、检查笔录中所记载的文字外观上具有类似于书证的实物证据形式，但从内容来看却实属勘验、检查人员对勘验、检查所闻所见的事实陈述，仍属于言词证据的范畴。因此，勘验、检查人员在必要时也应当出庭，像证人那样以言词形式为自己所作笔录的真实性作证或者作出必要的解释和说明。但对于勘验、检查笔录中以照相、录像等方式制作的记录，则应当归入实物证据的范畴。因此，本书将勘验、检查笔录等笔录证据纳入言词证据的范围进行阐述。鉴于言词证据与实物证据的分类能够囊括我国法定的各类证据形式，且二者基于各自的特点在

---

〔1〕 何家弘、刘品新：《证据法学》，法律出版社 2013 年版，第 125 页。

〔2〕 陈一云主编：《证据学》，中国人民大学出版社 2007 年版，第 150 页。

〔3〕 何家弘主编：《新编证据法学》，法律出版社 2000 年版，第 171~173 页。

运用规则方面具有一些共通性，因此本书将于第六章、第七章分别就属于言词证据和实物证据的法定证据形式及其运用规则进行论述。

【案例】赖某某聚众斗殴案[1]——言词证据与实物证据的运用

基本案情：2011年12月23日1时许，被告人赖某某伙同“黑鬼”“阿波”等人，在广东省增城市新塘镇某酒吧饮酒期间，因琐事与被害人陈某、陈某甲、陈某乙、姚某某等发生争执，继而双方在酒吧门口发生打斗，赖某某一方持菜刀、砖头、啤酒瓶等工具追砍、殴打陈某一方，致陈某、陈某甲、陈某乙轻伤，姚某某轻微伤。赖某某被当场抓获。

争议焦点：被告人赖某某是否存在持刀伤人这一事实。一审法院认定赖某某持刀伤人，二审法院认定两名同案人持刀打斗，赖某某持砖头打斗。而此节存在两组完全对立的证据：被害人陈述、证人证言，甚至包括被告人供述都直接或间接证实赖某某有持刀砍人这一情节，但现场监控录像显示赖某某并未持刀，两组证据所证明的内容完全相反。因此，本案就出现了言词证据与实物证据之间的冲突。

案例评析：言词证据较实物证据更容易受到主客观条件的影响。在言词证据与实物证据存在矛盾的情况下，实物证据的证明力高于言词证据。本案中，证人证明被告人持刀伤人；被害人证明自己被刀砍伤、被告人参与打架；被告人证明自己在打架中捡起过刀并向对方扔了过去，不知道是否伤到人，但否认自己持刀伤人。一审中播放了监控录像，但画面不清晰、难以辨认，辩护人未提出异议。经二审反复比对监控录像发现，现场另有二人持刀，被告人开始并未持工具，后来捡起砖头砸向被害人。案件发生于夜间，光线不充足，参加斗殴人员较多，斗殴场面混乱，且证人为本地酒吧工作人员，被害人一方为本地人，被告人一方为外地人，这些因素都可能导致言词证据与真实情况存在误差、甚至截然相反。相比之下，通过合法程序调取且对内容无篡改争议的监控录像，具有较强的客观性，二审法院以此认定被告人未持刀伤人符合证据认定规则。

二、直接证据和间接证据

根据证据与要件事实的证明关系不同，可以将证据划分成直接证据与间接证据：直接证据是指根据证据本身就能够证明案件中所包含的要件事实的证据，即不需要经过任何中间环节，无需借助其他证据进行逻辑推理，一经查证属实便可用作定案的主要依据[2]；间接证据是指不能独立、直接证明要件事实，需要和其他证据相结合才能证明要件事实的证据。间接证据对案件主要事实的证明方式需要通过推理才能实现。由于间接证据不能像直接证据

---

〔1〕 参见高明黎、杨毅：“赖某某聚众斗殴案”，载《人民司法·案例》2015年第6期。

〔2〕 卞建林、谭世贵主编：《证据法学》，中国政法大学出版社2014年版，第351页。

那样直接证明案件的主要事实，所以它与案件主要事实之间存在一定的距离，司法人员需要一定的推理将案件中的原因与结果、行为与动机、现象与本质连接起来。[1] 这些通过推理连接起来的间接证据最终将构成一个完整的证明体系，在排除其他各种可能性之后，才可能最终证明案件主要事实。

与其他证据分类相比，直接证据和间接证据的划分更加符合证据使用的客观实际，更接近于人们收集、审查判断和运用证据证明案件事实的认识规律，因而在证据分类中，直接证据和间接证据居于十分重要的地位。

1. 有利于促进司法人员全面充分地收集证据。例如，对于犯罪隐蔽性较强的刑事案件（如贪污贿赂型犯罪）中，司法人员一般会先收集间接证据，在有了充足的间接证据之后，经过推理和收集，从而获得直接证据，使定案证据更加真实、可靠。

2. 有利于案件的及时准确处理。司法人员在无法收集到直接证据时，可以充分地收集间接证据，在遵守间接证据的运用规则的前提下，能够及时地查明案件事实，并对案件作出正确的处理。

3. 有利于保障人权。在司法实践当中，侦查人员往往为了获得直接证据，不惜使用暴力、刑讯逼供、威胁等方法迫使犯罪嫌疑人、被告人或者证人作出不利于自己的供述或者证人证言。直接证据和间接证据的分类有利于促进司法人员重视间接证据的收集和运用，有效地保障犯罪嫌疑人、被告人以及证人等的基本权益。

需要注意的是，间接证据在事实认定中发挥着重要作用，在无直接证据时，依靠间接证据也可认定案件事实。司法实践中，往往因为案件隐蔽性强、证据消失等客观因素而导致司法人员无法收集直接证据，因此可以依据大量的间接证据形成证据链条来认定案件事实。根据《刑诉法解释》第105条规定，没有直接证据，但间接证据同时符合下列条件的，可以认定被告人有罪：证据已经查证属实；证据之间相互印证，不存在无法排除的矛盾和无法解释的疑问；全案证据已经形成完整的证明体系；根据证据认定案件事实足以排除合理怀疑，结论具有唯一性；运用证据进行的推理符合逻辑和经验。

【案例】黄某故意杀人案[2]——间接证据的运用

基本案情：公诉机关指控称，1998年10月23日晚，被告人黄某与女友刘某在与刘某同村的王某梅家打牌。打牌过程中，黄、刘二人发生了口角，后两人一同回到同居的住处。第二天早上9时许，黄某离开该住处。上午10时30分左右，刘某父亲刘某运上楼检查电话线时发现刘某被害。经法医鉴定：刘某系被他人扼勒颈部并用单刃刺器刺伤左颈部致机械性窒息合并失血

---

〔1〕 何家弘、刘品新：《证据法学》，法律出版社2013年版，第137页。

〔2〕 最高人民法院办公厅主办："郑州市人民检察院诉黄某故意杀人案"，载《中华人民共和国最高人民法院公报》2003年第3期。

性休克而死亡，死亡时间约为1998年10月24日凌晨1时许。公安机关经过现场调查及讯问黄某，同时根据法医对刘某死亡时间的鉴定证实：刘某被害的时间，只有黄某在场。根据黄某的供述、刘某运等证人证言、鉴定结论、现场勘查笔录，以及有关查证情况等证据，公诉机关认为，黄某故意非法剥夺他人生命，致刘某死亡，其行为已构成故意杀人罪。黄某否认杀人事实。

主要证据：

1. 黄某的供述材料、刘某运、任某勉、王某梅等证人证言以及黄某当庭供述：案发前一天晚上，黄某和刘某在王某梅家打牌时发生了口角。案发当天上午9时许，黄某离开刘某家，并与刘某之母任某勉有过对话。黄某离开刘某家后帮其姐去买电脑配件。上午10时30分左右，刘某运发现女儿刘某被害死亡。

2. 刑事技术鉴定书：刑事鉴定书中“现场情况”一栏中有关刘某被杀案现场勘查笔录记载：刘某遇害的现场位于二楼的西侧，为一室一厅居室，门锁完好，无撬压痕迹；室内的厕所外窗开启，纱窗关闭，未见攀爬痕迹。卧室西侧、南侧窗户均为铝合金推拉窗，未见攀爬痕迹。鉴定书记载：“根据尸检情况，死者颈前及右侧有散在片状擦伤及皮下出血，甲状软骨有一水平走向的环形闭锁式索沟，颈部皮下及肌肉组织出血，结合颜面部青紫肿胀、眼结膜点状出血、心肺外膜下点状出血等窒息征象，说明刘某生前曾被人扼颈（手）、勒颈（电源线）致机械性窒息。死者颈部插一匕首，检验见其创道斜向内后下方，致左侧颈内静脉贯通创、左侧锁骨下动脉一分枝横断，左胸腔内大量积血，结合尸斑较浅淡、两肺苍白等失血征象，说明刘某系在心脏尚未完全停跳时被人用单刃刺器（匕首）刺伤左颈部致大量失血。”“刘某系被他人扼勒颈部并用单刃刺器刺伤左颈部致机械性窒息合并失血性休克而死亡。”

3. 公诉机关提供的刑事技术鉴定书、公安部物证鉴定书，最高人民检察院鉴定书和省、市有关部门的法医关于刘某死亡时间的研究记录：证明刘某的死亡时间为1998年10月24日凌晨1时或2时许。

4. 公安部物证检验报告：报告记载：“刘某的阴道擦拭检见大量精子，并检出A、B型物质”。经证实，“该精子DNA基因型与黄某DNA基因型不同”。

案件判决：郑州市中级人民法院认为，在本案中，根据现有证据，起诉书指控被告人黄某杀害刘某的动机事实不清，证据不足。根据证据显示，凶手杀害刘某时所使用的手段是用手扼颈、用电源线勒颈并用单刃刺器刺伤左颈部，致刘某因“机械性窒息合并失血性休克而死亡”，而公诉机关出示的证据，不能证实黄某实施了这一直接、具体的行为杀害了刘某。起诉书指控黄某犯故意杀人罪的证据，只有关于被害人刘某死亡时间的鉴定结论这个唯一的间接证据，而刑事技术鉴定书记载的被害人尸斑、角膜、瞳孔等尸体现象，按照法医学文献推定的死亡时间与鉴定书关于刘某死亡时间的鉴定结论之间存在着明显矛盾，现有证据对此不能予以合理地解释。公诉机关在法庭调查中没有能够对“死者刘某阴道分泌物中的大量精子出自何人”“刘某遇害前是否被他人强奸”等重大疑点问题进行说明，现有证据亦不能对此给予合理地解释。这说明，本案的事实并没有调查清楚，公诉机关提供的现有证据，明显不足以证明刘某确系黄某所杀。由于事实不清，证据不足，郑州市人民检察院指控被告人黄某杀害刘某不能成立，故不予支持。

案例评析：本案中，指控黄某犯故意杀人罪的证据只有关于被害人刘某死亡时间的鉴定意见，该鉴定意见系间接证据，这份间接证据不能完整地证明案件的要件事实。诚然，当案件中无直接证据时，可以通过间接证据认定案件事实。但本案并不符合完全依靠间接证据定案的要求，即间接证据不能够形成完整的证据体系证明案件事实。因此法院认定郑州市人民检察院指控被告人黄某杀害刘某不能成立符合间接证据的运用规则。

三、原始证据和传来证据

按照证据是否直接来源于案件事实的标准，可以将证据划分为原始证据和传来证据两类。凡是直接来源于案件事实本身的证据材料为原始证据。例如，侦查人员在案发现场发现的凶手作案工具、体液等与案件有关联的各种痕迹和物品，诉讼中当事人或者证人对于其经历的案件事实的陈述，物证原物、书证原件、视听资料的原件以及鉴定意见、勘验检查笔录、侦查实验笔录等均属于原始证据。凡是不直接来源于案件事实，经过复制、复印、转述等方式生成的证据，即为传来证据。例如，执照的复印件、物品的照片、视听资料的复制品、书证的副本、当事人或者证人所作的从其他人那里得知的案件事实的陈述等均属于传来证据。

划分原始证据与传来证据的主要目的在于使司法人员注意到直接来源于案件事实与非直接来源于案件事实的证据的可靠性的差异，对于司法人员正确收集、审查以及判断证据具有重要意义。证据在传转的过程中，次数越多，证据内容损失、失真的可能也就越大。因此一般来讲，原始证据比传来证据更加可靠，传转次数较少的证据比传转次数较多的证据更加可靠。对此，法律也预设原始证据的证明力一般大于传来证据。[1] 但是不能因此得出传来证据不重要的结论，我国法律制度也并没有像英美法系国家那样排斥传来证据的使用。在证据运用上，司法人员应当针对证据特点进行合理运用，尤其是在运用可靠性较差的传来证据时，除了要遵守一般的证明规则之外，还应当注意遵守以下特殊规则：一是来源不明的材料不可以作为证据使用。比如，巷间传闻、以讹传讹等无法证实其来源的证据材料；二是尽可能使用复制、转述较少的传来证据；三是只有传来证据时，定案必须慎重。

需要注意的是，传来证据不同于传闻证据。传闻证据来源于英美法系，

---

〔1〕《行政诉讼证据规定》第63条第6项规定：“原始证据优于传来证据。”

我国法律制度中并无传闻证据规则的规定。何为传闻证据？各国学者对其内涵的界定基本一致，即“用来证明所述事实为真的庭外陈述”，然而对于“庭外陈述”的外延却存在较大的分歧。[1] 对传闻证据主要分为狭义解释和广义解释。根据美国《联邦证据规则》第8章“传闻证据”规则801（c）的规定，“传闻”是指证人或者当事人并非在审判或者听证中作证时用于证明主张事项的证据。换言之，无论证言内容是否直接来源于案件事实，只要不是在法庭上作出的陈述，就属于传闻证据。[2] 这是最典型的狭义解释。但美国证据法学家华尔兹教授则作出了广义的解释，他认为传闻证据是指“在审判或听证时作证的证人以外的人所表达或者作出的，被作为证据提出以证实其所主张的事实的真实性的，一种口头或书面的主张或有意无意地带有某种主张的非语言行为。”[3] 依据华尔兹教授的定义，传闻证据应当包括口头或书面的陈述、意图表示某主张的行为以及提出传闻证据的目的是为了证明某内容真实。但无论从狭义还是广义的角度来看，传闻证据都不能包括实物证据，同时传闻证据也只能是为了证明某内容或者某主张真实；而传来证据则比此范围要广，因此不能将传来证据和传闻证据混为一谈。

四、合法证据和非法证据

以证据是否具备合法性为标准，可以将证据划分为合法证据和非法证据。所谓合法证据，是指符合法定的证据形式和证据调查程序且未被法律排除使用的证据；非法证据是指因证据的形式、证据的收集违法等应当予以排除的证据。之所以将是否被法律排除作为划分合法证据和非法证据的一项标准，是因为我国立法还设有一种合法性待定的证据——瑕疵证据。瑕疵证据主要是指办案人员轻微违反法定取证程序，但不严重侵犯他人合法权利且不严重影响司法公正所取得的证据，表现为记录内容有缺漏、讯问笔录缺少签名或盖章、只有一人在场时搜查等有轻微技术性程序瑕疵的证据。瑕疵证据的合法性待定，如果经由补正或者合理解释可以弥补瑕疵，则可以转化为合法证据，不予排除；如果不可补正且不能作出合理解释，则作为非法证据，予以排除。

将证据按照是否符合法律规定划分成合法证据和非法证据具有重要的理论和实践意义。一是有利于法学研究人员进一步加强对证据理论的研究，从而促进我国证据理论的发展和证据制度的完善；二是有利于帮助和督促司法人员依法收集和运用证据，确保证据真实可靠，可以有效地防止冤假错案的发生；三是有利于贯彻尊重和保障人权的诉讼法理念，我国刑事诉讼长期以

---

〔1〕 吴丹红、黄士元：“传闻证据规则研究”，载《国家检察官学院学报》2004年第1期。

〔2〕 何家弘、刘品新：《证据法学》，法律出版社2013年版，第129页。

〔3〕 ［美］乔恩·R. 华尔兹：《刑事证据大全》，何家弘等译，中国人民公安大学出版社2004年版，第102页。

来“重实体，轻程序”，司法人员往往认为只要案件的处理结果正确便达到了办案的要求，而对诉讼中程序的合法性予以忽视，导致司法人员采用刑讯逼供和以威胁、引诱、欺骗等非法方法收集证据的现象屡见不鲜。将合法证据与非法证据区分开，禁止司法人员违法收集证据，有助于保障公民的人身权利和自由，真正落实尊重和保障人权的宪法原则。[1]

结合言词证据与实物证据的分类方法，非法证据又可分为非法言词证据与非法实物证据。非法言词证据包括三类：一是以“刑讯逼供等非法方法”“暴力、威胁等非法方法”收集的言词证据。二是收集程序严重违法的言词证据，例如《刑诉法解释》第76条规定，证人证言具有下列情形之一的，不得作为定案的根据：①询问证人没有个别进行的；②书面证言没有经证人核对确认的；③询问聋、哑人，应当提供通晓聋、哑手势的人员而未提供的；④询问不通晓当地通用语言、文字的证人，应当提供翻译人员而未提供的。三是收集程序轻微违法但不能补正或作出合理解释的言词证据。例如《刑诉法解释》第77条规定，证人证言的收集程序、方式有下列瑕疵，经补正或者作出合理解释的，可以采用；不能补正或者作出合理解释的，不得作为定案的根据：①询问笔录没有填写询问人、记录人、法定代理人姓名以及询问的起止时间、地点的；②询问地点不符合规定的；③询问笔录没有记录告知证人有关作证的权利义务和法律责任的；④询问笔录反映出在同一时段，同一询问人员询问不同证人的。非法实物证据仅包括两类：一是收集不符合法定程序，严重影响司法公正的实物证据，主要是指在勘验、检查、搜查过程中提取、扣押的物证、书证，未附笔录或者清单，不能证明物证、书证来源的情形。二是收集程序、方式有瑕疵且不能作出补正或合理解释的实物证据。例如，物证、书证所附勘验、检查、搜查、提取笔录或者扣押清单上没有侦查人员、物品持有人、见证人签名，或者对物品的名称、特征、数量、质量等注明不详，不能补正或作出合理解释的，该物证、书证不得作为定案的根据。

瑕疵证据概念的提出在一定程度上模糊了我国刑事诉讼法中的非法证据与瑕疵证据的界限，即非法物证、书证与取证程序上存有瑕疵的证人证言、讯问笔录均适用“可补正的排除规则”，在确定非法证据或瑕疵证据后，司法人员不直接排除以上证据，而是在考察能否予以补正或作出合理解释后再决定是否排除，但《死刑案件证据规定》又确立了“强制性的排除规则”，将“非法证据”和“瑕疵证据”进行了区分。区分的标准主要有以下三种：

1. 侦查人员在收集证据过程中是否侵犯重大权益。侦查人员通过严重侵犯被告人合法权益的手段所获取的是非法证据。瑕疵证据收集过程中通常会存在着一些技术性的违规情况，却没有发生较为严重的侵权现象。

2. 侦查人员在收集证据过程中是否违反了实质性程序规范。通常程序中体现重要的法律价值、政策或理念或者对公民基本权益的保障被称为“实质

---

〔1〕 卞建林、谭世贵主编：《证据法学》，中国政法大学出版社2014年版，第363~364页。

性程序”，而不涉及重大法律价值和政策，也不涉及公民权利保护问题的程序规范则被视为“形式上的程序”。[1] 侦查人员一旦违背了“实质性程序”，所获取的证据就属于“非法证据”；相反，假如仅仅违反了一些“形式上的程序”，所获取的证据便符合了“瑕疵证据”的性质。

3. 侦查人员收集证据的方法是否会影响证据的真实性、可靠性。非法证据往往由于其取证手段的违法性而直接影响证据的真实性，比如侦查人员询问聋、哑证人或者不通晓当地通用的语言文字的少数民族证人、外国证人，应当提供通晓聋、哑手势的人员或者翻译人员而未提供的，由于无法确保此类证人所提供的证言的真实性，法官应当予以排除。[2] 相反，“瑕疵证据”的取证手段违法情节较轻，即便为法院采纳，一般也不会在事实认定上发生错误。比如在实践中，经常出现没有填写讯问的起止时间或者讯问人没有签名的情形。此外，还出现讯问笔录填写的讯问时间、讯问人、记录人、未成年被告人的法定代理人等有误或者存在矛盾的情形，影响了讯问笔录形式的完整性和合法性。上述讯问笔录内容上存在的瑕疵，反映出讯问笔录的制作工作未能完全按照相关规定进行，不够认真仔细。不过总体上，上述瑕疵只是影响到讯问笔录形式要件的合法性，并未在实质上影响到被告人供述的真实性，如果一概予以排除，不利于案件事实的准确认定。在司法实践中，对于上述瑕疵，如果经由有关办案人员进行补正或者作出合理的解释，弥补讯问笔录存在的瑕疵，就能够确保该讯问笔录取得的合法性和内容的真实性、可靠性，进而能够作为证据使用。如果办案人员不能补正或者作出合理的解释，不能确保其真实性，法官就应当将该讯问笔录予以排除，同时否定其证据资格和证明力。[3]

---

〔1〕 陈瑞华：“论瑕疵证据补正规则”，载《法学家》2012 年第 2 期。

〔2〕 张军主编：《刑事证据规则理解与适用》，法律出版社 2010 年版，第 146 页。

〔3〕 张军主编：《刑事证据规则理解与适用》，法律出版社 2010 年版，第 183 页。

第六章

言词证据及其运用规则

言词证据包括证人证言、被害人陈述、犯罪嫌疑人或被告人供述和辩解、当事人陈述、鉴定意见以及笔录证据。之所以作专章论述，是因为言词证据的运用规则有共通之处：首先，从证据收集来看，言词证据的基本收集方法是讯问和询问。讯问和询问应当按照法律规定的程序进行，如不得采用刑讯逼供、威胁、引诱、欺骗以及其他非法方法获取等，以保证陈述人能够如实叙述。对言词证据的收集也要强调及时性，以防陈述人的记忆随着时间的流逝而对案情事实有所淡忘。其次，从证据审查来看，言词证据应当以内容的真实可靠性为审查重点。由于言词证据具有易受到主客观因素影响真实性的特点，尤其是作证主体对言词证据的限制，司法人员在对言词证据审查时应注意是否存在影响陈述人如实陈述的因素，如被害人是否为了泄愤而作出夸大其实的陈述，证人是否存在感知误差而作出不符合实际情况的证言，等等。最后，从证据认定来看，在法庭调查阶段，言词证据是通过讯问、询问或发问等方式提出，经过双方当事人质证以及法庭查证后才能作为定案根据。

第一节 证人证言

一、证人证言的含义

证人有广义与狭义之分。广义的证人包括诉讼当事人、鉴定人和勘验检查人，狭义的证人仅指了解案件事实情况的第三人。[1] 我国三大诉讼法中规定的证人，属于狭义的范畴。证人证言是指当事人、鉴定人、勘验检查人以外的自然人向司法机关所作的与案件事实有关的陈述。

值得注意的是，从广义的证人角度看，一些国家根据证人是否亲身经历或者感知过案件，以及证人是否具备专业知识或者专门资质，将其分为两类：一是事实证人，是就自己感知的有关案件事实进行陈述的证人，其不必具备专业知识或者专门资质；二是专家证人，又叫做“意见证人”，是根据自己掌

---

〔1〕 何家弘、张卫平主编：《简明证据法学》，中国人民大学出版社 2016 年版，第 32 页。

握的专业知识就案件涉及的专门性问题提出意见的专业人士，其并非亲身感知过案件。我国诉讼法中规定的“证人”仅指“事实证人”。对于“专家证人”，我国诉讼法是通过“有专门知识的人”这一章进行规定的。虽然有学者和实务人员认为“有专门知识的人”实际上就是专家证人，其提供的意见可以视为专家证言[1]，但是按照我国理论界和实务界的通说，“有专门知识的人”与“专家证人”并不完全相同，我国刑事诉讼法和民事诉讼法增加了“有专门知识的人”可以参加诉讼活动，在法庭审判中就鉴定意见发表意见的规定。有专门知识的人需要具有专门资质，依附有资质的专业鉴定机构，其出庭时应该同时提交相关鉴定机构和人员的资质证明，但其就鉴定意见发表的“意见”只是审查判断鉴定意见的一种手段，并不属于法定证据种类，不具有证据效力；而一些国家的专家证人，是根据自己掌握的专业知识就案件涉及的专门性问题提出意见的专业人士，其也被称为“意见证人”，他们的证言属于法定证据种类，具有证据效力。

我国法律规定的证人证言，既包括证人在庭上作出的陈述，也包括证人的庭前陈述。将证人证言区分为庭上证言和庭前陈述具有重要意义。无论是英美法系的传闻规则，还是大陆法系的直接言词原则，都要求证人必须在法官面前作证。二者除了在程序上的差别外，在实体效果上基本是一致的。无论是传闻规则还是直接言词原则，都认为庭上证言具有当然的可采性，证人的庭前陈述一般不得在法庭上采纳，只有在特定情况下为特定目的才能采纳。这种应用主要体现在两个方面：一是证人不出庭的情况下采纳证人的庭前陈述；二是在证人出庭的情况下，采用证人的庭前陈述来弹劾证人或者支持证人的可信性，或者在特定情况下将其采纳为证明其所包含的内容的实质证据。换言之，虽然证人的庭前陈述在传统上被视为传闻，但是证人的庭前陈述仍然具有一定的证据价值和程序价值，使其在诉讼中具有重要意义。[2]

此外，还有一种特殊的证人证言，即耳目证据，是指在司法实践中，侦查人员将其他人员有意放置于犯罪嫌疑人身边，从该人员与犯罪嫌疑人的日常接触、交谈中获得犯罪线索或者证据，就是通常意义上的“线人”“卧底”，是侦查手段之一。“耳目证据”是“线人”“卧底”通过与犯罪嫌疑人交谈获知的案件情况，而且很有可能获知案件全过程，因此具有直接证据的特点，与证人证言通过亲历了解案件情况具有一定的相似性，因此在法律中没有明确的证据种类与之直接对应的情况下，可以通过与证人证言有关的规则加以约束。

二、证人证言的表现形式

证人证言有口头形式和书面形式两种表现形式。

---

〔1〕 陈光中主编：《证据法学》，法律出版社 2015 年版，第 167 页。
〔2〕 张保生主编：《证据法学》，中国政法大学出版社 2018 年版，第 201 页。

口头证言是指证人以口头叙述的方式向司法机关提供的证言，具体而言指的是当庭陈述的证言。书面证言是指证人以书面陈述的方式向司法机关提供的证言，书面证言可以是由证人自己书写的材料，但比较常见的还是侦查机关、检察机关在询问证人时制作的询问笔录。在英美法系国家中，如果证人要提交书面证言，则需要满足一定的条件。虽然这些条件在不同国家法律的规定中会有差异，但总体而言主要包括以下两个方面：一是证人不具备出庭作证的条件，如重病、死亡等；二是要赋予对方可以进行质证的条件，如英国《刑事审判法》（1988）第二部分有如下规定："①向其发送附有条件证人令（conditional witness order）的证人，或者应由可信的证人宣誓证明在庭审中提供证言的证人已死亡或者精神错乱，或者病重无法出行，或者因被告人或代理人的收买而未能出庭作证；②必须在庭审中证明，证人此前提供证言时，被告人在场，被告人或其律师有充分的机会对证人进行交叉询问。"

我国《刑事诉讼法》第 62 条第 1 款规定，凡是知道案件情况的人，都有作证的义务。第 61 条规定，证人证言必须在法庭上经过公诉人、被害人和被告人、辩护人双方质证并且查实以后，才能作为定案的根据。法庭查明证人有意作伪证或者隐匿罪证的时候，应当依法处理。从这两个法条中，我们不难得出，我国的刑事诉讼法鼓励证人出庭作证，但是在立法上又为证人可以不出庭作证留下空间，比如《刑事诉讼法》第 192 条第 1 款规定，公诉人、当事人或者辩护人、诉讼代理人对证人证言有异议，且该证人证言对案件定罪量刑有重大影响，人民法院认为证人有必要出庭作证的，证人应当出庭作证。第 193 条第 1 款规定，经人民法院通知，证人没有正当理由不出庭作证的，人民法院可以强制其到庭，但是被告人的配偶、父母、子女除外。

在我国的民事诉讼法中对证人是否应该出庭作证也有明确规定。《民事诉讼法》第 72 条第 1 款规定，凡是知道案件情况的单位和个人，都有义务出庭作证。有关单位的负责人应当支持证人作证。证人原则上是应该出庭作证的，但是在一些例外情况下，证人也可以采取一些其他方式作证。《民事诉讼法》第 73 条规定，经人民法院通知，证人应当出庭作证。有下列情形之一的，经人民法院许可，可以通过书面证言、视听传输技术或者视听资料等方式作证：①因健康原因不能出庭的；②因路途遥远，交通不便不能出庭的；③因自然灾害等不可抗力不能出庭的；④其他有正当理由不能出庭的。

《行政诉讼证据规定》对行政诉讼案件中有关证人出庭作证的问题进行了规定，其第 41 条规定，凡是知道案件事实的人，都有出庭作证的义务。有下列情形之一的，经人民法院准许，当事人可以提交书面证言：①当事人在行政程序或者庭前证据交换中对证人证言无异议的；②证人因年迈体弱或者行动不便无法出庭的；③证人因路途遥远、交通不便无法出庭的；④证人因自然灾害等不可抗力或者其他意外事件无法出庭的；⑤证人因其他特殊原因确实无法出庭的。从该法条规定中，我们依然可以很清晰地看到，我国在行政案件中对证人出庭还是采取积极支持、鼓励的态度，但是也提供了诸多证人可以不出庭作证的例外情况。

司法实践中，我国虽然在诉讼法中有证人出庭的规定，但并非强制性要求，证人是可以不出庭的，尤其是在刑事诉讼中。出现这种司法现状主要是因为以下几种问题；

第一，有时即便证人具备出庭条件，检察和审判机关仍不愿让证人出庭。证人证言具有灵活性、不稳定性等特征，证言容易受证人心理情绪、时空场景等主客观因素的影响而发生一定的变化。比如，在法庭上，当法官告知证人作伪证的法律后果后，证人因受恐惧心理的影响，很可能会改变庭前的证词，这可能会使得庭前的诸多工作付诸东流，也会拖延案件的审判进程。为了避免侦查、控诉的愿景“落空”，公诉人员不愿积极通知己方证人出庭，有时甚至建议证人不出庭，取而代之的是在法庭上宣读书面证言或询问笔录。

第二，证人担心自己或近亲属受到打击报复，且在安全得不到司法机关有效保障的情况下不敢出庭作证。我国的刑事诉讼法规定了要保障证人和其近亲属的安全，具体保护措施也有明确规定，还规定了司法机关在依法采取措施时，有关单位和个人有配合的义务。但是近几年，我国屡次出现证人作证后遭到报复的案件。深入挖掘其背后的原因可知，我国法律虽然明确规定了证人出庭作证的保护对象、方法等，但是并没有规定司法机关没有积极履行保护义务的情况下，其应该承担的后果。负有保护职责的司法机关可能不尽职尽责，证人担心自己出庭作证受到报复，那么证人不愿或不敢出庭作证也是情有可原了。

第三，证人不出庭作证，也有其自身方面的原因。首先，我国传统的儒家思想倡导“以和为贵”，在这种思想的影响下，人们以无讼为德行的理念依然存在。在发生诉讼纠纷后，证人对诉讼也是采取避而远之的态度。其次，伪证罪本身也使证人不愿意出庭作证。证人触犯伪证罪的，要面临被判处刑罚的后果，而在我国的司法实践中，证人因伪证罪被判处刑罚的案件也不在少数，在侦查、审查起诉、一审、二审各个阶段都有因为作伪证而被判处刑罚的证人。作证环境的改变，作证时间不同而产生记忆偏差等原因，使得证人在侦查、审查起诉或者在审判中的证人证言难免会有不同。若因此遭受刑罚，绝大多数的证人会抱着“多一事不如少一事，别把自己搭进去”的态度而选择不出庭作证。

三、证人证言的特点

1. 证人证言必须是证人对案件事实所感知、记忆的情况。证人对案件的分析、判断、评论等，不能作为证人证言。

2. 证人证言具有不稳定性和多变性，即使是一个诚实的人，其提供的证言也有可能失真，主要在于以下三方面原因：一是证言会受到主客观双重因素的影响；二是语言本身具有不确定性；三是每个人对案件事实的感知、记忆等都存在偏差。

3. 证人具有不可代替性，证人证言是查明案件事实的直接证据。只有了解案件情况的人才能成为证人，在诉讼活动中必须坚持“证人优先”原则，了解案情的人应当首先以证人的身份参加诉讼，且不能再担任其他诉讼参与人。

四、证人证言的分类

1. 根据证人的身份、职业等特点，可以将证人分为普通证人和特殊证人。普通证人是指没有特殊身份或者特殊职业的证人。特殊证人是指身份或者职业特殊而需要享受特殊待遇或者适用特殊规定的证人。主要包括两种情况：一是具有特殊身份的证人，如有些国家法律规定国家元首或者政府首脑是可以享受出庭豁免权的特殊证人，或者可以用特殊方式提供证人证言；二是具有特殊职业的证人，如律师、医生、心理咨询人员、神职人员等，有些国家法律规定对于特殊职业证人作证应适用特殊规定，并且体现在证据立法中。

2. 根据证人的身体健康状况，可以将证人分为健康证人和残障证人。此处健康和残障的概念所针对的是作证，而非一般意义上的健康与否。健康证人是指没有影响其正常作证的生理、心理缺陷或疾患的证人。残障证人是指有影响其正常作证的生理、心理缺陷或疾患的证人。常见的残障证人包括聋哑人、盲人、弱智人、精神病人等。这种分类的主要作用在于对不同的证人采取不同的询问方法和手段。

3. 根据证人与案件或者诉讼当事人的关系，可以将证人分为关系证人和无关证人。关系证人是指与案件有某种利害关系或者与当事人有某种亲友关系的证人，如刑事案件中受害人或被告人的亲友。无关证人是指与案件没有利害关系或者与当事人没有亲友关系的证人。这种分类有助于司法人员对不同证人的证言进行审查判断。

4. 根据证人本身有无罪错或犯罪嫌疑，可以把证人分为清白证人和“污点”证人。清白证人是指本身没有罪错也没有违法犯罪嫌疑的证人；“污点”证人是指本身有罪错或有违法犯罪嫌疑的证人，即本身也有污点的证人，如犯罪团伙的一般成员、有一般违法行为或轻微犯罪行为的人等，是有些国家和地区在刑事案件中使用的一种证人。这种分类有助于司法人员对不同证人的利用和保护。

5. 根据证人了解案件事实的信息来源或途径不同，可以把证人分为目击证人和传闻证人。目击证人是指自己直接或亲身感知案件事实的证人；传闻证人是指通过他人的陈述了解案件事实的证人。目击证人是一种“代称”，因为直接或亲身感知案件事实的方式可能不只包括“目击”，还可以有“耳击”“鼻击”“舌击”“触击”等。[1]

---

〔1〕 何家弘、刘品新：《证据法学》，法律出版社2013年版，第168页。

五、证人权利与保障措施

（一）使用本民族语言文字提供证言的权利

使用本民族语言参加诉讼，不仅是作为人权重要内容的诉讼权利的要求，也是民族平等原则在诉讼程序中的体现。在证人为查明案件事实出庭作证时，应当保证其使用本民族语言提供证言的基本权利，如《刑事诉讼法》第9条第1款规定：“各民族公民都有用本民族语言文字进行诉讼的权利。人民法院、人民检察院和公安机关对于不通晓当地通用的语言文字的诉讼参与人，应当为他们翻译。”《民事诉讼法第》第11条和《行政诉讼法》第9条也作了相应的规定。

（二）对证人的身份和隐私保守秘密

对于在询问证人过程中所知悉的证人隐私，应当保守秘密。对于证人不愿意公开自己的身份、住址的，应当不公开。对于为证人作证提供的保密措施，主要包括以下两项内容：

第一，身份保密。身份保密主要是基于对证人安全及日常生活、工作有序性的考虑，侦查机关和起诉机关应当为证人保守身份秘密。在审判过程中，如果因特殊目的，需要透漏证人的真实身份，也应当采取适当必要措施[1]后再让其出庭提供证言，接受质证。

第二，隐私保密。对于在查明案件事实的过程中知悉的证人隐私，相关工作人员应当严格保守，不能泄露，以尊重证人的人格尊严，消除其作证顾虑。

（三）保障证人及其近亲属的人身安全

在司法实践中，存在威胁、恐吓证人及其近亲属以干扰其作证的情形，也存在打击报复证人及其近亲属的情形，上述情形都是证人出庭率低的重要原因。事实证明，只有解除了证人的后顾之忧，对证人及其近亲属的人身安全提供了切实保障，才有利于解决证人出庭难的问题，如《刑事诉讼法》第63条规定：“人民法院、人民检察院和公安机关应当保障证人及其近亲属的安全。对证人及其近亲属进行威胁、侮辱、殴打或者打击报复，构成犯罪的，依法追究刑事责任；尚不够刑事处罚的，依法给予治安管理处罚。”对证人及其近亲属提供保护，对于保障证人履行作证义务，查明案件真相，保证刑事诉讼顺利进行，维护诉讼当事人的合法权利，显然具有积极的意义。

（四）给予证人一定的经济补偿

如实作证是证人的法定义务，证人履行上述义务是以不影响其正常的生活、工作为前提的。对于证人因出庭作证而影响正常生活、工作，额外支出交通、住宿等费用的，应当给予适当补偿，以弥补因出庭作证而给证人造成的经济损失，如《刑事诉讼法》第65条规定：“证人因履行作证义务而支出

---

〔1〕 如遮挡证人身体、对证人声音进行技术处理等。

的交通、住宿、就餐等费用，应当给予补助。证人作证的补助列入司法机关业务经费，由同级政府财政予以保障。有工作单位的证人作证，所在单位不得克扣或者变相克扣其工资、奖金及其他福利待遇。”根据上述规定，证人因出庭作证而合理支出的下列费用，可以给予一定的经济补偿：证人前往提供证言要支付的交通费，证人因到场作证要承担的误工费，证人因作证产生的必要的住宿费等。事实上，给予证人一定的经济补偿，不仅是证人应当享有的权利，也有利于调动证人作证的积极性，在一定程度上解决了证人出庭难的问题。

六、对证人证言的重点审查内容

对证人证言应当着重审查以下内容：①证言的内容是否为证人直接感知。②证人作证时的年龄、认知水平、记忆能力和表达能力，生理上和精神上的状态是否影响作证。③证人与案件当事人、案件处理结果有无利害关系。④询问证人是否个别进行。⑤询问笔录的制作、修改是否符合法律、有关规定，是否注明询问的起止时间和地点，首次询问时是否告知证人有关作证的权利义务和法律责任，证人对询问笔录是否核对确认。⑥询问未成年证人时，是否通知其法定代理人或者有关人员到场，其法定代理人或者有关人员是否到场。⑦证人证言有无以暴力、威胁等非法方法收集的情形。⑧证言之间以及与其他证据之间能否相互印证，有无矛盾。

【案例】罗某秀诉福建省龙岩市上杭县公安局行政处罚案〔1〕——应当出庭作证而无正当理由不出庭作证的证人证言的效力认定

基本案情：2002年9月11日晚8时许，上杭县公安局城关派出所接群众报案称，粮兴招待所一楼发廊一发廊女到该所三楼302房间并关上房门，可能存在卖淫嫖娼行为。城关派出所随即出警至粮兴招待所，分别从三楼302房、一楼发廊口头传唤王某、罗某秀至城关派出所并进行讯问。罗某秀否认到三楼卖淫。王某承认与罗某秀发生卖淫嫖娼行为。讯问毕，王某、罗某秀被留置至9月13日。9月13日16时许，上杭县公安局告知罗某秀，其因向他人卖淫，根据《中华人民共和国治安管理处罚条例》第30条规定，拟给予治安拘留15天并罚款5000元，罗某秀拒绝在告知笔录上签字。同日18时许，上杭县公安局对罗某秀作出第960号治安管理处罚裁决，认定罗某秀2002年9月11日晚在上杭粮兴招待所302房向他人卖淫，根据《中华人民共和国治安管理处罚条例》第30条规定，决定给予治安拘留15天，并罚款5000元。罗某秀不服提起行政复议，龙岩市公安局作出岩公复决字［2002］33号行政复议决定，维持原裁决。罗某秀仍不服，向上杭县人民法院提起诉讼。

---

〔1〕 许培清：“应当出庭作证而无正当理由不出庭作证的证人证言，不能单独作为定案的依据——罗某秀诉上杭县公安局行政处罚案”，载《人民法院案例选》2004年第4辑。

诉讼经过：罗某秀认为，治安裁决认定事实主要证据不足，违反法定程序，适用法律法规错误，请求判决撤销治安裁决。上杭县公安局认为，派出所即时出警，依法传唤了原告及王某，及时进行询问查证，查清了原告有向王某卖淫的事实，裁决事实清楚，程序合法，适用法律法规正确。上杭县人民法院经审理认为，被告执法主体适格，原告不供认向他人卖淫，但王某供认且指认原告向其卖淫，同时有治安信息员、电话记录等证据予以佐证，这些证据能相互印证，形成锁链，足以认定原告有卖淫违法行为，判决确认拘留罗某秀15天的处罚的治安裁决。罗某秀不服提出上诉。二审法院认为，派出所出警人员的书面证词，仅是反映其接到举报后出警并口头传唤违法嫌疑人罗某秀、王某到派出所接受讯问的过程，均不能客观真实反映罗某秀具有卖淫行为；罗某秀的陈述是否认其向王某卖淫，王某于2002年9月11日的陈述虽承认其与罗某秀发生卖淫嫖娼行为，但该证据须适用证据补强规则才具有可采性，在没有其他证据补强证明力情况下，不能单独作为定案依据。据此，判决撤销一审判决、撤销上杭县公安局拘留罗某秀15天的行政处罚。

案例评析：上杭县公安局和一审法院认定罗某秀卖淫的事实，其证据主要是王某的笔录。《行政诉讼证据规定》第71条第3项规定，应当出庭作证而无正当理由不出庭作证的证人证言，不能单独作为定案的依据。本案中上杭县公安局2002年9月11日第一次讯问王某的笔录系合法取得，也是本案唯一证明罗某秀卖淫的证据。这种单一证据缺少足够的证明价值，需要适用补强规则，即证人王某出庭作证，才能作为定案证据使用。但经合法传唤，王某却未出庭作证，并接受各方当事人交叉询问、质证，因此，其在行政程序中的证言对本案待证事实的证明力必然受到制约。二审未将王某证言作为定案依据正确。

第二节　被害人陈述

一、被害人的概念

被害人是指其合法权益遭受犯罪行为直接侵害的人，被害人具有以下特征：

1. 被害人一般是指自然人，但特殊情况下，法人或其他非法人组织也可以成为被害人。当法人或非法人组织遭受犯罪行为直接侵害时，可以通过其法定代表人、负责人及委托的诉讼代理人就其遭受犯罪行为侵害的事实情况向司法机关进行陈述。该陈述对确定犯罪嫌疑人、被告人的犯罪行为及其危害程度具有证明作用，如果查证属实，应作为证据使用。

2. 被害人必须是其合法权益遭受到侵害的人。合法权益既包括生命、健康等人身权利，也包括荣誉、尊严等人格权利，还包括选举权与被选举权等民主权利，更包括房屋、货币等财产权利。在具体案件中，受到侵犯的合法权益可能是其中一种，也可能是其中多种。

3. 被害人是受犯罪行为直接侵害的人。非受犯罪行为侵害的，或者犯罪行为虽然给其带来危害，但不是受该犯罪行为直接侵害的人，都不是被害人。

4. 被害人的身份不可替代。被害人因遭受犯罪行为侵害的亲历性而具有专属性，即被害人遭受犯罪行为侵害的经过不能由其他人来代替，因此其通过自身感受侵害而陈述案件事实的行为也不可替代。

二、被害人的分类

1. 根据年龄不同，可以把被害人分为未成年被害人、青壮年被害人和老年被害人。[1] 关于未成年人的年龄界限，世界各国法律中的规定不尽相同。多数国家规定18岁为成年人，但是也有的国家规定为19岁或21岁。关于老年人的年龄界限，各国法律一般不作明文规定，而社会习惯多以60岁或65岁为界限，而且男女略有差异。采取这种分类的原因主要是考虑到不同年龄的被害人的作证能力不同以及被害人的年龄可能影响到被告人的量刑（如被告人侵害未成年人，会受到更严厉的刑罚）。

2. 根据性别不同，可以把被害人分为男性被害人和女性被害人。采取这种分类的原因在于男性被害人和女性被害人在向司法机关陈述时会有不同的习惯和特点，也在于女性被害人往往是特定类型案件的受害者。

3. 根据遭受犯罪行为侵害的权利不同，可以把被害人分为人身权利被害人、财产权利被害人和民主权利被害人等。

4. 根据被害人在犯罪形成的过程中有无过错或责任，可以把被害人分为无过错被害人和有过错被害人。无过错被害人，是指在受犯罪行为侵害的过程中没有过错的被害人，或者没有道义或法律责任的被害人，又称为无责任被害人。有过错被害人，是指在受犯罪行为侵害的过程中有过错的被害人，或者在道义或法律上也有一定责任的被害人，又称为有责任被害人。根据过错或责任的大小，有过错被害人又可以分为责任小于加害者的被害人（无知型被害人）、责任等同于加害者的被害人（自发型被害人）以及责任大于加害者的被害人（诱发型被害人）。

5. 根据被害人在犯罪发生前与加害人是否相识及相识情况，可以把被害人分为不相识被害人、相识被害人和搭识被害人。不相识被害人是指在犯罪发生之前与加害人素不相识、没有任何关系的被害人；相识被害人是指在犯罪发生之前就与加害人互相认识或有某种关系的被害人；搭识被害人是指与加害人原本不相识，但是在犯罪发生前临时认识的被害人。搭识往往是加害人接近被害人的一种手段。[2]

---

〔1〕 之所以作出这一区分，主要是考虑到作证能力以及在刑事案件中的量刑情节。

〔2〕 何家弘、刘品新：《证据法学》，法律出版社2013年版，第173~174页。

三、被害人陈述的概念和特点

如前文所述，被害人陈述是指受犯罪行为直接侵害的人向公安机关、人民检察院或人民法院就其遭受犯罪行为侵害的事实和有关犯罪嫌疑人、被告人的情况所作的口头或者书面的陈述。总体而言，被害人陈述有以下特点：

1. 被害人陈述主体的不可替代性。被害人不仅是犯罪行为的受害人，而且在大多数情况下，被害人还与犯罪分子有过直接或者间接接触，因此其主体具有不可替代的特点。

2. 被害人陈述内容的直接性和综合性。被害人陈述对证明案件事实具有重要作用。因亲身亲历了案发的过程，被害人对犯罪行为、危害后果以及犯罪嫌疑人相关情况的感知更加直接、具体，对犯罪行为和后果的揭示也更加清晰和准确。陈述的内容可能包括犯罪的时间、地点、方法、过程、结果等综合内容。

3. 被害人陈述具有倾向性、虚假性。被害人陈述在性质上属于言词证据，本身就具有不稳定、受主客观因素影响等特点。此外，由于被害人自身诉讼地位的特点，其陈述有可能是虚假的、不真实的，具体表现为：①因身受犯罪行为的侵害而产生报复心理，情绪偏激，夸大事实情节，导致陈述的虚假性；②被害人可能会因精神高度紧张、观察不细、记忆模糊等，导致陈述不清，甚至作出主观推断的虚假陈述；③个别被害人出于个人私利或者其他不可告人的目的，制造虚假陈述诬告陷害他人；④有的被害人出于对个人前途、名誉、家庭关系、子女利益等考虑，不愿或不敢理直气壮地揭露犯罪，隐瞒事实；⑤有的被害人出于其他原因，如对亲情的考虑、对威逼恐吓的顾虑等作出虚假陈述。

四、被害人陈述的表现形式

被害人陈述有多种表现方式，通常是口头表达。被害人以口头的方式进行陈述的，应当由司法人员制成笔录。被害人陈述也可以文字的形式表现出来，被害人可以自行书写能够证明遭受犯罪行为侵害的事实及相关情况的书面材料。同时，被害人陈述也可以用录音、录像、电子储存信息等形式加以表达。但这种证据形式依然是被害人陈述，而不是视听资料。此外，聋哑被害人的手势、绘图等也可以成为被害人陈述的表现形式。在我国司法实践中，笔录最为常见。司法机关询问被害人的活动应当制成笔录，以便将被害人陈述的内容固定和保全下来。询问笔录要交给被害人核对，对于没有阅读能力的，应当向他宣读，允许他补充，允许他改正。在被害人认为没有错误时，应让他陈述意见并签名或盖章。如果被害人请求自行书写陈述的，应当准许。必要时，办案人员也可要求其亲笔书写陈述。根据案件的需要和实际情况，也可以辅以录音、录像，以便更好地固定和保全被害人陈述。[1]

根据《刑诉法解释》第79条以及《死刑案件证据规定》第17条，对被害人陈述的审查可以参照证人证言，在此不再赘述。

【案例】武某伟猥亵儿童案[2]——未成年被害人陈述的认定

基本案情：2011年7月3日17时许，武某伟从许昌火车站乘坐T255次旅客列车前往广州，与坐在餐车对面座位的旅客贾某某及其女田某某（女，6岁）聊天而相识。当日18时左右，武某伟去8号车厢厕所，并将也欲上厕所的田某某叫入了8号车厢厕所，在厕所内武某伟关闭并反锁厕所门，对田某某实施了猥亵。

诉讼经过：被害人田某某陈述证实：其与母亲一同乘坐火车，在火车餐车认识了坐在对面和她说话的叔叔（被告人武某伟）。后来她要小便，武某伟把她叫进厕所并锁了门。在厕所内，武某伟待她小便后用卫生纸擦拭了她的下身，并脱下自己的裤子至膝盖处，要她握住其生殖器前后套动。被告人武某伟所穿的内裤是红色的。她从厕所出来后，将在厕所发生的事告诉了她母亲。证人贾某某证言证实：17时50分左右，其女去上厕所，不久武某伟也要去上厕所并要其帮忙照看行李。其女上厕所回来后，告诉了她在列车厕所被武某伟猥亵的经过，她就向列车乘警报警，乘警将武某伟抓获。证人徐某证言及辨认笔录证实：他在列车8号车厢与餐车连接处吸烟时，看见一名中年男性旅客将一名小女孩叫进厕所并锁上了厕所门，期间有两名小男孩来开厕所门未打开，该中年男性旅客为被告人武某伟，小女孩为被害人田某某。被告人武某伟辩称：没有猥亵本案被害人田某某，被害人陈述和徐某证言不属实。一审法院经审理认为，被害人陈述与证人徐某证言证实被告人将被害人叫入8号车厢厕所并锁闭厕所门，被告人亦承认与被害人同处于列车8号车厢厕所内；被害人陈述证实被告人在8号车厢厕所内对其实施了猥亵，证人贾某某证言亦可佐证；被害人走出厕所后由其母亲报案直至抓获被告人的经过，有被害人陈述、证人贾某某证言及抓获经过证实，这些证据相互印证，足以证实被告人在列车车厢厕所对被害人实施猥亵犯罪的事实，判决被告人犯猥亵儿童罪，判处有期徒刑1年。

案例评析：本案未成年被害人的陈述能否采信是案件争议焦点。被害人陈述是被害人主观认识的产物。本案被害人虽然是未成年人，但已接近7周岁，为小学一年级学生，已能够对事实经过作出正确的陈述。但是，她在生理和心智成熟程度上较成年人尚有差距，对其陈述进行审查认证时，应当慎重。①从被害人本身的可信赖性分析，被害人及其母亲与行为人之前并无利

---

〔1〕 樊崇义主编：《证据法学》，法律出版社2017年版，第164页。

〔2〕 “武某伟猥亵儿童案——猥亵儿童罪中受侵害的未成年被害人陈述客观真实在全案证据之间能形成完整的证明体系即可被采信”，载国家法官学院、中国人民大学法学院编：《中国审判案例要览·2012年刑事审判案例卷》，中国人民大学出版社2014年版，第306页。

害关系，因此无合理的理由怀疑被害人本身的可信赖性。②从被害人陈述的来源及形成过程分析，被害人受侵害的地点是运行的旅客列车车厢的厕所内，被害人在从厕所返回后将事情经过讲述给其母亲，其母亲当即向列车乘警报案，整个过程自然。随后的被害人陈述是在其母在场陪同下作出，并非在受到外界因素的干扰和他人操纵之下形成。③从被害人陈述的内容分析，被害人陈述“我看见这位叔叔拉下拉链，把裤子和裤头都脱了下来，脱到了这位叔叔的膝盖上面的地方。然后，我就看见这位叔叔尿尿的地方有一条大虫子样的东西。这位叔叔用他的左手拉住我的右手放在了那条大虫子上面，并且拉着我的手前后动，还说用力点”，“我那样一会儿后，这位叔叔就尿尿了，尿的很少，就几滴，白白的、黏黏的像胶水一样的东西”。这样的陈述是符合本案被害人的认知及表达能力的，而且陈述的被告人内裤颜色等案发细节，得到相关证据的印证。一审法院综合审查被害人陈述的来源和内容、被害人的作证能力、被害人与案件是否有利害关系、被害人陈述的收集程序与方式、被害人陈述与其他证据之间的关系，最终认定本案被害人陈述客观真实，行为人构成猥亵儿童罪，判决正确。

第三节 犯罪嫌疑人、被告人的供述和辩解

一、犯罪嫌疑人、被告人供述和辩解的概念

犯罪嫌疑人、被告人的供述和辩解是指犯罪嫌疑人、被告人在刑事诉讼过程中就其被指控的犯罪事实和其他案件事实向侦查、检察、审判机关所作出的陈述，通常也称为口供。

犯罪嫌疑人、被告人的供述和辩解主要包含两方面的内容：其一，供述。即犯罪嫌疑人和被告人承认自己有罪的陈述。此处既包括承认本人本案的犯罪事实，也包括承认本人的其他犯罪事实。其二，辩解。即犯罪嫌疑人和被告人主张自己无罪或罪轻的陈述。

二、犯罪嫌疑人、被告人供述和辩解的表现形式

在传统的职权主义刑事诉讼中，犯罪嫌疑人、被告人口供是最为重要的证据形式，长期被冠以“证据之王”的美誉。[1] 但随着犯罪嫌疑人、被告人权利保障理念的兴起，口供的重要性已大幅下降。理论界与实务界已逐渐达成共识：有口供，未必能定案，还需要其他证据的支撑。而“零口供”也未必不能定案，只要其他证据充分，一样可以达到排除合理怀疑。供述通常表现为自首、坦白、承认，而辩解通常表现为否认、申辩、反驳、提供反证。

---

〔1〕 施鹏鹏：“口供的自由、自愿原则研究——法国模式及评价”，载《比较法研究》2017 年第 3 期。

在传统的刑法体系中，自首和坦白通常作为实体法的概念，例如根据我国《刑法》第 67 条的规定，“犯罪以后自动投案，如实供述自己的罪行的，是自首。对于自首的犯罪分子，可以从轻或者减轻处罚。其中，犯罪较轻的，可以免除处罚。被采取强制措施的犯罪嫌疑人、被告人和正在服刑的罪犯，如实供述司法机关还未掌握的本人其他罪行的，以自首论。犯罪嫌疑人虽不具有前两款规定的自首情节，但是如实供述自己罪行的，可以从轻处罚；因其如实供述自己罪行，避免特别严重后果发生的，可以减轻处罚”。但自首和坦白也是证据法的核心概念，犯罪嫌疑人、被告人愿意如实供述的，该口供具有证据效力。

一般而言，犯罪嫌疑人、被告人以口头的方式进行供述和辩解，办案人员将其制成笔录，再由犯罪嫌疑人、被告人签字确认。但经犯罪嫌疑人、被告人的请求或办案人员的要求，也可以由犯罪嫌疑人、被告人亲笔书写供词。

三、犯罪嫌疑人、被告人供述和辩解的特点

1. 犯罪嫌疑人、被告人的供述和辩解是行使辩护权的基本方式。辩护权是犯罪嫌疑人、被告人所享有的基本权利。无论是何种类型的案件，也无论在诉讼的哪个阶段，犯罪嫌疑人、被告人均可以通过要求自行辩护来充分行使辩护权。而供述和辩解便是犯罪嫌疑人、被告人自我表达与自主辩护、直接行使辩护权的基本方式。

2. 犯罪嫌疑人、被告人的供述和辩解可以直接证明案件事实，属于直接证据的范畴。相较于其他人，犯罪嫌疑人、被告人更加清楚自己是否实施了被指控的犯罪行为，如何实施的犯罪行为，以及实施犯罪是出于什么动机与目的。故其供述可能全面反映案件全貌，是认定案件事实的主要依据和直接证据。犯罪嫌疑人、被告人的辩解也能够为无罪或罪轻提供证据或证据线索。这也是口供能在传统刑事诉讼中成为“证据之王”的原因所在。

3. 犯罪嫌疑人、被告人的供述和辩解虚假的可能性很大。一方面，因为犯罪嫌疑人、被告人是刑罚的承担者，案件的走向和处理结果与其有着切身的利害关系，出于趋利避害的本能，犯罪嫌疑人、被告人在陈述过程中极有可能避重就轻，掩盖犯罪事实，作虚假陈述。比如，拒不承认或只承认部分犯罪事实，否认自己的主观犯意，强调实施犯罪行为是为了“正当防卫”或“紧急避险”，等等。另一方面，部分犯罪嫌疑人、被告人也可能出于“义气”、谋取私利或其他原因而替他人开脱、为他人顶罪。现实生活中“替子顶罪”“替父顶罪”等类似的戏码层出不穷。因此，对待犯罪嫌疑人、被告人的供述和辩解这一诉讼证据，既不能一概不信，也不能盲目轻信。不能单独以口供定罪，只有能够与其他证据相互印证，有其他证据补强的口供才具有可采性，否则，应依法排除适用。

4. 犯罪嫌疑人、被告人的供述和辩解具有反复性和不稳定性。如前所述，正因为犯罪嫌疑人、被告人与案件的处理结果有着切身的利害关系，诉讼过

程中，犯罪嫌疑人、被告人往往会陷入认罪与不认罪的两难选择，如若认罪，还会考虑是要全部如实供述还是部分如实供述，在各种利益之间的反复衡量中，其供述和辩解在许多案件中就往往表现为随时翻供、时供时翻、屡供屡翻。犯罪嫌疑人、被告人口供前后不一致反而是诉讼中的常态，当庭翻供的也不在少数。因此，犯罪嫌疑人、被告人的供述和辩解的采纳还需要结合其他证据来进行审查、判断和取舍。

第四节　当事人陈述

一、当事人陈述的概念

当事人陈述有广义和狭义之分。广义上的当事人陈述，是指刑事诉讼中的自诉人、被害人、犯罪嫌疑人、被告人、附带民事诉讼的原告人和被告人，以及民事诉讼、行政诉讼中的原告、被告和第三人，就有关案件事实所作的陈述。而狭义上的当事人陈述，特指民事诉讼与行政诉讼过程中，当事人就其所直接感知的有关案件事实向人民法院所作的口头或书面陈述，不包括刑事诉讼中的“被害人的陈述”与“犯罪嫌疑人、被告人的供述和辩解”。本节所指当事人陈述仅作狭义上的理解。

并非当事人所作的所有陈述都是证据法意义上的“当事人陈述”，可以作为证据使用的“当事人陈述”具有一定的限制。

第一，内容上的限制。在司法实践中，当事人陈述一般融合于辩论过程中。当事人在辩论中所作出的陈述可分为两类：一是牵涉“案件事实”的陈述；二是牵涉“主张”的陈述。牵涉“主张”的陈述，可以定义为当事人围绕权利存在与否的“请求”层次而作出的陈述，既可以是“攻击”性或要求性质的主张，也可以是“防御”性或反驳性质的主张。[1]“主张”大多直接表现为某种观点、意见、立场，带有很强的主观因素。此外，不论是牵涉“主张”还是“事实”的陈述，往往伴随着某些由表达方式或语调神情等体现出来的态度、情绪等更为主观的因素。因此，证据意义上的“当事人陈述”只能是牵涉“案件事实”的陈述，且还必须排除意见立场和态度情绪等主观因素。

第二，程序上的限制。当事人陈述是否应该限定于诉讼过程中当事人以书面或口头的形式向法院作出的陈述，我国法律没有明确规定，学界亦有不同理解。有的学者主张当事人在案件过程中、诉讼开始前，或者在诉讼开始后但不在法庭上所作的陈述也属于当事人陈述。由此引发的问题便是当事人的案外陈述是否可以直接援引为证据使用。有些学者认为当事人陈述只能发生在诉讼过程中，其在性质上属于诉讼行为范畴，必须向法院作出才能产生

---

〔1〕 王亚新、陈杭平：“论作为证据的当事人陈述”，载《政法论坛》2006年第6期。

效力。所以，当事人不在审判者面前或者不是向审判者所作出的陈述，即使可能与案件事实有关，也只能形成其他类型的证据，不构成当事人陈述。[1]本书赞同第二种观点，基于直接言词原则的要求，当事人陈述也应该是当庭作出的。案外陈述虽不属于当事人陈述，但如果当事人在庭上对其曾作出的案外陈述予以承认或有其他证人能够证明该案外陈述的真实性，也可形成自认或者证人证言等其他证据为法庭所采纳。

二、当事人陈述的特点

《民事诉讼法》第 63 条第 1 款第 1 项和《行政诉讼法》第 33 条第 1 款第 6 项均将"当事人的陈述"规定为一种独立的法定证据。与其他证据形式相比，当事人陈述具有如下特点：

1. 陈述主体的限定性。当事人陈述的主体只能是诉讼当事人，即民事、行政诉讼中的原告、被告、共同诉讼人、诉讼代表人以及第三人，其他诉讼参加人所作出的陈述都不属于当事人陈述。

2. 陈述指向对象的唯一性。当事人陈述只能向法院作出，即当事人当庭直接向审判人员所作出的陈述。当事人向诉讼代理人或其他人陈述案件事实的，不属于当事人陈述。

3. 陈述内容的双重性。当事人既是发生争议的实体法律关系的主体，同时又是诉讼的参与者。这两重身份决定其陈述内容的双重性。首先，作为实体法律关系的主体，当事人比其他讼诉参加人更了解案件经过，其陈述可能最为直接、全面、深刻地反映案件事实。其次，作为诉讼参与者，诉讼结果与其有直接的利害关系，所以当事人陈述同时也具有虚假、片面的特点。为此，我国《民事诉讼法》第 75 条第 1 款规定："人民法院对当事人的陈述，应当结合本案的其他证据，审查确定能否作为认定事实的根据。"《民诉证据规定》也明确指出，当事人陈述不可单独作为定案依据。

4. 陈述过程的争辩性。如前所述，当事人陈述融合于当事人的一般辩论过程中是我国司法实践的普遍现象。当事人陈述的过程通常是双方就案件事实进行争辩的过程，从而在不断反驳或承认对方的主张中向法官展现最接近真实的案件事实。

5. 陈述时间的事后性。当事人陈述的时间限定于诉讼过程中，准确来说是陈述必须在诉讼开始后、法庭评议前作出。物证、书证以及视听资料等证据在案发当时就已经形成，而当事人陈述是在诉讼过程中形成的，相较而言，当事人陈述在形成时间上具有较为明显的事后性特征。[2]

---

〔1〕 何家弘主编：《新编证据法学》，法律出版社 2000 年版，第 137 页。

〔2〕 卞建林、谭世贵主编：《证据法学》，中国政法大学出版社 2014 年版，第 222~223 页。

三、当事人陈述的分类

根据不同的划分标准，可以把当事人陈述分为以下几类：

1. 以当事人陈述的形式为标准，可分为书面陈述与口头陈述。口头陈述是指当事人当庭以言辞的方式向法庭陈述有关案件事实。而书面陈述是指当事人将其所感知的有关案件事实以文字的方式记录下来并递交法庭，比如起诉状与答辩状中有关事实情况叙述的部分。但通常情况下，当事人或其诉讼代理人也会在庭审中宣读起诉状和答辩状，所以当事人陈述还是以口头陈述为主。书面陈述有其细致缜密的特点，对口头陈述能起到一定的补充作用。

2. 以当事人陈述的内容为标准，可分为案件事实的陈述和非案件事实的陈述。证据意义上的“当事人陈述”只能是牵涉“案件事实”的陈述。而关于诉讼请求、证据采纳以及法律适用等意见性的陈述不能作为证据使用。

3. 以当事人陈述的性质为标准，可分为确认性陈述、否定性陈述与承认性陈述。确认性陈述，是指当事人以一定的事实为依据，主张某一案件事实存在的陈述。例如，张三在庭上说：“2018 年 1 月 5 日，李四向我借了 1 万块钱，有借条为证”，其主张借贷关系存在，对借款的时间、地点、款项等相关事实的陈述就属于确认性陈述。确认性陈述不以对方当事人的主张为前提，而是主动陈述对自己有利的案件事实，具有主动性、独立性、利己性的特点。否定性陈述，是指当事人在诉讼过程中所作出的否认某一事实存在的陈述，与确认性陈述相对。例如，李四接着回应：“我没向张三借过钱”，其否认与原告之间存在借贷关系的陈述就属于否定性陈述。否定性陈述往往以对方的确认性陈述为前提，旨在反驳对方的主张，具有被动性、依附性、利己性的特点。承认性陈述，是指当事人针对他方所作出的陈述的明确认可或不加争执。例如，面对张三的主张，李四回应：“钱我借了，但是已经还了”，“钱我借了”的陈述即属于承认性陈述。不同于前两种陈述，承认性陈述往往具有不利己的特点，此外，承认性陈述以确认性陈述为前提，故亦具有依附性。承认性陈述是当事人对事实的自认。有关自认的概念，以及自认与当事人陈述之间的关系问题，需作进一步阐述。

四、当事人陈述与自认

当事人陈述与民事诉讼中的自认有所区别，又有所交叉。在对两个概念进行比较之前，有必要先系统地阐述民事诉讼中的自认。

（一）自认的概念和分类

1. 自认的概念。自认有广义和狭义之分。广义上的自认，是指当事人一方对他方所主张的不利于己的事实承认其为真实或者对他方的诉讼请求加以认诺的意思表示。而狭义上的自认，仅指当事人一方对他方所主张的不利于己的事实承认其为真实，不包括对他方诉讼请求的认诺。认诺也即当事人对他方诉讼请求的承认。

我国现行《民事诉讼法》对自认范围的规定是不明确的。而《民诉证据规定》第3条规定："在诉讼过程中，一方当事人陈述的于己不利的事实，或者对于己不利的事实明确表示承认的，另一方当事人无需举证证明。在证据交换、询问、调查过程中，或者在起诉状、答辩状、代理词等书面材料中，当事人明确承认于己不利的事实的，适用前款规定。"该条规定中的自认仅包括对事实的自认。从证据的角度分析，当事人的自认是与主张事实的举证义务密切相关的制度，而当事人对诉讼请求的承认属于诉讼过程中当事人对实体权利的处分行为。因此，作为证据的自认仅限于狭义上的自认。

对于自认的性质，学术界长期以来存在着"诉讼契约行为说"和"确实证据形式说"两种不同的观点。"诉讼契约行为说"认为，自认是当事人的一种意思表示，是处分诉讼权利，即放弃要求对方举证权利的诉讼行为，而且是双方当事人共同实施的"诉讼契约行为"，而法院应受当事人契约的约束。"确实证据形式说"认为，自认是一种证据形式，而且是"确实的证据形式"[1]。这种观点将免除当事人证明责任的原因归于自认本身是一种确实的证据形式，即当事人一旦对某一事实予以自认，该事实就成为没有争议的事实，法院就应该认定其为真实。本书认为对事实的自认是一种确实的证据方式，但对诉求的自认是一种诉讼契约行为。因为对事实的自认的效力理论基础在于辩论主义，而对诉求的自认的效力理论基础在于处分主义。辩论主义要求只有当事人在诉讼中所提出并经双方辩论的事实才能作为法院判决依据，对双方都没有争议的事实，法院应当作为判决依据，不仅没有必要以证据加以确认，而且一般也不允许法院作出与此相反的规定。而处分主义要求法院尊重当事人处分其诉讼权利，当事人可以承认或者放弃其诉讼请求，这是意思自治原则在诉讼法领域中合乎逻辑的延伸。[2]

自认概念的另一分歧在于自认是否是对于己不利的事实的承认。一种观点认为，自认事实无需对自认方不利，只要双方当事人对某一事实的陈述达成一致，即可视为无争议的事实。"于己不利"的观点难以解决限制自认与先行自认的问题，且利弊界定本身就具有相对性和模糊性，要求自认具有不利

---

〔1〕《法国民法典》将证据形式分为两类：确实的证据形式与不确实的证据形式，前者是指在任何案件上都可以使用且对法官有约束力的证据形式，比如自认与书证，而后者是指不可靠的证据形式，这些证据不能约束法官，只有在例外情况下才可采纳，比如证人证言与推定。可以看出，法国民事证据制度沿袭了法定证据的某些做法，与刑事证据制度的"自由心证"有较明显的不同。

〔2〕赵钢、刘学在："试论民事诉讼中的自认"，载《中外法学》1999年第3期。

己性在实践中难以操作。[1] 而另一种观点则认为，自认的事实应当对自认方不利，否则就不会导致举证责任的变化。目前，学术界的通说是第二种观点，我国《民诉法解释》第 92 条也是采用的第二种观点。

2. 自认的分类。

（1）根据自认作出的时间和场合，可分为诉讼中的自认与诉讼外的自认。诉讼外的自认，又称为裁判外的自认、非正式的自认，指的是在本诉进行之外的其他场合（包括在其他诉讼过程中），当事人一方对于他方主张的事实表示承认或视为表示承认的行为。诉讼中的自认，又称为审判上或裁判上的自认、正式的自认，是指在本诉审理前的准备程序和开庭审理程序中，当事人一方对于他方主张的事实表示承认或视为表示承认的行为。两者的证明力与效力有所不同。诉讼中的自认将导致免除对方证明责任，对法院产生约束力。而诉讼外的自认，"仅为证据之一种，并无诉讼上自认之效力。该项自认，纵使与他所主张之事实相符，仅可为法院依自由心证认定事实之资料，亦即其证据力如何，应由法院判断之。他方当事人得援引此项自认为证据，并非因有此项自认而毋庸举证"[2]，简而言之，诉讼外的自认只能作为证明案件事实的证据加以使用，负有举证责任的当事人仍有义务提出证据证明之。

应当特别指出，"诉讼中"应排除诉讼中进行调解与和解所作出的"自认"。为了消除当事人顾虑，鼓励调解与和解。《民诉法解释》第 107 条特别规定："在诉讼中，当事人为达成调解协议或者和解的目的作出妥协所涉及的对案件事实的认可，不得在其后的诉讼中作为对其不利的证据。"

（2）根据自认的内容，可分为对事实的自认与对诉求的自认。前者即狭义上的自认，后者也称为认诺。两者区分的意义在于，对事实的自认是一种证据形式，而对诉求的自认是一种诉讼行为，不属于证据意义上的自认。

（3）根据当事人的自认是否附加限制为标准，可分为完全的自认与限制的自认。完全的自认，是指当事人一方对另一方所主张的事实的全部、不加条件的承认。限制的自认，是指当事人在承认对方主张的事实时附加一定的限制条件。限制的自认又分为两种情况：①承认对方主张事实的同时附加独立的攻击或防御方法。例如，原告主张被告借款 1 万元，被告主张钱是借了，但已经还了。②只承认其中的一部分而争执其他部分。例如，原告主张被告借款 1 万元，被告只承认曾借款 5000 元，在附加限制的情况下，仅在双方陈述相互一致的范围内成立自认。《民诉证据规定》第 7 条规定："一方当事人对于另一方当事人主张的于己不利的事实有所限制或者附加条件予以承认的，由人民法院综合案件情况决定是否构成自认。"

（4）根据当事人是否作出明确的意思表示为标准，可分为明示的自认与默示的自认。明示的自认，是指当事人以明确的意思表示作出的自认，口头

---

[1] 宋朝武："论民事诉讼中的自认"，载《中国法学》2003 年第 2 期。

[2] 毕玉谦：《民事证据法判例实务研究》，法律出版社 1999 年版，第 68 页。

与书面方式作出的自认均属于明示的自认。默示的自认，又称为拟制的自认，是指一方当事人对另一方当事人所主张的事实不明确地加以争执，依据法律的规定视为自认的情况。《民诉证据规定》第4条确立了拟制自认成立的两个要件：①对一方当事人陈述的于己不利的事实，另一方当事人既未表示承认也未加以否认；②经审判人员充分说明并询问后当事人仍不明确表示肯定或否定，即法官须充分履行释明义务。

(5) 根据作出自认的不同主体，可分为当事人本人的自认与诉讼代理人的自认。当事人的自认，是指当事人本人参加诉讼时所作出的自认。自认的当事人包括原告、被告、共同诉讼人、诉讼代表人以及第三人。而诉讼代理人的自认，是指当事人的法定诉讼代理人和法定诉讼代理人代为作出的自认。《民诉证据规定》第5条对委托诉讼代理人自认的效力作出了明确限制："当事人委托诉讼代理人参加诉讼的，除授权委托书明确排除的事项外，诉讼代理人的自认视为当事人的自认。当事人在场对诉讼代理人的自认明确否认的，不视为自认。"即原则上赋予委托代理人的自认与当事人的自认同样的效力，除非授权委托书明确排除该事项或在场当事人对此明确表示否认。

(6) 根据一方主张与他方承认的先后顺序，可分为后发的自认与先行的自认。后发的自认，是指一方主张在先，他方承认在后的自认。而先行的自认，是指一方承认在先，而他方主张在后的自认。一般情况下，自认都是后发的自认，但也不排除先行自认的可能。对于先行的自认，只有在被对方当事人引用时才产生自认的效力，在被引用之前不具有拘束力，作出承认的当事人也可以随时撤销。

(二) 自认的构成要件

综上，构成自认，必须具备以下几个要件：

1. 主体要件：自认的主体应当是当事人或其诉讼代理人。

2. 客体要件：自认必须针对法律允许自认的事实。首先，自认不能针对另一方提出的诉讼请求或法律、法规和法律解释。其次，该事实在法律允许自认的范围内，目前，我国民事诉讼法对自认的范围作出的是排除性规定，除了涉及身份关系的案件事实，其他事实均在允许自认的范围内。

3. 前提要件：自认必须就对方当事人主张的事实进行，既包括主张在前的情况，又包括主张在后的情况，也即，可以是后发的自认，也可以是先行的自认。

4. 时间要件：当事人自认必须发生在口头辩论或准备程序中。我国民事诉讼程序中，当事人可以在开庭审理前的准备程序中自认，也可以在法庭审理的过程中作出自认。此外，当事人在起诉状、答辩状中所承认的对己不利的事实，都可以发生自认的效力。

5. 方式要件：自认必须采用法律认可的方式。目前，我国民事诉讼所认可的方式包括明示和默示两种。须特别注意，默示自认的成立需要满足前述的两个法定要件。

6. 内容要件：自认是当事人对己不利的事实的承认。

(三) 自认的法律效力

自认一经作出就对双方当事人及人民法院发生法律效力：

1. 对自认方的效力。作出自认的当事人必须受自认内容的约束，不能再对自认所涉的事实作出相反的主张。自认一经作出非因法定事由不得撤回。根据《民诉证据规定》第 9 条，当事人的自认满足下列条件之一的，可以在法庭辩论终结前撤销：①经对方当事人同意；②自认是在受胁迫或者重大误解情况下作出的。

2. 对对方当事人的效力。对方当事人对自认范围内的事实无须再承担举证责任。《民诉证据规定》第 3 条第 1 款规定："在诉讼过程中，一方当事人陈述的于己不利的事实，或者对于己不利的事实明确表示承认的，另一方当事人无需举证证明。"

3. 对人民法院的效力。经当事人自认的事实即是无争议的事实，法院应认定其为真实，并将因自认而使当事人相一致的主张作为裁判的基础，无须另行调查证据。自认的效力不仅约束本案的法院，还拘束其上级法院。但自认对法院的拘束也不是绝对的。《民诉法解释》第 92 条第 2、3 款规定："对于涉及身份关系、国家利益、社会公共利益等应当由人民法院依职权调查的事实，不适用前款自认的规定。自认的事实与查明的事实不符的，人民法院不予确认。"《民诉证据规定》第 8 条将不适用自认的事实范围进一步扩大为《民诉法解释》第 96 条第 1 款规定的所有情形，即：①涉及可能损害国家利益、社会公共利益的；②涉及身份关系的；③涉及民事诉讼法第 55 条规定的公益诉讼的；④当事人有恶意串通损害他人合法权益可能的；⑤涉及依职权追加当事人、中止诉讼、终结诉讼、回避等程序性事项的。若法院认为当事人的自认是出于恶意或是为了达到规避法律或其他非法目的，或自认可能给国家利益、社会公共利益或他人合法权益造成损害时，法院可不受当事人自认的约束。

(四) 当事人陈述与自认

综上，当事人陈述与民事诉讼中的自认有相互重合的部分，但也有所区别。当事人陈述中的承认性陈述即当事人对事实的自认。这意味着当事人陈述与自认并不是简单的包含与被包含的关系。除了承认性陈述，当事人陈述还包括确认性陈述和否定性陈述。而自认，除了当事人的自认，还包括诉讼代理人的自认，除了对事实的自认，还有对诉求的自认。除了主体与客体的区别外，两者在效力上也有所不同。自认导致的是对方举证责任的免除，法院应该认定自认的事实为真实，而当事人陈述往往还需要与其他证据相互印证才能作为定案依据使用。

【案例】杜某与奉吉串店违反安全保障义务责任纠纷案[1]——自认的效力

基本案情：2017年6月18日下午，杜某随父母前往奉吉串店处就餐。杜某与母亲起身去洗手间，途中被突然爆裂的啤酒瓶划伤脚部。杜某父母遂带其就医治疗。双方当事人因在赔偿项目及金额上未达成一致意见，杜某向沈阳市大东区人民法院提起诉讼。

诉讼经过：一审中，杜某方诉讼请求称："原告与母亲去洗手间，途中突然一啤酒瓶不知由何处落地，破碎的酒瓶底部飞出恰好将原告的脚部扎伤。"奉吉串店则答辩称："根据派出所调查和我们单位员工反映还有监控录像，杜某受伤原因是酒瓶在桌子上自爆。"一审法院判决奉吉串店赔偿杜某医疗费等费用总计人民币12 853.21元。奉吉串店不服，认为致使杜某受伤的酒瓶系因邻桌就餐时酒瓶掉落，并非是酒瓶自爆引起的事故，奉吉串店不应承担全部责任，提起上诉。二审法院经审理，判决驳回上诉，维持原判。

案例评析：本案争议焦点是奉吉串店在一审庭审中，关于自述酒瓶自爆的定性及其承担的相应法律后果。根据我国相关法律规定，自认成立须具备以下要件：是在诉讼中作出，由此诉讼外的自认不具有免除对方举证责任的效力；是对事实的陈述，法律问题则不能成为自认的对象；是一种于己不利的陈述，本应由对方加以证明的事实，经自认后对方无需举证。本案中，奉吉串店在庭审中关于酒瓶爆裂原因事实的陈述，免除了杜某对侵权行为发生的举证责任，符合自认的成立要件，应认定为奉吉串店在一审时的自认，发生相应的法律效力。

第五节 鉴定意见

一、鉴定

"鉴定"一词最早来自1887年黄遵宪的《日本国志》一书，是日译词，后于1907年清末颁布的《各级审判厅试办章程》正式吸纳为我国的法律专门术语，沿用至今。而"司法鉴定"一词则是于20世纪50年代从苏联引入，含义存在一定的争议。2005年，全国人大常委会颁布的《关于司法鉴定管理问题的决定》正式明确了"司法鉴定"一词的含义。[2] 本书在同一含义上使用"鉴定"与"司法鉴定"，指"在诉讼活动中鉴定人运用科学技术或者专门知识对诉讼涉及的专门性问题进行鉴别和判断并提供鉴定意见的活动"。[3]

---

[1] 张君、孙硕："对撤回自认的审查"，载《人民司法（案例）》2018年第26期。

[2] 王世凡："鉴定与司法鉴定概念的引入及其演进研究"，载《法律与医学杂志》2007年第2期。

[3] 全国人大常委会《关于司法鉴定管理问题的决定》第1条。

（一）鉴定的主体

鉴定的主体即鉴定人，鉴定人是具体从事鉴定活动的自然人或法人。鉴定人在两大法系中的性质有所不同，而我国的鉴定人与大陆法系的鉴定人更为接近。

1. 两大法系国家的鉴定人。在英美法系国家，鉴定人也称为专家证人（expert witeness），专家证人与一般证人之间不存在本质区别。虽然专家证人出具的是“意见”，而证人描述的是“事实”，但“意见”与“事实”之间并没有一个明确的界限，更多的只是程度上的差别，可以说所有证言都含有“意见”。故英美法系中的专家证人主要由当事人选任，也适用交叉询问规则。对于专家证人的资格，也不局限于具有专门知识的狭义上的专家，而是指任何因其“知识、技能、经验、培训和教育”而具备资格的人。所以，就土地价值作证的土地拥有者等“有技能的”人士也可能成为专家证人。[1] 此外，由于英美法系的鉴定人被视为证人，所以其鉴定人只能是自然人。

在大陆法系国家，鉴定人通常被认为是司法辅助人员，也即法院的组成人员。比如，在法国，鉴定人被称为司法专家（expert judiciaire），是登记在册的司法辅助人员，这里的“册”指的是法国上诉法院以及最高法院在相应辖区内建立的专家名册（liste d'experts），每5年更新一次。法国的司法专家可以是自然人，也可以是法人，一般由法官指定，为庭审中的专门问题提供指导性意见。大陆法系的专家鉴定人往往被当作狭义上的专业人员看待，鉴定人被限定为少数具有大学和大学以上文化程度，以及在各种行业具有特殊专业才能和名望并取得相应资格认证的人士。所以，土地房屋调查师才能作为专家鉴定人为土地的价值提供专门意见。

2. 我国的鉴定人。在我国现行的鉴定体制下，鉴定人有专职鉴定人和兼职鉴定人之分。专职鉴定人，是指在公安、检察等侦查机关系统内专门设置的从事科学技术鉴定的人员，例如法医、痕检、文检、化检等，他们受侦查机关的指派而从事鉴定工作。而兼职鉴定人是指临时接受侦查机关聘请或法院委托就案件中有争议的专门性问题进行鉴定，出具鉴定意见后又回归到自己本职工作的人员，例如精神病的鉴定就需要聘请精神科的医生。兼职鉴定人由司法行政管理部门统一管理、登记、编制名册、公告，并遵循其统一制定的资质要求、鉴定标准、培训、收费、违规处罚等规范。

我国的鉴定人是一种独立的诉讼参加人。鉴定人和证人是两种不同的诉讼参加人：①鉴定人须具有一定的专门知识，而证人则不必须；②鉴定人是事后参加的，具有选择性和可替代性，而证人是案发当时产生的，具有不可选择性、不可替代性；③鉴定人与证人在诉讼中享有不同的诉讼权利和义务。鉴定人通常享有独立鉴定权、了解案情权、参与诉讼权、人身受保护权以及

---

〔1〕［美］罗纳德·J. 艾伦、理查德·B. 库恩斯、埃莉诺·斯威夫特著：《证据法：文本、问题和案例》，张保生等译，高等教育出版社2006年版，第723页。

获得报酬权，有权拒绝鉴定，应当履行回避、出庭等诉讼义务，而证人的义务是如实反映案件情况，只能个别陈述，不能查阅案卷、了解案情、参与讨论，一般不能拒绝作证，也不适用回避。

从我国的立法和司法实践来看，鉴定人主要享有以下权利：①鉴定人有权了解鉴定对象的来源，必要时可以查阅勘验、检查笔录和其他有关材料；②鉴定人根据鉴定的需要，经公安、检察等司法人员许可，可以询问证人、当事人；③鉴定人有权要求提供鉴定所必需的充足的材料，当送鉴的材料不足时，有权要求送鉴的单位补充鉴定材料；④鉴定人在特定情况下可以拒绝鉴定；⑤鉴定人有权独立进行鉴定，不受外界干扰和影响；⑥鉴定人有权获得必要的劳务报酬和费用补偿；⑦鉴定人的人身财产不受侵犯。我国《刑事诉讼法》第64条第1款规定："对于危害国家安全犯罪、恐怖活动犯罪、黑社会性质的组织犯罪、毒品犯罪等案件，证人、鉴定人、被害人因在诉讼中作证，本人或者其近亲属的人身安全面临危险的，人民法院、人民检察院和公安机关应当采取以下一项或者多项保护措施：①不公开真实姓名、住址和工作单位等个人信息；②采取不暴露外貌、真实声音等出庭作证措施；③禁止特定的人员接触证人、鉴定人、被害人及其近亲属；④对人身和住宅采取专门性保护措施；⑤其他必要的保护措施。"

鉴定人的诉讼义务主要包括以下几个方面：①认真负责，实事求是，客观公正地鉴定；②妥善保管鉴定材料，遵守鉴定程序和鉴定纪律；③依法按时出庭，陈述鉴定意见，接受各方的询问和发问；④符合法定情形的应当依法回避；⑤对鉴定事项涉及国家或商业秘密的，应依法保密；⑥不收受贿赂，不徇私情，不弄虚作假，否则应承担相应的刑事责任。

（二）鉴定的类别[1]

全国人大常委会《关于司法鉴定管理问题的决定》将司法鉴定分为法医类鉴定、物证类鉴定、声像类鉴定以及其他类鉴定四个类别，这也是依据鉴定对象和鉴定材料为标准所作出的基础分类方式。

法医类鉴定，是指依据法医学的专门知识和技术手段，用以检测死亡的时间、原因、伤害程度、造成损伤的部位和致伤的凶器种类，鉴别血型、遗传基因是否同一，鉴别医疗事故的原因、损害程度以及当事人劳动能力等专门性问题。从鉴定技术的角度来看，法医类鉴定又可细分为法医病理鉴定、法医临床鉴定、法医精神病鉴定、法医物证鉴定和法医毒物鉴定。

物证类鉴定包括文书鉴定、痕迹鉴定和微量鉴定。文书鉴定是对与案件有关的各种文件进行比对、分析、推断，以判断文件内容的真实程度、文件所用的图章的真伪、确定文件的书写人和文件制作方法或将某些掩盖、压痕文字加以显现，比如笔迹检验、伪造文件和伪造票证检验等。痕迹鉴定是利用痕迹检验技术对与犯罪有关的形象痕迹进行分析、对比、推断，从而得出

---

〔1〕 卞建林、谭世贵主编：《证据法学》，中国政法大学出版社2014年版，第258~260页。

同一或不同一认定的结论性意见，比如指纹鉴定、枪弹痕迹鉴定。而微量鉴定是指对于案件中涉及的其他各种物品，运用物理、化学、生物学等专门知识及现代仪器设备进行检测、分析、鉴别，以确定某种物品的质地、性能以及内含成分和化学结构等结论性意见，比如炸药检验、消退文字的物质检验。

声像类鉴定则包括对录音带、录像带、磁盘、光盘、图片等载体上记录的声音、图像信息的真实性、完整性及其所反映的情况过程进行的鉴定和对记录的声音、图像中的语言、人体、物体作出种类或者同一认定。

除了以上三大类鉴定类型外，还有如工程技术鉴定、司法会计鉴定、物价鉴定等根据诉讼需要，由国务院司法行政部门、最高人民法院、最高人民检察院确定的其他应当对鉴定人和鉴定机构实行登记管理的鉴定事项。

与此相对应，鉴定意见也划分为法医类鉴定意见、物证类鉴定意见、声像类鉴定意见以及其他类鉴定意见。

（三）鉴定的过程

鉴定活动大致可分为启动、分析判断、作出鉴定意见以及救济四个阶段。分析判断及作出鉴定意见更多涉及不同领域的专业问题，不在证据法的探讨范围之列，此处便只针对鉴定的启动和救济进行阐述。

1. 鉴定的启动。依自行鉴定、指派鉴定与委托鉴定的不同，鉴定的启动程序亦不相同。

（1）自行鉴定。自行鉴定，是指诉讼案件的当事人自行委托鉴定人并提供鉴定资料，由鉴定人出具鉴定意见并提交法院作为证明自己主张成立的证据。自行鉴定一般发生在诉讼之前，故也称为“诉前鉴定”。鉴定启动的主体是案件的当事人，通常是刑事案件的自诉人或民事案件的原告。鉴定人的遴选和鉴定资料的提供完全由当事人自主决定。

自行鉴定充分体现了“谁主张，谁举证”的诉讼原则，带有浓烈的意思自治和当事人主义色彩，这也注定了自行鉴定更易发生在民事诉讼领域。自行鉴定有利于避免由法官指派而导致的司法腐败，有利于避免由法官主动进行鉴定而造成的对民事诉讼处分权的侵害；但自行鉴定也有其缺陷，由于鉴定人与当事人之间存在金钱交易，往往会导致鉴定意见的失真，再者根据《民诉证据规定》第41条的规定，对于一方当事人就专门性问题自行委托有关机构或者人员出具的意见，另一方当事人有证据或者理由足以反驳并申请鉴定的，人民法院应予准许。但对方当事人一般会对诉前鉴定加以反驳并申请重新鉴定，加之鉴定人的出庭作证制度尚不完善，最终导致自行鉴定往往流于形式。

（2）指派鉴定。指派鉴定，是指公安或检察院等侦查机关为解决案件中的专门性问题，由办案人员依职权指派本单位内设的专职鉴定人进行鉴定的一种鉴定启动方式。指派鉴定一般发生在侦查阶段，启动主体为公安或检察院，被指派的对象为其内设的专职鉴定人员。因此，指派鉴定仅限于刑事诉讼领域，具有明显的职权主义特征。

在刑事案件中强调鉴定的职权主义是必要的。首先，刑事案件所涉利益重大，特别是“命案”涉及的是对公民的生命权的侵害，社会危害性大，易造成社会的恐慌，故破案时间比较急迫。其次，一些鉴定具有时效性，比如尸检，超过一定的时间则会造成鉴定结果的出入。此外，鉴定材料最好也由鉴定人员进行采集才不会导致材料的污染，以保证鉴定结果的准确性。因此，指派鉴定最大的特征就是高效和直接。但是过分强调职权主义也有可能侵害当事人的诉讼权利，故对侦查阶段的指派鉴定应进行一定的规制。例如对必须在侦查阶段进行鉴定的情况加以限定，目前包括：①当事人是否具有精神病，致使其不能辨认或者不能控制自己的行为；②人身伤害程度；③非正常死亡的原因；④怀疑当事人是未成年人而年龄又无有效证明；⑤对证人能否辨别是非、表达意思存在较大争议；⑥涉案物品的价格、文物等级；⑦涉案物品是否属于珍稀动植物品种、违禁品、危险品；⑧法律规定的其他必须鉴定的事项。[1]

(3) 委托鉴定。委托鉴定，是指在审判阶段，法院自行决定或经当事人请求而同意，委托具有法定资质的鉴定人进行鉴定的一种鉴定启动方式。委托鉴定是当事人主义与职权主义折中的一种鉴定启动办法。

当事人请求鉴定的一般流程如下：①刑事案件的控辩双方，民事案件的当事人均可以提出鉴定请求；②法院同意鉴定的，由双方合意在鉴定人名册上选任鉴定人，若未达成合意的，由法官指定或随机选任鉴定人，特殊情况下，法院可以作出附理由的决定，挑选非鉴定人名册上的专家作为鉴定人；③法院不同意鉴定的，应作出附理由的书面决定，提出鉴定的一方可申请复议；[2] ④在启动鉴定程序前，诉讼各方应当对鉴定材料和鉴定目的进行确认，以防出现变更鉴定项目或其他争议。

2. 鉴定的救济。鉴定的救济主要体现在：一方面，鉴定意见经过庭审质证，若诉讼一方或双方提出异议，可依法提出申请要求原鉴定人补充鉴定或委托其他鉴定人重新鉴定；另一方面，当事人通过专家辅助人，可以针对鉴定意见提出意见，对鉴定人进行询问。

(1) 补充鉴定和重新鉴定。补充鉴定，是指在原鉴定的基础上，针对原鉴定中的个别问题，由原鉴定人进行再次修正和补充，以使原鉴定趋于完备的一种鉴定。补充鉴定的启动主要基于以下事由：①原鉴定意见措辞有错误或者表述不确切；②原鉴定书对鉴定要求的答复不完备；③原鉴定意见作出后，委托方又获得了新的可能影响原鉴定意见的材料；④初次鉴定时提出的鉴定要求有疏漏。

---

[1] 樊崇义等：“刑事证据前沿问题研究”，载何家弘主编：《证据学论坛》，中国检察出版社2000年版，第135页。

[2] 法院一般不同意鉴定的情形包括：①该事实已经查明；②该事实能够凭一般人的常识进行判断；③该事实对案件的结果没有实质影响；④该证据的同一性或真实性经过辨认或鉴真程序已经确认；⑤现有科技手段尚不足以查明该事实。

重新鉴定，是指法院对初次鉴定或补充鉴定意见进行审查后对其是否可采信存有疑虑而自行决定，或经当事人申请且符合重新鉴定条件而法院准许的，委托原鉴定人以外的鉴定人再次进行鉴定。重新鉴定的启动主要基于以下事由：①鉴定机构或鉴定人员不具备相关的鉴定资格的；②鉴定程序严重违法的；③鉴定意见明显依据不足的；④经过质证认定不能作为证据使用的其他情形。

我国《刑事诉讼法》第148条，《民诉证据规定》第40、41条，《行政诉讼证据规定》第29、30条均明确了当事人可以请求补充鉴定或重新鉴定的情形，但却缺乏具体的适用规则。若不对补充鉴定和重新鉴定进行一定的规制，则有可能出现多份鉴定意见质量不一且意见相左的情况，反而不利于事实的认定。因此，应为补充鉴定和重新鉴定的启动设置如下条件：①初次鉴定意见必须经过质证方能启动二次鉴定；②鉴定人出庭作证是启动再鉴定的前置条件；③应以当事人的申请与法院的同意为前提；④启动重新鉴定时，应对鉴定人遴选条件作出更为严格的规定。[1]

（2）专家辅助人制度。我国《刑事诉讼法》第197条第2款规定：“公诉人、当事人和辩护人、诉讼代理人可以申请法庭通知有专门知识的人出庭，就鉴定人作出的鉴定意见提出意见。”根据《民事诉讼法》第79条、《民诉法解释》第122条以及《民诉证据规定》第83、84条的规定，在举证期限届满前，当事人可以申请1~2名具有专门知识的人出庭，代表当事人对鉴定意见进行质证，或者对案件事实所涉及的专业问题提出意见；审判人员可以对有专门知识的人进行询问，经法庭准许，当事人可以对有专门知识的人进行询问，当事人各自申请的有专门知识的人可以就案件中的有关问题进行对质。《行政诉讼证据规定》第48条规定：“对被诉具体行政行为涉及的专门性问题，当事人可以向法庭申请由专业人员出庭进行说明，法庭也可以通知专业人员出庭说明。必要时，法庭可以组织专业人员进行对质。……专业人员可以对鉴定人进行询问。”《刑诉法解释》第87条规定：“对案件中的专门性问题需要鉴定，但没有法定司法鉴定机构，或者法律、司法解释规定可以进行检验的，可以指派、聘请有专门知识的人进行检验，检验报告可以作为定罪量刑的参考。”

上诉法条中“具有专门知识的人”即为专家辅助人，是指具有特殊专门知识或经验的人员，受当事人的聘请委托，在诉前或诉讼过程中帮助当事人分析技术问题、评价鉴定意见，必要时经法庭准许出庭，就案件中所涉及的专门问题发表评论和意见，针对鉴定意见询问鉴定人、与之对质的人员。专家辅助人制度是中国对英美法系专家证人制度的借鉴，它打破了鉴定人独揽专家意见的格局，增强了对鉴定意见质证的对抗性，更有利于维护当事人的利益。形成了具有中国特色的“鉴定人+专家辅助人”的二元专家证据制度。

---

〔1〕 张保生主编：《证据法学》，中国政法大学出版社2018年版，第254页。

二、鉴定意见的概念与特点

鉴定意见，是鉴定人接受指派、委托或聘请，运用自己的专门知识对诉讼中所涉及的有争议的专门性问题进行检验、鉴别和判断后所出具的书面意见。鉴定意见是鉴定活动的最终成果，是一种法定的证据形式。

鉴定意见具有以下几个特点：

1. 鉴定意见虽然表现为书面形式，但属于言词证据。鉴定意见必须采用书面形式，鉴定人应当在鉴定意见书上签名，同时加盖鉴定人所在单位的公章，若是多人鉴定且意见不一致的，应当在鉴定意见书上注明情况。鉴定意见书的内容一般包括三部分：绪论、检验、结论。绪论写明委托或聘请的单位或个人、鉴定资料的情况、鉴定的目的和要求等。检验部分写明鉴定采用的方法和步骤、对观察所见现象和特征的分析判断。结论则是针对鉴定要求所作出的结论性意见。必要时，鉴定意见书还可附上说明有关情况的照片、图表等。〔1〕虽然鉴定意见通常以书面的形式呈现，但这并不意味着其就是书证、属于实物证据。首先，鉴定人可以出庭作证，其在庭上对鉴定意见所作出的说明则具有言词证据的属性。其次，从英美法系专家证人的角度来看，专家证人是一种特殊的证人，接受交叉询问，其作出的鉴定意见也同证人证言一样属于言词证据。虽然我国并未把鉴定人放在与证人等同的位置，但从其可以出庭作证及其法官和控辩双方可对其进行询问的法律规定和司法实践来看，鉴定意见也应属于言词证据。

2. 鉴定意见具有可靠性，属于科学证据。科学证据，是指在诉讼程序中，通过运用具有可检验性、普遍接受性的科学原理或技术方法而得出的对案件事实有证明意义的证据。科学证据是自然科学、社会科学和工程技术在诉讼证明活动中综合应用的结果，具有较高的权威和可靠性。而鉴定意见必须是依据客观的鉴定材料，借助先进的科学仪器设备和可检验的科学方法，遵循严格的鉴定程序，从而作出的理性判断意见，属于科学证据的范畴。

3. 鉴定意见具有主观性，属于意见证据。虽然鉴定意见的作出以科学知识为基础，具有相当的可靠性，但同时科学知识的运用却依赖于鉴定人。鉴定意见的形成过程不可避免地受到鉴定人知识业务水平、专业经验和认识判断能力等主观因素的影响。不同于证人只能就其所亲身经历、直接观察到的事实进行叙述，鉴定人可以对其所观察到的事实进行分析、结合、补充、推断从而得出一个意见性结论，所以鉴定意见属于意见证据的范畴。现行的“鉴定意见”曾被冠以“鉴定结论”的名称，概念名称的转变也表明了对鉴定意见属于意见证据的认可。

---

〔1〕 卞建林、谭世贵主编：《证据法学》，中国政法大学出版社 2014 年版，第 255 页。

三、鉴定意见的功能

（一）鉴定意见的直接证明功能

从鉴定意见与待证事实之间的关系看，若鉴定意见能够直接证明案件的要件事实的，则该鉴定意见就具有直接证明功能。鉴定意见往往通过确定送鉴物与对比物具有不同的特征，从而否定同一，排除犯罪嫌疑或排除因果关系。此时，鉴定意见往往能直接证明没有犯罪行为存在或者犯罪嫌疑人没有实施犯罪行为。例如，对案件中有争议的账目、簿册、单据等会计资料进行鉴定，确定资金的流动过程和存在状况不存在异常，可以直接证明不存在犯罪行为；在人身伤害案件中，可以通过损伤程度的鉴定，确定损伤属于轻微伤，并以此确定不应负刑事责任；在抚养纠纷案件中，可以通过血型或 DNA 测试直接证明不存在亲子关系。[1]

（二）鉴定意见的间接证明功能

若鉴定意见能够间接证明案件的要件事实的，则该鉴定意见就具有间接证明功能。事实上，大部分的鉴定意见也只能证明主要案件事实的一个片段，一个环节。比如，根据指纹、掌纹、足迹等所作的痕迹鉴定意见能够准确地认定人的身份，但却不能直接证明被认定人与案件事实之间的关系；再比如，尸检鉴定意见确认被害人死于重症冠心病急性发作导致的心脏性猝死，但仅凭尸检鉴定意见并不能确认存在犯罪行为，也不能确认被害人的死亡与被告人的犯罪行为之间存在因果关系。

（三）鉴定意见的印证和补强功能

鉴定意见对于印证和补强其他证据的真实和可靠程度有着不可或缺的作用。比如，通过笔迹鉴定可以确认书证是否系伪造；通过声纹鉴定来确认视听资料是否经过后期剪辑处理；通过尸检可以确认致死原因、受损部位，以此来验证犯罪嫌疑人、被告人的供述与辩解、证人证言或被害人陈述的真实性。

（四）鉴定意见的辅助判断功能

除了证明功能外，鉴定意见还可以为法官形成内心确信、完成自由心证提供必需的专业或科学信息，比如前述重症冠心病急性发作导致的心脏性猝死的例子，通过鉴定意见中对重症冠心病症状的描述，以及重症冠心病的发作常常与季节变化、情绪激动、体力活动增加、饱食、大量吸烟和饮酒等有关，由此来引导法官展开调查并协助其进行分析判断。

四、对鉴定意见的重点审查内容

根据《刑诉法解释》第 84 条，对鉴定意见应当着重审查以下内容：①鉴定机构和鉴定人是否具有法定资质；②鉴定人是否存在应当回避的情形；

---

〔1〕 卞建林、谭世贵主编：《证据法学》，中国政法大学出版社 2014 年版，第 262 页。

③检材的来源、取得、保管、送检是否符合法律、有关规定，与相关提取笔录、扣押物品清单等记载的内容是否相符，检材是否充足、可靠；④鉴定意见的形式要件是否完备，是否注明提起鉴定的事由、鉴定委托人、鉴定机构、鉴定要求、鉴定过程、鉴定方法、鉴定日期等相关内容，是否由鉴定机构加盖司法鉴定专用章并由鉴定人签名、盖章；⑤鉴定程序是否符合法律、有关规定；⑥鉴定的过程和方法是否符合相关专业的规范要求；⑦鉴定意见是否明确；⑧鉴定意见与案件待证事实有无关联；⑨鉴定意见与勘验、检查笔录及相关照片等其他证据是否矛盾；⑩鉴定意见是否依法及时告知相关人员，当事人对鉴定意见有无异议。

五、鉴定意见的可采性规则——以美国为参照〔1〕

美国确立了较为明确的专家意见可采性标准，在全世界范围内产生较广泛的影响力，这里稍作介绍。在历史上，美国专家意见可采性标准经历了从“弗赖标准”到“道伯特标准”，再到“修正后联邦证据规则标准”的转变。

1. 弗赖标准。华盛顿哥伦比亚特区上诉法院在1923年弗赖案〔2〕中确立了弗赖标准，也即“普遍接受性”标准。上诉法院在判决中指出：科学原理或研究发现究竟何时跨越了试验和证明之间的界限，是难以界定的。科学原理的证明力必须得到承认，然而在采纳从公认的科学原理或研究发现中演绎出的专家证言时，必定在特定领域获得普遍接受。〔3〕但是，“普遍接受性”是一个很模糊的概念，面临着如何判断的问题。对此，著名证据法专家麦考密克教授曾评论：“普遍接受性是一个很高的标准，将其作为司法认知的条件是恰当的，但作为证据可采性标准却不恰当。”〔4〕

2. 1975年联邦证据规则标准。1975年美国联邦国会制定《联邦证据规则》，其中规则702规定：“如果科学、技术或其他专业知识有助于事实裁判者理解证据或决定争议事实，一个因知识、技能、经验、训练或教育而具备专家资格的证人，就可以意见形式作证，否则就不能够。”根据该规定，专家证人意见证据只要具备以下三个条件，就具有可采性：①据以作出意见证据的依据必须是科学、技术与专业知识；②该意见证据有助于事实裁判者理解证据或决定争议事实；③专家必须具有这些知识而属于合格的专家。该规定并未要求普遍接受性，实际上否定了“弗赖标准”。

3. 道伯特标准。为了解决上述两种标准的争议，并明确一个专家证人意见证据的可采性标准，美国联邦最高法院在1993年道伯特案〔5〕中，对普通

〔1〕樊崇义、吴光升：“鉴定意见的审查与运用规则”，载《中国刑事法杂志》2013年第5期。

〔2〕Frye v. United States, 293 F. 1013 (D. C. Cir. 1923).

〔3〕张保生主编：《证据法学》，中国政法大学出版社2018年版，第260页。

〔4〕John D. Borders, Fit to be Fryed: Frye v. United States and the Ademissibility of Novel Scientific Evidence, 77Ky. L. J. 849 (1989), p. 861.

〔5〕Daubert v. Merrell Dow Pharmaceuticals, Inc. 43 F. 3d 1311 (1995).

法专家证人意见证据可采性标准进行了梳理，并提出一个新的专家证人意见证据可采性标准，即所谓的道伯特标准。道伯特标准要求法官进行评估时，首先要决定该专家证人是否具有足够的专家证人资格；其次是决定专家证人意见证据所依据的科学原理与研究是否具有可信性。在决定可信性时，应当综合考虑以下因素：①该科学知识能否被检验或已经被检验；②该理论或技术是否已经受同行审查与发表；③该技术是否具有已知或潜在的可错率，该可错率是否在可接受范围内；④该科学技术是否具有普遍接受性。但是，道伯特标准只解决了以科学知识为基础的专家证人意见证据的可采性问题，而其是否能适用于以其他技能为基础的意见证据，仍然存在争议。

4. 2000 年修正后联邦证据规则标准。2000 年，修改后的《联邦证据规则》702 规定："如果科学、技术或其他专业知识将有助于事实审判者理解证据或确定争议事实，凭其知识、技能、经验、训练或者教育具备专家资格的证人，可以通过意见或其他方式作证，如果：①证言基于充分的事实或数据；②证言是可靠原理与方法的结果；③证人忠实地将该原理与方法运用于案件事实。"2011 年，美国联邦又对此条款进行了修改，但实质性内容未有改变。从根本而论，弗赖标准与道伯特标准之争，实际就是一个应当由谁来决定专家证人意见证据可采性的问题，弗赖标准中由不懂法的专家来决定，而道伯特标准中由不懂科学的法官来决定；修正后的联邦证据规则在交由法官决定的同时对证据的采信限定了 3 个条件。

目前，根据相关条文，美国刑事案件的专家证人意见证据只有具备以下条件时，才具有可采性：①作证对象方面。根据修正后的《联邦证据规则》704 规定，专家证人意见证据不能针对被告人是否符合被指控犯罪构成要件要素的精神状态或条件，这些事项只能由事实裁判者认定。②相关性方面。专家证人的科学、技术或其他专业知识有助于事实裁判者理解证据或确定争议事实，且根据《联邦证据规则》中的规则 403，该专家证人意见证据的证明价值未被其可能造成的公正损害、混淆争点、误导陪审团、不当拖延等所严重超过。③可信性方面。除需该专家证人所依据的原理和方法具有可靠性，且该专家证人因知识、技能、经验、训练或教育而具备相关领域的专家资格外，还需该意见证据基于充分的事实或数据，是专家证人将科学原理和方法可靠地运用于这些事实或数据的结果。

【案例】戴某华故意伤害案[1]——多份相互矛盾的鉴定意见的采信

基本案情：被告人戴某华系大连大洋远洋渔业有限公司大洋 16 号渔船船员，2013 年 6 月，戴某华因对该船船长田某某和大副孙某某（被害人，男，殁年 37 岁）的管理不满，向其亲属求助要求辞职，未果。2013 年 9 月 6 日 15

---

[1] 徐静华："存在多份不同鉴定意见的案件应审查鉴定意见与全案其他证据的一致性，必要时应通知鉴定人出庭——戴某华故意伤害案"，载《人民法院案例选》2016 年第 7 期。

时许（当地时间），大洋16号船在太平洋公海海域（南纬12度40分，西经134度39分）作业时，戴某华用船上作业用的杀鱼刀捅刺孙某某左腹部、大腿根部，致其左侧肺脏、胃破裂大出血死亡。2014年2月27日，戴某华在该船停靠于大连时被抓获。本案起诉至法院前，先后出现三份关于被告人精神疾病的鉴定意见。第一家鉴定机构的鉴定意见是：被鉴定人具有适应障碍；具有完全刑事责任能力。第二家鉴定机构的鉴定意见是：被鉴定人患有精神分裂症；具有限定刑事责任能力。第三家鉴定机构的鉴定意见是：被鉴定人患有精神分裂症，作案时处于发病期；在本案中应评定为无刑事责任能力。

诉讼经过：一审法院通知了三个鉴定机构分别派鉴定人出庭作证，最终采信了第二份鉴定意见，判决被告人戴某华犯故意伤害罪，判处有期徒刑7年；被告人戴某华赔偿附带民事诉讼原告人经济损失人民币31 566.60元。被告人和附带民事诉讼原告人均提出上诉，二审判决维持原判。

案例评析：司法精神疾病鉴定是司法实践中专业性很强的技术活动，该种鉴定系回顾性鉴定，即鉴定人按照司法鉴定程序和专业操作规范，就被告人案发时的精神状态与案件中特定情节因果关系进行评价，确定被告人的刑事责任能力。然而，由于司法精神疾病鉴定本身具有高度复杂性，同时由于案情纷繁复杂，受鉴定材料、鉴定过程、鉴定依据等因素的影响，不同的鉴定人员对于同一鉴定对象可能得出不同甚至是截然相反的鉴定意见。本案三份鉴定意见相差较大，且互相矛盾，鉴定机构及鉴定人的资质、鉴定程序均合法，又无法从鉴定依据、鉴定材料等方面予以区分进而决定如何采信，在此种情况下，应从鉴定意见与全案其他证据的一致性方面审查，而不能简单地以鉴定机构的权威性或按照罪疑有利被告人的原则予以采信。本案中，戴某华在多次供述及自书材料中均表明，因为被大副、船长打而害怕，亦即被打之事已经对其精神造成了极大影响，并非如其所称的“能接受被打之事，并无恐惧、回避等”。多名证人均证实案发前及案发时戴某华的精神状况异常。另有多名证人还证实，案发前，戴某华对船长和大副孙某某的管理不满，且遭到孙某某打骂，其曾向亲属求助，联系公司负责人要求离开船舶未果，其作案时选择作案对象孙某某，不排除其主观上对被害人存在报复心理的可能性，上述证据证实戴某华作案时尚未完全丧失辨认和控制自己行为的能力。故第二家鉴定机构关于戴某华为限定刑事责任能力人的鉴定意见比其他两份鉴定意见更具有客观性。

第六节 笔录证据

一、笔录证据的概念

我国《刑事诉讼法》第50条将“勘验、检查、辨认、侦查实验等笔录”明确列为第7项法定证据。根据立法人员的表述，该款关于证据种类的规定，除包括勘验、检查、辨认、侦查实验笔录外，侦查机关依法进行其他侦查活动形成的笔录，也可以作为证据。[1] 与此相对应，2010年颁布的《死刑案件证据规定》第9条，第一次将“搜查笔录”“扣押清单”和“提取笔录”规定为法定的证据形式。于是，陈瑞华教授提出，“所谓‘笔录证据’，是指侦查人员对其勘验、检查、辨认、侦查实验、搜查、扣押以及证据提取过程所作的书面记录”。[2]

在我国司法实践中，存在大量以“笔录”命名的书面材料。比如讯问笔录、询问笔录、被害人陈述笔录、庭审笔录、合议笔录等，但不是所有以“笔录”命名的书面材料都属于笔录证据。虽然讯问笔录、询问笔录、被害人陈述笔录是侦查人员记录讯问、询问程序的书面材料，但它们实质上只是犯罪嫌疑人、被告人的陈述或辩解，证人证言，或是当事人陈述的书面表现形式，不属于笔录证据。至于庭审笔录、合议笔录，尽管也是对诉讼活动的记录，但并非是对证据的提取、收集、固定或保管等取证行为或取证过程的记录，因此不属于笔录证据。

同时，我国司法实践中还存在大量虽未以“笔录”命名，却是对侦查取证活动过程的记录。比如嫌疑人羁押记录、出入看守所的健康检查记录、看守管教人员的谈话记录以及证明犯罪嫌疑人、被告人量刑情节的书面记录材料，包括被告人到案经过与抓获经过材料，证明被告人自首、坦白、立功的证据材料，等等。这类记录材料，实际上是侦查人员就侦查活动所作的补充性情况介绍，陈瑞华教授将之统称为“情况说明材料”[3]。由于笔录证据旨在促进取证行为或取证过程的正当化。所以，法律一般会针对笔录证据规定严格的制作要求，例如规定取证主体资格制度、见证人制度和保障物证保管链条完整性的制度等。而由于“情况说明材料”的制作缺乏明确的法律要求，所以，不宜纳入笔录证据的范畴。如果此类材料符合证据条件、具有证明价值的，可以参照适用书证的一般规则。[4]

我国《行政诉讼法》第33条将“勘验笔录”与“现场笔录”并列规定为第8项法定证据。但“现场笔录”却不属于笔录证据的范围。现场笔录，是指国家行政机关及其工作人员对违反行政法律规范的行为人当场作出处理而制作的文字记载材料。现场笔录只适用于行政诉讼中，其直接目的是为行政机关的具体行政行为提供依据。现场笔录与勘验笔录等笔录证据存在重大差异。前者是由行政诉讼中的被告在作出具体行政行为前制作的，只有当行政相对人对该具体行政行为不服，起诉到法院后，它才具有证据意义；而后者是由刑事、民事、行政诉讼中的侦查或审判人员在调查取证过程中，为查

---

〔1〕 全国人大法工委刑法室编：《〈关于修改中华人民共和国刑事诉讼法的决定〉条文说明、立法理由及相关规定》，北京大学出版社2012年版，第42页。

〔2〕 陈瑞华：《刑事证据法学》，北京大学出版社2012年版，第187页。

〔3〕 陈瑞华：“论刑事诉讼中的过程证据”，载《法商研究》2015年第1期。

〔4〕 王景龙：“论笔录证据的功能”，载《法学家》2018年第2期。

明一定案件事实并证明取证程序的合法性而制作的。应明确的一点是，现场笔录虽然不属于笔录证据，但也是一种法定的证据形式。

二、笔录证据的特点

1. 笔录证据是一种以书面方式记载的言词证据。笔录证据不同于物证，因为它不是以外在物理属性发挥证明作用的证据，而是以其所记录的内容提供证据事实。笔录证据也不同于书证，因为它不是案件发生时即已存在的书面文件，而是在调查取证过程中产生的“过程证据”〔1〕。虽然笔录证据是以书面的形式呈现的，但其实质上属于言词证据。笔录证据是侦查和审判人员对其调查取证过程和结果的记录，经历了较为完整的感知、记忆、储存、表达等言词证据形成过程。

2. 笔录证据具有传闻证据的特征，其真实可靠性存疑。由于笔录证据大部分是在法庭之外由取证人员对取证活动作出的书面记录，包括由记录人员按照自己的意志对取证内容进行的二次加工和整理，因此笔录证据本质上是一种书面传闻，它是对事实陈述的再加工，而非原始陈述内容的完整再现。因此，不宜高估笔录证据的证据能力和证明力。我国对笔录证据一般采取书面形式审查的方式，但如若控辩双方提出异议或法庭对笔录证据的证据能力和证明力产生合理疑问的，也有可能传召侦查人员出庭作证，对其所制作的各类笔录作出解释或说明。侦查人员当庭所作出的陈述具有证人证言的性质，对笔录证据具有补强和印证的作用。

3. 笔录证据的制作需要遵循严格的法律程序要求，但具有可补正性。由于笔录证据旨在促进取证行为或取证过程的正当化。所以，法律一般会针对笔录证据规定严格的制作要求，例如规定取证主体资格制度、见证人制度和保障物证保管链条完整性的制度等。但笔录证据的制作不符合法定程序要求的，并非一律排除适用。根据其违反程序的严重程度，可划分为非法证据和瑕疵证据。对于非法证据一律予以排除，但对于瑕疵证据一般可予以补正。由于每种类型的笔录各有特点，非法和瑕疵的界限也就有所差异。比如，勘验、检查笔录只有明显违反程序且不能作出合理解释或者说明的，才不得作为定案的根据；而辨认笔录只要违反程序致使不能确定辨认笔录真实性的，就不得作为定案根据。对此，后文再作详述。

4. 笔录证据具有证明功能多重性的特征。首先，笔录证据对勘验、检查、辨认、侦查实验、搜查、扣押、证据提取等过程作出完整的记载，能够证明相关侦查行为的合法性。其次，笔录证据能够证明物证、书证、视听资料、

---

〔1〕 笔录证据产生于调查取证的过程当中，具有对调查取证过程的真实性和合法性加以印证的作用。因此，笔录证据亦是一种“过程证据”。与此相对应，包括物证、书证、视听资料、电子数据在内的实物证据，产生于案发当时，只是调查取证的一种结果，因此属于“结果证据”。参见陈瑞华著：《刑事证据法学》，北京大学出版社 2012 年版，第 187 页。

电子证据等实物证据的真实性。尤其是搜查笔录、扣押笔录、证据提取笔录，可以对各种实物证据的来源、提取、搜集、保全、出示产生直接证明作用，从而证明实物证据的真实性和同一性。最后，笔录证据还能对其他证据产生重要的印证作用。例如，勘验、检查笔录所记载的犯罪现场情况，经常被用来佐证被告人供述的作案过程；辨认笔录所记录的辨认结果，往往可以用来验证证人证言的真伪。[1]

三、笔录证据的法定形式

如前所述，尽管笔录证据是一个相对开放的概念，但目前法定的笔录证据仅限于以下七种形式：勘验笔录、检查笔录、辨认笔录、侦查实验笔录、搜查笔录、扣押笔录、提取笔录。

（一）勘验、检查笔录

勘验、检查笔录，是指司法工作人员对与案件有关的场所、物品、尸体、人身、电子数据进行勘验、检验时就所观察、测量的情况所作的实况记录。记录的方式包括文字记录、现场绘制图和现场照相、摄像等。根据勘验的对象不同，勘验笔录又可分为：现场勘验笔录、尸体检验笔录、物证检验笔录、人身检查笔录、网络远程勘验笔录以及电子检查笔录。

现场勘验笔录，是对现场进行勘验活动中形成的对犯罪现场所作的实况记录，一般由现场文字记录、现场绘图和现场照片三部分组成。内容主要包括现场人员、现场保护情况、勘验起始时间、现场提取物证书证等情况。

尸体检验笔录，是对尸体进行检验而形成的对尸体所作的实况记录。内容主要包括检验时间、地点，死者衣着情况，无名死者的体貌特征和随身物品情况，尸体的外表，伤痕的大小、形状、位置，提取血、尿、胃肠内物质或者内脏情况等。

物证检验笔录，是对物证进行检验而形成的对物证的性质、特征、存在状态等的实况记录，内容包括物证的来源，检验的时间、地点，物品特征等，必要时还应绘图或者拍照附于卷中。

人身检查笔录，是对被害人、犯罪嫌疑人等的人身进行检查从而形成的对人身某些特征、伤害情况、生理状况等的实况记录。一般而言，针对人身（活体）只使用“检查”，而针对其他没有生命体征的实物，采用“勘验”。

网络远程勘验笔录，与现场勘验笔录相对，是指通过网络对远程目标系统实施勘验从而形成的对远程目标系统的状态和存留的电子数据的实况记录。内容主要包括所提取的目标系统状态信息、目标网站内容以及勘验过程中生成的其他电子数据等情况，并附有记录远程勘验过程的录像、照片或计算机截屏。

电子数据检查笔录，是指对电子数据进行检查而形成的实况记录。记录

---

〔1〕 陈瑞华：《刑事证据法学》，北京大学出版社 2012 年版，第 190~191 页。

中应注明检查方法、过程和结果，并附有拆封电子数据存储介质、制作电子数据备份等相关活动的录像。

(二) 辨认笔录

辨认是司法工作人员为了查明案情，让被害人、证人、犯罪嫌疑人或被告人对与案件有关的人员、物品、文件、场所等进行辨认、指认活动。根据所要辨认的对象的不同，辨认可分为现场辨认、尸体辨认、照片辨认、列队辨认等不同形式。对辨认过程与结果进行的记录即为辨认笔录。

相较于其他法定笔录证据，辨认笔录具有较高的证明力。辨认笔录不仅记录了侦查人员的侦查活动，还记录了被害人、证人、犯罪嫌疑人或被告人的指认活动，具有固定和记载双方行为的特点。而其他笔录证据仅记录了侦查人员的侦查活动，只固定和记载了单方行为。单方行为中，侦查人员的个人主观意志较强。也正因为辨认笔录固定和记载的是双方行为，为了保证辨认结果的客观公正、保障辨认人的独立意志，辨认活动的程序规制更为严格。

(三) 侦查实验笔录

侦查实验，是为了查明案情，侦查人员对在特定环境、气候、场所、时间等条件（与案件相同的条件）下出现的事实信息作出的重新验证或模拟实验。侦查实验笔录，就是对此类实验过程和结果所作出的实况记录。

(四) 搜查笔录

搜查，是指侦查人员为了收集证据、查获犯罪嫌疑人，依法对犯罪嫌疑人以及可能隐藏罪犯或者罪证的人的身体、物品、住处和其他有关的地方进行搜索、检查的一种侦查行为。根据搜查的范围和目的的不同，搜查可分为人身搜查、住宅搜查和露天搜查。根据公开与否，搜查可分为公开搜查和秘密搜查。搜查必然涉及对人身自由的侵犯，因此是一种强制侦查措施，其进行需要遵循严格的程序要求。搜查笔录，就是侦查人员对搜查过程所作的实况记录，其主要目的在于印证搜查程序的合法性。

(五) 扣押笔录

扣押，是指侦查人员在侦查过程中，依法将可能作为证据的物品、文件、犯罪痕迹等予以扣留的措施。扣押通常在搜查、勘验过程中进行，也可以单独进行。扣押的主要目的在于固定、保全证据。由于扣押涉及对财产权的侵犯，因此也属于一种强制侦查措施，需要遵循严格的法律程序。扣押笔录，就是侦查人员对扣押过程所作出的实况记录。扣押笔录的内容包括扣押清单，即记录所扣押的物品名称、数量等信息。

(六) 提取笔录

提取笔录是对侦查人员提取证据活动的记录。当侦查人员采用搜查、扣押以外的方式收集、固定和保全证据的，都可统称为证据的提取。例如，特定嫌疑人、被害人、证人主动提交某些实物证据的情形；再如，在无法扣押、封存电子数据的原始储存介质时，只能通过网络在线提取的方式来收集证据。提取笔录具有证明证据来源、提取程序合法的作用。

四、笔录证据的重点审查内容

我国对笔录证据的审查主要围绕两方面展开：一方面，审查相关侦查活动是否遵循了法定的过程和方法；另一方面，审查笔录是否符合法定的形式要件，即笔录的内容记载是否符合法律要求。

（一）对勘验、检查笔录的审查

1. 勘验、检查的法定程序和方法。《刑诉法解释》第 88 条第 1 项规定，对勘验、检查笔录应当着重审查勘验、检查是否依法进行。根据我国刑事诉讼法及相关司法解释的规定，“是否依法进行”主要包括以下几个方面：①勘验、检查是否是在侦查人员主持下进行的；勘验、检查是否是由两名以上侦查人员进行的；②侦查人员执行勘验、检查时是否持有人民检察院或者公安机关的证明文件；③勘验、检查是否邀请了与案件无关的公民作为见证人参加。在民事或行政诉讼中，是否通知了当事人或其成年家属到场；④检查妇女的身体，是否是由女工作人员或者医师进行的；⑤对死因不明的尸体决定解剖的，是否通知死者家属到场。

2. 勘验、检查笔录的法定形式要件。根据《刑诉法解释》第 88 条的规定，对勘验、检查笔录应着重审查以下几个方面的形式要件：①笔录的制作是否符合法律、有关规定，勘验、检查人员和见证人是否签名或者盖章；②勘验、检查笔录是否记录了提起勘验、检查的事由，勘验、检查的时间、地点，在场人员、现场方位、周围环境等，现场的物品、人身、尸体等的位置、特征等情况，以及勘验、检查、搜查的过程；文字记录与实物或者绘图、照片、录像是否相符；现场、物品、痕迹等是否伪造、有无破坏；人身特征、伤害情况、生理状态有无伪装或者变化等；③补充进行勘验、检查的，是否说明了再次勘验、检查的原由，前后勘验、检查的情况是否矛盾。

此外，根据两高三部《死刑案件证据规定》，还应审查勘验、检查笔录中记载的情况与被告人供述、被害人陈述、鉴定意见等其他证据能否互相印证，有无矛盾。这关乎勘验、检查笔录的证明力问题。

（二）对辨认笔录的审查

根据《刑诉法解释》第 90 条的规定，对辨认笔录应当着重审查辨认的过程、方法，以及辨认笔录的制作是否符合有关规定。

1. 辨认的法定程序和方法。根据《高检规则》和《公安机关办理刑事案件程序规定》的相关规定，辨认应遵循下列程序和方法：①辨认应当由侦查人员或者检察人员主持，且主持辨认的人员不得少于 2 人；②组织辨认前，应当向辨认人详细询问辨认对象的具体特征，避免辨认人见到辨认对象。③几名辨认人对同一辨认对象进行辨认时，应当由辨认人个别进行。必要时，可以有见证人在场；④辨认时，应当将辨认对象混杂在其他对象中，不得给辨认人任何暗示。对于被辨认的人数，公安机关和检察机关均要求不得少于 7 人，照片不得少于 10 张。对于被辨认的物品，公安和检察机关均要求数量不得少于5件；⑤对犯罪嫌疑人的辨认，辨认人不愿意公开进行时，可以在不暴露辨认人的情况下进行，侦查人员应当为其保守秘密。

2. 辨认笔录的法定形式要件。对辨认经过和结果，应当制作辨认笔录，并由侦查人员签名，辨认人、见证人签字或者盖章。

（三）对侦查实验笔录的审查

根据《刑诉法解释》第91条的规定，对侦查实验笔录应当着重审查实验的过程、方法，以及笔录的制作是否符合有关规定。

1. 侦查实验的法定程序和方法。为了查明案情，在必要的时候，经公安机关负责人或检察长批准，可以进行侦查实验。进行侦查实验，必要时可以聘请有关专业人员参加，也可以要求犯罪嫌疑人、被害人、证人参加。必要时，可以对侦查实验过程进行录音、录像。但是，进行侦查实验，应禁止一切足以造成危险、侮辱人格或者有伤风化的行为。

2. 侦查实验笔录的法定形式要件。进行侦查实验的，应当制作笔录，记明侦查实验的条件、经过和结果，并由参加侦查实验的人员签名。

（四）对搜查笔录的审查

1. 搜查的法定程序和方法。我国《宪法》明确规定，公民享有人身和住宅不受侵犯的权利，禁止非法搜查公民的人身和住宅。根据我国《刑事诉讼法》和《高检规则》的相关规定，搜查必须严格遵循以下法定程序和方法：①搜查应当在公安或检察机关侦查人员的主持下进行，且执行搜查的侦查人员不得少于两人；②进行搜查，必须向被搜查人出示搜查证。但是，在执行逮捕、拘留时，如遇紧急情况，不用搜查证也可以进行搜查。在侦查实践中，不用搜查证也可以进行搜查的情况主要包括：可能随身携带凶器；可能隐藏爆炸、剧毒等危险物品；可能隐匿、毁弃、转移犯罪证据；可能隐匿其他犯罪嫌疑人以及其他紧急情况；③在搜查的时候，应当有被搜查人或者他的家属，邻居或者其他见证人在场；④搜查妇女的身体，应当由女工作人员进行；⑤人民检察院到本辖区以外执行搜查任务的，办案人员除了搜查证外，还应携带工作证以及写有主要案情、搜查目的、要求等内容的公函，与当地人民检察院联系。

2. 搜查笔录的法定形式要件。搜查的情况应当写成笔录，由侦查人员和被搜查人或者他的家属，邻居或者其他见证人签名或者盖章。如果被搜查人或者他的家属在逃或者拒绝签名、盖章，应当在笔录上注明。

（五）对扣押笔录的审查

1. 扣押的法定程序和方法。根据《高检规则》与《公安机关办理刑事案件程序规定》的相关规定，扣押应遵循以下程序和方法：①与案件无关的财物、文件，不得查封、扣押。不能立即查明是否与案件有关的，可以扣押，但应及时审查。经查明确实与案件无关的，应在三日内退还；②执行扣押物品、文件的侦查人员不得少于二人，并持有有关法律文书或者侦查人员工作证件；③对查封、扣押的财物、文件，应当会同在场见证人和被查封、扣押财物、文件持有人查点清楚，当场开列扣押清单一式三份，一份交给持有人，一份交给保管人，另一份附卷备查；④对查封、扣押的财物、文件，有关人员要妥善保管或者封存，不得使用、调换或者损毁；⑤对于贵重物品或不易辨别真伪的贵重物品，应当场密封。对于可以扣押的电子数据原始储存介质，应当封存。对不能随案移送的物证，应当拍成照片。容易损坏、变质的物证、书证，应当用笔录、绘图、拍照、录像、制作模型等方法加以保全。

2. 扣押笔录的法定形式要件。扣押笔录中应附有扣押清单。扣押清单应写明文件、资料和其他物品的名称、型号、规格、数量、重量、质量、颜色、新旧程度和缺损特征，由侦查人员、见证人和持有人签名或者盖章，如果持有人拒绝签名或盖章的，应当在扣押清单上记明。对扣押物品、文件进行当场密封的，密封材料上应有扣押人员、见证人和被扣押物品持有人的签名或盖章。对不能随案移送的物证，扣押笔录中应附有相关绘图、照片或录像。对于可以作为证据使用的录音、录像带、电子数据存储介质，应当记明案由、对象、内容，录取、复制的时间、地点、规格、类别、应用长度、文件格式及长度等。对电子数据原始储存介质进行封存的，扣押笔录中应附有其封存前后的照片，清晰反映封口或者张贴封条处的状况。

【案例】张某波非法持有毒品案〔1〕——辨认笔录的效力

基本案情：2012年7月3日，公安机关接到群众举报被告人张某波涉嫌贩卖毒品，遂展开调查。7月20日，公安机关在遵义市汇川区汇川酒店门口将张某波抓获，当场查获毒品嫌疑物零包8个，随后又从其住所搜查出毒品嫌疑物3包。经称量，从被告人张某波处查获并扣押的毒品海洛因嫌疑物净重539.3克，甲基苯丙胺嫌疑物净重192克。上述毒品嫌疑物经鉴定，分别含有海洛因成分和甲基苯丙胺成分。另经尿液检测，被告人张某波系吸毒人员。

诉讼经过：一审法院认为，被告人张某波违反国家毒品违禁物管制秩序，明知是毒品而非法持有且数量巨大，其行为已构成非法持有毒品罪；公诉机关当庭举出的辨认笔录，因辨认活动的见证人系公安机关聘用人员，且该辨认笔录不能排除明显暗示嫌疑，故不能采为定案根据。判决被告人张某波犯非法持有毒品罪，判处无期徒刑，剥夺政治权利终身，并处罚金20万元；查获的毒品予以没收。被告人上诉。二审法院驳回上诉，维持原判。

案例评析：本案中，公诉机关起诉指控被告人张某波构成贩卖、运输毒品罪，而一审法院通过严格审查证据，依法排除了不具有证据资格的辨认笔录，最终认定张某波构成非法持有毒品罪。①对犯罪嫌疑人的辨认活动存在明显暗示嫌疑，且未对辨认过程进行录音录像，不能确定辨认活动的真实性，该辨认笔录不能作为定案根据。本案中，侦查机关组织吸毒人员陈某某对犯

---

〔1〕 万亿："辨认笔录的证据效力认定"，载《人民司法·案例》2016年第32辑。

罪嫌疑人张某波进行辨认。经进一步审查，本案虽然进行了混杂辨认，但是供辨认的嫌疑人照片并不具有类似特征。从辨认笔录所附的辨认对象照片看，其他辨认对象的照片均是从人口户籍信息网上下载的标准照，而犯罪嫌疑人张某波的照片却是其被带至公安机关后临时拍摄的照片，尤其还对张某波的照片特别加重了底色，因此从社会一般人的视角看来，极易从辨认对象中指认出张某波的照片。而且，根据《公安机关办理刑事案件程序规定》第253条规定："对辨认经过和结果，应当制作辨认笔录，由侦查人员、辨认人、见证人签名。必要时，应当对辨认过程进行录音或者录像。"但在该案中，公安机关未对辨认过程进行录音录像，无法确定公安机关在辨认前是否询问证人被辨认的犯罪嫌疑人的特征等情况，从而无法排除本案存在公安机关给辨认人明显暗示的嫌疑。②辨认活动的见证人系侦查机关聘用人员，又没有提供辨认过程的录音录像，说明存在无法由符合条件的人员担任见证人的客观原因，难以保证辨认活动的真实性。

第七节 言词证据的运用规则

一、言词证据运用的一般规则

（一）非法言词证据排除规则

1. 非法口供的排除规则。从辩护自由及正当程序的角度看，口供的核心应是自由、自愿，即侦查人员应在尊重犯罪嫌疑人、被告人意志自由的情况下获得认罪供述，犯罪嫌疑人、被告人有权拒绝回答侦查人员的提问，且不受不利评价。遵循相同的逻辑，大陆法系确立起口供的"自由、自愿"原则，英美法系确立起"自白任意性"和"不得强迫自证其罪"（也即"沉默权"）原则,[1] 并以此作为非法口供的核心判断标准。大陆法系（如德国和法国）并未严格区分"沉默权"与"自由、自愿"原则，但两者在功能上基本一致：保障犯罪嫌疑人、被告人保持沉默的权利，即不得强迫其违背"自由"意志自我归罪，否则所获得的口供将予以排除。可以认为，沉默权与口供的自由、自愿原则共同构成对被告人无罪推定权以及自由辩护权的保护。[2] 而我国目前所确立的非法口供排除标准与国外存在极大差异。

我国《刑事诉讼法》第52条规定，"严禁刑讯逼供和以威胁、引诱、欺骗以及其他非法方法收集证据，不得强迫任何人证实自己有罪"；第56条规

---

[1] 在美国，侵犯沉默权，援引联邦宪法第五修正案"不得强迫自证其罪"条款予以排除，而对于自白是否符合任意性标准，则援引联邦宪法第14条的"正当程序"条款。此外，沉默权与自白任意性法则在产生时间、理论依据、适用范围等也有区别。参见孙长永：《沉默权制度研究》，法律出版社2001年版，第7~8页。

[2] 施鹏鹏："口供的自由、自愿原则研究——法国模式及评价"，载《比较法研究》2017年第3期。

定，“采用刑讯逼供等非法方法收集的犯罪嫌疑人、被告人供述应当予以排除”。这两个条款从“非法方法”和“不得强迫任何人证实自己有罪”两个层面初步界定了非法口供排除的范围和标准。针对法条中的“非法方法”，《非法证据排除规程》中有较为全面的总结，其中第1条第1款列举的非法收集被告人供述的方法包括：①采用殴打、违法使用戒具等暴力方法或者变相肉刑的恶劣手段，使被告人遭受难以忍受的痛苦而违背意愿作出的供述；②采用以暴力或者严重损害本人及其近亲属合法权益等进行威胁的方法，使被告人遭受难以忍受的痛苦而违背意愿作出的供述；③采用非法拘禁等非法限制人身自由的方法收集的被告人供述。

从上述规定可以看出，我国非法口供排除采用多维标准：首先，依据“刑讯逼供”以及《关于办理刑事案件严格排除非法证据若干问题的规定》第2~4条关于“暴力方法”“变相肉刑”“限制人身自由”的规定，非法口供的排除需要满足三个要件：其一，使用非法方法；其二，使被告人在肉体上或精神上遭受难以忍受的痛苦；其三，迫使被告人违背意愿供述。这意味着供述的自愿性判断依附于使人遭受痛苦的非法方法，单纯的违背意愿供述不一定予以排除。龙宗智教授将我国的这种排除标准称为“痛苦规则”，区别于国外所确立的“自白任意性”排除标准。[1] 其次，除了“痛苦规则”外，我国还确立了“不得强迫任何人证实自己有罪”原则，即不得以非法手段强迫犯罪嫌疑人、被告人认罪，否则，该有罪供述不得作为起诉意见、起诉决定和判决的依据。但这与国外所普遍确立的“沉默权制度”亦存在重大区别。

（1）“痛苦规则”与“自白任意性规则”的差异。“自白任意性规则”是英美法系重要的证据可采性规则。“自白”即供述、坦白，“任意性”又称“自愿性”，强调理智清醒和意志自由。“自白任意性规则”，即要求供述系被告人自由、自愿地作出的，否则丧失证据能力，予以排除。排除非任意性自白的正当性依据有二：其一是为了保障案件的真实发现，非任意性自白被认为有较大的虚假可能性，因此予以排除有利于发现案件实质真实，避免受不实的证据误导；其二是非任意性自白违反了正当程序，一方面，非任意性自白基于违法取证行为而产生，违反了正当程序“基本公正”的本质要素，另一方面，非任意性自白违法了正当程序“选择自由”的本质要求。[2] 也正基于此，美国对于自白是否符合任意性标准，援引的是联邦宪法第14条的“正当程序”条款。对比前述的“痛苦规则”，可以看出两者在判断标准上存在着差别。“痛苦规则”以“在肉体上或者精神上遭受剧烈疼痛或者痛苦”为核心判断要件，以当事人对于痛苦的耐受性为基础，以侵权的严重性为标准进行评判，强调形成痛苦源的非法方法的应用，即“外部的标准”。而“自白任意性规则”则是以当事人的意志自由为基础，以自白的自愿性为标准进行评

---

〔1〕 龙宗智：“我国非法口供排除的‘痛苦规则’及相关问题”，载《政法论坛》2013年第5期。

〔2〕 张建伟：“自白任意性规则的法律价值”，载《法学研究》2012年第6期。

判，强调“内心自由”的“内在标准”。尽管在操作层面，“痛苦规则”的可操作性较强，因为外在标准比较容易辨识，而内在标准，即自由意志的妨碍较难判断。[1] 但也应注意到，“痛苦规则”提高了非法排除的门槛，缩小了非法口供排除的范围，不利于约束侦查机关的非法取证行为。这也是为何世界主流法治国家均强调自白的“自愿性”：一方面，它更加契合人权保障与正当程序的诉讼价值理念；另一方面，它固守人的“意志内核”，更能反映现代刑事司法制度中非法口供的本质和核心，因而比较能够适应排除不同性质、不同形式非法口供的需要。

（2）“不得强迫任何人证实自己有罪”与“沉默权制度”的差异。早在1966年，联合国《公民权利与政治权利国际公约》第14条第3款就规定，“任何刑事被告人不被强迫作不利于他自己的证言或强迫承认犯罪”。当下，沉默权制度已然成为国际通例。无论是英美法系国家，还是大陆法系国家，均在不同程度上建构了较严格和完善的沉默权保障体系。例如美国联邦宪法第五修正案规定，刑事案件嫌疑人享有沉默权和要求得到律师协助的权利。美国联邦最高法院在1966年米兰达诉亚利桑那州一案的判例中最终确立米兰达规则，要求在讯问嫌疑人之前，必须明白无误地告知其权利：“你有权保持沉默，否则你所说的一切，都能够而且将会在法庭上作为指控你的不利证据；审问之前，你有权与律师谈话，得到律师的帮助和建议；你有权请律师在你受审问时在场；如果你希望聘请律师但却雇不起，法庭将为你指定一位律师。”在德国，《刑事诉讼法典》第163a条第4项及第136条第1项均规定，犯罪嫌疑人在接受讯问前应告知其享有律师帮助权和沉默权。在法国，依其2011年《刑事拘留法》第3条之规定（修改了《刑事诉讼法典》原第63-1条），“犯罪嫌疑人在被刑事拘留后，应立即由司法警官或者在其指挥下的司法警员以犯罪嫌疑人能听懂的一种语言，或者在必要时采用格式告知文书向其告知以下内容：……有权要求通知其家属和雇主、由医生进行身体检查以及获得律师的帮助。被拘留者在接受讯问时拒绝表明身份的，仍有权作出供述、回答有关问题或者保持沉默”。相比之下，我国《刑事诉讼法》第52条虽然也确立了“不得强迫任何人证实自己有罪”的规定，但第120条第1款同时又规定：“侦查人员在讯问犯罪嫌疑人的时候，应当首先讯问犯罪嫌疑人是否有犯罪行为，让他陈述有罪的情节或者无罪的辩解，然后向他提出问题。犯罪嫌疑人对侦查人员的提问，应当如实回答。但是对与本案无关的问题，有拒绝回答的权利。”两个互相矛盾的条款可以看出，我国并不鼓励支持犯罪嫌疑人和被告人保持沉默，而是期望其能如实陈述案情。从这个意义上讲，我国并没有确认沉默权制度。

此外，收集程序严重违法的口供不得作为定案根据。根据《刑诉法解释》第81条，被告人供述具有下列情形之一的，不得作为定案的根据：①讯问笔

---

〔1〕 龙宗智：“我国非法口供排除的‘痛苦规则’及相关问题”，载《政法论坛》2013年第5期。

录没有经被告人核对确认的；②讯问聋、哑人，应当提供通晓聋、哑手势的人员而未提供的；③讯问不通晓当地通用语言、文字的被告人，应当提供翻译人员而未提供的。

2. 非法口供排除规则的延伸效力。

（1）毒树之果。“毒树之果”是指以非法证据为线索所收集的其他证据。立足非法口供的“毒树之果”是否可作为合法证据，这在各国存在一定的差异。英国采取“砍树食果”的原则，即排除非法口供，但原则上不排除派生证据。美国原则上既排除非法口供，也排除派生证据，但确立了一些裁量例外，比如允许法官根据具体案情判断违法程度的大小来决定是否排除派生证据。日本在判断是否排除“毒树之果”时认为需综合考量各种因素后权衡决定，包括：非法手段的违法程度；非法证据与派生证据之间的关联程度；派生证据的重要性；案件的重大性；侦查机关的目的（最初的违法行为是否是以获得派生证据为目的进行的）等。〔1〕法国在“毒树之果”问题上完全交由法官进行裁量。依《法国刑事诉讼法典》第174条第2款之规定：“预审庭决定是否应当撤销全部或部分的程序文书及证据以及决定是否延及之后全部或部分的程序……”如果衍生证据的可采性问题是在庭审中提出，则分为两种情况：预审庭已作出裁决的，合议庭不再受理这一诉讼请求；预审庭未作出裁决的，合议庭应参照《法国刑事诉讼法典》174条第2款的规定作出判断。法官依然应在打击犯罪的国家利益与非法取证行为所侵害的法益之间作出权衡。〔2〕在我国，非法证据排除规则的适用依然十分有限，遑论“毒树之果”。但《刑诉法解释》第106条规定：“根据被告人的供述、指认提取到了隐蔽性很强的物证、书证，且被告人的供述与其他证明犯罪事实发生的证据相互印证，并排除串供、逼供、诱供等可能性的，可以认定被告人有罪。”这在一定程度上也部分承认了“毒树之果”应予以排除。

（2）重复自白。重复自白，又称重复供述，是指司法机关从犯罪嫌疑人、被告人处取得的口供被认定为非法证据后，在合法的情况下重新收集的供述。“重复自白”，并不要求先后认罪的具体内容完全一致，只要求主要事实与关键情节一致即可。例如，在“佘祥林案”中，佘祥林前后作出了4种不一样的供述，涉及5种不同的杀人动机，但后续供述仍属于“重复自白”。对于“重复自白”是否应当予以排除，学术界的观点并不一致。

有观点认为，“重复自白”与“毒树之果”具有相似性，即两者均由非法证据衍生而来，但衍生的方式不尽相同。一般意义上的“毒树之果”是指以非法证据为线索而获取的派生证据，是对非法证据的直接利用。而“重复自白”是指犯罪嫌疑人、被告人基于对第一次刑讯逼供等非法方法的记忆和

---

〔1〕［日］高桥省吾：“违法排除法则——从裁判的立场”，载《环球法律评论》1992年第5期。

〔2〕施鹏鹏：“口供的自由、自愿原则研究——法国模式及评价”，载《比较法研究》2017年第3期。

恐惧，此后即便侦查机关不再使用非法方法，也还是作出相同的有罪供述，不敢轻易翻供。因此，非法取证产生波及效应，后续同类自白皆不能接纳，应将“重复自白”纳入非法证据排除的范围。也有观点认为应区别对待，即视违法情节严重性以及阻断因果关系的可能性而定。例如，有学者主张将排除重复自白的标准设置为非法行为与重复自白的联系密切程度，应当运用“五步排除法”予以权衡：讯问人员的更换、程序阶段的推进、间隔时间的长短、非法程度、稀释程度。[1] 本书亦主张区别对待，交由法官进行评价。这是因为口供具有“可分性”（principe de divisibilité de l'aveu），违法取证行为未必均会对犯罪嫌疑人、被告人产生持续影响，法官完全有能力作出判断。法官可以在总体上评价口供的证明力，也可以仅对他认为有证明力的部分进行评价，一切取决于犯罪发生时的主观情境及客观情境。

我国《非法证据排除规程》第1条第2款规定，采用刑讯逼供方法使被告人作出供述，之后被告人受该刑讯逼供行为影响而作出的与该供述相同的重复性供述，应当一并排除，但下列情形除外：①侦查期间，根据控告、举报或者自己发现等，侦查机关确认或者不能排除以非法方法收集证据而更换侦查人员，其他侦查人员再次讯问时告知诉讼权利和认罪的法律后果，被告人自愿供述的；②审查逮捕、审查起诉和审判期间，检察人员、审判人员讯问时告知诉讼权利和认罪的法律后果，被告人自愿供述的。可见，现行法对“重复自白”采取较为宽松的态度，原则上承认“重复自白”的效力。这也引发了较严厉的批评，因为这不利于遏制非法的讯问行为。

【案例】王某雷涉嫌故意杀人罪不批准逮捕案[2]——非法口供的排除

案情及处理经过：2014年2月18日22时许，河北省顺平县公安局接王某雷报案称：当日22时许，其在回家路上发现一名男子躺在地上，旁边有血迹。次日，顺平县公安局对此案立案侦查。经排查，顺平县公安局认为报案人王某雷有重大嫌疑，遂于2014年3月8日以涉嫌故意杀人罪对王某雷刑事拘留。2014年3月18日，顺平县人民检察院办案人员首次提审王某雷时发现，其右臂被石膏固定、活动吃力，在询问该伤情原因时，其极力回避，虽然对杀人行为予以供认，但供述内容无法排除案件存在的疑点。在顺平县人民检察院驻所检察室人员发现王某雷胳膊打了绷带并进行询问时，王某雷自称是骨折旧伤复发。监所检察部门认为公安机关可能存在违法提讯情况，遂通报顺平县人民检察院侦查监督部门，提示在批捕过程中予以关注。鉴于王某雷伤情可疑，顺平县人民检察院办案人员向检察长进行了汇报，检察长在阅卷后，亲自到看守所提审犯罪嫌疑人，并对讯问过程进行全程录音录像。

[1] 谢小剑：“重复供述的排除规则研究”，载《法学论坛》2012年第1期。

[2] 参见《最高人民检察院关于印发最高人民检察院第七批指导性案例的通知》（发布于2016年5月31日）。

经过耐心细致的思想疏导，王某雷消除顾虑，推翻了在公安机关所作的全部有罪供述，称被害人王某被杀不是其所为，其有罪供述系被公安机关采取非法取证手段后作出。

2014 年 3 月 22 日，顺平县人民检察院检察委员会认为，王某雷有罪供述系采用非法手段取得，属于非法言词证据，依法应当予以排除。在排除王某雷有罪供述后，其他在案证据不能证实王某雷实施了犯罪行为，因此不应对其作出批准逮捕决定。

案例评析：本案中王某雷作出过 9 次供述，前 5 次为无罪供述、后 4 次为有罪供述。在有罪供述中，对作案工具的描述不一，且其供述的作案工具未查明下落。检察机关根据存在矛盾的言词证据，结合王某雷在被羁押期间受伤的情况，经过进一步工作，证实了王某雷的有罪供述系非法取证所得。违反法律规定，运用《刑事诉讼法》第 56 条列举的手段获取的犯罪嫌疑人供述侵犯了基本人权，违反了程序正义，应当予以排除。顺平县人民检察院依法排除王某雷有罪供述符合言词证据的运用规则。

3. 非法证人证言、被害人陈述的排除规则。以暴力、威胁等非法方法收集的证人证言、被害人陈述应当排除。根据《非法证据排除规程》第 2 条的规定，所谓的"非法方法"还包括非法限制人身自由。此外，根据《刑诉法解释》第 76 条的规定："证人证言具有下列情形之一的，不得作为定案的根据：①询问证人没有个别进行的；②书面证言没有经证人核对确认的；③询问聋、哑人，应当提供通晓聋、哑手势的人员而未提供的；④询问不通晓当地通用语言、文字的证人，应当提供翻译人员而未提供的。"被害人陈述的非法排除也参照上述规定进行。

4. 非法鉴定意见的排除规则。根据《刑诉法解释》第 85 条，鉴定意见具有下列情形之一的，不得作为定案的根据：①鉴定机构不具备法定资质，或者鉴定事项超出该鉴定机构业务范围、技术条件的；②鉴定人不具备法定资质，不具有相关专业技术或者职称，或者违反回避规定的；③送检材料、样本来源不明，或者因污染不具备鉴定条件的；④鉴定对象与送检材料、样本不一致的；⑤鉴定程序违反规定的；⑥鉴定过程和方法不符合相关专业的规范要求的；⑦鉴定文书缺少签名、盖章的；⑧鉴定意见与案件待证事实没有关联的；⑨违反有关规定的其他情形。此外，经人民法院通知，鉴定人拒不出庭作证的，鉴定意见也不得作为定案的根据。

5. 非法笔录证据的排除规则。

（1）辨认笔录的非法排除。《刑诉法解释》第 90 条第 2 款规定，辨认笔录具有下列情形之一的，不得作为定案的根据：①辨认不是在侦查人员主持下进行的；②辨认前使辨认人见到辨认对象的；③辨认活动没有个别进行的；④辨认对象没有混杂在具有类似特征的其他对象中，或者供辨认的对象数量不符合规定的；⑤辨认中给辨认人明显暗示或者明显有指认嫌疑的；⑥违反有关规定、不能确定辨认笔录真实性的其他情形。这是辨认笔录强制性排除规则。适用强制性排除规则的辨认笔录属于重大程序违法情形，极有可能导致辨认结果失真。比如，违反了禁止暗示原则，辨认前使辨认人见到辨认对象的，辨认活动没有个别进行的，辨认中给辨认人明显暗示或者明显有指认嫌疑的；违反了混杂辨认原则，辨认对象没有混杂在具有类似特征的其他对象中，或者供辨认的对象数量不符合规定的。

（2）侦查实验笔录的非法排除。根据《刑诉法解释》第 91 条第 2 款的规定，侦查实验的条件与事件发生时的条件有明显差异，或者存在影响实验结论科学性的其他情形的，侦查实验笔录不得作为定案的根据。原则上，侦查实验是一种通过模拟案发现场的侦查活动。若进行侦查实验的条件与案发现场的条件存在明显差异的话，由此得出的侦查实验结论往往也具有误导性，应予排除。

（二）瑕疵言词证据补正规则

1. 瑕疵口供的补正规则。收集程序有轻微瑕疵的讯问笔录在不能补正时予以排除。根据《刑诉法解释》第 82 条的规定，讯问笔录有下列瑕疵，经补正或者作出合理解释的，可以采用；不能补正或者作出合理解释的，不得作为定案的根据：①讯问笔录填写的讯问时间、讯问人、记录人、法定代理人等有误或者存在矛盾的；②讯问人没有签名的；③首次讯问笔录没有记录告知被讯问人相关权利和法律规定的。程序瑕疵的消除有“补正”和“合理解释”两种方式。但并非所作出的补正和解释均能消除程序瑕疵，还应交由法官进行裁断。

2. 瑕疵证人证言、被害人陈述的补正规则。收集程序有轻微瑕疵的证人证言在不能补正时予以排除。《刑诉法解释》第 77 条规定，证人证言的收集程序、方式有下列瑕疵，经补正或者作出合理解释的，可以采用；不能补正或者作出合理解释的，不得作为定案的根据：①询问笔录没有填写询问人、记录人、法定代理人姓名以及询问的起止时间、地点的；②询问地点不符合规定的；③询问笔录没有记录告知证人有关作证的权利义务和法律责任的；④询问笔录反映出在同一时段，同一询问人员询问不同证人的。被害人陈述的瑕疵补正规则参照上述规定适用。

3. 瑕疵笔录证据的补正规则。

（1）勘验、检查笔录的瑕疵补正规则。根据《刑诉法解释》第 89 条的规定，勘验、检查笔录存在明显不符合法律、有关规定的情形，不能作出合理解释或者说明的，不得作为定案的根据。由此可见，我国对勘验、检查笔录确立的是可补正的排除规则。违反前述勘验、检查的法定程序和方法而获取的笔录或笔录的制作不符合法定形式要件的，可视为“瑕疵证据”；而瑕疵勘验、检查笔录是否能够通过合理解释或说明予以补正，则由法官进行自由裁量。根据两高三部《死刑案件证据规定》，当勘验、检查笔录存在勘验、检查没有见证人，勘验、检查人员和见证人没有签名、盖章，勘验、检查人员违反回避规定等情形时，应当结合案件其他证据，审查勘验、检查笔录的真实性和关联性。可见，法官在对瑕疵笔录是否应予排除进行自由裁量时，应充分结合全案证据加以判断。

（2）辨认笔录的瑕疵补正规则。两高三部《死刑案件证据规定》第30条第2款规定，辨认笔录有下列情形之一的，通过有关办案人员的补正或者作出合理解释的，辨认结果可以作为证据使用：①主持辨认的侦查人员少于二人的；②没有向辨认人详细询问辨认对象的具体特征的；③对辨认经过和结果没有制作专门的规范的辨认笔录，或者辨认笔录没有侦查人员、辨认人、见证人的签名或者盖章的；④辨认记录过于简单，只有结果没有过程的；⑤案卷中只有辨认笔录，没有被辨认对象的照片、录像等资料，无法获悉辨认的真实情况的。由此确立了辨认笔录的可补正排除规则。然而，《刑诉法解释》第90条仅吸收了《死刑案件证据规定》第30条第1款的规定。据此，有学者提出，我国针对辨认笔录确立了统一的强制性排除规则，遇有法定的侦查人员违法组织辨认的情形，法院都可作出无条件地排除辨认笔录的决定。[1] 但我们认为，两个司法解释之间并不必然存在冲突：适用强制性排除规则的辨认笔录属于重大程序违法情形；适用可补正排除规则的辨认笔录则属于轻微的程序违法，主要是辨认笔录制作的形式瑕疵。

（三）言词证据的证明力规则

如前所述，我国对于证据证明力的评价问题，主要借鉴了大陆法系的自由心证主义。所以，我国刑事诉讼法中并没有关于证明力判断规则的具体规定。“在本质上，刑事证明力规则便是将法官对证据的自由评价绝对客观化、立法化，这与刑事犯罪的偶发性及不可预期性有着根本的冲突。历史证明，立法者不可能在刑事诉讼中确立一套普适的证明力规则。”[2]

1. 口供的证明力规则。口供具有反复性、不稳定性和较高虚假可能性的特点。因此，在司法实践中，前后供述不一致、随意翻供的情形非常常见，这也增加了办案人员对其进行审查判断的难度。口供证明力的审查判断主要依赖于法官的理性思维能力，包括运用经验法则、逻辑规则等对证据进行批判性审查。我国立法对口供证明力的审查判断确立了一些应用规则。

（1）不得仅以供述作为定罪依据及口供补强规则。我国《刑事诉讼法》第55条第1款规定：“对一切案件的判处都要重证据，重调查研究，不轻信口供。只有被告人供述，没有其他证据的，不能认定被告人有罪和处以刑罚；没有被告人供述，证据确实、充分的，可以认定被告人有罪和处以刑罚。”依据该规定，法官对于仅有被告人口供的案件，不得予以定罪处罚。这也迫使侦查机关注重收集其他证据，改变传统上“以口供为中心”的办案思路，并

---

[1] 陈瑞华：《刑事证据法学》，北京大学出版社2012年版，第193页。

[2] 施鹏鹏：“法定证据制度辨误——兼及刑事证明力规则的乌托邦”，载《政法论坛》2016年第6期。

可在相当程度上避免非法的讯问行为。

可见，口供需要补强，但应遵循如下规则：①犯罪嫌疑人、被告人供述和辩解的传来形式不得作为补强证据，否则会出现自我补强；②共同犯罪中其他共犯的供述和辩解不得作为补强证据；③补强证据应具有合法性和关联性；④补强证据应具有来源独立性，原则上应是办案人员独立搜集到的其他证据。但如果补强证据源自于被告人的供述或指认，则仅在属于“隐蔽性很强的证据”且证据的收集过程合法的情况下才能作为补强证据。[1]

(2) 翻供的采信规则。《刑诉法解释》第 83 条确立了翻供的采信规则。犯罪嫌疑人、被告人翻供的情形主要分为两种：一是庭前供述一致，但在庭审中翻供的，即当庭推翻原先的有罪供述；二是庭前供述和辩解出现反复，即庭前有时作出有罪供述，有时又作无罪辩解的情况。针对第一种情形，根据《刑诉法解释》第 83 条第 2 款之规定，可以优先采纳庭前供述，但采纳庭前供述同时需要满足以下两个条件：①不能合理说明翻供原因，或者其辩解与全案证据存在矛盾；②其庭前供述与其他证据能够相互印证。当然，如果被告人能够合理说明翻供理由，其辩解与全案证据不矛盾，并且其庭前供述不能够与其他证据相印证的，也可以采纳当庭的辩解。针对第二种情形，根据第 83 条第 3 款之规定，我们又可细分为当庭供认与当庭不供认两种情形。虽然庭前曾作过无罪辩解，但庭审中又作出有罪供述的，如果当庭供述能够与其他证据相互印证的，可以采纳其当庭供述。庭前翻供且庭审中也不认可之前所作的有罪供述的，此时若再无其他证据能与其庭前作出的有罪供述相印证，则不得采纳该庭前供述。可见，不论采纳被告人当庭供述还是庭前供述，都要求该供述能够与其他证据相互印证。

但什么是前述条款中所称的“其他证据”，共同犯罪中其他共犯的供述和辩解是否属于“其他证据”的范畴，有观点认为，鉴于供述和辩解的特点以及共犯之间相互牵连着的利害关系，即使共犯之间的供述和辩解一致，可以相互印证，也不能据此定罪判刑；也有观点认为，共犯之间的关系是互为证人的关系，其供述和辩解只要能相互印证则可以依此定罪；还有观点认为，共犯之间虽不是互为证人的关系，但“其他证据”不能扩大解释为“供述和辩解以外的其他类型的证据”。本书持第一种观点，认为不宜将其他共犯的供述和辩解作为“其他证据”，否则容易形成攻守同盟，影响实质真实。

【案例】于某生申诉案[2]——前后矛盾的被告人供述的认定

基本案情：1996 年 12 月 2 日，于某生的妻子韩某在家中被人杀害。安徽省蚌埠市中区公安分局侦查认为于某生有重大犯罪嫌疑，于 1996 年 12 月 12

---

[1] 陈瑞华：《刑事证据法学》，北京大学出版社 2012 年版，第 167~168 页。

[2] 参见《最高人民检察院关于印发最高人民检察院第七批指导性案例的通知》（发布于 2016 年 5 月 31 日）。

日将其刑事拘留。1996 年 12 月 21 日，蚌埠市中市区人民检察院以于某生涉嫌故意杀人罪，将其批准逮捕。在侦查阶段的审讯中，于某生供认了杀害妻子的主要犯罪事实。蚌埠市中区公安分局侦查终结后，移送蚌埠市中市区人民检察院审查起诉。蚌埠市中市区人民检察院审查后，依法移送蚌埠市人民检察院审查起诉。1997 年 12 月 24 日，蚌埠市人民检察院以涉嫌故意杀人罪对于某生提起公诉。蚌埠市中级人民法院一审判决认定以下事实：1996 年 12 月 1 日，于某生一家三口在逛商场时，韩某将 2800 元现金交给于某生让其存入银行，但却不愿告诉这笔钱的来源，引起于某生的不满。12 月 2 日 7 时 20 分，于某生送其子去上学，回家后再次追问韩某 2800 元现金是哪来的。因韩某坚持不愿说明来源，二人发生争吵厮打。厮打过程中，于某生见韩某声音越来越大，即恼羞成怒将其推倒在床上，然后从厨房拿了一根塑料绳，将韩某的双手拧到背后捆上。接着又用棉被盖住韩某头面部并隔着棉被用双手紧捂其口鼻，将其捂昏迷后匆忙离开现场到单位上班。约 9 时 50 分，于某生从单位返回家中，发现韩某已经死亡，便先解开捆绑韩某的塑料绳，用菜刀对韩某的颈部割了数刀，然后将其内衣向上推至胸部、将其外面穿的毛线衣拉平，并将尸体翻成俯卧状。接着又将屋内家具的柜门、抽屉拉开，将物品翻乱，造成家中被抢劫、韩某被奸杀的假象。临走时，于某生又将液化气打开并点燃一根蜡烛放在床头柜上的烟灰缸里，企图使液化气排放到一定程度，烛火引燃液化气，达到烧毁现场的目的。后因被及时发现而未引燃。经法医鉴定：死者韩某口、鼻腔受暴力作用，致机械性窒息死亡。

诉讼经过：1998 年 4 月 7 日，蚌埠市中级人民法院以故意杀人罪判处于某生死刑，缓期 2 年执行。于某生不服，向安徽省高级人民法院提出上诉。1998 年 9 月 14 日，安徽省高级人民法院以原审判决认定于某生故意杀人的部分事实不清，证据不足为由，裁定撤销原判，发回重审。被害人韩某的父母提起附带民事诉讼。1999 年 9 月 16 日，蚌埠市中级人民法院以故意杀人罪判处于某生死刑，缓期 2 年执行。于某生不服，再次向安徽省高级人民法院提出上诉。2000 年 5 月 15 日，安徽省高级人民法院以原审判决事实不清，证据不足为由，裁定撤销原判，发回重审。2000 年 10 月 25 日，蚌埠市中级人民法院以故意杀人罪判处于某生无期徒刑。于某生不服，向安徽省高级人民法院提出上诉。2002 年 7 月 1 日，安徽省高级人民法院裁定驳回上诉，维持原判。2002 年 12 月 8 日，于某生向安徽省高级人民法院提出申诉。2004 年 8 月 9 日，安徽省高级人民法院驳回于某生的申诉。后于某生向安徽省人民检察院提出申诉。安徽省人民检察院经复查，提请最高人民检察院按照审判监督程序提出抗诉。最高人民检察院经审查，于 2013 年 5 月 24 日向最高人民法院提出再审检察建议。2013 年 6 月 6 日，最高人民法院将最高人民检察院再审检察建议转安徽省高级人民法院。2013 年 6 月 27 日，安徽省高级人民法院对该案决定再审。该院经审理认为，原判决、裁定根据于某生的有罪供述、现场勘查笔录、尸体检验报告、刑事科学技术鉴定、证人证言等证据，认定原审被告人于某生杀害了韩某。但于某生供述中部分情节与现场勘查笔录、尸体检验报告、刑事科学技术鉴定等证据存在矛盾，且韩某阴道擦拭纱布及三角内裤上的精子经DNA鉴定不是于某生的，安徽省人民检察院提供的侦查人员从现场提取的没有比对结果的他人指纹等证据没有得到合理排除，因此原审判决、裁定认定于某生犯故意杀人罪的事实不清、证据不足，指控的犯罪不能成立。2013年8月8日，安徽省高级人民法院作出再审判决：撤销原审判决裁定，原审被告人于某生无罪。

案例评析：对案件事实结论应当坚持“唯一性”证明标准，即从证据角度已经没有符合常理的、有根据的怀疑，特别在是否存在犯罪事实和被告人是否实施了犯罪等关键问题上。本案中，对于被告人有罪供述出现反复且前后矛盾，关键情节与其他在案证据存在无法排除的重大矛盾，不能排除有其他人作案可能的，应当认为认定主要案件事实的结论不具有唯一性。①原审判决认定于某生9时50分回家伪造现场，10时20分回到单位，而于某生辩解其在10时左右回到单位，后接到传呼并用办公室电话回此传呼，并在侦查阶段将传呼机提交侦查机关。安徽省人民检察院复查及最高人民检察院审查时，相关人员证实侦查机关曾对有关人员及传呼机信息问题进行了调查，并调取了通话记录，但案卷中并没有相关调查材料及通话记录，于某生关于在10时左右回到单位的辩解不能合理排除。因此依据现有证据，原审判决认定于某生具有20分钟作案时间和30分钟伪造现场时间的证据不足。②原审判决认定于某生有罪的证据主要是现场勘查笔录、尸检报告以及于某生曾作过的有罪供述。而于某生在侦查阶段虽曾作过有罪供述，但其有罪供述不稳定，时供时翻，供述前后矛盾。且其有罪供述与现场勘查笔录、尸检报告等证据亦存在诸多不一致的地方，如于某生曾作有罪供述中有关菜刀放置的位置、拽断电话线、用于点燃蜡烛的火柴梗丢弃在现场以及与被害人发生性行为等情节与现场勘查笔录、尸检报告等证据均存在矛盾。③根据从公安机关侦查内卷中调取的手写“手印检验报告”以及DNA鉴定意见，现场提取到外来指纹，被害人阴道提取的精子也不是于某生的精子，因此存在其他人作案的可能。原审判决认定于某生故意杀害韩某的证据未形成完整的证据链，认定的事实不能排除合理怀疑。

2. 证人证言的证明力规则。证人证言的证明力需要结合主客观各方面的因素进行综合分析，方能作出正确判断。

（1）考虑证言形成的过程。证人证言的形成过程包括感受、记忆、陈述三个阶段，对于证言证明力的判断需要考虑这三个阶段中证人的感知、记忆和陈述能力的差别。即使一个如实提供证言的人，其陈述的内容也有不符合客观事实的可能，这主要是因为证言的形成过程是一个复杂的、主观能动地反映客观事物的感知、记忆和陈述的过程。在感知阶段，证人在生理、心理、神经、精力上是千差万别的。当客观事物发生时，某人对此是否保持高度的注意力或者是否努力地进行细心的观察，也对记忆的长久性与准确性产生很大影响。并且，随着时间的推移，人对某一客观事物的记忆会逐渐淡忘或模糊，这也是属于不以人的意志为转移的客观规律。对此种因素也绝不能忽略：在陈述阶段，它涉及人们之间通过语言交流思想的传递系统。这主要取决于证人对发现的客观事物加以再现的表达能力，这种表达能力与证人的语言文字水平和逻辑思维模式具有密切关系。

（2）需要考虑证人与案件当事人或案件本身的利害关系。与当事人的利害关系包括亲属关系、朋友关系、恩怨对立关系等，与案件的利害关系包括是案件的被害人、第三人等。利害关系可能影响证言的客观性和可信性，进而影响证言的证明力。《行政诉讼证据规定》第63条第7项规定："其他证人证言优于与当事人有亲属关系或者其他密切关系的证人提供的对该当事人有利的证言。"本书主张，与案件有利害关系并不能否定作证能力，但对这类证据的真实性、可靠性应当结合其他证据予以综合判断。但就单个证据而言，这类证据的证明力一般要低一些，不能单独作为定案依据。在《行政诉讼证据规定》中，第71条第2项规定，与一方当事人有亲属关系或者其他密切关系的证人所作的对该当事人有利的证言不能单独作为定案依据。

（3）考虑证人的品格、操行对其证言是否产生影响。人的社会属性决定了证人的表达内容往往会受到其品格、操行的影响。在英美法系国家中，在对证人进行交叉询问时，证人的品格和操行会成为证言可信性的重要决定因素。一般而言，凡是品格、操行一贯优良的证人，陪审团会认为其证言具有更大的真实性和可靠性；反之，陪审团则会认为其证言的真实性和可靠性较弱。如我国《民诉证据规定》第96条规定，"人民法院认定证人证言，可以通过对证人的智力状况、品德、知识、经验、法律意识和专业技能等的综合分析作出判断"。但是，法庭不应当以证人的身份、地位、荣誉作为判断其证言证明力的标准。

（4）考虑证人的作证能力。由于证人具有不可替代性，因此证人只要具备最基本的作证能力就不能排除其证人资格。但不可否认的是，证人的作证能力大小会影响证人证言的可靠性。对于证人作证能力的认证，应当根据案件的复杂程度、作证能力对证人智力发育的要求程度，并结合有关证人的生理、心理、性格、习惯、受教育的条件和程度，以及证言形成当时客观环境因素，据情加以裁量。

（5）补强证据规则。证人证言作为言词证据的一种，也适用补强证据规则，即当证人证言与其他证据出现矛盾时，或者与已经查出的案件事实相抵触时，应结合其他证据相互印证，必要时还可以继续补充收集证据。

3. 鉴定意见的证明力规则。在我国行政诉讼与民事诉讼领域，仍存在一些关于鉴定意见的证明力预设规则，主要包括两方面的问题：

（1）鉴定意见与其他证据的证明力大小问题。根据《行政诉讼证据规定》第63条第2项的规定，鉴定意见等书证的证明力优于其他书证、视听资料和证人证言。

（2）不同鉴定意见之间证明力的大小问题。根据《行政诉讼证据规定》第 63 条第 4 项的规定，法定鉴定部门的鉴定意见优于其他鉴定部门的鉴定意见。

二、言词证据运用的特殊规则

（一）证人、鉴定人的主体适格性

1. 证人的资格。证人应当具备作证所要求的最基本的表达意志的能力，即能够以他人可以感知理解的方式来表达自己所感知的事物。我国《刑事诉讼法》第 62 条第 2 款规定："生理上、精神上有缺陷或者年幼，不能辨别是非、不能正确表达的人，不能作证人。"民事诉讼法和行政诉讼法上也有"不能正确表达意志的人不能作证"的规定。[1]对于证人资格的相关规定应当作如下理解：首先，证人资格的核心判断要素是能否"辨别是非、正确表达"，生理上有缺陷、刑事诉讼法中所提及的精神上有缺陷或者年幼只是法律列明的"不能辨别是非、正确表达"的判断理由，一些知道案件情况的人虽然有生理缺陷、精神缺陷或者年幼，但能够辨别是非、正确表达的，仍然可以作证。其次，对于证人能否"辨别是非、正确表达"应当在个案中具体判断，考虑证人本身在知晓案情当时和作证当时的状态，以及其辨别、表达能力与所证明事项的适应程度。例如，根据《刑诉法解释》第 75 条，处于明显醉酒、中毒或者麻醉等状态，不能正常感知或者正确表达的证人所提供的证言，不得作为证据使用。可见，即使一个生理、精神状况完好的成年人在因其他理由不能正常感知或者正确表达时，也不能作为证人。又如，根据《民诉证据规定》第 67 条第 2 款的规定，待证事实与其年龄、智力状况或者精神健康状况相适应的无民事行为能力人和限制民事行为能力人，可以作为证人。最后，要区分证人资格的判断与证人证言可信性的判断，前者是判断证人是否具有最低限度的作证能力，而后者则是判断证人已经作出的证言是否与事实相符。法官可以因为一个 4 岁儿童不具备辨别能力和表达能力排除其证人资格，但不能因为一个 4 岁儿童说的话不可信而排除其证人资格，证人证言是否可信属于证明力评价问题，而不是证人资格问题，将二者混为一谈可能会导致不公正地排除与案件相关的证据，进而影响整体的证明力评价结果。此外，值得一提的是，行政诉讼中还规定了对证人能否正确表达意志的鉴定制度。《行政诉讼证据规定》第 42 条第 2 款规定，根据当事人申请，人民法院可以就证人能否正确表达意志进行审查或者交由有关部门鉴定。必要时，人民法院也可以依职权交由有关部门鉴定。

2. 鉴定意见的主体适格性。根据《刑诉法解释》第 84 条，"对鉴定意见

---

〔1〕 参见《民事诉讼法》第 72 条第 2 款，《民诉证据规定》第 67 条第 1 款以及《行政诉讼证据规定》第 42 条第 1 款。

应当着重审查以下内容：①鉴定机构和鉴定人是否具有法定资质；②鉴定人是否存在应当回避的情形；……”此外，根据司法部《司法鉴定人登记管理办法》第12、13条的规定，鉴定人应具备下列基本条件：①拥护中华人民共和国宪法，遵守法律、法规和社会公德，品行良好的公民；②具有相关的高级专业技术职称，或者具有相关的行业执业资格或者高等院校相关专业本科以上学历，从事相关工作5年以上；③申请从事较为特殊的司法鉴定，还需符合法律的特殊要求及相关行业规定；④身体健康，能够适应司法鉴定工作需要；⑤不存在因故意犯罪或职务过失犯罪受过刑事处罚、受过开除公职处分，被司法行政机关撤销司法鉴定人登记，以及无民事行为能力或者限制行为能力等情形。除具备以上条件外，鉴定人从事鉴定业务，一般应当从属一个鉴定机构。司法鉴定人申请登记时，其拟执业机构应已经取得或正在申请《司法鉴定许可证》。同时，如鉴定人所在的司法鉴定机构受到停业处罚，处罚期未满，司法鉴定人也不得申请登记。

（二）证人、鉴定人出庭作证制度

1. 证人应当出庭提供证言。在英美法系国家，传闻证据排除规则及对质权条款要求证人应当出庭提供证言，接受交叉询问。在大陆法系国家（如德国），“法官依其在审理中建立起来的、自由的内心确信判断证据调查结果”（《德国刑事诉讼法典》第261条），法官心证的形成应立足“庭审的整体”，符合亲历性的要求（直接原则），避免各种可能的外在因素影响心证的准确性。在诉讼结构上，对席审判同样要求双方当事人（主要为检控机关）在庭外所获得的证据应在主审程序中接受审查，原则上禁止在主审程序中宣读书面证言（言词原则）。在我国的诉讼活动中，原则上证人应出庭以口头形式提供证言，接受当事人的质询。根据《民诉证据规定》第68条第1款，证人在审理前的准备阶段或者人民法院调查、询问等双方当事人在场时陈述证言的，视为出庭作证。当然，各国立法也普遍设立证人不出庭或者匿名作证的例外规定，主要涉及特殊类型的案件（如恐怖主义、有组织犯罪），担心证人身份暴露将面临不可预期的危险。在我国当下，证人不出庭是阻碍庭审实质化的重要缘由，故当务之急还应确立证人出庭作证制度。

此外，法律还规定了当庭证言与庭前证言的采信规则。根据《刑诉法解释》第78条第2款，证人当庭作出的证言与其庭前证言矛盾，证人能够作出合理解释，并有相关证据印证的，应当采信其庭审证言；不能作出合理解释，而其庭前证言有相关证据印证的，可以采信其庭前证言。

2. 鉴定人应当出庭作证。我国《刑事诉讼法》第192条第3款规定：“公诉人、当事人或者辩护人、诉讼代理人对鉴定意见有异议，人民法院认为鉴定人有必要出庭的，鉴定人应当出庭作证。经人民法院通知，鉴定人拒不出庭作证的，鉴定意见不得作为定案的根据。”《刑诉法解释》进一步规定，“鉴定人由于不能抗拒的原因或者有其他正当理由无法出庭的，人民法院可以根据情况决定延期审理或者重新鉴定。对没有正当理由拒不出庭作证的鉴定人，人民法院应当通报司法行政机关或者有关部门”。

（三）意见证据排除规则

我国三大诉讼法均规定了意见证据的排除规则。《行政诉讼证据规定》第46条规定，证人应当陈述其亲历的具体事实。证人根据其经历所作的判断、推测或者评论，不能作为定案的依据。《民诉证据规定》第72条第1款规定，证人应当客观陈述其亲身感知的事实，作证时不得使用猜测、推断或者评论性语言。《刑诉法解释》第75条第2款规定，证人的猜测性、评论性、推断性的证言，不得作为证据使用，但根据一般生活经验判断符合事实的除外。适用意见证据排除规则首先需要区分陈述事实的证人证言和在事实基础上作出推论的意见证据。二者在理论上虽然并非界限分明，但在司法实践中却并不难区分。以下述案例为例：

【案例】康某盗窃、抢劫、强奸、放火案——意见证据的排除[1]

基本案情：2015年1月21日12时许，被告人康某位于武汉市硚口区易农街4-4号1楼4号的家中着火。经火灾事故简易调查认定，过火面积30平方米，房内物品基本烧毁。公安机关经侦查后，将涉嫌放火的康某抓获。该案中有三位证人提供了证言：①证人陈某甲的证言，证明案发当天中午，看见康某家中着火后，康某从门内跑出来，且行为异常，后打电话报警将康某控制的事实。②证人张某甲的证言，证明案发当天中午听到有人喊着火了，发现康某家起火并随即报警，听街坊讲康某从家中跑出去了，还听康某的母亲讲是康某自己在家点火的事实。③证人曾某（被告人康某的母亲）的证言，证明案发当天上午，其与康某在其卖土豆的摊点上遇见管段户籍张某乙，张某乙对康某进行了教育，告诫其不要再吸毒。中午曾某回家给康某送饭时，康某曾说过“要死一起死”的话。故曾某认为是被告人康某在家中放的火。

主要证据及其认定：证人曾某（康某的母亲）、张某甲（康某的街坊）的证言。经查，根据《刑诉法解释》第75条第2款的规定，证人猜测性、评论性、推断性的证言，不能作为证据使用，但根据一般生活经验判断符合事实的除外。曾某并非目击证人，未目睹火灾发生时的情况，其关于“我不清楚火是怎么烧起来的，只是听到旁人议论就认为是我儿子放的火”“我没有看到康某点火，但是我心里知道是他点的”等证言属于推断性证言，依法不能作为证据使用。张某甲的证言显示其系“听曾某讲，是康某自己在家点的火”，属传闻证据，且该陈述来源于曾某的推断，依法亦不能作为证据使用。

（四）作证特免权

作证特免权是指因某些人员具有特定的身份，法律免除其对证明特定事

---

〔1〕“康某盗窃、抢劫、强奸、放火案”，（2017）鄂01刑终1043号判决书，载北大法宝网：http：//www.pkulaw.cn/Case/pfnl_a25051f3312b07f31325cf2c8e0397e029f64a37889ffaadbdfb.html？match=Exact，访问时间：2019年11月1日。

项的作证义务。作证特免权是价值权衡的结果，是在维护社会特定关系的稳定性与查明案件事实二者之间，法律作出的前者优于后者的选择。

总体而言，作证特免权适用于以下人员：

1. 国家公职人员或者曾经担任国家公职的人员，在就其负有保密义务的事项进行询问时，经相关监督机构同意，上述公职人员有权拒绝回答。但要注意的是，除妨害国家重大利益的情形外，监督机构不得同意其拒绝作证。

2. 可能因作证而自陷于罪的人。任何人对于自己可能受到刑事追诉或者有罪判决的事实，都可以拒绝作证，即任何人不得被强迫自证其罪。

3. 如果作证可能会导致其近亲属被追究刑事责任的人，可以拒绝作证。近亲属指直系亲属或者直系姻亲、有特定血缘关系或者特定姻亲关系的人、自己的监护人、监护监督人或保护人。关于近亲属的作证特免权有一项例外，即：与共同犯罪的一人或数人有上述关系者，在不涉及亲属关系的其他涉嫌共同犯罪的有关事项上，是不得拒绝作证的。

4. 医师等特定职业者。即神职人员、辩护人、律师、专利代理人、财会师、宣过誓的查账员、税务顾问、税务全权代表、医生、药剂师和助产士等特定人员，他们对受业务上的委托而得知的有关他人秘密的事项，可以拒绝作证。我国法律规定了律师的限制性作证特免权，即除非有特殊法定情形，律师对于其在执业过程中知悉的委托人的相关事项和信息，应当保守秘密。如《律师法》第38条规定："律师应当保守在执业活动中知悉的国家秘密、商业秘密，不得泄露当事人的隐私。律师对在执业活动中知悉的委托人和其他人不愿泄露的情况和信息作证，应当予以保密。但是，委托人或者其他人准备或者正在实施的危害国家安全、公共安全以及其他严重危害他人人身、财产安全的犯罪事实和信息除外。"《刑事诉讼法》第48条规定："辩护律师对在执业活动中知悉的委托人的有关情况和信息，有权予以保密。但是，辩护律师在执业活动中知悉委托人或者其他人，准备或者正在实施危害国家安全、公共安全以及严重危害他人人身安全的犯罪的，应当及时告知司法机关。"赋予律师拒绝作证的权利，这是我国刑事诉讼立法的一大进步。

第七章

实物证据及其运用规则

实物证据包括物证、书证、视听资料、电子数据。实物证据的运用规则具有一定的共通性：首先，从证据收集来看，实物证据往往通过勘验、搜查、扣押、查封、冻结、调取、当事人提供等方式收集。采取上述措施时应充分利用现代科学技术手段，及时、准确收集证据，防止实物证据由于自然或者人为的因素而毁损、灭失、失真。收集实物证据时也必须依照法定的程序进行，取得实物证据时应当按照相关规定履行必要的交接手续，如开列收据或者填写扣押物品清单。其次，从证据审查来看，实物证据的审查应当侧重证据的关联性，包括真实性和同一性。审查实物证据时应当注意证据有无伪造、变造、损毁、灭失等情形，也要查明该实物证据与本案的关联性，其能否证明案件事实。[1] 由此，实物证据适用原始证据优先规则，即原则上应当提交原物或原件，确有困难且经法律或法庭允许时才得以提交复制品、复制件等，且原物或原件的证明力优于复制品、复制件。原始证据优先规则意在避免证据在传播过程中的失真，保障证据的真实可靠。最后，从证据认定来看，实物证据由一方当事人向法庭以及对方当事人出示或者播放，经过对方当事人辨认、双方质证以及法庭查证属实后才能作为定案根据。

第一节　物证

一、物证的含义

物证有狭义和广义之分。广义的物证又称为“实物证据”，是与人证相对应的概念，即以物质形式表现出来的证据，涵盖了所有除“人”以外的证据形式。狭义的物证是指以外部特征、存在状态、物质属性等证明有关案件事实的实物和痕迹。这里的“实物”包括司法实践中所有可以作为物证之物，如各种物品、动物、植物、人体等有形物和气体等无形物。[2] 所谓物证的外

---

〔1〕 何家弘、刘品新：《证据法学》，法律出版社 2013 年版，第 127 页。

〔2〕 陈光中主编：《证据法学》，法律出版社 2015 年版，第 159~160 页。

部特征，主要指其客观存在的形状、大小、数量、颜色、新旧破损程度等。所谓物证的存在状态，主要是指物证所处的位置、所占有的时间、空间范围等。所谓物证的物质属性，主要是指其所具有的质量、重量、材料、成分、结构、性能等。[1] 我国诉讼法所规定的“物证”指的就是狭义的物证。本书讨论的亦是狭义的物证。

二、物证的表现形式

在司法实践中，物证的表现形式是多种多样的，在立法中无法做到一一列举。刑事诉讼中的物证主要包括以下几种：

1. 实施犯罪行为产生的痕迹。如遗留在现场的杀人、伤人的血迹、指纹、足迹；强奸案中的精斑；盗窃案中的撬压痕迹等。

2. 实施犯罪的工具。如杀人、伤人的刀枪，盗窃用的铁锥、钥匙，爆炸用的炸药，纵火用的引火物，走私用的运载工具等。

3. 犯罪人在预备犯罪、实施犯罪的各种场所遗留的各种物品或痕迹。如犯罪分子遗留在犯罪现场的纽扣、纸屑、衣服、烟头、指纹、脚印、血迹、弹道痕迹等。

4. 犯罪行为侵犯的客体物。如杀人案件中的尸体，经济犯罪中的赃款、赃物等。

5. 犯罪行为产生的物品。如非法出版的出版物，非法制造的枪支、弹药，伪造的货币等。

6. 表现犯罪社会危害性后果的物品。如被毁坏的机器、仪器，被焚毁、炸毁的建筑物等。

7. 在犯罪过程中或者犯罪后，犯罪人为掩盖罪行、对抗侦查而伪造的各种物品或痕迹。

8. 能够表明犯罪嫌疑人、被告人无罪的各种物品或痕迹。

9. 其他可供查明案件真实情况的物品或痕迹。例如某些动物（昆虫、蛆虫之类），人体的特征，物质的位置、大小、颜色、气味等，都可以用来证明案件有关事实。同时，没有一定的固定形状的证物，是以其所使用的物质材料的特殊属性同案件事实产生的关联性而发挥作用的，例如各种毒杀案件中所使用的毒品、毒气，也属于物证，能够用来认定案件事实。

民事诉讼中的物证主要是作为诉讼标的物的物品。例如，在买卖合同纠纷中当事人双方往往就合同标的物的质量、数量、外形、规格等存有争议，在这种情况下，该标的物本身就成为能够证明案件事实的物证。又如，在侵权损害赔偿案件中，被侵权行为损害的财物也属于物证的范围。当然，在另一些情况下，物品本身不一定就是诉讼标的物。例如，承揽合同纠纷中的定作物、修理物，侵权赔偿诉讼中的侵权工具及侵权行为所导致的客体物、物

---

〔1〕 卞建林、谭世贵主编：《证据法学》，中国政法大学出版社2014年版，第158页。

质痕迹等。

行政诉讼中的物证主要来源于行政纠纷案件的发生过程、行政执法程序，其表现形式也具有多样化的特征。如：被行政机关依法查处的变质的食品、伪劣产品、非法经营的物品、违禁物品，交通事故现场留下的痕迹等，反映侵权行为及其造成损害的物品或痕迹等。[1]

三、物证的特点

1. 以物质存在的方式来证明案件事实，即物证是以实体物的形式来证明案件事实的。具体而言，某一物品或物质痕迹的客观存在能证明特定的案件事实，这既是物证的最显著特点，也是物证区别于证人证言、被告人供述等言词证据的最主要特征。它既包括物品或物质痕迹存在的场所，又包括物品或痕迹的外部特征、数量、质量、性质等各方面的内容。例如，犯罪现场的指纹是通过其外部特征和存在的场所来证明案件事实的，赃款、赃物是通过其数量和性质等来证明案件事实的。

2. 物证具有较强的稳定性和可靠性。案件发生后，物证的样态是比较固定的，客观性较强，在此意义上，物证比言词证据更具有稳定性和可靠性。而言词证据因为介入了人的因素，因此会受限于语言、记忆等因素，具备一定的不确定性。如：证人证言会因为证人的感受能力不同或者道德素质差异而在真实性和可靠性上表现不同；被害人会出于羞耻而隐瞒案件事实，或出于对被告人的仇恨而夸大对犯罪严重程度的描述；等等。但需要注意的是，有些物证会因为其物理化学性质而具有较弱的稳定性，可能会随着周遭环境的变化而毁损灭失，因此，在收集物证时也应当及时，并用科学的方法提取、固定、保存。

3. 物证本身不能明确表明其证据意义。由于物证是客观实在物，是一种无意识的证据，不能自明其义，只有经过人的能动作用去发现、识别、挖掘它同案件的客观联系，进而将其纳入诉讼轨道才能明确其证据意义，发挥证明作用。因此，物证又被称为“哑巴证据”，不能主动表达对案情的证明作用，需要通过人的认识（交付辨认、比较和印证）甚至借助科学技术、特殊设备和专业知识（科学技术鉴定）来明确其证据意义。[2] 例如，美国《联邦证据规则》第901（a）条规定：“为满足对证据进行验真或者辨认的要求，证据提出者必须提出足以支持该证据系证据提出者所主张证据之认定的证据。”因此，为了使实物证据能够作为定案证据，举证方必须证明该物证与案件之间的关系。[3]

---

〔1〕 卞建林、谭世贵主编：《证据法学》，中国政法大学出版社2014年版，第161~162页。

〔2〕 樊崇义主编：《证据法学》，法律出版社2004年版，第147页。

〔3〕［美］罗纳德·J. 艾伦、理查德·B. 库恩斯、埃莉诺·斯威夫特：《证据法：文本、问题和案例》，张保生等译，高等教育出版社2006年版，第219页。

4. 物证具有不可替代性。物证的证明价值都专属于特定的物体和痕迹。例如，侦查人员在某伤害案件的现场发现一根带有血迹的木棍，在该案中，只有这根木棍本身具有证明价值，侦查人员不能用其他相似的木棍来代替它。因此，物证通常具有不可替代性。明确物证的这个特点，就必须强调对物证的保全。任何物证在现场提取之后，都必须按照法律要求的程序和方式保存，以防止灭失和损毁。

四、物证的分类

根据不同的标准，可以将物证分为不同的种类，以便于理解和运用，主要包括以下几种：

1. 实体物证、痕迹物证、气味物证。根据物证存在的不同状态，可以分为实体物证、痕迹物证、气味物证。实体物证是指以实物形态存在的物证，痕迹物证是指以某种作用力形成的印记，气味物证是指与待证事实有联系的物质气味。这种分类对于物证的提取具有重要意义。对于实体物证要尽可能提取原物，因为只有原物才可能具备该物证的全部特征，在因客观原因不能提取原物的情况下，也应当在现场勘验检查后复制原物，或通过拍照、录像等形式附卷。对于痕迹物证大都通过相关技术和设备提取，揭示其特征。对于气味证据如毒气，可以通过技术鉴定所作的鉴定意见，确定属性的同一性。对实体物证可以通过辨认来确定其与案件的联系；对痕迹物证、气味物证则需要通过专门的鉴定来对其关联性和证明力加以确定。

2. 常观物证和微观物证。根据物证的体积，可以分为常观物证和微观物证。前者是指在通常光线下，有通常视力的人可以获知的物证。后者是指必须要借助科学仪器或者物理化学分析才能鉴别的物证。在依靠高科技的现代诉讼中，微观物证在诉讼中所起的作用越来越明显，因此应借助现代科技和设备加以提取、保存、运用。

3. 原始物证和传来物证。根据物证的来源不同，可以分为原始物证和传来物证。前者是指作为原物保存下来的物证，后者是指原物无法提取或长期保存而用摄影、复制模型等方法予以固定和收集的物证。[1] 由于“原始物证的真实性可能会更大，而传来物证的虚假性可能更大”[2]，因此，立法上原则要求采纳原始物证，原始物证的证明力要优于传来物证，如：2012 年《最高人民法院关于适用〈中华人民共和国刑事诉讼法〉的解释》第 70 条规定，“据以定案的物证应当是原物。原物不便搬运，不易保存，依法应当由有关部门保管、处理，或者依法应当返还的，可以拍摄、制作足以反映原物外形和特征的照片、录像、复制品。物证的照片、录像、复制品，不能反映原物的外形和特征的，不得作为定案的根据。物证的照片、录像、复制品，经与原

---

〔1〕 卞建林主编：《证据法学》，中国政法大学出版社 2005 年版，第 157 页。

〔2〕 郭天武主编：《刑事证据法：原理·案例·实验》，中国法制出版社 2015 年版，第 87 页。

物核对无误，经鉴定为真实或者以其他方式确认为真实的，可以作为定案的根据”。

五、对物证的重点审查内容

对于物证应当着重审查如下内容：①物证是否为原物，物证的照片、录像、复制品是否与原物相符，是否由 2 人以上制作，有无制作人关于制作过程以及原物存放于何处的文字说明和签名；②物证的收集程序、方式是否符合法律及有关规定；③经勘验、检查、搜查提取、扣押的物证，是否附有相关笔录、清单，笔录、清单是否经侦查人员、物品持有人、见证人签名，没有物品持有人签名的，是否注明原因，物品的名称、特征、数量、质量等是否注明清楚；④物证在收集、保管、鉴定过程中是否受损或者改变；⑤物证与案件事实有无关联，对现场遗留与犯罪有关的具备鉴定条件的血迹、体液、毛发、指纹等生物样本、痕迹、物品，是否已作 DNA 鉴定、指纹鉴定等，并与被告人或者被害人的相应生物检材、生物特征、物品等比对；⑥与案件事实有关联的物证是否全面收集。

第二节　书证

一、书证的含义

书证是指能够根据其表述的思想和记载的内容查明或证明案件真实情况的一切物品，主要包括：用文字记载的内容来证明案情的书证，以符号表达的思想来证明案情的书证，以及用数字、图画、印章或其他方式表露的内容或意图证明案情的书证，等等。在各类证据形式中，书证与物证的关系最为密切，这是因为书证的外形一般是一种客观物质材料；但二者又有本质上的差异，因为书证以客观物质材料中所表达的内容来证明案件事实。虽然有学者认为，从书证与物证相联系的角度可以将书证划入广义物证的范畴[1]，但从书证独有的特点和其所适用的证据规则考虑，本书仍然将书证作为一种特定类型的证据来介绍。

书证具有多种表现形式。就载体而言，既可以是纸张，也可以是木头、石头、金属、竹简、绢帛或其他材料，而且随着科学技术的发展，其载体形式也会越来越丰富。就所载内容而言，既可以是文字，也可以是图片，还可以是符号。就制作工具而言，可以是笔、刀、印刷机等。就制作方法而言，既可以是写，也可以是雕刻，还可以是印刷。但无论是通过上述何种形式形成的书证，其证明力仍然是通过其内容及其所表达的思想来体现的。因此，我们不能简单地把书证定义为“以书面文字记载的材料”，也不能把以纸张为

---

〔1〕 卞建林、谭世贵主编：《证据法学》，中国政法大学出版社 2014 年版，第 170 页。

外在形式的书面材料都等同于书证。[1]

就书证所包含的内容而言，每个国家的规定也不尽相同。英美法系国家的书证一般包括文件证据、书面陈述和证言笔录，大陆法系国家一般认为书证是其记载的内容或表述的思想能证明案件事实的文书或物件。[2]我国法律规定的书证仅指文件证据。

二、书证的表现形式

在诉讼中，书证通常具有以下表现形式：①反映行为人主体身份的书证。如出生证、工作证、身份证、护照、户口本、营业执照、任职免职的文件等；②反映人们各种民事经济关系的书证。如行为人之间来往的账册、票据、小金库的各种白条、收据、经济合同、书面遗赠等；③诬告、陷害案件的诬告信、大字报、小字报等；④反映人与人之间关系的车票、船票、飞机票、个人日记、工作日志等；⑤产品质量的认证书、检验文书，乃至各种文字广告等；⑥村规、民约、各种章程、管理制度等；⑦各种红头文件、公证文书、裁判文书等。[3]

需要注意的是，“红头文件”是通俗的说法，泛指宪法、法律、法规、规章以外的有关机关和部门制定发布的非立法性文件。由于上述文件是国家机关发出的措施、指示和命令，代表国家行使各项管理职权，因此要盖以象征国家机关权威的“红章”，故被称为“红头文件”。原则上，红头文件属于国家的规范性文件，在对其进行审查时，应注意作出主体、作出程序、文件内容等规范性因素。

三、书证的特点

书证虽然以具体实物的形式存在，但能够真正发挥证明作用的应为其记载的内容及其所表达的思想，而上述内容和话语又不是通过直接言词的形式被诉讼参与各方所感知的，因此，书证与物证、言词证据都有明显的区别，具体表现为以下几方面：

1. 书证是通过其记载的内容和表述的思想来证明案件事实的。相对于物证是通过某一物品或物质痕迹的客观存在来证明一定的案件事实而言，书证能够与案件事实产生联系的关键点是其记载的思想和内容。相对于言词证据是通过让诉讼参与各方直接感知语言并获取其所表达的信息来证明案件事实而言，书证的表达载体是具体实物上载有的文字、图片、印迹等。

2. 书证具有相对稳定性。相对于言词证据（如：当事人陈述、证人证

---

〔1〕 杨迎泽、孙锐主编：《刑事证据的收集、审查与运用》，中国检察出版社2013年版，第32~33页。

〔2〕 卞建林主编：《证据法学》，中国政法大学出版社2005年版，第175页。

〔3〕 樊崇义主编：《证据法学》，法律出版社2004年版，第148页。

言、犯罪嫌疑人、被告人供述和辩解、被害人陈述）来说，书证不仅内容明确，而且在形式上也相对固定，稳定性较强，受时间的影响较小，并易于长期保存。只要作为书证载体的物质材料本身未遭受毁损，即使是经历了很长时间，其特定的思想内容仍然能够借助有关的文字、符号或图画等起到应有的证明作用。

3. 书证是证据和资料的统一。在证明过程中，物证需要通过人的主动认识才能具备资料性，进而在诉讼中发挥证明作用，换言之，如果离开了人的认识因素，物证就无法获得其作为证据的资料性，因此就无法证明案件事实。但书证中既有文字、图画、符号等，也有文字、图画、符号所表达的事实，同时具备证据和证据资料的双重属性，因此可以直接进入证明过程。

四、书证的分类

书证的分类是一个比较复杂的问题，世界各国理论界和学术界所采用的分类标准也不尽相同。总体而言，根据不同标准，书证有以下分类：

1. 公文书证和私文书证。按照书证是否是依职权作出的，可以分为公文书证和私文书证。前者是指由国家机关、企事业单位、人民团体在法定权限内所制作的文书，且该文书与证明案件有关，如民政部门颁发的结婚证书、离婚证书，法院制作的判决书、调解书，行政机关颁布的任免书、奖惩文书，行政管理部门作出的处罚决定书等；后者是指公文书证之外的书证，如民事主体之间签订的合同、个人出具的收据等。通常情况下，公文书证的作出会产生一定的法律后果，因此对法律制作程序和书证形式有较为严格的要求，其证明力一般也大于其他书证。但不享有法定权限的单位或国家机关公务人员所制作和发出的文书，或是公务人员非依职权制作的文书，不能认定为公文书证。与公文书证相比较，法律对制作私文书证的程序和形式都没有非常严格的规定，因此私文书证的证明力要比公文书证弱。

2. 原本、正本、副本、节录本、影印本和译本等。按照书证的形成方法，可以分为原本、正本、副本、节录本、影印本和译本等。原本是指制作人最初制成的文书，是文书的最初始状态，能够最客观地反映文书所记载的内容，因此，在收集书证时应当尽可能地收集原本。正本是指照原本全文抄录或印制并与原本具有同等法律效力的文件。正本出自原本，其效力也等同于原本，只是在日常生活中使用时有所不同：原本一般保留在制作者手中或者存档备查，正本则发送给收件人。副本是按照原本全文抄录或印制但效力不同于原本的文件。制作副本的目的是告知有关单位或个人原本文件的内容，一般会发送到主收件人之外的应当知晓原本内容的有关单位或个人。节录本是指制作者以摘抄的方式，节录原本或正本文书内容的一部分而形成的文书。节录本只反映原本的部分内容，其证明作用与原本也有较大差异。影印本是指运用影印技术，采取对原本或者正本摄影或复印的方式所形成的文书。译本是指运用其他国家或民族的文字将原本或正本翻译而形成的文书。因此，只有原本才是制作者最初制作的文本，其他形式的文书都直接或者间接来源于原本。

3. 一般书证与特别书证。按照书证的形成是否需要特定的形式、格式和要件，可以分为一般书证与特别书证。前者是指法律对其形成未规定特定的形式、格式或者程序，只要求其具有明确的意思表示并由当事人签名（或盖章）、填写日期即可，如借据、收据、合同。后者是指法律明确规定了其形成所必须具备的形式、格式或者程序，如公安机关制作的行政拘留决定书、工商行政管理机关颁发的营业执照、国家审判机关依法制作的判决书等。一般书证一般应具备以下要件：有明确的意思表示、有当事人的签名、有制作该书证的具体日期，而且要件不完全会影响一般书证的证明力。法律对一般书证仅强调其内容上的构成要件，而不强调形式特征。特别书证除了应当具有一般书证的内容构成要件之外，还应当具备规定的程序要求，如：结婚证书的制作和发放，必须是申请结婚的男女双方均已达到法定结婚年龄，自愿建立婚姻关系，且不存在法律规定的禁止结婚的情形，在此基础上，婚姻登记机关方可准予登记，并发放结婚证书。

4. 勘验书证和报告书证。按照文书记载的内容，可以分为勘验书证和报告书证。前者是指记载事项为文书制作人或其他陈述者意思表示的文书。因法官要自行查看文书内容，从而认定该项文书是否能够作为证明案件事实的依据，从查看与勘验具有类似性的角度考虑，故称之为勘验书证。勘验文书以设立、变更或者消灭一定法律权利义务关系为目的，如委托书、遗嘱、协议、合同、判决书等。后者是指文书制作人以其观察的事实结果为记载内容的文书，内容包括以下三种：纯粹事实观察结果的记载、有关意见的记载、关于感想表示的记载。报告书证中所记载的内容不以产生特定的法律后果为目的，只是反映了某种具有法律意义的事实，如日记、信件、会议记录、商业账簿、新闻稿等。

五、对书证的重点审查内容

对于书证的审查与物证有诸多相似之处，也应着重于如下内容：①书证是否为原件，是否经过辨认、鉴定，书证的副本、复制件是否与原件相符，是否由 2 人以上制作，有无制作人关于制作过程以及原件存放于何处的文字说明和签名；②书证的收集程序、方式是否符合法律及有关规定；③经勘验、检查、搜查提取、扣押的书证，是否附有相关笔录、清单，笔录、清单是否经侦查人员、物品持有人、见证人签名，没有物品持有人签名的，是否注明原因，物品的名称、特征、数量、质量等是否注明清楚；④书证在收集、保管、鉴定过程中是否受损或者改变；⑤书证与案件事实有无关联；⑥对现场遗留与犯罪有关的具备鉴定条件的书证是否已作相应的鉴定等；⑦与案件事实有关联的书证是否全面收集。

第三节 视听资料

一、视听资料的概念

视听资料，又称音像资料，是指以录音带、录像带、电影胶片等高科技设备记录和存储的，以音响、图像以及音响和图像的结合为内容，用以证明案件事实的证据。视听资料是根据人对证据的感知来命名，而音像资料是根据证据的性质、特征来命名的。相较而言，音像资料的概念似乎更为合理，但由于三大诉讼法均采用视听资料的概念，已然约定成俗，遂无改变之必要。但围绕视听资料概念的争议依然存在。

（一）“独立证据说”与“非独立证据说”之争

“非独立证据说”否认视听资料的独立证据地位，认为迄今尚无其他国家将这类证据独立于书证等传统证据种类，因为这类证据与书证等证据的证明机理相同或相似，甚至其外部形态与其他证据也难以区分，因此，不应当作为独立种类的证据。“独立证据说”则认为，任何一种传统证据都无法将录音、录像证据囊括进去，这些证据借助于现代科学技术，具有动态连续性、逼真性与多媒体显示等特性，在司法证明中作用越来越大，因此有必要将其规定为一种独立的证据类型。〔1〕现今，三大诉讼法均已将视听资料明确规定为一项独立的法定证据，宣告了“独立证据说”的通说地位。“独立证据说”之所以能成为通说，是因为视听资料有其独特之处，传统的证据方法确实不能将其囊括其中。首先，视听资料不能划属为物证。物证是指以外部特征、存在状态、物质属性等来证明有关案件事实的实物和痕迹。而录音带、录像带、电影胶片只是视听资料的外在形式，真正起到证明案件事实作用的却是这些载体所记录和储存的音像信息。其次，视听资料也不能划属为书证。书证是以文字、符号、图画所表示的内容和涵义来证明案件事实的，而视听资料则是以其声音、图像来证明案件事实，具备“望之有形、听之有声、查之有据”的特殊性能，是一种立体化的证据，其表现形式和证明作用都是书证所无法比拟的。

（二）视听资料“广义说”和“狭义说”之争

最初，证据法学的主流理论将电子计算机所记录的资料纳入到视听资料的范畴。但随着对电子数据认识的逐步深入，2012年我国刑事诉讼法正式将“电子证据”列为法定的证据种类，并规定“电子证据”是指电子计算机、移动电话等电子设备所记载的数据资料。于是，电子数据的概念与传统视听资料的概念就有相重合的部分，即电子计算机储存的资料。而这部分重合的内容应当属于电子数据还是视听资料？由此引发了视听资料概念广义和狭义

---

〔1〕 龙宗智：“证据分类制度及其改革”，载《法学研究》2005年第5期。

之争。“广义说”明显受传统证据种类理论的影响，认为视听资料是用图像和音响、数据和资料反映出来，可以证明案件事实的一种证据。电子计算机储存的资料当然属于视听资料的范畴。而“狭义说”认为视听资料是以声音、图像或者两者的结合形象、动态地再现事实，证明案件真实情况的证据，仅仅包括录音制品和录像制品，并将文字信息明确排除在外。这一争论如今已无必要，因为《民诉法解释》给出了明确的答案，其第116条规定：“视听资料包括录音资料和影像资料。……存储在电子介质中的录音资料和影像资料，适用电子数据的规定。”这表明我国现行法采用“狭义说”，认为储存在电子计算机等电子介质中的视听资料属于电子数据的范畴，即电子视听资料不属于视听资料。相应地，电子视听资料应适用电子数据的证据运用规则，而不应适用视听资料的证据运用规则。

二、视听资料的特点

1. 视听资料具有高度的直观性和动态连续性。视听资料所记录的音响、图像往往是一个连续的动态的过程，可以生动再现与案件有关的客体的特征、案件事实情况，能够给人以如临其境、如见其人、如闻其声的感觉，因而具有较大的准确性和可靠性。

2. 视听资料具有易伪造性。视听资料具有科学性与可制作性，伪造、变造视听资料也绝非难事。比如，根据声纹技术模拟一个人的声音，进而赋予其实质内容，伪造出记录某人说话的录像带。再比如，截取一段录音录像作为证据，破坏原始资料的完整性，扭曲原始资料中的意思表达。且视听资料一旦被伪造，不借助科学技术手段往往难以分辨和甄别。

3. 视听资料的证明功能具有多重性。视听资料既可以是直接证明案件的要件事实，如被告人实施犯罪行为的全部过程，亦可以是间接证明案件要件事实的某一片段，如被告人与被害人发生争执的过程。此外，视听资料还具有印证和补强功能，如用录音录像记录讯问嫌疑人的过程以证明侦查程序的合法性，与讯问笔录相印证，对被告人陈述和辩解作出补强。

三、视听资料的分类

目前，由于采用“狭义说”，视听资料从表现形式上，主要分为录音资料和录像资料两种。

（一）录音资料

录音资料是运用声学、电学、机械学等方面的科学技术，把正在进行的演说、对话、自然声响等声音如实地记录下来，然后经过播放使记录的声音得以再现，用以证明案件真实情况的证据。录音资料能逼真地反映出讲话人的音质、音素、语言习惯、讲话时的心情。在录音资料为真实的前提下，一经辨认出声音的主人，其就难以否认和反驳。因此，录音资料也被称为“会说话的证据”。

（二）录像资料

录像资料是运用光电效应和电磁转换的原理，将事物运动、发展、变化的轨迹记录下来，再经过播放使其得以重现，用以证明案件真实情况的证据。录像资料是运用摄像机、录像机、监控等综合性技术方法录制的，具有生动逼真、准确完整、连贯再现原状的特点。由于近来手机、摄像机与视频监控的普及，银行、超市、路面监控，以及私人的录像和行车记录仪均可以成为录像资料的来源，录像资料的重要性不言而喻。

四、对视听资料的重点审查内容

《刑诉法解释》第92条规定："对视听资料应当着重审查以下内容：①是否附有提取过程的说明，来源是否合法；②是否为原件，有无复制及复制份数；是复制件的，是否附有无法调取原件的原因、复制件制作过程和原件存放地点的说明，制作人、原视听资料持有人是否签名或者盖章；③制作过程中是否存在威胁、引诱当事人等违反法律、有关规定的情形；④是否写明制作人、持有人的身份，制作的时间、地点、条件和方法；⑤内容和制作过程是否真实，有无剪辑、增加、删改等情形；⑥内容与案件事实有无关联。对视听资料有疑问的，应当进行鉴定。"

概括而言，我国对视听资料的审查包括以下几个方面：

（1）来源的可靠性。除了上述《刑诉法解释》第92条第1款第1项和第4项的规定，《行政诉讼证据规定》第12条规定，"当事人向人民法院提供录像等视听资料的，应当注明制作方法、制作时间、制作人和证明对象等，声音资料应当附有该声音内容的文字记录。"可见，我国对视听资料来源的审查，主要是通过对相关笔录、清单的验证加以完成。例如查看勘验笔录、检查笔录、提取笔录、搜查笔录、扣押清单等，以此确定视听资料的制作主体、制作方式、制作时间、制作地点、条件、方法及周边环境。

（2）收集、制作程序的合理性与合法性。对视听资料制作过程的审查，主要是确定视听资料的制作设备、制作技术是否合理、科学，制作人是否具备相关资格，制作程序是否合法、是否侵害公民的合法权益等。目前，我国在这方面的规定尚不完善。根据我国《刑事诉讼法》第137条的规定，任何单位和个人，有义务按照人民检察院和公安机关的要求，交出可以证明犯罪嫌疑人有罪或者无罪的视听资料。根据我国《国家安全法》《人民警察法》的规定，国家安全机关、公安机关，经过严格的批准手段，执法人员可以在采取监听或监视措施的过程中制作视听资料。律师在出示证件、征得对方同意的情况下，可以制作录音或录像资料。制作程序的合法性主要看是否依法制作相关笔录。

（3）内容的真实性。对视听资料内容的审查，主要是确定视听资料的内容是否清晰可辨，是否伪造或者经过拼接，是原件还是复制件。《民诉证据规定》第15条、《行政诉讼证据规定》第12条均对视听资料提出了提供原件的要求。提供原件确实有困难的，可以提供复制件。提供复制件的，还需要审查原件无法调取的原因、复制件的制作过程以及原件存放地点的说明，审查原件持有人是否有签名或者盖章，以便司法人员对复制件与原件的同一性作出判断。此外，根据《刑诉法解释》第92条至第94条之规定，对视听资料的真实性的审查还应遵守以下要求：侦查人员提取的视听资料必须附有提取过程的说明文字以便确证其来源，提取笔录应当载明制作人、持有人的身份，制作的时间、地点、条件和方法，视听资料的内容和制作过程应当真实且无剪辑、增加、删改等情形，提交法庭的视听资料是复制件的，应当附有无法调取原件的原因、复制件制作过程和原件存放地点的说明，且制作人、原视听资料持有人应当签名或者盖章。

（4）视听资料与待证事实的关联性。证据的关联性是审查、认定证据的一大要素，视听资料只有与待证事实具有关联性，才能作为证据使用。

【案例】林某宝诉林某等婚约财产纠纷案〔1〕——视听资料的审查认定

基本案情：2007年9月，原告与被告林某经媒人介绍认识。同年10月，双方商谈订婚事宜，约定礼金为303 000元，被告应先付20万元，余款在订婚时付清。当月18日，原告通过银行转账按约给付被告林某婚约彩礼20万元。2007年10月24日，双方在父母主持下举行订婚仪式。原告于订婚当日将余款103 000元礼金通过其胞兄和媒人之手以现金方式交给被告陈某珠。2008年1月6日，原告与被告林某按农村习俗举行了婚礼。后被告林某拒绝与原告办理结婚登记，并于2008年6月24日离家。故原告起诉请求被告林某、林某河、陈某珠返还婚约彩礼303 000元。

争议焦点：对双方争议的原告林某宝通过银行转账给付被告林某的20万元款项是礼金还是结婚费用的问题和被告林某、林某河、陈某珠是否有收到原告林某宝另一笔礼金103 000元的问题，原告林某宝提供用录音笔录制的录音资料，并申请证人林某某、陈某某出庭作证。法院认为，原告以录音笔录制，录音笔即为该视听资料的原始载体，且本案亦无证据显示证据的来源不合法；从录音资料的内容看，其中的对话连贯和完整，被告未能提供录音有省略、删接的证据证明。判决被告向原告返还彩礼300 000元。

案例评析：当前，当事人选择私录视听资料作为证据的情况日益增多。2001年最高人民法院出台的《民诉证据规定》，明确排除了“以侵害他人合法权益或者违反法律禁止性规定的方法取得的证据”作为定案依据的资格。〔2〕关于在非公开场合私录对方当事人的视听资料证据的合法性的认定问

〔1〕 林平建：“非公开场合中一方当事人私录的未侵害他人合法权益或者违反禁止性规定的方法取得的视听资料，可以作为定案依据——林某宝诉林某等婚约财产纠纷案”，载《中国审判案例要览·2009年民事审判案例卷》。

〔2〕 虽然2019年《民诉证据规定》修订时删除了这一规定，但类似的证据排除规则仍然保留在2015年出台的《民诉法解释》中，参见《民诉法解释》第106条。

题，应从录制的内容来认定。如果当事人录制的是自己和对方当事人之间的具有法律意义的民事活动，即具有合法性，因为这不过是再现事实发生和发展过程的一种表达方式，是一种行之有效的保全证据的手段，而不是侵害他人合法权益的行为；反之，则是侵犯对方隐私权或商业秘密等合法权益的非法行为。本案中，原告在非公开场合私录的与被告的谈话内容完整再现了双方的婚约情形，体现了案件中争议的财产问题，亦未出现其他必须排除在外的非法情形。法院作出上述判决正确。

第四节　电子数据[1]

一、电子数据的概念

电子数据是伴随着现代通信技术、电子计算机技术、网络技术以及其他现代科学技术的发展而出现的一种证据形式，并随着科学技术的发展逐渐枝繁叶茂。它广泛存在于我们的日常生活中，比如微信聊天记录、手机短信、电子邮件、网页浏览记录等。最初，我国学者在定义电子数据时，主要指向以电子计算机、电子磁盘为载体的电子数据，“电子数据是储存作为证明案件事实的音响、活动影像和图形的电子计算机或电子磁盘等”[2]；“电子数据即电子计算机或者电子磁盘储存的资料，是指电子计算机或者电子磁盘作为载体，储存在电子计算机内或电子磁盘中，并用以证明案件事实的各种信息”[3]；“它（电子数据）是指电子计算机、互联网络、移动电话等电子设备所记载的与案件事实有关的数据资料”[4]。但随着电子数据的应用和发展，其定义也呈现出开放式特点。如“电子数据是指以电子形式存在的、能够作为证据使用的一切材料及其派生物”，而所谓“电子形式”，是指由介质、磁性物、光学设备、计算机内存条或类似设备生成、发送、接收、存储的任一信息的存在形式[5]；“电子数据是案件发生过程中形成的，以数字化形式存储、处理、传输的，能够证明案件事实的数据”[6]。开放式的定义顺应了电

---

〔1〕 有的教材使用的是“电子证据”这一概念。有学者认为电子数据和电子证据存在区别。电子数据即电子形式的数据信息，所强调的是记录数据的方式而非内容。以电子数据为基础的各种存在形式可以统称为电子证据。但我们认为两者并无实质区别，电子数据本身就是对各种以电子形式存在的记录的概括，只是当电子数据作为证据使用时也可称为电子证据或电子数据证据。虽然我国法律也曾经出现过混用两个概念的局面，但三大诉讼法修改后统一采用的是“电子数据”的表述，所以本书顺延采用之。

〔2〕 陈光中主编：《证据法学》，法律出版社 2015 年版，第 205 页。

〔3〕 卞建林、谭世贵主编：《证据法学》，中国政法大学出版社 2014 年版，第 241 页。

〔4〕 陈瑞华：《刑事证据法学》，北京大学出版社 2012 年版，第 180 页。

〔5〕 刘品新：“论电子证据的定位——基于中国现行证据法律的思辨”，载《法商研究》2002 年第 4 期。

〔6〕《关于办理刑事案件收集提取和审查判断电子数据若干问题的规定》第 1 条第 1 款。

子证据的发展规律，却因其高度概括性更容易使人糊涂。因此，对于电子数据的涵义，应结合其表现形式以及特点加以理解。

2012年，修改后的民事诉讼法、刑事诉讼法将电子数据列入法条，《行政诉讼证据规定》也将计算机数据纳入行政诉讼证据范围。自此，电子数据才作为一种独立的证据形式登上历史舞台。但此前，电子数据的定位一直是困扰学界的一大难题。当时主要存在六种观点，分别认为应将电子数据划归为视听资料、书证、物证、鉴定意见、新型的独立证据或者作为几种证据的混合体，即"视听资料说""书证说""物证说""鉴定结论说""独立证据说"和"混合证据说"。而这些观点或多或少具有一定的片面性。前四种观点无法完全容纳电子数据的内涵。"独立证据说"也受到质疑，有学者认为"电子证据同七种传统的证据相比，并未创造一种全新的证明机制，如果说有所不同则仅是外在形式的不同"，是传统证据在电子信息技术的作用下形式变革的结果。除了形式载体的电子化，电子数据在证据规则上并无实质性的突破。[1]"混合证据说"认为电子证据既不属于某一种传统的证据，也不是独立的新型证据，而是若干传统证据的组合。指出在证据电子化的情形下，原本静态的或言词的证据可能变成动态的或可视听的证据，传统证据相应地成为电子物证、电子书证、电子证人证言、电子被害人陈述、电子供述和辩解、电子当事人陈述、电子鉴定结论与电子视听资料。虽然这一学术具有独创性，在不改变已有证据分类的基础上，比较巧妙地处理了电子数据的定位，但缺乏证据法和法理的支持，在实践中也难以操作。

既然三大诉讼法已经选择将电子数据规定为一种独立的证据形式，那么对其定位也再无讨论之必要。应当说，这一立法定位也符合学理逻辑。首先，"从现实的角度来看，我国法律对证据的分类具有务实的传统，并没有将每种证据与不同证据规则一一对应起来，而是一种无标准的经验型分类。"[2]将电子数据独立为一种证据形式并不会损及既有的立法传统。其次，电子数据的虚拟空间性决定了其地位的不可替代性。电子数据对于解决网络犯罪、电子商务纠纷以及利用互联网进行的其他犯罪有着不可替代的作用，因为这些犯罪行为都发生在虚拟的空间中，只有通过分析同样存在于虚拟空间的电子数据才能还原犯罪事实。再次，电子数据的虚拟空间性与高科技性决定了专门建立电子证据的收集、保全和审查机制的必要性。最后，起草专门的电子证据规则已然成为一种国际趋势，中国顺应此趋势有助于相关领域的国际交流。信息时代下，证据形式的电子化是必然演变，也是大势所趋，电子数据的重要地位日益突显。正如何家弘教授在2002年所预言的那样，"就司法证明方法的历史而言，人类曾经从'神证'时代走入'人证'时代；又从'人

---

〔1〕 刘品新："论电子证据的定位——基于中国现行证据法律的思辨"，载《法商研究》2002年第4期。

〔2〕 刘品新主编：《网络时代刑事司法理念与制度的创新》，清华大学出版社2013年版，第195页。

证’时代走入‘物证’时代。也许，我们即将走入另一个新的司法证明时代，即电子证据时代”[1]。

二、电子数据的表现形式

电子数据的表现形式具有多样性，并且随着科学技术的进步不断翻新。2016年最高人民法院、最高人民检察院、公安部颁布的《关于办理刑事案件收集提取和审查判断电子数据若干问题的规定》第1条列举了生活中常见的几类具有代表性的电子数据，同时对电子数据的范围进行了一定限制。

该条第2款规定：“电子数据包括但不限于下列信息、电子文件：①网页、博客、微博、朋友圈、贴吧、网盘等网络平台发布的信息；②手机短信、电子邮件、即时通信、通讯群组等网络应用服务的通信信息；③用户注册信息、身份认证信息、电子交易记录、通信记录、登录日志等信息；④文档、图片、音视频、数字证书、计算机程序等电子文件。”从这些表现形式来看，电子数据既包括公共数据，也包括私人数据。公共和私人数据的分类对区分电子数据取证中的非强制侦查、强制侦查与技术侦查具有重大意义。龙宗智教授认为，非强制侦查不得妨碍侦查对象的人身权、财产权、住宅权及通信自由和秘密权，但其一般隐私权可能受到干涉。[2] 所以，对公共数据的取证一般属于非强制侦查。而私人数据的取证是否属于强制侦查，需要衡量是否妨碍了公民的通信自由和秘密，对其隐私侵犯的程度如何。强制侦查需遵循司法审查和令状制度，即措施的实施需经内部审批，实施时需出示执行证明文书。而技术侦查则需要更为严格的司法审查。

该条第3款规定：“以数字化形式记载的证人证言、被害人陈述以及犯罪嫌疑人、被告人供述和辩解等证据，不属于电子数据。确有必要的，对相关证据的收集、提取、移送、审查，可以参照适用本规定。”分析法条背后的逻辑，法律意欲将电子言词证据排除在电子数据之外，但同时，法律也不得不承认电子言词证据数字化的特殊性，所以规定确有必要时亦可参照适用电子数据收集、提取、移送、审查的相关规定。这也进一步印证了电子数据是传统证据形式变革的结果的结论。此外，“等”字应作何理解，值得进一步深究。“等”字本身就具有“等外等”和“等内等”的双重含义，字面解释方法在此处行不通。但根据证据种类制度，可以作出合理揣测，立法者意图将电子数据与已有的传统证据作出区分。因此，“等”应作“等外等”的理解，不光是电子言词证据，电子物证、电子书证、电子鉴定结论均应排除在电子数据之外，但同时可参照适用电子数据的运用规则。此外，电子视听资料比较特殊，属于电子数据的范畴。《民诉法解释》第116条规定：“视听资料包

---

〔1〕 何家弘主编：《电子证据法研究》，法律出版社2002年版，前言。

〔2〕 龙宗智：“寻求有效取证与保证权利的平衡——评‘两高一部’电子数据证据规定”，载《法学》2016年第11期。

括录音资料和影像资料。……存储在电子介质中的录音资料和影像资料，适用电子数据的规定。”

三、电子数据的特点

1. 电子数据的储存介质和外在形式具有多样性。电子数据的储存介质包括光缆、光盘、磁盘、芯片、软盘、硬盘、U 盘、互联网等。电子数据的形式更是从手机短信、通话记录发展到电子邮件、博客，再到如今的微博、QQ 和微信。未来，随着科学技术的发展，电子数据势必涵盖更多的内容。

2. 电子数据具有虚拟空间性或者数字空间性。传统证据都处在物理空间，而电子数据则处在由 0 和 1 数字信号量构成的虚拟空间或数字空间，是办案人员不能直接进入的无形空间。如若要在这样的空间提取相关的电子证据，人们必须借助高科技的软硬件电子设备。虚拟空间大致包括计算机空间、网络空间、服务器空间、手机空间、摄像机空间，U 盘、硬盘、打印机、复印机等存储介质空间，还有现在所说的云空间。

3. 电子数据具有传递的高效性和无损耗性。电子数据能够以精确的方式进行无限、快速地传递。电话、电报可以通过光缆在分秒之间越洋，各种各样的信息可以通过互联网在瞬间传播扩散到世界的每一个角落。电子数据的传递依靠的是客观物质，而非主观主体，不像言词证据那样，容易在信息传递的过程中流失和变形。但电子数据的无损耗性也并非绝对。声音、图片或视频这些可听可看的音像类电子数据在传输的过程中可能受到损耗。例如，电话将人的声音从一端传到另一端时，电磁波在传输过程中会有丢失，因此声音可能会失真，图片格式的转换会导致画质损耗。但随着科学技术的发展，亦可通过增强音质、画质进行补救。电子数据的无损耗性也意味着按照程序制作的电子数据复制件具有较大程度的可靠性。

4. 电子数据既具脆弱性又具稳定性。一方面，电子数据具有脆弱性，其脆弱性表现为其易受损性。操作人员的误操作或供电系统、通信网络故障等环境和技术方面的原因都会导致对数据的破坏。在电子证据收集的过程中，也可能会对原始数据造成破坏。电子数据的脆弱性还表现在数据受到气温、磁场、潮湿度等外界物理条件的影响可能会丢失，一般电子介质都有使用寿命的限制。另一方面，电子数据还具有稳定性。随着信息技术的发展，通过一些专业软件可以轻松恢复被破坏的电子数据。此外，电子数据的稳定性还表现在可记录修改或篡改行为上，包括对入侵行为的记录、文件被修改后文档属性信息的变化、硬盘的擦写痕迹、U 盘的使用记录等。电子数据的脆弱性对电子取证、保全提出了更高的要求。电子取证需要专业技术人员的协助且通常应以“先固定后收集”的方式进行。而其稳定性的特点则意味着电子数据是一种较为可靠的证据形式。

四、电子数据的分类[1]

根据不同的分类标准，可以将电子数据作不同分类。比如，根据电子数据所依存的信息技术的不同，可分为电子通信数据、计算机数据、网络数据与其他电子数据。根据电子数据所存在的计算机系统的不同，又可分为开放计算机系统中的电子数据、通信系统中存在的电子数据与嵌入式计算机系统存在的电子数据。根据电子数据封闭性的不同，可以将其分为隐藏数据、只读数据和存档数据。对电子数据进行分类可以明确不同类型电子数据的来源、特征，从而进一步研究其获取路径、保存方法和审查规则。此外，不同类型电子数据的真实性、可靠性具有一定差异，可采性及证明力也有所不同。

（一）数据电文数据、附属信息数据与关联痕迹数据

根据内容和功能的不同，电子数据可分为数据电文数据、附属信息数据与关联痕迹数据。数据电文数据，是指记载法律关系发生、变更与消灭的数据，如电子邮件、文本文档、图片文件、加密文件、压缩文件等。附属信息数据，即数据电文生成、存储、传递、修改、增删而形成的时间、制作者、格式、修订次数、版本等信息，如电子邮件的制作人、发件人、收件人、传递路径、日志记录、文档本身的属性等。关联痕迹数据，即电子数据的存储位置信息、传递信息、使用信息及相关文件的信息，如缓存文件、休眠文件、分页文件、快捷方式、源文件的存储记录以及副本文件等。

这三种数据所起的证明作用是不一样的。数据电文数据主要用于证明法律关系或待证事实；附属信息数据和关联痕迹数据，主要以形成证据保管链条的方式用于证明电子数据的真实可靠，表明每一电子数据自形成直到获取、最后到被提交法庭，每一个环节都是有据可查的。这三种类型的数据通常都是三位一体的，即数据电文数据的产生与变化往往伴随着附属信息数据与关联痕迹数据的产生与变化。基于这一原理，司法人员在使用电子证据办案时绝不能仅仅使用数据电文内容，还要依据数据电文内容背后的附属信息数据、关联痕迹数据。

（二）数字式电子数据与模拟式电子数据

根据承载信息的方式的不同，电子数据可分为数字式电子数据与模拟式电子数据。数字式电子数据，是指是通过信号离散状态的各种可能组合所赋予的各种数值或其他信息的方法来承载信息内容的电子数据。模拟式电子数据，是指通过信息中的某些特征的具体数值或量（如电压信号的幅度、降位、频率，脉冲信号的幅度或持续时间等）来记载电子信息内容的电子数据。前者的技术应用产品包括录音笔、数字摄像机、手机以及数字电视等高科技产品，后者则包括电话、非数字电视等。

模拟信号具有连续性，其内容一经剪辑改变，比较容易鉴别。而数字信

---

〔1〕 何家弘、刘品新：《证据法学》，法律出版社 2013 年版，第 162~164 页。

号是离散的，其内容更改后不易留下痕迹，难以鉴别。所以，模拟式电子数据较数字式数据具有更大的真实性、可靠性。

（三）电子设备生成数据、电子设备存储数据与电子设备混成数据

根据形成机制的不同，电子数据可分为电子设备生成数据、电子设备存储数据与电子设备混成数据。电子设备生成数据，是指完全由电子计算机等设备自动生成的数据。其最大的特点在于不掺杂任何主观意志，如计算机按照预先编制好的程序自行运算所得出的结果。电子设备存储数据，是指电子数据所存在的电子设备仅仅是其载体而并非其生成源，如将录像机录制的视频用U盘进行存储。而电子设备混成数据，则是计算机存储兼生成的数据，是指计算机等设备录制人类的信息后，再根据内部指令自动运行而得来的数据，如使用智能卡取款或刷卡时，自动取款机或者读卡机在比较所输入号码、密码是否正确的基础上所生成的包含时间及金额的记录。

电子设备生成数据直接来源于母体，准确性最高。电子设备存储数据至少经过一次复制，如果将计算机设备比喻为证人，那么电子设备存储数据则属于传闻证据，对此类证据证明力大小的判断，除了要考虑电子设备的性能与运行状况外，还需要考虑储存时是否发生了影响录入准确性的因素。电子设备混成数据因兼具前两种数据的性质，其可采性及证明力则更为复杂。

（四）原生电子数据与派生电子数据

一方面，电子数据可以轻易地被输出、复制以及毁损灭失，其“原件”与“副本”很难区分且“原件”不易保存；而另一方面，电子数据又能够以精确的方式进行传递，其“副本”在一定条件下也具有极高可靠性。所以，学术界有观点认为，在复杂的网络环境中，传统的“原件”与“副本”标准不再适合用于界定电子数据原生和派生的范畴。美国立法主流观点认为，电子证据在两种情况下属原生证据：其一，有关数据存储在计算机内时，能准确反映数据的打印物或其他输出物；其二，当电子证据表现为副本时制作者或发行者意图使其具有同文书本身同等效力的。[1] 还有学者提出了“拟制原件说”，认为只要能证明电子数据直接来源于首次生成的电子数据本身并且能够准确反映其内容即可认定为原始证据，而通过再复制或再输出的方法所产生的电子数据应认定为传来证据。所以，原生电子数据，是指电子数据本身，或者制作者或发行者意图使其具有同等效力的复本；它不局限于信息首先固定所在的媒介物，而是对当事人而言具有法律效力的，具有最终完整性的数据。派生电子数据，则是指通过电子的再录制方法，或通过其他能正确复制原件的相应技术而产生的复本。确实，扩大原生电子数据的范围有利于解决原生证据收集与提取的难题，但如何扩大其范围仍有待商讨和细化。

原生电子数据的证明力优于派生电子数据，派生电子数据的证明价值一般随着中间环节的增加而减弱。派生电子数据必须在原生电子数据的收集或

---

〔1〕何家弘：《电子证据法研究》，法律出版社2002年版，第44页。

提取确有困难或不可能时，在法律允许的情况下，才可作为定案依据使用。

五、电子数据的取证规则

电子数据存在于虚拟空间，其取证方式也与存在于物理空间的传统证据存在一定差异。电子数据的取证，也称作电子取证。有学者认为，电子取证是将计算机系统视为犯罪现场，运用先进的技术工具，按照规程全面检查计算机系统，提取、保护并分析与计算机犯罪相关的证据，以期据此发起诉讼。取证的主要过程包括保护和勘查现场、获取物理数据、分析数据、追踪源头、提交结果等。也有学者认为，电子取证是指对能够为法庭接受的、足够可靠和有说服性的，存在于计算机和相关外设中的电子数据的确认、保护、提取和归档的过程。两种定义的主要区别在于电子数据是否限于特殊的技术手段、是否需要专门的技术人员。[1] 我们认为，虽然电子数据是带有一定高科技色彩的新型证据，但从司法实践来看，获取电子数据并不限于技术手段，也不限于专家提取，普通的当事人完全可以利用一般知识或经验予以事先保全或事后收集。《关于办理刑事案件收集提取和审查判断电子数据若干问题的规定》基本上继承了《关于办理网络犯罪案件适用刑事诉讼程序若干问题的意见》的相关规定，以“收集、提取电子数据”作为电子数据取证的基本概念和基本方法。在这一基本方法之下，可以容纳扣押、调取、勘验、侦查实验等法定侦查方法。

（一）电子取证的原则

《关于办理刑事案件收集提取和审查判断电子数据若干问题的规定》第一部分规定了电子取证的一些原则性要求。

第一，电子数据的收集、提取应当坚持法定程序与技术标准的统一，做到全面、客观、及时（第2条）。

第二，人民法院、人民检察院和公安机关有权依法向有关单位和个人收集、调取电子数据。有关单位和个人应当如实提供（第3条）。这一规定重申了司法机关收集调取电子数据的依法原则与有关单位的配合义务。但应注意，根据《宪法》第40条的规定，对通信进行检查限于因国家安全或者追查刑事犯罪的需要，且只能由公安机关或者检察机关依照法律规定的程序进行。

第三，电子数据涉及国家秘密、商业秘密、个人隐私的，应当保密（第4条）。明确了司法机关和有关主体对电子数据的保密义务。

第四，对作为证据使用的电子数据，应当保护其完整性（第5条）。完整性是指收集、提取的电子数据保持未被篡改、破坏的状态。完整性的保护是为了确保证据的真实性。

第五，初查过程中收集、提取的电子数据，以及通过网络在线提取的电子数据，可以作为证据使用（第6条）。该条原则性规定遭到了学界的一致反

---

〔1〕 刘品新：“电子取证的法律规制”，载《法学家》2010年第3期。

对。在刑事立案前严禁采取强制侦查和技术侦查措施是各国普遍遵行的基本原则。我国《关于办理网络犯罪案件适用刑事诉讼程序若干问题的意见》第10条亦规定："初查过程中，可以采取询问、查询、勘验、检查、鉴定、调取证据材料等不限制初查对象人身、财产权利的措施，但不得对初查对象采取强制措施和查封、扣押、冻结财产。"根据《关于办理刑事案件收集提取和审查判断电子数据若干问题的规定》，电子数据的收集与提取可以采取扣押电子数据原始储存介质、网络在线提取电子数据等方法。结合第6条的规定，可推出如下结论：初查阶段采用扣押电子数据原始储存介质、网络在线提取电子数据的方式收集和提取的电子数据可以作为证据使用。首先，扣押电子数据原始储存介质具有强制性，侵犯了公民的财产权，属于强制侦查；其次，网络在线提取电子数据有可能涉及技术侦查。网络在线提取电子数据必然具有监控被取证者数据的行为，包括通信、网络活动情况乃至通过网络进行商业交易的性质。这种主动侦查，即监控侦查，应当说属于较为典型的技术侦查行为。[1] 所以，第6条的规定与在刑事立案前严禁采取强制侦查和技术侦查措施的原则相违背，有待修改。建议第6条明确初查阶段可以采取的具体侦查措施，区分非强制侦查、强制侦查和技术侦查。

（二）电子取证的主体

根据《关于办理刑事案件收集提取和审查判断电子数据若干问题的规定》的相关规定，人民法院、人民检察院和公安机关有权依法向有关单位和个人收集、调取电子数据。有关单位和个人应当如实提供（第3条）。由此可见，电子数据既可以由司法机关自行收集，也可以由有关单位和个人收集，再由司法机关调取。后者例如，我国《互联网信息服务管理办法》第14条，《互联网上网服务营业场所管理条例》第23条规定，互联网信息服务提供者和互联网接入服务提供者、互联网上网服务营业场所经营者应当记录上网用户的上网时间、用户账号、互联网地址或域名、主叫电话号码等信息，记录备份应当保存60日，并在国家有关机关依法查询时予以提供。[2] 所以，电子数据收集、提取的主体并不限于司法机关，普通有关单位和个人亦有权收集和提取。

司法机关收集、提取电子数据的，应当由2名以上侦查人员进行。取证方法应当符合相关技术标准（第7条）。要求2名侦查人员实施电子数据取证的设置不合理。目前我国传统的取证技术大致包括数据挖掘技术、数据恢复技术、日志分析技术、数据截获技术、蜜阱取证技术、入侵检测系统取证技

---

〔1〕 公安部《办理刑事案件程序规定》第255条将技术侦查措施规定为"记录监控、行踪监控、通信监控、场所监控等措施"。

〔2〕 皮勇："《网络犯罪公约》中的犯罪模型与中国大陆网络犯罪立法比较"，载《月旦法学杂志》2002年第11期。

术、人工智能技术以及恶意代码技术等。[1] 在这些技术中，有些是侦查人员通过学习、利用软件能够掌握的“傻瓜型技术”，而有些则是需要专业技术人员的协助才能完成的。日常刑事侦查活动中的电子取证，大都由非技术人员的刑事侦查部门的刑事警察实施，这些刑警难以应对取证中的技术问题，需要技术人员协助。而检察机关的电子取证，由于司法改革实行人员分类管理，技术人员又属于司法辅助人员，不具备检察机关侦查人员身份，而侦查人员又缺乏技术能力，因此要求两名以上侦查人员实施电子数据取证的设置不够科学，也不符合现实。

（三）电子取证的方法

根据《关于收集提取和审查判断电子数据的规定》相关规定，司法人员收集与提取的方法主要包括以下几种：

（1）扣押、封存原始存储介质。收集、提取电子数据，能够扣押电子数据原始存储介质的，应当扣押、封存原始存储介质，并制作笔录，记录原始存储介质的封存状态。此处的存储介质，是指具备数据信息存储功能的电子设备、硬盘、光盘、U 盘、记忆棒、存储卡、存储芯片等载体。封存前后应当拍摄被封存原始存储介质的照片，清晰反映封口或者张贴封条处的状况。封存手机等具有无线通信功能的存储介质，应当采取信号屏蔽、信号阻断或者切断电源等措施（第 8 条）。应注意，扣押、封存原始存储介质属于强制侦查的范围。

（2）现场提取、网络在线提取和网络远程勘验。无法扣押原始存储介质的，可以提取电子数据，但应当在笔录中注明不能扣押原始存储介质的原因、原始存储介质的存放地点或者电子数据的来源等情况，并计算电子数据的完整性校验值[2]。法律明确列举了四种无法扣押原始存储介质的情况：①原始存储介质不便封存的；②提取计算机内存数据、网络传输数据等不是存储在存储介质上的电子数据的；③原始存储介质位于境外的；④其他无法扣押原始存储介质的情形。原始存储介质处于犯罪现场时，可以对电子数据进行现场提取。但对于原始存储介质位于境外或者远程计算机信息系统上的电子数据，可以通过网络在线提取。为进一步查明有关情况，必要时，可以对远程计算机信息系统进行网络远程勘验。进行网络远程勘验，需要采取技术侦查措施的，应当依法经过严格的批准手续。（第 9 条）。网络在线提取和网络远程勘验既有区别又有联系。网络远程勘验，是指通过网络对远程计算机信息系统实施勘验，发现、提取与犯罪有关的电子数据，记录计算机信息系统状态，判断案件性质，分析犯罪过程，确定侦查方向和范围，为侦查破案、刑

---

〔1〕 黄文、庞荣、荣卓波：“基于云计算平台的新型电子取证研究”，载《中国刑事法杂志》2013 年第 10 期。

〔2〕 完整性校验值，是指为防止电子数据被篡改或者破坏，使用散列算法等特定算法对电子数据进行计算，得出的用于校验数据完整性的数据值。

事诉讼提供线索和证据的侦查活动（附则第 29 条）。而网络在线提取基本可以理解为是一个下载动作，既包括对公开的门户网站上的网页信息进行下载，也包括经网络远程勘验后下载。应当指出，法律仅针对网络远程勘验规定了技术侦查的审批程序，而忽略了网络在线提取亦可能涉及技术侦查。这一点有待改进。

（3）打印、拍照或录像。由于客观原因无法或者不宜采取上述方法收集、提取电子数据的，可以采取打印、拍照或者录像等方式固定相关证据，并在笔录中说明原因（第 10 条）。

（4）冻结。经县级以上公安机关负责人或者检察长批准，可以对电子数据进行冻结。法律明确列举了四种可以冻结电子数据的情形：①数据量大，无法或者不便提取的；②提取时间长，可能造成电子数据被篡改或者灭失的；③通过网络应用可以更为直观地展示电子数据的；④其他需要冻结的情形（第 11 条）。冻结电子数据的，应当采取以下一种或者几种方法：①计算电子数据的完整性校验值；②锁定网络应用账号；③其他防止增加、删除、修改电子数据的措施。冻结和解除冻结电子数据均应制作相应的通知书，送交电子数据持有人、网络服务提供者或者有关部门协助办理（第 12 条）。应注意，对电子数据的冻结不会像冻结资产一样必然妨碍所有人占有使用权的行使。因此，对电子数据的冻结是否属于强制侦查措施，需要根据具体情况进行分析。

（5）调取。如前所述，电子数据可以由相关人员和单位收集，再由司法机关调取。司法机关调取电子数据的，应当制作调取证据通知书，注明需要调取电子数据的相关信息，通知电子数据持有人、网络服务提供者或者有关部门执行（第 13 条）。

（6）检查。电子数据具有不稳定性，所以其保全就显得尤为重要。在实践中，对电子数据的取证一般都是采取“先保全后分析”的方式。此前，对电子数据的扣押、封存、冻结均属于对电子数据的保全。而电子数据检查属于分析前的最后一道保全程序。根据规定，对扣押的原始存储介质或者提取的电子数据，可以通过恢复、破解、统计、关联、比对等方式进行检查。电子数据检查，应当对电子数据存储介质拆封过程进行录像，并将电子数据存储介质通过写保护设备接入到检查设备进行检查。有条件的，应当制作电子数据备份，对备份进行检查。无法使用写保护设备且无法制作备份的，应当注明原因，并对相关活动进行录像。电子数据检查应当制作笔录，注明检查方法、过程和结果，由有关人员签名或者盖章（第 16 条）。

（7）侦查实验。必要时，可以对电子数据进行侦查实验。进行侦查实验的，应当制作侦查实验笔录，注明侦查实验的条件、经过和结果，由参加实验的人员签名或者盖章（第 16 条）。

（8）鉴定或报告。对电子数据涉及的专门性问题难以确定的，由司法鉴定机构出具鉴定意见，或者由公安部指定的机构出具报告。对于人民检察院直接受理的案件，也可以由最高人民检察院指定的机构出具报告（第17条）。鉴定或报告的具体办法由公安部、最高人民检察院分别制定。

（四）电子数据的移送与展示

根据《关于办理刑事案件收集提取和审查判断电子数据若干问题的规定》，电子数据的移送可以分为以下几种情况：①考虑到电子数据存在易丢失的问题，同时也为了便于审查电子数据是否被改动，要求原始存储介质或者提取的电子数据以封存状态移送，并制作电子数据的备份一并移送；②对电子文档、图片等可以直接展示的电子数据，无须移送打印件。但是，人民法院、人民检察院因设备等条件限制无法直接展示电子数据的，侦查机关应当随案移送打印件，或者附展示工具和展示方法说明；③对冻结的电子数据，应当移送被冻结电子数据的清单，注明类别、文件格式、冻结主体、证据要点、相关网络应用账号，并附查看工具和方法的说明；④对侵入、非法控制计算机信息系统的程序、工具以及计算机病毒等无法直接展示的电子数据，应当附电子数据属性、功能等情况的说明；⑤对于数据统计数量、数据同一性等证据审查判断中经常出现，且审查的难度较大的问题，由侦查机关出具说明；⑥电子数据补充移送或补正的情形。公安机关报请人民检察院审查批准逮捕犯罪嫌疑人，或者对侦查终结的案件移送人民检察院审查起诉的，应当将电子数据等证据一并移送人民检察院。人民检察院在审查批准逮捕和审查起诉过程中发现应当移送的电子数据没有移送或者移送的电子数据不符合相关要求的，应当通知公安机关补充移送或者进行补正。对于提起公诉的案件，人民法院发现应当移送的电子数据没有移送或者移送的电子数据不符合相关要求的，应当通知人民检察院。公安机关、人民检察院应当自收到通知后三日内移送电子数据或者补充有关材料（第18条至第20条）。

关于在庭审中如何展示电子数据的问题。根据该规定，可以根据电子数据的具体类型，借助多媒体设备出示、播放或者演示。必要时，可以聘请具有专门知识的人进行操作，并就相关技术问题作出说明（第21条）。

六、对电子数据的重点审查内容

（一）审查电子数据的合法性

对电子数据合法性的审查，主要涉及对取证程序的审查。根据《关于办理刑事案件收集提取和审查判断电子数据若干问题的规定》第24条的规定，对程序合法性的审查主要包括以下几个方面：①收集、提取电子数据是否由2名以上侦查人员进行，取证方法是否符合相关技术标准；②收集、提取电子数据，是否附有笔录、清单，并经侦查人员、电子数据持有人（提供人）、见证人签名或者盖章，没有持有人（提供人）签名或者盖章的，是否注明原因，对电子数据的类别、文件格式等是否注明清楚；③是否依照有关规定由符合条件的人员担任见证人，是否对相关活动进行录像；④电子数据检查是否将电子数据存储介质通过写保护设备接入到检查设备，有条件的，是否制作电子数据备份，并对备份进行检查，无法制作备份且无法使用写保护设备的，是否附有录像。

应当指出，《关于办理刑事案件收集提取和审查判断电子数据若干问题的规定》中有关电子取证的程序规制存在不足。除去前文已提及的由 2 名以上侦查人员收集提取的规定不符合现实、技术侦查仅针对网络远程勘验以外，还存在未确立强制侦查措施的司法审查和令状制度的问题。

（二）审查电子数据与待证事实的关联性

“作为一种虚拟空间的证据，电子证据用于定案必须同时满足内容和载体上的关联性。前者是指其数据信息要同案件事实有关，后者突出表现为虚拟空间的身份、行为、介质、时间与地址要同物理空间的当事人或其他诉讼参与人关联起来。”[1] 身份关联性，即网络虚拟身份与现实身份的统一性，涉案电子账号是否为当事人或其他诉讼参与人所有或所用。行为关联性，即当事人或其他诉讼参加人在现实生活中确实实施了相关行为，如发了一封邮件、一条短信等。介质关联性，即承载电子数据的介质与当事人或其他诉讼参加人的对应关系，有关电子介质是否为当事人或其他诉讼参与人所有或所用，是否存在共有或共用的情况。时间关联性，即机器时间同物理时间是否一致，或者其对应关系如何，进而确定在涉案时间谁的行为产生了相应的电子证据。地址关联性，即电子数据的地址信息与当事人或其他诉讼参加人的对应关系，这些地址是否归他们所有或所用，是否存在着共有、共用或者被冒用的情况。

《刑诉法解释》第 93 条第 4 项规定，应着重审查电子数据与案件事实有无关联。该条属于对电子数据内容关联性的审查。而《关于办理刑事案件收集提取和审查判断电子数据若干问题的规定》第 25 条属于对电子数据载体关联性的审查，条文规定：“认定犯罪嫌疑人、被告人的网络身份与现实身份的同一性，可以通过核查相关 IP 地址、网络活动记录、上网终端归属、相关证人证言以及犯罪嫌疑人、被告人供述和辩解等进行综合判断。认定犯罪嫌疑人、被告人与存储介质的关联性，可以通过核查相关证人证言以及犯罪嫌疑人、被告人供述和辩解等进行综合判断。”

（三）审查电子数据的真实性

根据《关于办理刑事案件收集提取和审查判断电子数据若干问题的规定》第 22 条的规定，对电子数据真实性的审查主要包括以下几个方面：①是否移送原始存储介质，在原始存储介质无法封存、不便移动时，有无说明原因，并注明收集、提取过程及原始存储介质的存放地点或者电子数据的来源等情况；②电子数据是否具有数字签名[2]、数字证书[3]等特殊标识；③电子数

---

〔1〕 刘品新：“电子证据的关联性”，载《法学研究》2016 年第 6 期。

〔2〕 数字签名，是指利用特定算法对电子数据进行计算，得出的用于验证电子数据来源和完整性的数据值。

〔3〕 数字证书，是指包含数字签名并对电子数据来源、完整性进行认证的电子文件。

据的收集、提取过程是否可以重现；④电子数据如有增加、删除、修改等情形的，是否附有说明；⑤电子数据的完整性是否可以保证。而根据《关于办理刑事案件收集提取和审查判断电子数据若干问题的规定》第23条的规定，电子数据的完整性应当根据保护电子数据完整性的相应方法进行验证，具体包括：①审查原始存储介质的扣押、封存状态；②审查电子数据的收集、提取过程，查看录像；③比对电子数据完整性校验值；④与备份的电子数据进行比较；⑤审查冻结后的访问操作日志[1]；⑥其他方法。

根据上述规定可以看出，我国对电子数据的真实性检验主要包括两种方式：首先，针对电子数据的载体，需要保管链条的完整性证明。“保管链条的证明”是指从实物证据被提取到其在庭上被出示的期间内，要形成对持有、接触、处置、保管、检测的全监管链条。在英美法系国家，保管链条的证明一般通过证据标签制度来完成，即要求该证物的收集人员、运送人员、保管人员、检验人员等所有接触者都填写证据标签。填写证据标签的通常做法是，“该物品都附有一个日志，任何接触该物品的人员都必须记录自己的姓名、机构、接触的日期，由此确保监管链条的完整无缺”[2]。我国未确立证据标签制度，只是明确了证据封存制度。封存制度的要求仅是“应当保证在不解除封存状态的情况下，无法增加、删除、修改电子数据。封存前后应当拍摄被封存原始存储介质的照片，清晰反映封口或者张贴封条处的状况”。其次，针对电子数据的内容，则通过“独特性的确认”的方式来检验。“独特性的确认”，是指当实物证据具有独一无二的特征或者具有特殊的标记时，可以据此作出确定的证明。如前所述，电子数据具有高科技性和稳定性的特征。其本身即可记录修改或篡改行为。所以，依靠一些高科技手段便可以鉴别其真实性。例如，查看其数字签名和数字证书，对比电子数据的完整性校验值，查看其访问操作日志等。此外，对电子数据的真实性检验还可以通过司法鉴定和综合审查的方式进行。根据《死刑案件证据规定》第29条的规定，对电子证据有疑问的，应当进行鉴定。对电子证据，应当结合案件其他证据，审查其真实性和关联性。这也印证了我国追求实质真实的诉讼理念。但应当指出，由于我国缺乏直接和言词审理传统，所以这里的综合性审查在很大程度上都是“倚重各种笔录证据的印证作用”，而少有知情证人作证。其实，“不论何种鉴真方法，法庭都必须安排实物证据的持有人、目击者、提取者、保管者以及经手过该项证据的人出庭作证，要么当庭对该证据的真实性和同一性做出辨认，要么对该证据的来源、提取、收集、保管过程的可靠性提供证言”[3]。

---

[1] 访问操作日志，是指为审查电子数据是否被增加、删除或者修改，由计算机信息系统自动生成的对电子数据访问、操作情况的详细记录。

[2] [美] 诺曼·M. 嘉兰等：《执法人员刑事证据教程》，但彦铮等译，中国检察出版社2007年版，第406页。

[3] 陈瑞华：“实物证据的鉴真问题”，载《法学研究》2011年第5期。

【案例】深圳市快播科技有限公司、王某等传播淫秽物品牟利案[1]——电子数据的收集、提取

基本案情：被告人王某系快播公司法定代表人及首席执行官。被告单位快播公司自2007年12月成立以来，基于流媒体播放技术，通过向国际互联网发布免费的QVOD媒体服务器安装程序和快播播放器软件的方式，为网络用户提供网络视频服务。期间，被告单位快播公司及其直接负责的主管人员被告人王某等人以牟利为目的，在明知上述QVOD媒体服务器安装程序及快播播放器被网络用户用于发布、搜索、下载、播放淫秽视频的情况下，仍予以放任，导致大量淫秽视频在国际互联网上传播。2013年11月18日，北京市海淀区文化委员会从位于本市海淀区北京网联光通技术有限公司查获快播公司托管的服务器4台。后北京市公安局从上述3台服务器里提取了29 841个视频文件进行鉴定，认定其中属于淫秽视频的文件为21 251个。

相关争议：从快播公司托管服务器中提取到的21 251个以电子数据形态存在的淫秽视频文件，辩护方对该组证据的收集、提取乃至鉴定等过程均提出质疑，直至怀疑证据的真实完整性。一审法院最终通过司法鉴定的方式来处理有关电子数据的争议。鉴定主要围绕电子数据本身的真实性和其存储服务器的来源两方面展开。首先，服务器的来源问题。鉴定显示快播公司的专用IP地址曾经先后17次远程访问该服务器，由于IP地址是具有唯一性的身份标识信息，因而可以证明送检服务器归属快播公司远程控制。其次，电子数据内容本身的真实性问题。服务器上的视频文件为QDATA格式，鉴定显示服务器在被扣押之后，没有该类型文件被修改或者重新拷入服务器的痕迹。基于上述鉴定结果和办案机关出示的情况说明等证据材料的补证，二审法庭认为检材合法有效。

案例评析：作为电子数据，29 841个被审验视频文件存在于快播公司托管的服务器上，涉案的4台服务器从最初被海淀文委查扣到后期被公安机关调取，整个过程中没有对服务器以及其内置硬盘的型号、容量、数量等信息进行严格的记录，也没有对服务器进行拍照处理，在扣押期间服务器的监管状况也不明确，进而导致对保存视频文件的存储介质——服务器的来源出现质疑，给案件的审判带来了极大的困难。2016年10月1日，《关于办理刑事案件收集提取和审查判断电子数据若干问题的规定》的施行在一定程度上解决了“快播案”中所存在的电子数据提取、运用等方面的问题。如第14条对收集、提取电子数据作出了规定，即应当制作笔录，并附有电子数据清单和相关人员签名。对于电子数据持有人无法签名或者拒绝签名的情况应当在笔录中注明，由见证人签名或者盖章。在有条件的情形下，还应当对此进行录像。

---

[1] “深圳市快播科技有限公司、王某等传播淫秽物品牟利案”，载《人民法院案例选》2017年第10辑。

第15条规定了见证人应符合有关法律规定并具备有关的专业知识，在无法由符合条件的人员担任见证人的情形下，应当以笔录形式说明情况并对整体过程进行录像。第18条要求对于电子数据应当以原始存储介质封存并随案移送。减少电子数据在收集、提取过程中因流转链断裂从而影响电子数据的真实性。

第五节 实物证据的运用规则

一、实物证据运用的一般规则

（一）非法实物证据排除规则。

1. 物证、书证的非法排除规则。收集物证、书证不符合法定程序，可能严重影响司法公正的，应当予以补正或者作出合理解释；不能补正或者作出合理解释的，对该证据应当予以排除。判断物证是否应当排除，首先应判断其收集程序是否合法；如果不合法，违法之处是属于严重的程序违法，还是非实质性的程序瑕疵；前者应当予以排除，后者则可以给予补正机会，在不能补正时予以排除。根据《刑诉法解释》第73条第1款的规定，在勘验、检查、搜查过程中提取、扣押的物证、书证，未附笔录或者清单，不能证明物证、书证来源的，不得作为定案的根据。这是法定的属于严重程序违法，予以强制排除的情形。

【案例】王某喜强奸案[1]——来源不明的物证不能作为定案依据

基本案情：浙江省宁波市人民检察院在指控被告人王某喜强奸吴某的同时，指控：2007年9月27日下午1时许，王某喜窜至安徽省怀远县城关镇某小学，见该校女生孙某（11周岁）上厕所，遂用绳子勒住孙某的脖子，强行将其抱至厕所旁的石榴林内，孙某大声呼救，王某喜又用手掐住其脖子，并言语威胁，而后脱掉其裙子，强行与其发生性关系。

诉讼经过：宁波市人民检察院在指控王某喜强奸孙某的事实时提供了如下主要证据：1. 公安机关出具的说明材料。证实案发后，刑警大队从孙某母亲处提取到孙某当时所穿的内裤，并于2008年5月30日将该内裤送交安徽省公安厅检验。2. 生物物证检验报告。证实在孙某内裤上检见人的精斑，在对该精斑的基因型进行检验后录入《全国公安机关DNA数据库应用系统》。3. 浙江省公安厅物证鉴定中心于2010年7月21日作出DNA检验报告，证实孙某内裤上的精斑为王某喜所留。被告人王某喜辩称，起诉书指控其在安徽省怀远县城关镇某小学强奸孙某不是事实，其根本没有实施该行为。辩护人提

---

〔1〕 聂昭伟："王某喜强奸案［第763号］——关于瑕疵证据的采信与排除"，载《刑事审判参考》2012年第2辑。

出，公诉机关指控王某喜于2007年9月27日强奸孙某的证据不足，对该起犯罪事实应当不予认定。宁波市中级人民法院经审理认为：仅凭安徽省公安厅出具的生物物证检验报告反映的孙某内裤上有精斑这一客观情况不能推断出孙某遭到强奸的必然结论，对该起案件事实不予认定。

案例评析："死刑案件证据规定"第9条第3款规定："对物证、书证的来源及收集过程有疑问，不能作出合理解释的，该物证、书证不能作为定案的根据。"本案中，对被害人孙某内裤的收集、复制、保管工作存在多处违反法律规定的地方：一是侦查人员在提取内裤时没有制作提取笔录，或者通过扣押物品清单客观记录提取情况，导致有关内裤来源的证据不充分。二是起诉书的证据目录虽然记载提取了被害人孙某的内裤，但未将该内裤随案移送。考虑到该物证的特殊性且所附生物检材易污染需要特殊条件保存，可采用照片形式对该内裤予以复制移送，但相关机关均未做此项工作。三是由于该起犯罪久未侦破，其间办案人员更换，加之移交、登记、保管等环节存在疏漏，被害人孙某的内裤已遗失，导致出现疑问后相关复核工作无法进行。此外，公安机关就被害人孙某内裤的收集、复制、保管工作出具的说明材料，没有对未制作提取笔录或扣押物品清单、未拍摄照片复制以及如何将内裤处理等情况进行合理的解释。因此，在客观上无法开展补正工作的情况下，被害人孙某的内裤来源存疑问题无法解决，生物物证鉴定意见和DNA鉴定意见失去了作为证据的基础，现有证据不能作为定案的根据。

2. 视听资料的非法排除规则。对不符合审查要求的视听资料，我国确立了强制性排除规则。根据《刑诉法解释》第94条的规定，视听资料具有下列情形之一的，不得作为定案的根据：①经审查无法确定真伪的；②制作、取得的时间、地点、方式等有疑问，不能提供必要证明或者作出合理解释的。该条表明，无法确定视听资料真伪与无法排除对其真实性存有合理怀疑的，不得作为证据使用，应依法予以排除。

3. 电子数据的非法排除规则。《刑诉法解释》第94条规定，电子数据具有下列情形之一的，不得作为定案的根据：①经审查无法确定真伪的；②制作、取得的时间、地点、方式等有疑问，不能提供必要证明或者作出合理解释的。《关于办理刑事案件收集提取和审查判断电子数据若干问题的规定》第28条规定："电子数据具有下列情形之一的，不得作为定案的根据：①电子数据系篡改、伪造或者无法确定真伪的；②电子数据有增加、删除、修改等情形，影响电子数据真实性的；③其他无法保证电子数据真实性的情形。"该条属于电子数据的强制性排除规则，一旦有上述三种情形的出现，电子数据则不得作为定案依据。

（二）瑕疵实物证据补正规则

1. 物证、书证的瑕疵补正规则。物证、书证的收集程序、方式有下列瑕疵，经补正或者作出合理解释的，可以采用：①勘验、检查、搜查、提取笔录或者扣押清单上没有侦查人员、物品持有人、见证人签名，或者对物品的名称、特征、数量、质量等注明不详的；②物证的照片、录像、复制品，书证的副本、复制件未注明与原件核对无异，无复制时间，或者无被收集、调取人签名、盖章的；③物证的照片、录像、复制品，书证的副本、复制件没有制作人关于制作过程和原物、原件存放地点的说明，或者说明中无签名的；④有其他瑕疵的。可见，严重的程序违法主要是指严重影响公民基本权利的或者导致物证、书证来源不明、存疑的程序违法，例如违法无证搜查、搜查未附笔录等；而物证收集的非实质性瑕疵主要是指仅因违反技术性的程序规则导致的轻微程序瑕疵，未违反涉及公民基本权利保护的重大程序规则。

2. 电子数据的瑕疵补正规则。《关于办理刑事案件收集提取和审查判断电子数据若干问题的规定》第 27 条规定："电子数据的收集、提取程序有下列瑕疵，经补正或者作出合理解释的，可以采用；不能补正或者作出合理解释的，不得作为定案的根据：①未以封存状态移送的；②笔录或者清单上没有侦查人员、电子数据持有人（提供人）、见证人签名或者盖章的；③对电子数据的名称、类别、格式等注明不清的；④有其他瑕疵的。"该条属于电子数据的可补正的排除规则，是否进行了补正或解释是否合理由法官进行自由裁量。

【案例】陈某锋危险驾驶案[1]——非法实物证据的裁量排除

案情及诉讼经过：2016 年 6 月 24 日 21 时，陈某锋饮酒后驾驶一辆小型轿车途经绍诸高速公路诸暨方向 21 公里+880 米处时，所驾车辆与同向前方史某驾驶的一辆挂重型半挂车发生碰撞（车上乘坐人员赵某），造成陈某锋所驾车辆起火烧毁以及路产损坏的道路交通事故。事故发生后，赵某向公安机关报案，绍兴支队五大队接警后迅速到达事故现场，发现陈某锋有饮酒驾驶的嫌疑，遂于同日 22 时将陈某锋带至文理学院附属医院抽集血样，由于公安机关在检验血液酒精含量的行政强制措施程序中未向被告人陈某锋履行告知采取行政强制措施的理由、依据以及陈某锋依法享有的权利、救济途径等程序义务，未制作现场笔录。此外，公安机关 2016 年 6 月 24 日对陈某锋做出检验血液酒精含量的行为，于 2016 年 7 月 14 日才作出检验血液/尿样的行政强制措施凭证的行为不符合法律规定。因此上述证据属于非法证据，但法院认为其违反法定程序的性质和程度不足以否定检材获取的可靠性及真实性，也不足以对本案证据采信的公正性产生影响，因此对上述非法证据不予排除。

案例评析：根据《刑事诉讼法》规定，违反法定程序收集的物证、书证即非法实物证据，以是否可能严重影响司法公正，根据案件具体情况有选择性地予以排除。本案中公安机关在检验血液酒精含量的行政强制措施程序中未向被告人陈某锋履行告知采取行政强制措施的理由、依据以及陈某锋依法

[1] （2017）浙 06 刑终 229 号刑事裁定书。

享有的权利、救济途径等程序义务，未制作现场笔录，及公安机关 2016 年 6 月 24 日对陈某锋做出检验血液酒精含量的行为，于 2016 年 7 月 14 日才作出检验血液/尿样的行政强制措施凭证的行为不符合法律规定，由此得出的证据为非法实物证据，但非法实物证据只有在严重影响司法公正的情况下才可能予以排除。上述证据并未严重损害陈某锋的基本人权，法院在认定本案非法实物证据依然具备可靠性及真实性、不足以对本案公正性产生影响的基础上对上述非法证据不予排除符合非法实物证据的运用规则。

（三）实物证据的证明力规则

1. 原始证据优先规则。《刑诉法解释》第 70 条规定："据以定案的物证应当是原物。原物不便搬运，不易保存，依法应当由有关部门保管、处理，或者依法应当返还的，可以拍摄、制作足以反映原物外形和特征的照片、录像、复制品。物证的照片、录像、复制品，不能反映原物的外形和特征的，不得作为定案的根据。物证的照片、录像、复制品，经与原物核对无误、经鉴定为真实或者以其他方式确认为真实的，可以作为定案的根据。"这是原始证据优先规则及其例外在物证审查中的体现。

在刑事诉讼中，根据《刑诉法解释》第 71 条规定，据以定案的书证应当是原件。取得原件确有困难的，可以使用副本、复制件。书证有更改或者更改迹象不能作出合理解释，或者书证的副本、复制件不能反映原件及其内容的，不得作为定案的根据。书证的副本、复制件，经与原件核对无误、经鉴定为真实或者以其他方式确认为真实的，可以作为定案的根据。民事诉讼中也有类似规定。根据《民事诉讼法》第 70 条的规定，书证应当提交原件，提交原件确有困难的，可以提交复制品、照片、副本、节录本。《民诉法解释》第 111 条对其中的"提交书证原件确有困难"作出了详细解释，其包括下列情形：①书证原件遗失、灭失或者毁损的；②原件在对方当事人控制之下，经合法通知提交而拒不提交的；③原件在他人控制之下，而其有权不提交的；④原件因篇幅或者体积过大而不便提交的；⑤承担举证证明责任的当事人通过申请人民法院调查收集或者其他方式无法获得书证原件的。出现上述情形，人民法院应当结合其他证据和案件具体情况，审查判断书证复制品等能否作为认定案件事实的根据。《民诉证据规定》第 90 条规定，无法与原件核对的复印件不能单独作为认定案件事实的依据。此外，在行政诉讼中，《行政诉讼证据规定》第 40 条也规定，对书证、物证和视听资料进行质证时，当事人应当出示证据的原件或者原物。但有下列情况之一的除外：①出示原件或者原物确有困难并经法庭准许可以出示复制件或者复制品；②原件或者原物已不存在，可以出示证明复制件、复制品与原件、原物一致的其他证据。

大陆法系相关的证据规则规定，对于公文书证，应当提交正本或者经过认证的副本。对于私文书证，则必须提出其原件。在仅对私文书证的效力或者解释持有异议时，可以提出复印件；但在法院认为确有必要时，仍然可以要求当事人提交原件。对于准公文书证，如果必须要借助科技设备才能呈现其内容或者提交原件确有困难的，可以以书面形式提出，但必须证明提交的内容与原件相符。如果当事人未按照法官的要求提交原件，法官也不能完全排除复制件的证明力，而是应当依据自由心证作出判断。对于当事人未提交原件的私文书证，还应当同时提交不能提交原件的理由，否则该书证不具有证据效力，且对方当事人无需承担证明该书证是否为真的义务。通常情况下，当事人应当提交私文书证的原件；特殊情况下，如果双方当事人对于书证复印件的真实性不持异议时，则可以仅提交复印件。在法官对复印件的正当性产生疑问时，可以要求提交原件。在当事人拒不提交原件的情况下，法官则可以依据自由心证来判断复印件的效力。

英美法系对文件证据的采用，适用“最佳证据规则”。依照最佳证据规则，证据的提供者应该提供原始材料，如果提出非原始材料，则必须提供充足理由。如《美国联邦证据规则》规定，“文字”包括文字、字母、单词、数字或其替代物，通过书写、打字、印刷、影印、照相等形式的数据汇编记载下来。为证明文字的内容，要求提供该文字的原件，除非本证据规则或国会立法另有规定。副本、抄本、影印本等第二手资料，只有在符合下列条件之一时才可以采用：①原件遗失或毁坏。所有原件均已遗失或毁坏，但提供者处于不良动机遗失或毁坏的除外；②原件无法获得。不能通过适当的司法程序或行为获得原件；③原件在对方掌握中。原件处于该材料的出示对其不利的一方当事人的控制中，已经通过送达原告起诉状或其他方式告知该当事人在听证时该材料的内容属于证明对象，但该当事人在听证时不提供有关原件；④附属事项。有关文字与主要争议无紧密联系。对于官方记录的内容，或者经授权记录、保存并已确实记录、保存文件（包括各种数据汇编）的内容，如果其他方面允许采纳，可以通过提供按照该规则 902 证实无误的副本加以证明。对于篇幅过长或体积过大的文字资料，不便在法庭上审查时，可以用图表、摘要或计算分析的方式出示。但原件或副本或者两者都要准备就绪，以备其他当事人选择合理的时间和地点进行审查。

2. 物证的证明力规则。物证的关联性包括直接关联性和间接关联性。直接关联性是指物证仅凭其存在就足以影响发现案件事实的重要部分或者其中一部分。间接关联性则指物证仅有助于查明案件事实，或仅构成发现案件事实线索的。在间接关联下，物证只有与其他证据结合起来，并且达到相互印证，才能实现认定案件事实的目的。通常而言，单一的物证不能认定案件事实，必须要与其他证据结合证明、互为依存条件、互为证明关系，才能体现某一物证的证明力。例如《刑诉法解释》第 69 条对此进行了详细规定：“对现场遗留与犯罪有关的具备鉴定条件的血迹、体液、毛发、指纹等生物样本、痕迹、物品，是否已作 DNA 鉴定、指纹鉴定等，并与被告人或者被害人的相应生物检材、生物特征、物品等比对。”

此外，对物证的真实性审查十分重要。由于物证属于间接证据，又属于不会说话的“哑巴证据”，对于其保管链条完整性的考察就显得尤为重要，应当综合考虑物证的收集者、提供者、形成时间、地点、原因、经过等以判断物证的真实性。首先，在提取物证时要保证物证是真实存在的而不能是伪造、变造出来的；其次，要审查物证的收集是否全面，是否收集了全部有罪或无罪证据；最后，物证的保管、经手、转移、储存均应当有明确而完整的记录和说明。对此应当严格审查相关笔录、清单、保管记录、经手记录等。

3. 书证的证明力规则。

（1）公文书证的证明力。一般情况下，经过法定程序并且具备法定形式的公文证据具有当然的证明力。法官在对公文书证进行审查认定时，原则上应认定其证明力，除非有异议的当事人提出了足以推翻该公文书证为真的证据，如根据《行政诉讼证据规定》第 63 条第 2、3 项的规定，在证明同一事实的数个证据中，国家机关以及其他职能部门依职权制作的公文文书在证明力上优于其他书证；鉴定结论、现场笔录、勘验笔录、档案材料以及经过公证或者登记的书证在证明力上优于其他书证、视听资料和证人证言。上述规定是从证据形式的角度规定了法官审查公文书证时所应遵循的规则。与之相对应的是，从证明责任分配的角度，我国法律也规定了公文书证的证明力，如《民诉证据规定》第 85 条第 2 款规定：审判人员应当依照法定程序全面、客观地审核证据，依据法律的规定，遵循法官职业道德，运用逻辑推理和日常生活经验，对证据有无证明力和证明力大小独立进行判断，并公开判断的理由和结果。可以借鉴其他国家或者地区的有关规定，从证明责任分配的角度，规定公文书证的形式推定力和实质推定力。[1]

（2）私文书证的证明力。对于私文书证的认定和运用，首先要确定其符合法律规定的形式要件。在此基础上，可以从以下三个方面加以把握：其一，根据私文书证上的制作人签名或者印章，可以推定该私文书证是签名人者盖章人的意思表示，即该私文书证是签名人或者盖章人制作的。此处的推定是以签名、盖章或者按指印系本人或代理人所为，且利害关系人不持异议，或者已证明书证为真作为基本前提。上述做法已被多数国家遵循。其二，当事人对其提出的私文书证负有举证为真的证明责任，对方当事人仅负有反证的举证责任，法官不能从私文书证的内容和形式上推定其证据能力和证明力。其三，私文书证内容的证明力应由法官依自由心证作出判断。对于生效性文书，如契约书、遗嘱等，只要其符合法律规定的形式要求，就可以认定其在实质上的证明力；对于报道性文书，如商业账簿等，不能仅通过形式合法就推定其具有实质上的证明力，如：即便商业账簿经税务机关盖章核验也不能说明其具有当然的实质证明力，上述行为仅有增强其证明力的作用而已。

我国《民事诉讼法》第 71 条规定，“人民法院对视听资料，应当辨别真伪，并结合本案的其他证据，审查确定能否作为认定事实的根据”。依据《行

〔1〕 张永泉：“书证制度的内在机理及外化规则研究”，载《中国法学》2008 年第 5 期。

政诉讼证据规定》第 71 条第 4 项的规定，难以识别是否经过修改的视听资料不能单独作为定案依据。依据《民诉证据规定》第 90 条第 4 项的规定，存有疑点的视听资料不能单独作为认定案件事实的依据。上述法条表明：其一，无法确认真实性的视听资料不能单独作为定案依据；其二，应当结合其他证据来判断视听资料的真实性，只有经其他证据补强和印证确认了真实性的视听资料才能作为认定案件事实的依据。

二、实物证据运用的特殊规则

（一）对物证的主客观综合审查

从时间顺序上来讲，对物证进行主客观综合审查是在来源审查完成之后进行的，并且以确定来源的真实结果为前提。从兼顾主观性和客观性的角度出发，对物证进行综合性的审查和运用，以充分读取物证所包含的信息，从“证据资料”和“证据方法”方面进行审查，确定特定物证是否能够证明特定事件的存在，并将上述推理程序和推理结果作为形成判决的依据。从客观方面讲，法官应当通过物证呈堂、侦查人员和证人出庭等形式亲自感知物证的外在形式、存在方式、涵盖内容等，不能仅依据搜查、扣押笔录等了解物证；从主观方面讲，法官应当依据常识和背景知识，将亲自感知的物证和笔录中记载的物证进行比较，排除物证在取得、保管等过程中的主观影响因素，最终由物证推导出特定事件发生的机理。除此之外，法官还可以借助鉴定来了解物证，通过审查鉴定意见来达到审查物证的目的。但是鉴于鉴定本身就是一项主客观相统一的司法活动，法官在审查物证的鉴定意见时更要充分考虑与鉴定有关的干扰因素，如样本参考范围的确定、实验室污染、检材转移、行业内通用评价标准等，以使鉴定意见具有充分的客观性和科学性，尽可能地排除个人偏见或者环境因素的干扰，从而达到准确认定物证的目的。法官在对物证进行主客观综合审查之后，认为物证所包含的信息具有存在的合法依据和合理依据，且能够与案件中的其他证据相互印证的，应当采纳采信并作为认定案件的依据；认为虽然物证存在瑕疵，但是可以进一步解释或者补正，且之后能够与其他证据相互印证的，可以要求相关机关补正；认为物证存在主观伪造、污染过度或者明显失真的，应不予采纳采信。

（二）对物证群的审查、认定规则

在诉讼中，物证可能仅是片段，因此法官在对物证进行认证的过程中，不能仅考虑单个物证，还应对一系列物证进行审查和认定，在综合其统一性和矛盾性的基础上，提炼出系列物证所包含的准确信息。这里所说的一系列物证就是物证群，其内涵包括庭审中所展示的一定数量的物证，物证之间存在时间、空间、特性、特征的关联，物证来源和程序规范。与单一物证相比，物证群更具信息的完整性和全面性，而且法官对物证群的审查不仅在技术上和制度上是可行的，而且也会提高认证效率。法官在对物证群进行审查认定时，并非单纯地考虑每一单项物证的证据资格和证明力，而是针对物证群之间的关联性，在确保单项物证合法性、真实性、关联性的基础上，审查物证群对于证明案件事实的充分性，为后续论证提供充足的证据支持和逻辑支持。法官对物证群的审查认定包括以下两方面内容：一是材料认定，二是规则认定。材料认定是指法官应当以庭审中的直接调查为原则，确定物证群中所有物证的来源真实并且存在形式合法，直观认证实物证据群中各类实物证据的外在形态、内部属性和空间方位，通过常识和背景知识建立物证群与案件事实之间的逻辑关系，赋予物证群中所有组成部分以证据资格。规则认定是指先按照证据规则来评价物证群中每一项证据的证明力，再综合物证群中的所有证据来评价物证群的证明力，如哪些物证对争议焦点具有直接证明作用，哪些仅具有间接证明作用，哪些物证经组合后可以加强对争议焦点的证明，等等。法官应当将物证应用于诉讼中的全过程作为审查对象，更为理性地作出是否采纳并采信实物证据的判断，并对整个实物证据群从主观方面进行更为全面的信息读取。[1]

---

〔1〕 贾治辉、孔令勇："论实物证据审查和运用的规则——兼论'实物证据注重'"，载《江苏警官学院学报》2014年第5期。

第三编

司法证明

第八章

司法证明概述

第一节　司法证明的概念

一、司法证明的定义

所谓证明，就是由一定的材料、经验、事实推断人或事物的性质、特征、状态的活动。《汉语大辞典》将证明解释为“据实以明真伪”。证明广泛存在于人类认识世界和改造世界的活动中，例如考古学家发现了大量都城建筑遗址和以甲骨文、青铜器为代表的丰富的文化遗存，可证明中国商代晚期辉煌灿烂的青铜文明。医生根据大量临床经验，可证明某种治疗方案对病症的有效性；当事人由婚姻关系有效存在这一事实，可证明夫妻双方互负扶养义务。司法证明是司法活动中的证明，又称诉讼证明，常简称为证明。关于司法证明的定义，学界存在着不同的观点。“求证探知说”认为，证明是证明主体在证明责任的作用和支配下，运用证据这个证明方法，求证或探知证明客体的抽象思维活动和具体诉讼行为，简单地说，证明就是认知案件事实的理念运动和具体过程的统一。〔1〕“认定说”认为，证明是诉讼主体按照法定的程序和标准，运用已知的证据和事实来认定案件事实的活动。〔2〕“论证说”认为，证明是国家公诉机关和诉讼当事人在法庭审理中依照法律规定的程序和要求向审判机关提出证据，运用证据阐明系争事实、论证诉讼主张的活动。〔3〕本书认为，司法证明的界定取决于不同的诉讼模式。在当事人主义国家，证明由各方诉讼当事人主导，法官消极中立，依心证作出裁判。而在职权主义国家，法官不应消极中立，在必要的时候可积极参与事实的证明。考虑到中国刑事诉讼的职权主义立场，本书认为，证明是“诉讼当事人依法向法官提交证据以证明所主张之事实，或者法官为查明真相依职权采取措施以形成心证”。

---

〔1〕江伟主编：《证据法学》，法律出版社1999年版，第49页。

〔2〕樊崇义主编：《证据法学》，法律出版社2008年版，第254页。

〔3〕卞建林：《证据法学》，中国政法大学出版社2007年版，第212页。

二、司法证明的特征

司法证明具有以下特征：

1. 司法证明存在于审判之中，是负有证明责任的一方在裁判者面前所进行的证明活动。可以说，裁判方是司法证明存在的前提。如前所述，中国刑事诉讼持有职权主义的立场，而职权主义国家认为，刑事诉讼涉及对公民个人的定罪量刑，可能由此剥夺他人的人身自由甚至生命，故查明事实、还原真相是所有职权主义国家刑事诉讼所确立的核心价值目标。因此，为查明案件真相，庭审法官（或审判长）可不受控辩双方所提供之证据材料的约束，而依职权主动调查及收集所有可能对揭示真相有意义的事实和证据。[1] 在职权主义国家，庭审法官并非消极中立的第三方，而应积极探明事实，承担部分的证明责任。[2] 由此可见，司法证明包含两方面要素：一是证明主体对案件事实的证明活动，包括法官对证据的调取和收集；二是裁判者对证明过程和结果的审查和裁判活动。

2. 司法证明以证据推理为核心，而证据推理是分析证据基本属性、运用证据认定案件事实的推理活动。[3] 证据推理包含两个阶段：一是收集和分析证据；二是证明待证事实，着眼点在于事实认定问题。只有深入把握证据推理的内在规律，才能引导裁判者走出认知误区，确保裁判结论的客观性和科学性。[4]

3. 司法证明是理性的过程。真相是可发现的。证据规则及司法证明是发现案件真相的理性手段，法官可立足事实和证据并通过演绎推理达致心证。仅在极个别情况下，真相可能不在当下被发现，但“天网恢恢，疏而不漏”，真相终究有一天会大白于天下。

三、司法证明的意义

司法证明在诉讼中处于核心的地位，具有非常重要的意义。

1. 司法证明是查清案件事实的唯一方法。在诉讼中，案件事实是过往的事实，不可恢复。认识已经发生的案件事实，必须通过诉讼主体收集或提供的证据进行。裁判必须建立在以证据为基础所认定的事实之上。如果离开司法证明，就无法查清案件事实，裁判也失去了依据。

2. 司法证明是裁判具有权威性的基础。证明责任的分配可以让公诉机关或当事人积极地参与到诉讼之中，通过证明活动对案件裁判产生影响。在这

---

〔1〕 施鹏鹏：《论法官的职权调查原则——以职权主义刑事诉讼为背景的展开》，未刊稿。

〔2〕 Jean Pradel, Le rôle du juge pénal dans la charge de la preuve. Approche comparée des systèmes de common law et romano-germanique, Deuxièmes journées juridiques franco-polonaises Cracovie (23-24 novembre 2012).

〔3〕 张保生等：《证据科学论纲》，经济科学出版社 2019 年版，第 150 页。

〔4〕 封利强：“司法证明机理：一个亟待开拓的研究领域”，载《法学研究》2012 年第 2 期。

种情形下，即便某一方当事人败诉，也是因为没有提供或者没有及时地提供证据，未积极履行证明责任所致。对于一般大众而言，如果司法机关对被告人定罪或对纠纷作出裁判是建立在充分的证据基础上，并经过公正的证明程序，这种裁判就会被接受。

3. 诉讼的启动、进行与终结都离不开司法证明。如刑事立案程序中，侦查机关必须证明有犯罪事实发生，否则不能立案；又如检察机关对被追诉人批准或者决定逮捕，则必须有证据证明有犯罪事实。因此，如果没有司法证明，专门机关就不能立案、采取强制措施、起诉、作出判决裁定等。同样，在民事诉讼和行政诉讼中，无论是原、被告方的诉讼活动，还是审判机关的活动，都是紧紧围绕司法证明的有关问题进行的。[1]

第二节　司法证明的构成

司法证明是证明主体按照特定规则论证其诉讼主张的活动，这一过程涉及谁来证明、证明什么、证据由谁提出、如何运用证据及达到什么标准等相关问题。一项完整的司法证明包括以下构成要素：证明主体、证明对象、证明责任、证明标准、证明程序和方法。

一、证明主体

证明主体是运用证据从事证明活动的人，推动着整个司法证明活动的进行。古罗马法中“谁主张、谁举证”的原则从某种程度上确立了证明主体的范围。英美法系国家将证明主体限定为诉讼中的当事人，大陆法系国家通常还授权法院或法官依职权进行调查、收集证据。如果法官认为，控辩双方（尤其是控方）所提交的证据尚不足以查明真相，则可依职权自行或者委托他人进行补充侦查。法官也可依双方当事人的请求决定进行补充侦查。[2] 因此，证明主体不但与诉讼主张、证明责任密切相关，也与案件的实质真实相关。证明主体既包括提出诉讼主张并承担证明责任的诉讼当事人，也包括虽无诉讼主张、与诉讼结果无利害关系，但为了查明案件事实而依职权发现真相的法官。

二、证明对象

证明对象主要解决“证明什么”的问题，是指在诉讼中需要用证据加以证明的事实，又称为待证事实。确定证明对象是司法证明的首要环节，其为证明主体指明了目标和方向。证明对象主要包括两个部分：一是实体法事实；二是程序法事实。前者是指对于解决案件中的实体问题具有法律意义的事实。

---

〔1〕 陈光中主编：《证据法学》，法律出版社2015年版，第291页。

〔2〕 施鹏鹏：《论法官的职权调查原则——以职权主义刑事诉讼为背景的展开》，未刊稿。

在刑事诉讼中是指与定罪量刑有关的事实，主要包括犯罪构成要件事实以及法定和酌定的量刑情节事实；在民事诉讼中主要是指争议的民事法律关系产生、变更以及消灭的事实；在行政诉讼中主要是指有关行政主体行政行为合法性的事实。后者是指本身与案件的实体问题没有直接的关系，但与诉讼程序相关的具有法律意义的事实，主要包括有关回避理由的事实、有关采取强制措施的事实、有关诉讼期间的事实、涉及证据能力的事实等。毫无疑问，查明实体法事实是准确适用实体法、作出公正判决的基础，因此实体法事实是证明对象的关键部分和核心内容。此外，我们也应认识到，诉讼不仅要产生公正的实体裁决，其本身也应当具有公正的属性，因此，作为程序性处理基础的程序法事实，也应当作为证明对象的重要内容。[1]

三、证明责任

证明责任主要解决“谁来证明”的问题。证明责任是特定的诉讼主体对其所主张、所认定的案件事实是否存在负有提出证据、运用证据加以证明的义务。

在刑事诉讼中，依无罪推定原则，证明被告人有罪的责任是由检察机关或自诉人承担的，被告人原则上没有义务证明自己是无罪的。由此，检察机关或自诉人在审判中必须提供充分的证据证明被告人实施了犯罪行为，否则将面临败诉的风险；而被告人即使没有提供任何无罪证明，也不必然被认定为有罪。职权主义国家的法官也承担一定的证明责任，如果案件“存疑”且可克服，则应依职权查明真相，而不得消极作为。在民事诉讼中，原则上实行“谁主张、谁举证”的原则。民事诉讼的原告或被告对于其在诉讼中所主张的事实，须提供证据加以证明，如果没有提供证据或所提供的证据不充分，其主张的事实可能不为法院所认可。而行政诉讼不同于刑事诉讼和民事诉讼，对于所争议的行政行为的合法性，原则上应当由被告，即作出行政行为的行政机关提供证据加以证明，原告一般无须承担证明责任，除非在法律规定证明责任倒置的情形下，由原告承担一定的证明责任。另外，某些具有法定证明责任的国家机关，也是证明责任的主体。当然，对于国家专门机关而言，依法参与诉讼，收集证据、审查证据、运用证据查明案件事实是其法定职责，即不仅是其诉讼权利的体现，也是其诉讼义务和责任的反映。而对于当事人等诉讼参与人而言，其收集证据、提供证据并说服审判人员认可其所提出的主张和事实，主要是为了获得有利于己方的诉讼结果，维护其合法权益。[2]

四、证明标准

证明标准主要解决“证明到何种程度”的问题，即证明主体履行证明责

---

〔1〕 陈光中主编：《证据法学》，法律出版社2015年版，第291页。
〔2〕 陈光中主编：《证据法学》，法律出版社2015年版，第292页。

任所要达到的程度或要求。只有达到了法定的证明标准，诉讼主体才能进行相应的诉讼行为，如侦查机关在刑事诉讼中采取一定的强制措施。如果没有达到法定的证明标准，即无法在程序上和实体上产生上述积极的法律效果。因此，对证明主体而言，证明标准是判断其是否积极履行了证明义务，进而消除败诉风险的标杆。如果证明主体没有将待证事实证明到法律所要求的程度，该待证事项在法律上就推定为不成立，诉讼主张可能不被支持。证明标准是一个具有层次性的有机体系，从三种诉讼活动来看，因为诉讼性质不同，诉讼结果对当事人的影响不同，证明标准也应有所不同。一般认为，刑事诉讼应当采用最高标准，行政诉讼次之，而民事诉讼则可以采取相对宽松的标准。

【案例】毛某太等六人诉姚某全、王某元人身损害赔偿纠纷抗诉案——刑事诉讼证明标准与民事诉讼证明标准的区别〔1〕

案情及诉讼经过：2006 年 11 月，被申诉人姚某全承包的竹林山场，因需整山劈草，以每天 45 元的工资雇佣被申诉人王某元。11 月 27 日，王某元在竹林作业过程中，不慎碰落一石块，该石块从山上滚落到山下的公路上时，将在公路上行走的申诉人毛某太的女儿、申诉人叶某兴的妻子、申诉人叶某娟等人的母亲毛某华砸伤，后经浙江省庆元县人民医院抢救无效，于 11 月 29 日死亡。事故发生后，申诉人向庆元县公安局报案，公安机关认为被申诉人王某元的行为没有犯罪事实，作出庆公不立字（2006）第 3 号不予立案通知书，申诉人不服，提出申请复议。庆元县公安局复议认定被申诉人王某元的行为属于在不可预见的情况下发生，故作出不予立案复议决定书。申诉人遂向庆元县人民法院提起民事诉讼，要求王某元承担赔偿责任，该请求未获支持；申诉人上诉至丽水市中级人民法院被驳回；后向检察机关申诉，浙江省人民检察院向浙江省高级人民法院提出抗诉获改判。

争议焦点：二审判决以公安机关的认定为依据认为王某元的行为在主观上属于不可预见，不存在故意或重大过失，是否合理。

案例评析：我国刑事诉讼法采用案件事实清楚、证据确实充分的证明标准，民事诉讼采用高度盖然性的证明标准，后者的证明标准较前者更为宽松，即只要一方当事人提供证据的证明力明显大于另一方当事人提供证据的证明力，即可确认证明力较大一方当事人主张的事实，无须达到证据确实、充分的证据要求。公安机关从刑事证明标准认定王某元的行为没有发生犯罪事实，并认为其行为具有不可预见性。但即使不是刑法上的犯罪行为却完全可以构成民法上的过失行为。二审判决简单引用公安机关的认定即认定王某元的行

---

〔1〕 毛某太等六人诉姚某全、王某元人身损害赔偿纠纷抗诉案，（2008）浙民再抗字第 40 号，北大法宝经典案例，http：//www. pkulaw. com/pfnl/a25051f3312b07f32670c2916e28dcea3bdd9315dc986973bdfb. html，访问时间：2018 年 11 月 3 日。

为不构成民法上的过失行为，缺乏足够依据。浙江省高级人民法院区分民事诉讼和刑事诉讼证明标准认定王某元负有赔偿义务、撤销原判合理。

五、证明程序和方法

证明程序和方法解决的是“如何证明”的问题。司法证明程序主要包括举证和质证两个环节。举证是指诉讼主体提出证据支持其诉讼主张，对于言词证据，常采用讯问、发问、询问的方法，如《刑事诉讼法》第 191 条规定，公诉人在法庭上宣读起诉书后，被告人、被害人可以就起诉书指控的犯罪进行陈述，公诉人可以讯问被告人；被害人、附带民事诉讼的原告人和辩护人、诉讼代理人，经审判长许可，可以向被告人发问。第 194 条规定，公诉人、当事人和辩护人、诉讼代理人经审判长许可，可以对证人、鉴定人发问。对于实物证据，常采用出示的方法，如宣读书证、展示物证、播放视听资料等。举证环节后，在法庭的主持下，诉讼主体对证据进行质证。质证环节主要采用辨认、质询、辩驳等方法，证明主体以此向法庭证明己方证据真实可靠，或在证据能力或证明力方面较对方证据的优越性等。

第三节　司法证明的分类

一、严格证明与自由证明

在德国的证据理论中，有关认定案件事实的方式有证明（Beweis）与释明（Glaubhaftmachung）之分。证明是指使某一事实的存在得到确信，需达到完全证明（voller Beweis）的证明标准。释明则适用于一些诉讼事实的中间裁决作出的过程。对涉及诸如法官回避、期间的回复申请、拒证权等诉讼事实时提出的理由进行释明，只需使人相信其具有可能性即可。由此可见，证明与释明的核心区别在于证明标准不同。在“证明”的概念之下，进一步有“严格证明”（Strengbeweis）和“自由证明”（Freibeweis）之分。

严格证明是指受法定证据形式和法定证明程序约束，适用于对判决作出至关重要的事实认定的证明方式。在刑事诉讼中，严格证明适用于主审程序（Hauptverhandlung）中对犯罪行为的过程、行为人的罪责以及量刑的幅度等实体问题（即所谓的“罪责与刑罚问题”）的认定。在民事诉讼中，严格证明适用于涉及实体请求权（即作为请求权基础的事实）、抗辩等对判决而言至关重要的事实的证明。自由证明则不要求特定的证据形式和证明程序，可以以任何方式证明待证事实，但仅适用于程序上重要事实的认定，尤其是涉及诉讼要件相关事实的认定。在刑事诉讼中，法律并未明文规定自由证明方式，但司法实践以及学术界的主流观点均认可刑事诉讼中的自由证明方式。[1] 对于涉及判决以外的其他裁决，如羁押命令的签发，以及判断被告是否被以法律禁止的方法讯问等，也适用自由证明。如果某一事实具有对实体判决和诉讼程序的“双重重要性”，仍然适用严格证明。例如，在非法狩猎的案件中，作案时间的确定对于认定被告是否是在禁猎期行为具有重要意义，既具有实体判决层面的重要性，又对认定该案是否仍在刑法规定的追诉期限内具有重要意义，即具有程序上的显要性，因此适用严格证明。

简而言之，严格证明相对于自由证明而言，在证据形式和证明程序上受到较大的限制，且在刑事诉讼中证明标准也更加严格。[2] 适用于所有对判决作出具有重要意义的事实，除此以外的其他事实方可适用自由证明。但值得注意的一点是，自由证明并非完全自由，只是免除了严格证明要件的全部或部分。[3] 同时，在证据形式的选择、证据调查的形式以及证据的使用方面，自由证明不受直接原则、言词原则以及公开原则的限制。但自由证明程序中法官的裁量仍然以法治国原则为界限，特别是要符合公正审判的要求。

二、三大诉讼程序中的证明

根据所处的诉讼程序性质，可以将司法证明分为刑事诉讼程序的证明、民事诉讼程序的证明、行政诉讼程序的证明。三类证明存在着明显区别。

1. 证明主体不同。如前所述，证明主体提出诉讼主张、承担证明责任、与诉讼结果有利害关系，根据我国诉讼法的相关规定，刑事诉讼中的证明主

〔1〕 *Hans Werrier Többens*，Der Freibeweis und die Prozeßvoraussetzungen im Strafprozeß，NStZ 1982，S. 187.

〔2〕 我国台湾地区学者林钰雄认为，除在证据形式、证据调查程序方面的不同外，刑事诉讼中严格证明与自由证明的心证程度不同，认为自由证明程序的心证程度要求是“很有可能”、“大致相近”，超过释明程度，跟民事诉讼法上的心证程度比较像，不是刑事诉讼法要求的确信程度（参见林钰雄、杨云骅、赖浩敏：“严格证明的映射：自由证明法则及其运用”，载《国家检察官学院学报》2007年第5期）。经笔者考证，在民事诉讼中，自由证明与严格证明的心证程度是相同的（参见 Thomas Rauscher，Wolfgang Krüger Hrsg.，Münchener Kommentar zur ZPO，5. Auflage，Verlag C. H. Beck，München，2016，Rn. 26）；而在刑事诉讼中，自由证明的证明标准要比严格证明略低一些，达到稍低程度的确信（ein geringerer Grad an Überzeugung）即可，但同时德国学者也认为，理论上有此种区分，但其实际意义不大，因为仅在极其狭窄的范围内法官内心确信的形成是可审查的，即当法官公布其并未形成真正的内心确信而根据“疑罪从无原则”得出了不同的结果时，实际上这种差别是很小的，因为对于主观确信的分级是难以表达、执行和审查的（参见 *Christoph Knauer*，*Hans Kudlich*，*Hartmut Schneider* Hrsg.，Münchener Kommentar zur StPO，1. Auflage，Verlag C. H. Beck，München，2014，Rn. 414）。

〔3〕 关于自由证明在程度上并非完全自由的论述实际上是日本学者和我国台湾地区学者首先提出的，具体参见黄朝义：“严格证明与自由证明”，载黄东熊等：《刑事证据法则之新发展：黄东熊教授七秩祝寿论文集》，台湾学林文化事业有限公司2003年版，第83页；［日］松尾浩也：《日本刑事诉讼法》，张凌译，中国人民大学出版社2005年版，第13页。我国大陆学者对此有所引证和论述，参见罗海敏：“刑事诉讼严格证明探究”，中国政法大学2007年博士学位论文；康怀宇、康玉：“刑事程序法事实的证明方法——自由证明及其具体运用的比较法研究”，载《社会科学研究》2009年第3期。

体为公诉人、自诉人、被告人、附带民事诉讼当事人，而民事诉讼和行政诉讼中的证明主体为原告、被告、第三人、共同诉讼人、诉讼代表人、有权提出抗诉的检察机关。

2. 证明对象不同。在需要证明的实体法事实中，刑事诉讼的证明对象主要为有关犯罪构成要件、影响量刑的事实，民事诉讼的证明对象主要为有关民事权利义务关系的事实，行政诉讼的证明对象为有关具体行政行为是否合法的事实。

3. 证明责任不同。在刑事诉讼中，公诉案件通常由检察机关承担证明犯罪嫌疑人、被告人有罪的责任，自诉案件由自诉人对其控诉承担证明责任。在民事诉讼中，一般实行“谁主张、谁举证”的原则，由提出事实主张或者反驳对方请求的当事人承担举证责任。在行政诉讼中，以举证责任倒置为主，由被告行政机关证明其作出该具体行政行为具有合法性。

4. 证明标准不同。我国刑事诉讼证明标准是“犯罪事实清楚，证据确实充分”，根据《刑事诉讼法》第55条的规定，这一标准要求定罪量刑的事实都有证据证明，据以定案的证据均经法定程序查证属实，综合全案证据对所认定事实已排除合理怀疑。我国民事诉讼将“高度盖然性”作为证明的一般标准，《民诉法解释》第108条第1款规定：“对负有举证证明责任的当事人提供的证据，人民法院经审查并结合相关事实，确信待证事实的存在具有高度可能性的，应当认定该事实存在。”行政诉讼中，我国采用了对具体行政行为合法性的严格证明标准，《行政诉讼法》第69条规定：“行政行为证据确凿，适用法律、法规正确，符合法定程序的，或者原告申请被告履行法定职责或者给付义务理由不成立的，人民法院判决驳回原告的诉讼请求。”同时，该法第70条规定对主要证据不足的行政行为，“人民法院判决撤销或者部分撤销，并可以判决被告重新作出行政行为”，这些规定为行政诉讼设定了较高的证明标准。

第九章

证明对象

第一节 证明对象概述

一、证明对象的概念

证明对象，是指证明主体进行证明活动所指向的对象。在诉讼中，证明对象就是指公安司法机关以及当事人在诉讼过程中运用证据加以证明的案件事实及有关情况，又被称为“待证事实”“要证事实”“证明标的”“证明客体”。[1] 证明对象对诉讼请求的成立与否具有法律意义，因而需要由证据加以证明。由此可见，证明对象是诉讼证明的前提和基础。在逻辑结构上，证明对象是证明的最初环节。在某种程度上，正是由于证明对象的存在，才产生了证明的必要并引发了相应的证明活动：哪些材料可以作为证据，诉讼证明应采用何种样态，证明应达到的程度，真伪不明时证明责任的分配，等等。[2]

一般而言，证明对象的提出是当事人的责任。其中，实体法证明对象必须由当事人以事实主张的方式导入裁判者的视野。相比之下，程序法事实等其他证明对象的提出则具有一定的灵活性。在英美法国家，基于只有利益相关人最为关心自身利益的诉讼理念，此类证明对象原则上也应当由当事人自行提出，法官一般不主动提出新的证明对象；而在大陆法系国家，对于程序法事实等证明对象的证明，法官则一般比较主动，而且，对于职权探知事项的事实，法官有义务主动进行调查。

不同类型的诉讼其证明对象不同。即使是同一类型的诉讼，因案件事实不同，其证明对象也不尽相同。同一诉讼案件在不同的诉讼阶段其证明对象也存在差别。从诉讼过程来看，证明对象既包括提起诉讼之前已经存在的实体法事实，也包括在诉讼过程中发生的程序法事实。

---

〔1〕 陈光中主编：《证据法学》，法律出版社 2013 年版，第 298 页。
〔2〕 吴宏耀、魏晓娜：《诉讼证明原理》，法律出版社 2002 年版，第 73 页。

根据诉讼类型的不同，证明对象可分为刑事诉讼证明对象、民事诉讼证明对象、行政诉讼证明对象。虽然三类证明对象都包括实体法事实和程序法事实，但也存在内容上的明显差异。刑事诉讼是追究犯罪嫌疑人刑事责任而进行的活动，所以其主要解决犯罪嫌疑人、被告人的刑事责任问题，其证明对象主要是与犯罪嫌疑人、被告人的犯罪构成要件、定罪量刑相关的案件事实；民事诉讼是解决民事纠纷的活动，其证明对象主要是与民事法律关系的产生、变更和消灭有关的案件事实；行政诉讼主要解决行政机关具体行政行为合法性的问题，其证明对象主要是与行政机关具体行政行为合法性相关的案件事实。

证明对象是证据法学理论中的重要内容，其与证明责任、证明标准等共同构成了诉讼证明的理论体系。同时，证明对象也与司法实践密切相关，证明对象的范围宽窄必须适度，过宽则浪费人力物力，影响案件及时处理；过窄则可能妨碍全面了解案情，甚至可能导致错判。明确证明对象，是为了使司法人员从理论上认识到诉讼中应该证明的问题范围，从而有目的、有步骤地依法收集、运用证据加以证明，不致使调查研究的范围过宽或过窄，影响对案件的正确、合法、及时的处理。

二、证明对象的特征

证明对象与具体的诉讼主张紧密相联，因而证明对象体现出以下几个方面的基本特征：

1. 证明对象是与案件相关的事实。证明对象必须与案件具有某种关联，与案件毫无关联的事实不可能成为证明对象。但这并不是说所有与案件相关的事实都是证明对象。只有那些与案件有关联并会从实体上或程序上对正确处理案件产生重大影响的事实才能成为证明对象。证明对象既是当事人提出主张或者进行辩论的目标，又是查明案件事实的内容和解决案件争议作出裁判的根据。

2. 证明对象是法律规范所确定的要件事实。诉讼证明对象，必须根据法律规定的要件事实确定。由于法律事实的存在或发生，会引起法律关系的产生、变更或消灭，所以只有事实成为法律事实时，才对正确处理案件具有重要的意义。所谓要件事实是指判决、裁定或决定依法成立所必备的事实，其中不仅包括实体法律规范所确定的要件事实，也包括由程序法律规范确定的要件事实。要件事实是司法人员合法处理案件必须查明的事实。

3. 证明对象必须是运用证据加以证明的待证事实。证明对象需要用证据进行论证，其与证据之间存在着目的和手段的关系。证明对象是指证明主体进行证明活动时所指向的对象，换言之，不需要证据加以证明的事实就不属于证明对象。事实上法律明确规定了免证事实，即不需要运用证据加以证明，而是由法官直接予以认定并作为裁判依据的事实，如众所周知的事实、自然规律和科学定理、经过公证的事实等。此类事实不属于证明对象。如果某一自然规律或科学定理受到质疑，在经公认科学家认同的情况下，也可能成为证明对象。

4. 证明对象与证明责任、证明标准有着密切的关系。凡是属于证明对象的事实，必须由相应的主体提出证据加以证明，并达到法定的证明程度和要求，否则，该事实无法得到法官的认定，诉讼主体可能承担由此导致不利的诉讼结果。由此可见，证明对象既与证明责任有关，又与证明标准有关，三者共同构成了诉讼证明的理论体系。具体而言，证明责任根据证明对象而分配，不同的案件承担证明责任的主体是不同的；证明标准也是因证明对象设定的，证明对象不同，证明标准也会出现差异，刑事诉讼中证明有罪要求达到排除合理怀疑的程度，民事诉讼中采取优势证据的证明标准，而行政诉讼的证明标准则介于刑事和民事诉讼之间。

第二节 刑事诉讼的证明对象

一、实体法事实

实体法事实是指对认定案件的实体问题具有法律意义的事实。刑事诉讼要解决的是犯罪嫌疑人、被告人的刑事责任问题，即犯罪嫌疑人、被告人的行为是否构成犯罪、构成何种犯罪、是否应当给予刑事处罚、应当给予何种刑事处罚，以及处罚的幅度等问题。刑事诉讼中的实体法事实，主要指与定罪量刑有关的事实。[1] 实体法事实是刑事证明对象的核心。

我国相关立法和司法解释对作为证明对象的实体法事实作了较为明确的规定。《刑事诉讼法》第52条规定："审判人员、检察人员、侦查人员必须依照法定程序，收集能够证实犯罪嫌疑人、被告人有罪或者无罪、犯罪情节轻重的各种证据。严禁刑讯逼供和以威胁、引诱、欺骗以及其他非法方法收集证据，不得强迫任何人证实自己有罪。必须保证一切与案件有关或者了解案情的公民，有客观地充分地提供证据的条件，除特殊情况外，可以吸收他们协助调查。"这里的"犯罪嫌疑人、被告人有罪或者无罪、犯罪情节轻重"是对实体法事实的概括性描述。《刑诉法解释》第64条规定："应当运用证据证明的案件事实包括：①被告人、被害人的身份；②被指控的犯罪是否存在；③被指控的犯罪是否为被告人所实施；④被告人有无刑事责任能力，有无罪过，实施犯罪的动机、目的；⑤实施犯罪的时间、地点、手段、后果以及案件起因等；⑥被告人在共同犯罪中的地位、作用；⑦被告人有无从重、从轻、减轻、免除处罚情节；⑧有关附带民事诉讼、涉案财物处理的事实；⑨有关管辖、回避、延期审理等的程序事实；⑩与定罪量刑有关的其他事实。认定被告人有罪和对被告人从重处罚，应当适用证据确实、充分的证明标准。"

---

〔1〕陈瑞华：《刑事证据法学》，北京大学出版社2012年版，第216页。

《死刑案件证据规定》第5条第3款规定："办理死刑案件，对于以下事实的证明必须达到证据确实、充分：①被指控的犯罪事实的发生；②被告人实施了犯罪行为与被告人实施犯罪行为的时间、地点、手段、后果以及其他情节；③影响被告人定罪的身份情况；④被告人有刑事责任能力；⑤被告人的罪过；⑥是否共同犯罪及被告人在共同犯罪中的地位、作用；⑦对被告人从重处罚的事实。"第36条规定："在对被告人作出有罪认定后，人民法院认定被告人的量刑事实，除审查法定情节外，还应审查以下影响量刑的情节：①案件起因；②被害人有无过错及过错程度，是否对矛盾激化负有责任及责任大小；③被告人的近亲属是否协助抓获被告人；④被告人平时表现及有无悔罪态度；⑤被害人附带民事诉讼赔偿情况，被告人是否取得被害人或者被害人近亲属谅解；⑥其他影响量刑的情节。"

根据立法以及司法解释，我国刑事诉讼证明对象的实体法事实可分为"犯罪事件的事实"和"犯罪嫌疑人个人情况"两个方面。

（一）犯罪事件的事实

犯罪事件的事实主要包括：

1. 犯罪行为的情况。这包括犯罪行为是否已经发生，是否属于正当防卫、紧急避险以及实施犯罪的时间、地点、工具、方法等。一般而言，只有先证实犯罪行为已经发生，才能进一步去查明案件的全部事实情况，如果犯罪行为根本不存在，那么其他情节根本不需要查证。

2. 何人为犯罪行为实施者及其责任能力的情况。一般情况下，司法机关一开始就可以查证犯罪事实，但查证犯罪行为实施者却比较困难。查明犯罪行为实施者是证明对象中最重要也是最难解决的问题。除此之外，还要查明其是否达到责任年龄、有无责任能力，以正确判断其是否应负刑事责任。

3. 犯罪嫌疑人的主观罪过以及犯罪目的、动机。罪过即指故意或过失。犯罪嫌疑人只有在故意或过失的情况下实施犯罪行为，才可能负刑事责任，并且罪过程度直接反映了犯罪嫌疑人的社会危险性大小，所以司法机关应对犯罪嫌疑人的罪过情况加以审查。犯罪目的和动机，二者都是犯罪嫌疑人实施犯罪行为时的主观心理活动，反映行为人的主观恶性程度及社会危害性程度。

4. 犯罪的结果。一般来说，犯罪行为造成的损害后果与行为的危害程度、刑罚轻重成正相关关系。查明犯罪结果时，特别要注意犯罪行为与犯罪结果之间是否有因果关系。如果犯罪行为与犯罪结果之间没有因果关系，则犯罪嫌疑人或被告人就不构成犯罪，对此，必须用证据加以证明。

5. 犯罪后的表现。这主要指的是行为人实施犯罪行为有无减轻或加重处罚的情节。前者包括犯罪后有无主动减轻因犯罪行为造成的损害后果的行为，如自首、坦白等；后者包括犯罪后有无潜逃、抗拒抓捕、毁灭证据、转移赃款赃物、干扰证人作证、订立攻守同盟等。

6. 是否存在不追究刑事责任的情况。《刑事诉讼法》第16条规定："有下列情形之一的，不追究刑事责任，已经追究的，应当撤销案件，或者不起诉，或者终止审理，或者宣告无罪：①情节显著轻微、危害不大，不认为是犯罪的；②犯罪已过追诉时效期限的；③经特赦令免除刑罚的；④依照刑法告诉才处理的犯罪，没有告诉或者撤回告诉的；⑤犯罪嫌疑人、被告人死亡的；⑥其他法律规定免予追究刑事责任的。”

（二）被追诉人的个人情况

我国对犯罪嫌疑人适用刑罚，除了考量其所犯罪行及罪责轻重，还应把握他们的人身危险性以及社会危害性的大小，这些构成被追诉人个人情况的主要内容。一般来讲，被追诉人的个人情况包括被追诉人的过往经历、一贯表现、是否有前科或受过处分等。这些情况与被追诉人是否构成犯罪没有直接关系，但通常对量刑有参考价值。

二、程序法事实

程序法事实是指对解决诉讼程序问题有法律意义的事实。德、日等国均认为程序法事实应作为证明对象。如前所述，对实体法事实适用严格证明标准，而对程序法事实采用自由证明标准。我国对于程序法事实是否作为证明对象一度存在争议，目前普遍认为应当将程序法事实纳入证明对象的范畴，将程序法事实作为证明对象，有利于公安及司法机关依照法定程序办案，加强我国的法治建设。

根据我国现有立法以及司法解释的规定，我国作为证明对象的程序法事实主要包括：

（一）管辖权的事实

管辖是专门机关在依法受理刑事案件方面的职权范围上的分工，包括立案管辖和审判管辖两个部分。审判管辖又分为级别管辖和地域管辖。我国《刑事诉讼法》第25条规定：“刑事案件由犯罪地的人民法院管辖。如果由被告人居住地的人民法院审判更为适宜的，可以由被告人居住地的人民法院管辖。”第26条规定：“几个同级人民法院都有权管辖的案件，由最初受理的人民法院审判。在必要的时候，可以移送主要犯罪地的人民法院审判。”公安机关或检察机关在立案之前或人民法院在受理案件之前，应当首先审查其是否有管辖权。

（二）回避的事实

我国《刑事诉讼法》第29条规定：“审判人员、检察人员、侦查人员有下列情形之一的，应当自行回避，当事人及其法定代理人也有权要求他们回避：①是本案的当事人或者是当事人的近亲属的；②本人或者他的近亲属和本案有利害关系的；③担任过本案的证人、鉴定人、辩护人、诉讼代理人的；④与本案当事人有其他关系，可能影响公正处理案件的。”第30条规定：“审判人员、检察人员、侦查人员不得接受当事人及其委托的人的请客送礼，不得违反规定会见当事人及其委托的人。审判人员、检察人员、侦查人员违反前款规定的，应当依法追究法律责任。当事人及其法定代理人有权要求他们回避。”第31条规定：“审判人员、检察人员、侦查人员的回避，应当分别由院长、检察长、公安机关负责人决定；院长的回避，由本院审判委员会决定；检察长和公安机关负责人的回避，由同级人民检察院检察委员会决定。对侦查人员的回避作出决定前，侦查人员不能停止对案件的侦查。对驳回申请回避的决定，当事人及其法定代理人可以申请复议一次。”有的回避情况是不需要证明的，但有的需要用证据加以证明，如第30条规定的情形需要有证据证明。

（三）决定对犯罪嫌疑人应否采取强制措施的事实

如我国《刑事诉讼法》第74条规定：“人民法院、人民检察院和公安机关对符合逮捕条件，有下列情形之一的犯罪嫌疑人、被告人，可以监视居住：①患有严重疾病、生活不能自理的；②怀孕或者正在哺乳自己婴儿的妇女；③系生活不能自理的人的唯一扶养人；④因为案件的特殊情况或者办理案件的需要，采取监视居住措施更为适宜的；⑤羁押期限届满，案件尚未办结，需要采取监视居住措施的。对符合取保候审条件，但犯罪嫌疑人、被告人不能提出保证人，也不交纳保证金的，可以监视居住。监视居住由公安机关执行。”对上述犯罪嫌疑人、被告人是否患有严重疾病、怀孕等情况需要使用证据加以证明。

（四）非法证据的事实

最高人民法院制定颁发的《排除非法证据规程》中第1条规定：“采用下列非法方法收集的被告人供述，应当予以排除：①采用殴打、违法使用戒具等暴力方法或者变相肉刑的恶劣手段，使被告人遭受难以忍受的痛苦而违背意愿作出的供述；②采用以暴力或者严重损害本人及其近亲属合法权益等进行威胁的方法，使被告人遭受难以忍受的痛苦而违背意愿作出的供述；③采用非法拘禁等非法限制人身自由的方法收集的被告人供述。”我国《刑事诉讼法》第56条规定：“采用刑讯逼供等非法方法收集的犯罪嫌疑人、被告人供述和采用暴力、威胁等非法方法收集的证人证言、被害人陈述，应当予以排除。收集物证、书证不符合法定程序，可能严重影响司法公正的，应当予以补正或者作出合理解释；不能补正或者作出合理解释的，对该证据应当予以排除。在侦查、审查起诉、审判时发现有应当排除的证据的，应当依法予以排除，不得作为起诉意见、起诉决定和判决的依据。”《刑诉法解释》第99条规定：“开庭审理前，当事人及其辩护人、诉讼代理人申请排除非法证据，人民法院经审查，对证据收集的合法性有疑问的，应当依照《刑事诉讼法》第182条第2款的规定召开庭前会议，就非法证据排除等问题了解情况，听取意见。人民检察院可以通过出示有关证据材料等方式，对证据收集的合法性加以说明。”对于某项证据是否应当被排除，应当运用证据加以证明，非法证据的证明对象是程序法事实。

（五）关于诉讼期间的事实

我国《刑事诉讼法》第 106 条规定："当事人由于不能抗拒的原因或者有其他正当理由而耽误期限的，在障碍消除后 5 日以内，可以申请继续进行应当在期满以前完成的诉讼活动。前款申请是否准许，由人民法院裁定。"对其中不可抗拒的原因以及其他正当理由，需要运用证据加以证明。

（六）违反法定的刑事诉讼程序的事实

我国《刑事诉讼法》第 238 条规定："第二审人民法院发现第一审人民法院的审理有下列违反法律规定的诉讼程序的情形之一的，应当裁定撤销原判，发回原审人民法院重新审判：①违反本法有关公开审判的规定的；②违反回避制度的；③剥夺或者限制了当事人的法定诉讼权利，可能影响公正审判的；④审判组织的组成不合法的；⑤其他违反法律规定的诉讼程序，可能影响公正审判的。"二审法院如果因一审法院有上述违反法定诉讼程序的事实而撤销原判时，需运用证据加以证明。

（七）当事人申诉理由的事实

我国《刑事诉讼法》第 253 条规定："当事人及其法定代理人、近亲属的申诉符合下列情形之一的，人民法院应当重新审判：①有新的证据证明原判决、裁定认定的事实确有错误，可能影响定罪量刑的；②据以定罪量刑的证据不确实、不充分、依法应当予以排除，或者证明案件事实的主要证据之间存在矛盾的；③原判决、裁定适用法律确有错误的；④违反法律规定的诉讼程序，可能影响公正审判的；⑤审判人员在审理该案件的时候，有贪污受贿，徇私舞弊，枉法裁判行为的。"如果申诉者主张以上事实，应当提供相应的证据，以便于人民法院决定是否再审。

作为证明对象的实体法事实与程序法事实存在明显区别：

1. 作用不同。实体法事实与定罪量刑有直接关系；而程序法事实则直接关系到诉讼活动的顺利进行与否。

2. 证明主体不同。对实体法事实，由检控方或自诉人承担证明责任；而对于程序法事实，被告人在某些情况下需要承担证明责任。例如，被告人申请回避就需要提供相应的理由。

3. 证明要求不同。对实体法事实适用严格证明，通过运用证据对实体法事实加以证明，还原案件真实情况，否则将适用疑罪从无原则。而对于程序法事实，则采用自由证明，可适当灵活处理。

第三节　民事诉讼的证明对象

民事诉讼的主要任务是由法院解决当事人之间关于民事权利与民事义务的纠纷。解决这些纠纷的依据是事实，而事实与证明案件真实性的各种证据密切相关。"证据"反映"案件真实情况"，依赖于持有证据材料的主体活动。民事诉讼的证明是指证明主体依法收集、提供、运用证据材料去说明、论证案件真实情况的法律活动。而被说明、被论证的“案件真实情况”就是诉讼的证明对象，即需要运用证据加以证明的案件事实。作为证明对象的事实，必须满足一定的条件。首先，必须是法律规定的要件事实，包括实体法事实和程序法事实。其次，必须是需要用证据证明的事实，即有证明的必要性。而只有在法律上有重要意义的事实，才能产生法律上的效果，才有证明的必要，主要包括关于诉讼成立要件的事实、关于权利保护要件的事实、关于证据的事实。

民事诉讼上的证明对象可分为实体法上的事实和程序法上的事实，学术界就这一点已经达成共识。实体法上的事实（即案件事实）包括：有争议的民事法律关系据以发生、变更或者消灭的事实，以及那些阻碍权利、义务发生、变更或消灭的事实，还包括由民事诉讼法所规定的，能够引起诉讼程序发生、变更或消灭的事实。程序法上的事实包括原告、被告是否适格的事实，案件是否属于法院的受案范围或该人民法院管辖的事实等其他具有程序意义的事实。

证明对象的内容可以分为以下几个方面：

一、实体法事实

实体法事实是民事诉讼中最主要的证明对象。民事诉讼主要解决平等主体之间的人身关系和财产关系的纠纷。实体法事实又称为“案件事实”，依内容又可以分为主要事实、间接事实及辅助事实。虽然都是证明对象，但它们在证据问题上仍有不同地位。

1. 主要事实，又称为直接事实、要件事实，是指法律关系产生、变更或消灭所应具备的法律要件事实。主要事实只有经过当事人主张，才能成为审判对象，产生应以证据证明的问题。证明途径包括直接证据证明和间接事实证明。

2. 间接事实及辅助事实。在诉讼过程中，主要事实是主要的证明对象，但在不能直接证明主要事实的情况下，必须通过对其他事实的证明来推断。无论主要事实还是间接事实，都需要以证据来证明，而证据本身的事实，则须通过其他证据证明。这些用来证明证据真实性及合法性的事实，即辅助事实。对于间接事实和辅助事实，即使当事人不提出主张，法院也可以依职权调查，用以作为审判的依据。

二、程序法事实

民事诉讼中的程序法事实是指能够引起民事诉讼法律关系发生、变更或消灭的事实。民事诉讼中程序法事实可以分为两类，一类是必须由当事人主张法院才能予以认定的事实，此类事实必须由当事人首先提出主张并加以证明，法院不能依职权主动认定。另一类为法院应当主动查明的程序性事实。一般认为，涉及审判权等公权力以及具有公益性质的对象，如关于起诉要件的事实、关于自行回避原因的事实、关于合议庭组成是否合法的事实等都属于法院依职权调查的事实。此类事实，即使当事人没有主张，法院在对其存疑时，也可主动收集证据或要求当事人提供证据帮助查明此类事实。

行业习惯不属于程序法事实，但也属于法院依职权调查的事实。[1] 程序法事实也应当作为证明对象。因为在诉讼过程中，当事人也许会提出程序性主张，并且有些程序法事实会直接影响诉讼是否成立或能否继续进行，所以有必要对程序法事实进行证明。

三、法律

根据法律推理的三段论模式："大前提（法律规定）、小前提（民事纠纷发生的具体事实）、结论（法院裁判结果）"来看，法院要得出正确的裁判结果，必须了解作为大前提的法律规定。法官有义务清楚了解法律上如何解释、如何规定相关问题，当事人即使不负举证责任，但为了提请法官注意，在陈述中也可表达自己对该法律条文适用的意见，以供法官参考。

对于地方性法规和外国法是否应当作为证明标准，存在争议。地方性法规虽然受到地域限制，但因其法律效力位阶仅次于法律和行政法规，遂可成为三段论推理模式中的大前提，所以应被视为证明对象。

虽然依据"法官应当知悉法律"这一基本原则，国内法无需当事人加以证明，但外国法并不属于该"法律"的范围。我国立法没有明文规定外国法的查明方法，但《最高人民法院关于贯彻执行〈民法通则〉若干问题的意见》第193条规定："对于应当适用的外国法律，可通过下列途径查明：①由当事人提供；②由与我国订立司法协助协定的缔约对方的中央机关提供；③由我国驻该国使领馆提供；④由该国驻我国使馆提供；⑤由中外法律专家提供。通过以上途径仍不能查明的，适用中华人民共和国法律。"

《最高人民法院关于适用〈中华人民共和国涉外民事关系法律适用法〉若干问题的解释（一）》第17条规定："人民法院通过由当事人提供、已对中华人民共和国生效的国际条约规定的途径、中外法律专家提供等合理途径仍不能获得外国法律的，可以认定为不能查明外国法律。根据《涉外民事关系法律适用法》第10条第1款的规定，当事人应当提供外国法律，其在人民法院指定的合理期限内无正当理由未提供该外国法律的，可以认定为不能查明外国法律。"

四、免予证明的事实

免予证明的事实，简称免证事实，即免除当事人证明责任的事实，是指在诉讼过程中，无须运用证据加以证明，法院就可以确认或采用的事实。将某些特定的事实确定为免证事实，其依据在于：其一，该事实具有"真实

---

〔1〕 江伟、邵明主编：《民事证据法学》，中国人民大学出版社2015年版，第112页。

性”；其二，诉讼经济的要求。《民诉法解释》第93条规定第1款：“下列事实，当事人无须举证证明：①自然规律以及定理、定律；②众所周知的事实；③根据法律规定推定的事实；④根据已知的事实和日常生活经验法则推定出的另一事实；⑤已为人民法院发生法律效力的裁判所确认的事实；⑥已为仲裁机构生效裁决所确认的事实；⑦已为有效公证文书所证明的事实。”

（一）自认事实

自认，是指诉讼中一方当事人就对方当事人所主张的于自己不利的事实加以承认。《民诉法解释》第92条规定：“一方当事人在法庭审理中，或者在起诉状、答辩状、代理词等书面材料中，对于己不利的事实明确表示承认的，另一方当事人无需举证证明。”该制度的设置目的是节省诉讼成本。构成自认，必须具备以下三个条件：①自认的对象必须是案件事实，且仅仅是对方当事人所主张的事实，不包含经验法则、法律适用以及对方提出的权利请求。②自认的事实须对自己不利，于己有利的事实称之为当事人陈述，是在诉讼中需用证据加以证明的对象，并非直接用来定案的证据。③自认的表现是承认，包括明示和默示两种方式。作出自认的当事人应当受到自认内容的约束，不能提出与自认事实相反的主张，非有法定事由不能撤回自认。

（二）司法认知的事实

司法认知是一项举证之外确定事实的方式，也称为审判上的知悉或审判上的认知。进行司法认知时，法官对于有关事实直接予以认定，并作为判决的根据，也就是说，法官免除了当事人对该事实的证明责任。

司法认知的对象是众所周知的事实、自然规律和定理以及在法院显著的事实（指不为一般人所知，只是作为法官因其职务而知道的事实），它们共同的特点是为一定范围内的大多数人所知道，其真实性已被反复证明过，所以在案件中就不需要证明。如果确能证实其他人不知道该事实，就不能进行司法认知。

司法认知是对客观存在的事实进行认知，该事实是实际发生过的，不以当事人的意志为转移。为了防止权力滥用，任意对事实采用司法认知，就必须对法院司法认知的权力进行监督。所以，司法认知的事实应当允许不利一方的当事人提供反证加以反驳。也就是说，对认知事实的质疑或推翻，属于当事人举证的范畴，不能由法院依职权纠正。

（三）经验法则

经验法则是指人们从生活经验中归纳获得的关于事物因果关系或属性状态的法则或知识在司法领域中的具体运用。经验法则是人们在长期生产、生活以及科学实验中对客观世界普遍现象与通常规律的一种理性认识。在法学概念中，经验法则是法官将日常生活中在特定条件下形成的反映事物之间内在必然联系的事理作为认定待证事实的根据的有关规则。[1] 经验法则是否应

---

〔1〕 毕玉谦：“经验法则及其实务应用”，载《法学》2008年第2期。

当作为证明对象，不能一概而论。经验法则可分为一般经验法则和特别经验法则。一般经验法则是指人们从日常社会生活或法律生活中获悉的事实，其本身无证明的必要。但特别经验法则的形成是基于特别知识或经验所取得的事实，这种事实本身在诉讼上仍可作为证明的对象，需要其他证据加以证明。

（四）公证文书证明的事实

公证文书是公证机关依照法定程序对有关法律行为、法律事实以及文书加以证明的法律文书。《民事诉讼法》第 69 条规定："经过法定程序公证证明的法律事实和文书，人民法院应当作为认定事实的根据，但有相反证据足以推翻公证证明的除外。"公证机关是国家机关，公证行为是国家的证明行为，与其他证据相比，公证文书有较强的证明力。当事人向法院提交公证文书后，无须再举证证明，法院可直接采纳或认定。

第四节 行政诉讼的证明对象

行政诉讼证明对象是指在行政诉讼中，根据法律规定，人民法院必须查明，当事人必须证明的案件事实。由于行政管理的广泛性和多样性，相较于刑事诉讼和民事诉讼的证明对象，行政诉讼的证明对象较为复杂。[1] 2014 年《行政诉讼法》修订前，一般认为行政诉讼的证明对象主要是与具体行政行为合法性有关的事实和与行政诉讼程序启动、进行和终结相关的程序法事实。《行政诉讼法》修订后，用行政行为替代具体行政行为，扩大了行政诉讼受案范围，人民法院不再局限于对具体行政行为的合法性进行审查，行政案件的证明对象需要区分不同类型予以界定。

我国《行政诉讼法》第 6 条规定："人民法院审理行政案件，对行政行为是否合法进行审查。"第 34 条规定："被告对作出的行政行为负有举证责任，应当提供作出该行政行为的证据和所依据的规范性文件。被告不提供或者无正当理由逾期提供证据，视为没有相应证据。但是，被诉行政行为涉及第三人合法权益，第三人提供证据的除外。"第 89 条规定："人民法院审理上诉案件，按照下列情形，分别处理：①原判决、裁定认定事实清楚，适用法律、法规正确的，判决或者裁定驳回上诉，维持原判决、裁定；②原判决、裁定认定事实错误或者适用法律、法规错误的，依法改判、撤销或者变更；③原判决认定基本事实不清、证据不足的，发回原审人民法院重审，或者查清事实后改判；④原判决遗漏当事人或者违法缺席判决等严重违反法定程序的，裁定撤销原判决，发回原审人民法院重审。原审人民法院对发回重审的案件做出判决后，当事人提起上诉的，第二审人民法院不得再次发回重审。人民法院审理上诉案件，需要改变原审判决的，应当同时对被诉行政行为作出判决。"根据上述立法规定不难看出，行政诉讼的证明对象包括实体法事实和程

---

〔1〕 何家弘、刘品新：《证据法学》，法律出版社 2013 年版，第 316 页。

序法事实两个方面。

一、行政许可的证明对象

行政许可证明对象包括实体性事实和程序性事实。[1]

（一）行政许可实体性事实

1. 行政许可申请人是否符合授予行政许可的条件和标准。如我国《律师法》第5条规定："申请律师执业，应当具备下列条件：①拥护中华人民共和国宪法；②通过国家统一法律职业资格考试取得法律职业资格；③在律师事务所实习满1年；④品行良好。实行国家统一法律职业资格考试前取得的国家统一司法考试合格证书、律师资格凭证，与国家统一法律职业资格证书具有同等效力。"

2. 被许可人生产经营的产品是否符合要求。如我国《行政许可法》第62条规定："行政机关可以对被许可人生产经营的产品依法进行抽样检查、检验、检测，对其生产经营场所依法进行实地检查。检查时，行政机关可以依法查阅或者要求被许可人报送有关材料；被许可人应当如实提供有关情况和材料。行政机关根据法律、行政法规的规定，对直接关系公共安全、人身健康、生命财产安全的重要设备、设施进行定期检验。对检验合格的，行政机关应当发给相应的证明文件。"

3. 被许可人是否依法履行开发利用自然资源义务或利用公共资源义务。如我国《行政许可法》第66条规定："被许可人未依法履行开发利用自然资源义务或者未依法履行利用公共资源义务的，行政机关应当责令限期改正；被许可人在规定期限内不改正的，行政机关应当依照有关法律、行政法规的规定予以处理。"因此，被许可人是否依法履行开发利用自然资源义务或利用公共资源义务的事实是行政许可的证明对象。

4. 对直接关系社会、人身安全的重要设备、设施建立自检制度。如我国《行政许可法》第68条规定："对直接关系公共安全、人身健康、生命财产安全的重要设备、设施，行政机关应当督促设计、建造、安装和使用单位建立相应的自检制度。行政机关在监督检查时，发现直接关系公共安全、人身健康、生命财产安全的重要设备、设施存在安全隐患的，应当责令停止建造、安装和使用，并责令设计、建造、安装和使用单位立即改正。"

（二）行政许可程序性事实

1. 行政许可实施和结果不予公开的事实。在行政许可中，公开为原则，不公开为例外。我国《行政许可法》第5条规定："设定和实施行政许可，应当遵循公开、公平、公正、非歧视的原则。有关行政许可的规定应当公布；未经公布的，不得作为实施行政许可的依据。行政许可的实施和结果，除涉及国家秘密、商业秘密或者个人隐私的外，应当公开。未经申请人同意，行

---

〔1〕 徐继敏：《行政证据学基本问题研究》，四川大学出版社2010年版，第455页。

政机关及其工作人员、参与专家评审等的人员不得披露申请人提交的商业秘密、未披露信息或者保密商务信息，法律另有规定或者涉及国家安全、重大社会公共利益的除外；行政机关依法公开申请人前述信息的，允许申请人在合理期限内提出异议。符合法定条件、标准的，申请人有依法取得行政许可的平等权利，行政机关不得歧视任何人。”因此，对不公开的结果，应当证明符合《行政许可法》规定的三种情况：国家秘密、商业秘密或者个人隐私。

2. 申请与受理行政许可申请的事实。《行政许可法》第 29 条规定：“公民、法人或者其他组织从事特定活动，依法需要取得行政许可的，应当向行政机关提出申请。申请书需要采用格式文本的，行政机关应当向申请人提供行政许可申请书格式文本。申请书格式文本中不得包含与申请行政许可事项没有直接关系的内容。申请人可以委托代理人提出行政许可申请。但是，依法应当由申请人到行政机关办公场所提出行政许可申请的除外。行政许可申请可以通过信函、电报、电传、传真、电子数据交换和电子邮件等方式提出。”公民、法人或者其他组织是否提出申请以及提出的申请是否符合要求是行政许可程序的证明对象，应运用证据加以证明。

行政机关受理行政许可申请时，必须对本行政机关的职权范围、依法能否取得许可证、申请材料是否齐全、是否存在错误、是否符合法律形式等事实进行证明。行政机关受理或者不予受理行政许可申请，应当出具加盖本行政机关专用印章和注明日期的书面凭证。

3. 听证的事实。我国《行政许可法》第 46 条规定：“法律、法规、规章规定实施行政许可应当听证的事项，或者行政机关认为需要听证的其他涉及公共利益的重大行政许可事项，行政机关应当向社会公告，并举行听证。”第 47 条规定：“行政许可直接涉及申请人与他人之间重大利益关系的，行政机关在作出行政许可决定前，应当告知申请人、利害关系人享有要求听证的权利；申请人、利害关系人在被告知听证权利之日起 5 日内提出听证申请的，行政机关应当在 20 日内组织听证。”行政主体履行告知义务的事实，需要运用证据加以证明，属于行政许可的证明对象。

4. 撤销行政许可理由的事实。《行政许可法》第 69 条规定：“有下列情形之一的，作出行政许可决定的行政机关或者其上级行政机关，根据利害关系人的请求或者依据职权，可以撤销行政许可：①行政机关工作人员滥用职权、玩忽职守作出准予行政许可决定的；②超越法定职权作出准予行政许可决定的；③违反法定程序作出准予行政许可决定的；④对不具备申请资格或者不符合法定条件的申请人准予行政许可的；⑤依法可以撤销行政许可的其他情形。被许可人以欺骗、贿赂等不正当手段取得行政许可的，应当予以撤销。依照前两款的规定撤销行政许可，可能对公共利益造成重大损害的，不予撤销。依照本条第 1 款的规定撤销行政许可，被许可人的合法权益受到损害的，行政机关应当依法给予赔偿。依照本条第 2 款的规定撤销行政许可的，被许可人基于行政许可取得的利益不受保护。”

其中，行政机关工作人员滥用职权、玩忽职守、申请人是否具备申请资格、是否对公共利益造成损害需要运用证据加以证明，属于行政许可的证明对象。

5. 遵守法定期限的事实。我国《行政许可法》中对行政许可程序的环节规定了一系列的时间限制，如第 42 条规定："除可以当场作出行政许可决定的外，行政机关应当自受理行政许可申请之日起 20 日内作出行政许可决定。20 日内不能作出决定的，经本行政机关负责人批准，可以延长 10 日，并应当将延长期限的理由告知申请人。但是，法律、法规另有规定的，依照其规定。依照本法第 26 条的规定，行政许可采取统一办理或者联合办理、集中办理的，办理的时间不得超过 45 日；45 日内不能办结的，经本级人民政府负责人批准，可以延长 15 日，并应当将延长期限的理由告知申请人。"

由此可见，行政主体和申请人是否遵守法定期限的事实是证明对象，需要运用证据加以证明，承担证明责任的一方应提供证据加以证明。

二、行政复议的证明对象

（一）实体法事实

行政复议的目的是为了防止和纠正违法的或者不当的具体行政行为，保护公民、法人和其他组织的合法权益，保障和监督行政机关依法行使职权。实体法事实包括当事人认为行政机关的行为侵犯了自己的合法权益的事实、行政处罚程序中认定当事人有违法行为的事实、申请人认为符合法定条件，但行政机关没有依法办理有关审批、登记相关事项的事实等。

（二）程序法事实

我国《行政复议法》第 23 条规定："行政复议机关负责法制工作的机构应当自行政复议申请受理之日起 7 日内，将行政复议申请书副本或者行政复议申请笔录复印件发送被申请人。被申请人应当自收到申请书副本或者申请笔录复印件之日起 10 日内，提出书面答复，并提交当初作出具体行政行为的证据、依据和其他有关材料。申请人、第三人可以查阅被申请人提出的书面答复、作出具体行政行为的证据、依据和其他有关材料，除涉及国家秘密、商业秘密或者个人隐私外，行政复议机关不得拒绝。"第 28 条第 1 款第 4 项以及第 2 款规定："被申请人不按照本法第 23 条的规定提出书面答复、提交当初作出具体行政行为的证据、依据和其他有关材料的，视为该具体行政行为没有证据、依据，决定撤销该具体行政行为。行政复议机关责令被申请人重新作出具体行政行为的，被申请人不得以同一的事实和理由作出与原具体行政行为相同或者基本相同的具体行政行为。"由此可见，被申请人做出具体行政行为的法律依据是行政复议程序中的证明对象，由被申请人承担证明责任，如果被申请人不能提供做出具体行政行为的依据，可能将承担被申请复议的具体行政行为被撤销的风险。

三、行政赔偿诉讼案件的证明对象

行政赔偿是指行政机关及其工作人员在行使行政职权的过程中违法侵害公民、法人或其他组织合法权益造成损害的，由国家承担赔偿责任。在行政侵权赔偿诉讼中，行政赔偿构成要件的事实是主要的证明对象，也是行政赔偿诉讼证明对象与一般行政诉讼证明对象的区别所在。行政赔偿诉讼案件的构成要件包含以下四个方面：①原告的合法权益是否受到侵害，损害大小如何。行政赔偿的范围仅限于原告受侵害的合法权益，不包括非法所得；且损害必须已经发生，不包括预期利益。②是否属于行政机关工作人员的职务行为。如果属于行政机关工作人员的个人行为，则应由其个人承担责任，不属于行政赔偿的范围。这一点应当从是否存在着相应的法定职权、行为目的、时间和场合等方面认定。③侵权行为是否违法，包括违反程序法和实体法。④侵权行为与损害结果之间是否具有直接的因果关系。关于因果关系，应当从侵权行为实施的条件、作用等方面认定。

四、行政协议案件的证明对象

行政协议案件主要是针对政府特许经营协议、土地房屋征收补偿协议等引起的行政争议。行政协议属于一种双方的行政行为，行政机关在执行公务时需要与行政相对人协商，双方意思表示一致后，才能实施相应行为。行政协议案件的证明对象主要是：①原告与被告之间是否签订行政协议；②被告行政机关是否存在不依法履行、未按照约定履行、违法变更、解除行政协议的事实。

五、行政诉讼中的程序性事实

行政诉讼中需要证明的程序事实与刑事诉讼和民事诉讼相似，如关于回避问题的事实、有关管辖的事实、违反法定的行政诉讼程序的事实等。但有一些是行政诉讼中特有的需要证明的，主要有：

1. 有关当事人资格的事实。根据我国《行政诉讼法》第25条规定：“行政行为的相对人以及其他与行政行为有利害关系的公民、法人或者其他组织，有权提起诉讼。有权提起诉讼的公民死亡，其近亲属可以提起诉讼。有权提起诉讼的法人或者其他组织终止，承受其权利的法人或者其他组织可以提起诉讼。人民检察院在履行职责中发现生态环境和资源保护、食品药品安全、国有财产保护、国有土地使用权出让等领域负有监督管理职责的行政机关违法行使职权或者不作为，致使国家利益或者社会公共利益受到侵害的，应当向行政机关提出检察建议，督促其依法履行职责。行政机关不依法履行职责的，人民检察院依法向人民法院提起诉讼。”

2. 有关起诉期间的事实。根据我国《行政诉讼法》第46条规定：“公民、法人或者其他组织直接向人民法院提起诉讼的，应当自知道或者应当知道作出行政行为之日起6个月内提出。法律另有规定的除外。因不动产提起诉讼的案件自行政行为作出之日起超过20年，其他案件自行政行为作出之日起超过5年提起诉讼的，人民法院不予受理。”

3. 有关管辖的事实。根据我国《行政诉讼法》第18条规定：“行政案件由最初作出行政行为的行政机关所在地人民法院管辖。经复议的案件，也可以由复议机关所在地人民法院管辖。经最高人民法院批准，高级人民法院可以根据审判工作的实际情况，确定若干人民法院跨行政区域管辖行政案件。”

4. 有关被告及其诉讼代理人是否可以在诉讼过程中自行向原告、证人、第三人收集证据的事实等。禁止被告人及其代理人在行政诉讼过程中自行向原告、证人、第三人收集证据是行政诉讼特有规则，如果原告主张被告违反这一规则，需要对之加以证明。

【相关案例】北京市怀柔区红螺镇水库管理处与北京红螺旅游开发有限责任公司租赁合同纠纷再审案[1]——是否超过诉讼时效的认定

基本案情：1998年5月11日，水库管理处作为出租方（甲方）与旅游开发公司（承租方，乙方）签订《租赁合同》，约定甲方将水库及所属土地、变压器、水井等出租给乙方，租赁期40年，乙方须逐年缴付租金。后双方为租金的给付数额产生矛盾，为索要租费，水库管理处于2015年2月起诉要求旅游开发公司支付1999年至2015年期间拖欠的租金。二审期间，旅游开发公司认为1999年至2013年期间的租金已超过诉讼时效，水库管理处予以否认，但未提供追索租金等导致诉讼时效中断的相关证据，故二审法院裁判认定水库管理处该期间的诉讼请求已超过诉讼时效，法院不予支持。

争议焦点：本案的争议点之一在于1999年至2013年租金的诉讼时效问题。案件当事人之一的红螺镇水库管理处于2016年申请再审。后在再审期间，水库管理处提交了自1999年12月至2004年12月向旅游开发公司连续追索租金的书面《催款通知》10份，以及2014年8月的书面《催收租金函》，需要说明的是，每份《催款通知》均追索前欠租金和本期租金。新提交的证据证明被申请人红螺旅游开发有限责任公司长期拖欠租金，申请人数次催要，不存在超过诉讼时效的事实。最终，再审法院裁判认定本案没有超过诉讼时效，撤销原审判决的裁定。

案例评析：关于1999年至2013年租金的诉讼时效如何认定问题。首先，水库管理处提供的其自1999年至2004年的《催款通知》及2014年8月1日的《催收租金函》，催款通知上均有旅游开发公司工作人员的签收印记，可以证明其在2004年以前以及2014年确实对租金提出异议并在追索；此外，旅游开发公司曾于2014年12月向水库管理处出具《关于申请减免水库租金费

---

[1] 北京市怀柔区红螺镇水库管理处与北京红螺旅游开发有限责任公司租赁合同纠纷再审案，案例来源于法律之星——中国法律检索系统。

用的报告》，其中载明："几年以来，水库管理处都是根据当年水库的水情和水位的实际情况，与我公司协商水库租金费用数额的缴纳及减免……"内容，可以印证水库管理处所称在2004年至2014年期间每年都在口头主张的事实。根据《民法通则》第140条"诉讼时效因提起诉讼、当事人一方提出要求或者同意履行义务而中断。从中断时起，诉讼时效期间重新计算"的规定，水库管理处追索租金的诉讼时效多次中断，多次重新计算，没有超过诉讼时效，对于其主张收取1999年至2013年间租金的事实，法院应予支持。

第十章 证明责任

第一节 证明责任概述

一、证明责任的概念

证明责任被誉为“诉讼的脊梁”，在证明制度中占据举足轻重的地位。但英美法系与大陆法系的证明责任概念并不相同。在英美法系，证明责任主要包括举证责任和说服责任，这源自于美国证据法学者塞耶（Thayer）于1898年出版的专著《证据理论研究》。提供证据责任（burden of producing evidence），又称推进诉讼的责任（the burden of putting forward with evidence），是指当事人在诉讼中提出证据使其成为案件争议点，或者将证据提交给法官使法官审查事实后可以将案件提交给陪审团；说服责任是指在整个诉讼过程中，当事人提出证据证明主张事实之各个要素并使事实裁判者相信该事实存在的责任。

大陆法系证明责任包括行为责任和结果责任。[1] 行为责任是指当事人提出证据证明待证事实的主张来避免败诉的风险，即当事人负有推进案件进行和证明案件事实的责任。该责任是从结果责任中派生出来的，且责任主体和证明范围都取决于结果责任。结果责任是指法官在审理后对事实存有疑问或无法确定待证事实时，确定由哪方当事人承担败诉后果的责任。

我国的证明责任概念与大陆法系国家类似，可分为四个层次，其中前三个层次对应行为责任，后一个层次对应结果责任：

第一，提出案件事实的主张，或提出权利主张。证明责任之所以产生是因为当事人对案件事实有自身的主张。正如在民事诉讼中经常说的“谁主张、谁举证”即为证明责任的前提。当事人一方需要提出自身所要证明的案件事实，检察官需要指控被告人有罪、罪重、罪轻等。只有当事人或者检察官提

---

〔1〕 近年来也有不少欧陆学者对这一传统分类提出了批评意见。例如 Mustapha Mekki, Regard substantiel sur le《 risque de la preuve 》. Essai sur la notion de charge probatoire. in La prevue. Regards croisés, sous la direction de Mustapha Mekki, Loïc Cadiet et Cyril Grimald, Dalloz, 2015。

出自身主张，方可为提出证据证明案件事实主张做好铺垫。

第二，提出证明案件事实的证据。证据是证明案件事实的依据，当事人或检察官提出主张后，需要进行举证。在民事诉讼中，当事人主张案件法律关系存在、变更、解除时，应当在举证时限内向法官提交相应的证据；在刑事诉讼中，控诉方在法庭上指控被告人时，需要对被告人犯何种罪行、犯罪形态、罪数多少等提供证据进行充分证明；在行政诉讼中，原告提出行政机关的行政行为侵犯了自身的权益，行政机关要提供证据证明行政行为的合法性和正当性。

第三，说服责任。当事人或检察官提出证据后，其证明责任并没有完成，而应当进一步承担说服责任。当事人向法官提供证据后，需要依证据展开具体论述证明自身的主张，使法官采信自己的观点，进而支持自身的诉讼请求。检察官在庭审举证时，应当说明证据的证明能力、证明力和每种证据要证明被告人犯罪的具体情况，进而承担好说服责任。“在诉讼案件中，当事人仅仅提供一堆‘死’证据是不够的，他必须让证据‘活’起来，说服法官，使法官形成确信的心证。”[1] 在法庭审理的举证、质证和辩论过程中，当事人或者检察官必须依据生活经验和逻辑法则认真履行说服义务，使法官或者陪审团形成内心确信。

第四，不利后果的承担责任。不利后果的承担责任也是证明责任结果意义上的责任，这是一种法定的风险责任分配的形式。当事人或者控诉方提出事实主张、提供主张事实的证据、并向法官履行说服义务后，如果法官对案件事实形成内心确信，则完成了证明责任；如果案件仍然处于事实不清、证据不足、真伪不明的状态，那么当事人或者控诉方则要承担不利后果。

在民事诉讼中，当事人提出诉讼请求后，如果应当提供证明自身主张的证据而没有提供，或者提供相应证据后在说服法官时没有达到证明标准，则可能要承担败诉的风险；在刑事诉讼中，控诉方对被告人的定罪和量刑提出主张，并在庭审中提出证据来说服法官，当其没有使法官内心确信被告人有罪时，从结果意义看，则需要承担“证据不足，指控不能成立的无罪判决”的不利后果；在行政诉讼中，行政机关需要提供证据证明其合法行政、程序正当，否则，也会承担不利的裁判后果。不利后果的承担责任是一种实质的、客观上的证明责任，这可以督促当事人和控诉方积极举证并履行说服义务。

二、证明责任的性质

我国证据法理论界对证明责任的性质存在不同的观点，主要可分为“权利说”“义务说”“负担说”和“责任说”。

“权利说”认为，对于证明责任的承担者而言，证明责任是一种权利。证明责任的主体有权利提出事实主张，向法院提起诉讼请求，并且当事人可以

〔1〕 卞建林、谭世贵主编：《证据法学》，中国政法大学出版社 2014 年版，438 页。

收集、提供证据。“权利说”强调举证权及收集证据的权利，但未涉及当事人履行或未履行证明责任时可能导致的法律责任，而后者恰恰是证明责任的核心所在。

“义务说”认为，当事人之所以在诉讼过程中负证明责任，是因为证明责任是法律要求当事人履行的诉讼义务，当事人不履行该义务，便会产生相应的法律责任。证明责任是当事人对法院的诉讼义务，法院是证明责任承担者相对应的权利主体。[1] “义务说”亦不太妥帖，因为在法律的一般意义上，义务的履行应当以不履行时受到处罚作为条件，但是在证明责任中，并没有法律规定“处罚”为强制履行的内容，而是依据“不利后果”的负担来促使当事人或者控诉方进行证明，这是一种“间接强制”，而不是一种法律处罚。[2] 从结果意义的证明责任的角度看，当事人或控诉方应当履行证明“义务”，而履行不能时，其要承担败诉风险或指控犯罪不能成立的结果，这也并非一种直接处罚。

“负担说”认为证明责任仅为当事人为得到胜诉结果而实际产生的必要负担。可以看出，“负担说”强调结果意义上的证明责任，即当事人不能承担证明责任时会遭受败诉的风险，但未将行为意义上的证明责任纳入其中。事实上，行为责任对胜诉结果仍有相当的影响。另外，证明责任是否履行都是法律上的合法行为，合法行为是行使权利或者承担义务，“负担”一词不能为证明责任是否履行提供准确定性。[3]

“责任说”认为，证明责任是一种法律责任，当事人或者控诉方提出自己对案件事实的主张，应当积极地加以证明，当无法证明时，需要承担不利的后果。无论是在民事诉讼、刑事诉讼还是行政诉讼中，当事人或者控诉方向法院提出自己的请求、指控被告人有罪或者是证明行政行为合法合理，通过证据积极说服法官使法官产生内心确信后，则可以免于承担不利后果。但是，当当事人或者控诉方提出事实主张后，不能提出支持自身请求或者指控被告人有罪的证据，或出于主观因素或者客观因素而不能说服法官时，其要承担败诉的风险或者指控犯罪不力的后果。由此可见，责任说既包括行为意义上的证明责任，也包括结果意义上的证明责任。本书持“责任说”。

三、证明责任的意义

证明责任对于司法证明的有序运行至关重要，具体表现在：

第一，证明责任制度有助于各诉讼主体实现其诉讼目的。具体而论，在民事诉讼中，一方当事人通过承担证明责任，方可证明其主张的法律关系存在、变更或者撤销，从而实现自身的诉求；在刑事诉讼中，检察机关承担证

---

〔1〕 樊崇义主编：《证据法学》，法律出版社2012年版，326页。

〔2〕 卞建林、谭世贵主编：《证据法学》，中国政法大学出版社2014年版，439页。

〔3〕 樊崇义主编：《证据法学》，法律出版社2012年版，326页。

明责任使有罪之人被定罪量刑，被告人在一定的案件中承担证明责任来证明自己无罪或罪轻；在行政诉讼中，原告承担的证明责任主要在于证明起诉符合法定条件，而作为被告的行政机关则承担证明责任证明具体行政行为为合法。由此，证明责任制度可使诉讼主体推进案件进行，并为实现自身的诉讼利益而承担责任。

第二，证明责任制度有助于查清案件事实。在诉讼中，判决的作出需要以事实为依据，以法律为准绳。而法官要查清案件事实，证据发挥着决定性的作用。因此，证据应由哪方诉讼主体提供并承担说服责任便是一个十分重要的问题。证明责任制度的核心内容就是证明责任分配规则，依案件类型、证明难度、诉讼效率等标准所确立的公平原则、就近原则、利益衡量原则等理性原则，可使各证明主体能够最大限度地在证明活动中发挥作用。[1]

第三，证明责任制度有助于审判机关在案件事实真伪不明的情况下对案件作出判决。在法院行使审判权的过程中，如果案件事实经过法庭上的举证、质证、认证或者审判机关自身进行的法庭调查后仍处于真伪不明的状态，法官不得拒绝裁判，应及时依据证明责任制度作出判决。因此，证明责任制度为未决疑难案件的判决确立了可操作的技术标准。

四、证明责任转移和举证责任倒置

证明责任分配是证明责任制度的核心内容。当一方当事人提出自身主张后，证明责任的分配可以由提出主张的一方当事人积极提供证据进而履行说服责任，或者由对方当事人提供证据证明自身行为的合法性或反驳提出主张一方的观点。如果案件审理结果为事实不清、证据不足时，证明责任的分配也为事实裁判者提供了作出裁决的依据。诉讼一般实行“谁主张、谁举证”，但是，在一些情况下，也会适用证明责任转移或证明责任倒置。

证明责任转移是对行为意义上的提供证据责任的转变。证明责任转移是指在诉讼的审理过程中，承担证明责任的当事人提出本证对要件事实予以证明后，对方当事人基于该项证明发生动摇的必要性所承担的提供证据的责任。[2]

证明责任倒置是对结果意义上证明责任的重新分配。证明责任倒置是指一方当事人提出权利主张，由否定其主张成立或否定其部分事实构成要件的对方当事人承担责任的一种分配形式。它是基于现代刑法和民法精神中的正义和公平原则而对传统的“谁主张、谁举证”原则的补充、变通和矫正。[3]

---

〔1〕 陈光中主编：《证据法学》，法律出版社 2013 年版，324 页。
〔2〕 张保生主编：《证据法学》，中国政法大学出版社 2014 年版，317 页。
〔3〕 张保生主编：《证据法学》，中国政法大学出版社 2014 年版，318 页。

第二节　刑事诉讼证明责任

一、刑事证明责任的概念

英美法系与大陆法系在刑事证明责任问题上存在明显的区别，最核心的差异是：当控辩双方未提供充分的证据以查明案件事实时，法官是否应完全消极，直接按证明责任的分配规则作出判决，或者在法官所认为可能的情况下作进一步调查以揭示案件真相。职权主义国家认为，刑事诉讼涉及对公民个人的定罪量刑，可能由此剥夺他人的人身自由甚至生命，故查明事实、还原真相是所有职权主义国家刑事诉讼所确立的核心价值目标。因此，“为查清真相，法院依职权应当将证据调查涵盖所有对裁判具有意义的事实和证据材料”（《德国刑事诉讼法典》第 244 条第 2 款）。而当事人主义国家则秉承法律真实的价值导向，裁判者恪守消极立场，将查明真相的责任完全交由控辩双方，疏于履行职责的一方将承担不利后果。

在我国，刑事证明责任是指人民检察院或者自诉人为证明案件事实或自己的主张，应当收集或提供证据，并承担说服法官的责任；当不能提供证据或者没有使法官内心确信时，要承担不利的法律后果。《刑事诉讼法》同样规定了法官的职权调查义务，即“法庭审理过程中，合议庭对证据有疑问的，可以宣布休庭，对证据进行调查核实。人民法院调查核实证据，可以进行勘验、检查、查封、扣押、鉴定和查询、冻结”（第 196 条）。可以看出，中国的刑事证明责任主要具备如下特点：

第一，刑事证明责任总是与一定的诉讼主张相联系。在刑事诉讼中，无论是公诉案件还是自诉案件，要证明被告人有罪，首先需要由公诉机关或者自诉人提出被告人有罪的主张《刑事诉讼法》第 51 条规定：“公诉案件中被告人有罪的举证责任由人民检察院承担，自诉案件中被告人有罪的举证责任由自诉人承担。”

第二，刑事证明责任是提供证据和说服责任的统一。所谓提供证据，就是公诉方、自诉人或其他当事人就其主张或者反驳的事实提供证据加以证明。所谓说服责任，即负有证明责任的公诉方、自诉人或其他当事人应当承担依证据对案件事实进行说明、论证的责任，使法官对案件事实形成内心确信。

第三，刑事证明责任有时需要承担不利的诉讼后果。如果承担刑事证明责任的主体不能提出支持自己主张的证据，或者提出证据后没有说服法官形成内心确信，则会承担不利的后果，如公诉方或自诉人可能承担法院对被告人作出无罪判决的结果。

第四，案件“存疑”且并非不可克服时，法官应依职权调查，查明真相。

需要特别指出的是，我国刑诉学界的一种主流观点认为，刑事诉讼的庭审构造应是三角形结构，控辩力量平衡，法官消极中立裁判。法官应如同体育竞技中的裁判，不得主动介入庭审的举证与查明，否则有损程序的公正，也极易压缩辩护的空间。因此，法官的庭外调查权在学说上备受争议，废除的声音时而有之。事实上，自改革开放以来，我国刑事诉讼模式便被学术界定性为“强职权主义”，刑事司法实践中的诸多弊端皆由“职权主义”所诱发，已然成为诸多学术论断的理论前提，改革的主流方向也一直是走向对抗式诉讼。按这一学术逻辑，法官的职权调查一并被归为“职权主义”的糟粕，理应予以废弃，唯有消极中立的第三方才是理想诉讼模型下的裁判主体。但本书认为，刑诉学界所观察到的诸多弊端在我国刑事司法实践中现实存在，不应回避，例如时下被告人在刑事诉讼中的地位依然比较孱弱、辩护律师在庭审中所受的权利保障力度尚未尽如人意，辩护空间较为狭窄，在一些敏感案件中刑事辩护往往面临公、检、法甚至更强势部门的共同挑战。但造成这一现状的核心原因并不能归咎于“职权主义”以及法官的“庭外调查权”，而是具有中国特色的刑事司法职权配置及其他一些因素。因此，本书认为，任何改革均不可能完全脱离固有的传统。刑事诉讼并非一部跌宕起伏的好莱坞影视剧或者一场精彩绝伦的辩论赛，它的核心不是过程的精彩、碰撞的激烈、结果的胜负，而是刑事正义的彰显，涉及被告人、被害人及社会的多方利益。因此，社会公众并非一场竞技活动的观众，享受过程而无所谓结果，恰恰相反，社会公众更需要的是真相，需要最大限度地还原案件事实本身，这也是法庭的核心职能所在。故本书主张刑事诉讼应追求实质真实，刑事法官应承担必要的证明责任。

二、刑事诉讼证明责任的分配

在刑事诉讼中，一般由指控犯罪的一方承担证明责任，即由公诉方、自诉人提出犯罪嫌疑人或被告人有罪的主张，提供被指控方有罪的证据并承担说服法官的责任。但是，在个别案件中会发生举证责任倒置，被告人自己需要承担证明责任。

（一）公诉案件：检察院承担证明犯罪嫌疑人、被告人有罪的责任

检察院作为国家的公诉机关，具有审查起诉、提起公诉的职能。检察院认真履行证明责任，在以打击犯罪、保障人权为目的的刑事诉讼中发挥着重要作用。检察院承担证明责任的具体内容如下：

1. 提出被告人有罪的诉讼主张。检察院在向法院对被告人提起公诉前，需要对犯罪嫌疑人审查起诉。《刑事诉讼法》第 173 条第 1 款规定：“人民检察院审查案件，应当讯问犯罪嫌疑人，听取辩护人或者值班律师、被害人及其诉讼代理人的意见，并记录在案。辩护人或者值班律师、被害人及其诉讼代理人提出书面意见的，应当附卷。”当人民检察院认为犯罪嫌疑人的犯罪事实已经查清，证据确实、充分，依法应当追究刑事责任的，应当作出起诉决定，按照审判管辖的规定向人民法院提起公诉，并将案卷材料、证据移送人民法院。人民法院审判公诉案件，人民检察院应当派员出席法庭支持公诉。

2. 提供指控被告人有罪的证据。《高检规则》第 360 条规定："人民检察院对于犯罪嫌疑人、被告人或者证人等翻供、翻证的材料以及对于犯罪嫌疑人、被告人有利的其他证据材料，应当移送人民法院。"第 397 条规定："对提起公诉后，在人民法院宣告判决前补充收集的证据材料，人民检察院应当及时移送人民法院。"第 399 条第 1 款规定："在法庭审理中，公诉人应当客观、全面、公正地向法庭出示与定罪、量刑有关的证明被告人有罪、罪重或者罪轻的证据。"依照该规则，公诉人围绕一定的事实可以讯问被告人，询问证人、被害人、鉴定人，出示物证，宣读书证、未出庭证人的证言笔录。

3. 履行说服法官的责任。《刑事诉讼规则》第 397 条第 1 款规定："人民检察院提起公诉向人民法院移送全部案卷材料后，在法庭审理过程中，公诉人需要出示、宣读、播放有关证据的，可以申请法庭出示、宣读、播放。"在法庭庭审的举证、质证和法庭辩论的过程中，检察官需要运用证据充分论证被告人所犯罪行、犯罪形态及罪数等，用证据充分论证后，使证据之间可以相互印证，形成完整的证据链条，从而使法官达到内心确信的程度。

4. 承担不利后果的责任。检察院依据证据证明案件事实，没有让法官形成被告人有罪的内心确信，即存在案件事实不清、证据不足的情况，检察院的证明没有达到法定的证明标准，则应当承担指控犯罪不能成立的败诉风险。

（二）自诉案件：自诉人应对其控诉承担证明责任

我国自诉案件的范围从 2018 年《刑事诉讼法》第 210 条规定中可以见得，"自诉案件包括下列案件：①告诉才处理的案件；②被害人有证据证明的轻微刑事案件；③被害人有证据证明对被告人侵犯自己人身、财产权利的行为应当依法追究刑事责任，而公安机关或者人民检察院不予追究被告人刑事责任的案件。"其中，告诉才处理的案件包括侮辱诽谤案、虐待案、侵占案、暴力干涉婚姻自由案；被害人有证据证明的轻微刑事案件包含故意伤害案（轻伤）、非法侵入住宅案、侵犯通信自由案、重婚案、遗弃案、生产销售伪劣商品案、侵犯知识产权案，属于刑法分则第 4 章、第 5 章规定的，对被告人可能判处 3 年有期徒刑以下刑罚的案件。

自诉案件一般是比较轻微的刑事案件，需要由自诉人自行承担证明责任。因为自诉案件缺少侦查和审查起诉的程序，自诉人提出被告人有罪的案件事实后，需要自己收集、提供证明自己主张的证据，并说服法官形成内心确信，否则，自诉人要承担指控犯罪不能成立的后果。《刑事诉讼法》第 211 条第 1 款第 2 项规定，人民法院对于自诉案件进行审查后，对缺乏罪证的自诉案件，如果自诉人提不出补充证据，应当说服自诉人撤回自诉，或者裁定驳回。从该规定中可以看出，自诉案件的证据需要由自诉人自行收集，如果自诉人收集的证据达不到法定标准，则要承担被驳回起诉的结果。

（三）被告人承担一定的证明责任

一般情况下，基于无罪推定原则和不得强迫自证其罪原则，被告人不承担证明责任，既不证明自己有罪，也不证明自己无罪。人民法院不会因为被告方不提供证据就对被告人作出有罪判决。有时，被告方会提出证据作为辩护理由而维护自身的利益，但这不是刑事诉讼意义上的举证责任。但是，在一些特殊情况下，比如在巨额财产来源不明罪、持有型犯罪（非法持有假币罪、非法持有毒品罪等犯罪），被告人需要举证证明自己无罪。

《刑法》第 395 条第 1 款规定，国家工作人员的财产、支出明显超过合法收入，差额巨大的，可以责令该国家工作人员说明来源，不能说明来源的，差额部分以非法所得论，处 5 年以下有期徒刑或者拘役；差额特别巨大的，处 5 年以上 10 年以下有期徒刑。财产的差额部分予以追缴。在巨额财产来源不明罪案件中，控诉方需要承担首要的证明责任证明被告人是国家工作人员以及被告人财产或支出差额巨大且明显超过其合法收入。然后证明差额财产合法的责任转移到了被告人身上，如果被告人不能证明，法官则会推定财产是非法的，并认定被告人犯巨额财产来源不明罪。

被告人在一些“持有型”的犯罪中也应当承担证明责任。如《刑法》第 128 条第 1 款规定的非法持有、私藏枪支、弹药罪；第 130 条规定的非法携带枪支、弹药、管制刀具、危险物品危及公共安全罪；第 172 条规定的持有、使用假币罪；第 282 条第 2 款规定的非法持有国家绝密、机密文件、资料、物品罪；第 297 条规定的非法携带武器、管制刀具、爆炸物参加集会、游行、示威罪；第 348 条规定的非法持有毒品罪；第 352 条规定的非法买卖、运输、携带、持有毒品原植物种子、幼苗罪。对于这些“持有型”犯罪，指控方承担起初的证明责任后，实行举证责任倒置，由被告人证明自身并不明知持有这些违禁品，或者提供证据证明自身的持有是合法的，否则，将会承担对自身不利的“持有型”罪刑。

需要注意的一点是，无论在英美法系，还是在大陆法系，辩护方均承担一定的行为意义上的举证责任。但这种行为意义上的举证责任并非最终的结果责任，其性质是提供证据、推动诉讼进行的责任。也就是说，辩护方应当积极提出证据证明与被告人相关的、利于审判者查清的案件事实，但如果经过法庭庭审的一系列环节后，该案件仍处于事实真伪不明状态，辩护方的主张可能得不到审判方的采纳，但可能也不会使被告人被定罪。

三、法官依职权调查取证

（一）法官依职权调查取证的定义

所谓法官依职权调查取证是指为查明事实真相，庭审法官（或审判长）可不受控辩双方所提供之证据材料的约束，而依职权主动调查及收集所有可能对揭示真相有意义的事实和证据。庭审法官（或审判长）可亲自或委托相关机构或个人采取各种类型的侦查行为，包括勘验、检查、查封、扣押、鉴定甚至是技术侦查。这在各代表性职权主义国家的法典中均有明确规定（如《德国刑事诉讼法典》第 238 条、《法国刑事诉讼法典》第 310 条、第 328 条、《西班牙刑事诉讼法典》第 688 条等）。我国《刑事诉讼法》第 196 条也作了类似的设定，“法庭审理过程中，合议庭对证据有疑问的，可以宣布休庭，对证据进行调查核实。人民法院调查核实证据，可以进行勘验、检查、查封、扣押、鉴定和查询、冻结”。

（二）法官依职权调查的正当性依据

法官依职权调查的正当性依据是实质真实（die materielle Wahrheit），这也是职权主义国家区别于当事人主义国家的核心特质。实质真实的诉讼目的在于准确实现国家的刑事指控要求，达致实质的罪责原则以及避免作出错误判决。在法治国的刑事诉讼框架下（德国《基本法》第1条第1款以及第20条第3款），司法机关必须尽全力确保每一项刑事指控及有罪判决均建立在真正、实质真实的依据之上。也因为如此，在职权主义刑事证明逻辑里，“任何对被告人作出的有罪判决，均必须查证：犯罪事实是否发生；犯罪事实是否为被告人所实施；以及被告人在何种情况下实施犯罪行为……所有对被告人的指控均应以证据为基础”。[1] 证明便是“揭示案件真相，令法官达致内心确信，获得完全的确定性”。[2]

在审前程序，职权主义国家将查明案件真相的职责交由专门的司法官员：预审法官或检察官。只要司法官员认为“对查明案件真相不可或缺”，则可以采取各项侦查行为，包括听取证人证言、讯问犯罪嫌疑人、进行现场勘验、采取技术侦查措施等，也可以适用各种强制措施，包括刑事拘留、临时羁押、司法管制等，以保证刑事侦查得以顺利进行。为防止司法官员的立场偏颇，各职权主义国家普遍设立检察官或预审法官的客观义务（obligation d'objectivité）或公正义务（obligation d'impartialité）。例如2000年10月6日欧洲理事会部长委员所通过的建议案《关于欧盟各成员国检察机关在刑事司法中作用的若干指导原则》第24条a项便规定，“在履职中，检察官尤其应公正、公平、客观地作为”（agir de façon équitable, impartiale et objective）。《法国刑事诉讼法典》第31条规定，“检察官负责提起公诉，并在遵循客观中立原则的基础之上请求适用法律”，第39-3条第2款进一步明确，“共和国检察官负责确保侦查以发现真相为导向，既收集有罪证据，也收集无罪证据，并保证被害人、原告以及被告人的权利在侦查程序中得到尊重”。预审法官在重罪预审程序中也应遵守公正义务，收集证据仅以查明案件真相为导向，而不考虑证据对控辩双方的利弊。

在审判程序，职权主义国家的庭审相对“平和”，法庭并不承认所谓的控方事实与辩方事实，一切皆为法庭的事实。法官主导庭审的进行，并引导控辩双方对案件的争点及疑点进行“讨论”（discussion）。如果法官认为，控辩

---

〔1〕 Mittermaier K. J. A., Traité de la preuve en matière criminelle, traduit par , C. -A. Alexandre, De Cosse et N. Delamotte, 1848, p. 2.

〔2〕 Mittermaier K. J. A., Traité de la preuve en matière criminelle, traduit par , C. -A. Alexandre, De Cosse et N. Delamotte, 1848, p. 68.

双方（尤其是控方）所提交的证据尚不足以查明真相，则可依职权自行或者委托他人进行补充侦查。法官也可依双方当事人的请求决定进行补充侦查。总而言之，在职权主义国家，庭审法官并非消极中立的第三方，而应积极探明事实，承担部分的证明责任。[1] 如果法官未充分查明即依“存疑有利被告”原则作出无罪判决，则将构成重审事由。法官更不得因案件未查明而拒绝作出裁判，否则将构成拒绝裁判罪。

毋庸讳言，近年来，随着诉讼爆炸及法庭堵塞现象的加剧，当下各职权主义国家纷纷引入了辩诉交易制度，在“实质真实”之外增加了“协商真实”（la vérité négociée）的理念。[2] 但也应看到，职权主义国家对“协商真实”持十分谨慎的态度，主要将其适用于5年及以下的轻罪案件。并且法官对“认罪协议”具有审核义务，避免存在虚假认罪或者强迫认罪的情况。可见，“实质真实”依然是职权主义的核心价值理念，这也是法官职权调查原则存在的正当缘由。

（三）我国语境下的法官调查取证

在代表性职权主义国家，依实施调查的主体及方式的不同，法官职权调查原则又可分为当庭的取证裁量权及庭外的补充侦查。但在我国刑事诉讼的语境下，法官职权调查原则主要体现为法官亲自主导的庭外调查，不存在委托调查的情况，“法庭审理过程中，合议庭对证据有疑问的，可以宣布休庭，对证据进行调查核实。人民法院调查核实证据，可以进行勘验、检查、查封、扣押、鉴定和查询、冻结”（《刑事诉讼法》第196条）。而我国庭审的补充侦查原则上只能由检察官提出建议，“审判期间，合议庭发现被告人可能有自首、坦白、立功等法定量刑情节，而人民检察院移送的案卷中没有相关证据材料的，应当通知人民检察院移送。审判期间，被告人提出新的立功线索的，人民法院可以建议人民检察院补充侦查”（《刑诉法解释》第226条）。可见，我国刑事诉讼中的“补充侦查”主要为控方主导，辩方无权提出请求，主要目的是为控方的补证服务，具有明显的偏倚性。这也是多年来我国理论界及实务界批评法官依职权调查“不具中立性、主要为控方服务”之现象的缘由，认为这种调查方式压缩了原本便极为狭隘的刑事辩护空间。因而，本书认为我国《刑事诉讼法》第196条之规定的基本精神并无不妥，应允许法官为查明真相采取任何侦查举措。此外，刑事诉讼法还应允许控、辩双方提出申请，调取所有可能查明真相的证据。但所有依职权调查所获得的证据均应接受控辩双方充分的质证，方可成为定案依据。相应地，我国《刑事诉讼法》第208条所规定的“补充侦查”应予以废除，防止控、辩不平等。为保证法官

---

〔1〕 Jean Pradel, Le rôle du juge pénal dans la charge de la preuve. Approche comparée des systèmes de common law et romano-germanique, Deuxièmes journées juridiques franco-polonaises Cracovie（23-24 novembre 2012）.

〔2〕 Moccia Sergio, Vérité substantielle et vérité du procès. In Déviance et société, 2000, Vol. 24, N°1, p. 101.

可中立地依职权调查，公、检、法三机关的关系应重新作出厘定，“以审判为中心、检警一体化”的新型诉讼权力构造理应提上改革日程，这也符合十八届四中全会“决定”的基本精神。

【相关案例】念某投放危险物质罪——刑事诉讼中的证明责任履行

基本案情：被告人念某与丁某虾分别租用平潭县陈某娇家相邻的两间店面经营食杂店，存在生意竞争。2006年7月27日晚，念某认为丁某虾抢走其顾客而心怀不满。次日凌晨1时许，念某产生投放鼠药让丁某虾吃了肚子痛、拉稀的念头，遂将案发前其在平潭县医院附近向摆地摊的杨某炎购买的鼠药取出半包，倒在矿泉水瓶中加水溶解后，潜入丁家食杂店后厨房将鼠药水从壶嘴倒入烧水铝壶的水里。当晚，丁某虾的孩子俞乙（被害人，殁年10岁）、俞丙（被害人，殁年8岁）、俞甲（被害人，时年6岁）食用了使用壶内水烹制的稀饭和青椒炒鱿鱼，丁某虾食用了其中的稀饭和青椒。后俞乙、俞丙、俞甲等人相继出现中毒症状。次日凌晨，俞乙、俞丙经抢救无效死亡，经鉴定系氟乙酸盐鼠药中毒。[1]

争议焦点：该案历时8年，经10次开庭审判，被告人4次被判处死刑立即执行。2010年10月最高法院以“事实不清、证据不足”发出不核准死刑的裁定书，并撤销原判发回福建省高院重审。2011年5月5日，福建省高院也撤销了福州市中级人民法院对念某的死刑判决，该案件发回福州中院重新审判。同年该案在福州中院再次开庭审理，再次对念某判处死刑，剥夺政治权利终身。2014年8月22日，福建高院作出终审判决，认定上诉人念某无罪。[2]

根据福建省高院的裁判结果，本案在关键证据上存在诸多瑕疵，包括检材与标样的质谱图不应相同，检材来源相关证据间的矛盾和疑点得不到合理解释，检验过程不规范，检验结论可靠性存疑，被告人念某与卖鼠药人杨某炎相互不能辨认，供证存在不吻合之处，理化检验报告不足以采信，等等。种种证据瑕疵导致原审判决认定的毒物性质、毒物来源、投毒方式以及有罪供述等事实均不能成立，最终因认定犯罪事实不清、证据不足，公诉机关指控的罪名不能成立，判决念某无罪。

案例评析：在刑事诉讼案件中，证据是否能够清楚还原案件事实是诉讼进程能否顺利推进的关键之一。这就要求公安机关在案件的侦办过程中注重取证的规范性、合法性，确保证据与其来源的真实、可靠，否则将可能导致检控方无法有效指控犯罪，难以承担起控方在刑事诉讼案件中证明被告人有

---

〔1〕“2014年中国十大影响性诉讼之五：念某投放危险物质案”，无讼案例网，https：//www. itslaw. com/detail? judgementId = bf8cbfd4-2258-4c64-ac7a-b71b040a4f2f&area = 0&index = 6&sortType = 1&count = 239&conditions = searchWord% 2B% E5% BF% B5% E6% 96% 8C% 2B1% 2B% E5% BF% B5% E6%96%8C，访问时间：2019年11月16日。

〔2〕福建省高级人民法院（2012）闽刑终字第10号判决。

罪的责任，最终承担败诉的风险。

第三节 民事诉讼证明责任

一、民事诉讼证明责任分配理论概述

证明责任的分配，是指按照一定的标准，将不同法律要件事实的证明责任，在双方当事人之间预先进行分配，使原告对其中的一部分事实负有证明责任，被告对另一部分事实负有证明责任。从这个定义来看，我们在理解证明责任的分配时应当注意两个问题：一是证明责任的分配是按照一定的标准，将败诉风险在原告与被告之间加以划分。二是证明责任的分配涉及民事程序法与民事实体法，因此，大陆法系国家许多关于证明责任分配的具体规则不是规定在程序法中，而是规定在实体法中。基于这两点，我们在确定证明责任的分担规则时，既要考虑到民事诉讼制度的自身规律和内在要求，又要考虑到民事实体法的立法宗旨与具体规定。

证明责任分配是诉讼法学领域一个极具挑战性的问题，长久以来一直受到各国理论和实务界的关注。在证明责任发展的初期，罗马法学家就提出了证明责任分配的一般原则：其一为“原告应负举证义务”“原告不尽举证义务时，应为被告胜诉之裁判”；其二为“举证义务存在于主张之人，不存在于否认之人”。罗马法时期关于证明责任分配的学说为以后的研究奠定了基础。随着理论研究的深入，关于证明责任的分配主要形成了以下学说：

（一）待证事实分类说

待证事实分类说的特点是着眼于待证事实本身的性质。依据诉讼中待证明的事实自身的性质，从待证事实是否有可能得到证明以及证明的难易程度来分配证明责任。该说又可进一步分为消极事实说和内界事实说。

1. 消极事实说。该说将待证事实分为积极事实与消极事实。认为主张积极事实的人，应当就该事实存在承担证明责任；主张消极事实的人，不承担证明责任。所谓“积极事实”是指肯定性事实、已经发生了的事实，所谓“消极事实”是指否定性事实、没有发生的事实。比如，原告主张与被告之间存在买卖合同关系，则买卖合同关系存在属于积极事实，原告应对买卖事实存在承担证明责任。如果被告主张买卖关系没有成立，那么这属于消极事实，被告无须承担证明责任。

2. 内界事实说。该说依据某一事实能否通过人的感官从外加以观察，将待证事实分为外界事实和内界事实。所谓“外界事实”，是指人的感官可以感觉到的事实，如合同的签订与履行、婚姻的缔结与解除、人的出生与死亡等；所谓“内界事实”，是指不能以人的感官觉察到的人的内心状态，如人的故意、过失，知情与不知情，善意、恶意等。外界事实的发生与存在会在物质世界留下痕迹，有易于证明的特点，而内界事实多涉及人的主观状态，无法

从外界直接感知。因此，该说主张凡是主张外界事实的当事人应就该事实承担证明责任，凡是主张内界事实的当事人不负证明责任。

待证事实分类说的缺陷是明显的：其一，不是所有的事实都可以明确地被区分为积极或消极事实。比如原告主张一个债务实为第三人和被告欠下的，则该主张属于积极的主张，原告应承担证明责任。但在该案件中，如果原告主张自己与该债务没有关系，按照事实分类说，原告对这个主张不承担证明责任，从中可以看出，积极事实与消极事实在同一案件中会因表述方式不同而在区分时产生争议。其二，有些消极事实是可以证明的，比如，被告主张他未满18周岁（消极事实）可以通过他的出生证明或身份证等事实（积极事实）证明。其三，并非所有的内界事实都没有办法证明。内界事实一般可以从外界事实反映出来，比如，当事人在知道他人身处危困的情况下，以明显低于市场价的价格从他人处购买，从中不难看出该当事人有乘人之危的故意。可见，并不是所有的内界事实都不能得到证明，因此该学说也受到了现代多数学者的否定。

（二）法规分类说

法规分类说依据实体法规定的法律要件的不同类型分配证明责任，其着眼于事实与实体法的关系。法律要件分类说又分为通说和少数说。通说即规范说，以德国学者罗森贝克为代表。罗森贝克认为，法律要件事实可以分为法律关系发生的要件事实、妨碍法律关系发生的要件事实与法律关系的消灭、变更、受制的要件事实。该说认为，主张权利的人，应就该权利赖以存在的实体法上规定的要件事实承担证明责任；主张权利不存在的当事人，应就存在权利妨碍要件、权利消灭或受制的要件事实承担证明责任。该说自产生后一直处于通说地位，但是该学说的主要问题在于，某一命题可能因为表述的不同同时属于权利发生规范和权利妨碍规范。比如，某人有行为能力是合同成立的一般要件，应由主张合同成立的当事人承担证明责任，但是如果对方当事人主张其在签合同时没有行为能力，其没有行为能力同时又是法律行为无效的特别要件，应由主张无行为能力的当事人负证明责任。这就可能产生对同一事实只是由于表述的不同而由双方当事人共同承担证明责任的现象。

少数说即特别要件说，将民事实体法中引起权利发生、变更、消灭的事实分为特别要件与一般要件两大类。前者是与权利发生、变更、消灭有直接重要关系的事实，比如合同的订立、债务的履行等；后者指普遍存在于权利发生与变动时的事实，比如具有民事行为能力、意思表示真实等。主张权利发生、变更或消灭的当事人，只需对权利发生、变更或消灭的特别要件承担证明责任，对方当事人则应就该法律效果变更、消灭所必需的一般法律要件事实负证明责任。特别要件说的主要问题在于，并不是所有的实体法规定都可以被区分为一般性规定和特别性规定，在有些情况下，某一权利的存在必须在符合一般性规定的同时不违反例外性规定。在这种情况下，法规分类说就无法解决证明责任的分配问题。

由此可见，传统理论中关于证明责任分配的学说各有所长，但是也都存在着一些不足。20世纪60年代以后，陆续出现了一些新的学说试图修正、补充原有的学说。这些学说主要有“危险领域说”“盖然性说”和“损害归属说”等。新学说一方面对原有学说提出了挑战，另一方面也使证明责任分配的理论不断得以完善。

“危险领域说”认为待证事实属于哪一方当事人控制的危险领域，就应由哪一方当事人负证明责任。当事人应当对其可以控制的危险领域中的事实承担证明责任。例如因环境污染引起的损害赔偿诉讼、高度危险作业致人损害的侵权诉讼等，应由对该侵权事实所涉及的危险领域有控制权的当事人，即被告负证明责任。

“盖然性说”主张应当以待证事实发生的盖然性的高低作为证明责任分配的依据。该学说认为如果根据日常生活的经验或统计数字，某一事实发生的可能性很高，则当该事实是否发生处于真伪不明的状态时，主张该事实发生的当事人不负证明责任，主张该事实未发生的当事人负证明责任；相反，如果待证事实发生的可能性很低，主张该事实发生当事人的应当负证明责任，主张该事实未发生的当事人不负证明责任。

“损害归属说”主张以实体法确定的责任归属或损害归属作为证明责任分配的标准。该学说认为，应对实体法进行分析以确定实体法对某类问题的责任归属，由实体法上应承担责任的一方负证明责任。例如，因产品质量责任引起的损害赔偿诉讼，根据实体法归责为该产品的生产者或消费者，在诉讼中，原告只需要证明使用该产品受到伤害，被告对存在免责事由承担证明责任。[1]

从上述的理论中，我们可以看出并不存在一种完美的证明责任分配学说，它们都存在不同程度的缺陷，因此，我们应立足于我国国情，制定实用的证明责任分配制度。

我国民事诉讼证明责任是指诉讼当事人对自己提出的事实主张，有提出证据加以证明的责任，如果当事人未能提供证据或者证据不足以证明事实主张，则有可能承担对其主张不利的法律后果。

《民诉法解释》第90条对民事诉讼证明责任作出了相关规定。民事诉讼证明责任可以分为行为意义上的证明责任和结果意义上的证明责任。行为意义上的证明责任是指当事人对自己提出的诉讼请求所依据的事实或者反驳对方诉讼请求所依据的事实，应当提供证据加以证明，但法律另有规定的除外。结果意义上的证明责任是指在作出判决前，当事人未能提供证据或者证据不足以证明其事实主张的，由负有举证证明责任的当事人承担不利的后果。

---

〔1〕 陈光中主编：《证据法学》，法律出版社2013年版，第332~334页。

二、我国民事诉讼证明责任的分配原则

证明责任的分配，简言之，是指由谁来负责对案件所涉及的事实提供证据。

（一）一般证明责任的分配

在一般的民事诉讼案件中，实行“谁主张、谁举证”的原则，由提出事实主张或者反驳对方请求的当事人承担举证责任。该当事人手中更可能持有证据或者方便收集证据，依此提出证据来说服法官，不仅可以节省资源，而且可以提高诉讼效率。如果当事人不能提出证据证明自己的主张，或者证据不足以支持其请求时，该方当事人或将承担败诉的风险，这也体现了公平的理念。《民诉法解释》第 91 条中规定，“人民法院应当依照下列原则确定举证证明责任的承担，但法律另有规定的除外：①主张法律关系存在的当事人，应当对产生该法律关系的基本事实承担举证证明责任；②主张法律关系变更、消灭或者权利受到妨害的当事人，应当对该法律关系变更、消灭或者权利受到妨害的基本事实承担举证证明责任”。

（二）特殊法定情形下的证明责任分配

在通常的侵权案件中，一般由受害方证明侵权责任构成要件，即受害方要证明存在侵权行为、损害结果、侵权行为和损害结果之间具有因果关系以及加害方主观上有过错。加害方若否定原告主张需要证明存在免责事由。但是，对于特殊案件，出于当事人举证能力、举证的便利以及某些法律政策的考量，原告主张的权利构成要件事实中的一个或多个转而由被告承担证明责任。[1]

对此，《中华人民共和国侵权责任法》（以下简称《侵权责任法》）《中华人民共和国专利法》（以下简称《专利法》）《中华人民共和国合同法》（以下简称《合同法》）等诸多涉及民事领域的法律列举了若干证明责任分配的特殊情形：

1. 因新产品制造方法发明专利引起的专利侵权诉讼，由制造同样产品的单位或者个人对其产品制造方法不同于专利方法承担举证责任（《专利法》第 61 条）。在专利侵权案件中，专利权人对产品制造方法已经申请了专利，出于保护专利权人利益的目的，应该由制造同样产品的单位或个人证明其产品制作方法不同于专利方法，否则，对专利权人是不公平的，也违背了设立发明专利权的初衷。

2. 高度危险作业致人损害的侵权诉讼，由加害人就受害人故意造成损害的事实承担举证责任（《侵权责任法》第 70~76 条）。高度危险作业实行无过错责任原则，原则上由受害人证明存在侵权行为、侵害结果、侵害行为和侵害结果之间存在因果关系，但是受害人不需要证明加害人主观上存在故意还

---

〔1〕 张保生主编：《证据法学》，中国政法大学出版社 2014 年版，第 341 页。

是过失。加害人则需要承担证明存在免责事由的证明责任，即受害人故意造成了损害事实。

3. 因环境污染引起的损害赔偿诉讼，由加害人就法律规定的免责事由及其行为与损害结果之间不存在因果关系承担举证责任（《侵权责任法》第66条）。在环境污染案件中，同样实行无过错责任原则，即原告证明存在环境污染行为和自身受到损害的事实，而环境污染行为和原告受到损害事实之间没有因果关系的证明责任转移给被告，并且被告也承担证明存在免责事由的责任。

4. 建筑物或者其他设施以及建筑物上的搁置物、悬挂物发生倒塌、脱落、坠落致人损害的侵权诉讼，由所有人或者管理人对其无过错承担举证责任。《侵权责任法》第85条规定，“建筑物、构筑物或者其他设施及其搁置物、悬挂物发生脱落、坠落造成他人损害，所有人、管理人或者使用人不能证明自己没有过错的，应当承担侵权责任。所有人、管理人或者使用人赔偿后，有其他责任人的，有权向其他责任人追偿”。

5. 饲养动物致人损害的侵权诉讼，由动物饲养人或者管理人就受害人有过错承担举证责任。《侵权责任法》第78条规定：“饲养的动物造成他人损害的，动物饲养人或者管理人应当承担侵权责任，但能够证明损害是因被侵权人故意或者重大过失造成的，可以不承担或者减轻责任。”在动物致害案件中，如果存在受害人故意挑逗凶猛的动物后被动物伤害的情况，动物饲养人或者管理者要免除或者减轻自己的责任，需要提供证据证明受害人存在过错。

6. 因缺陷产品致人损害的侵权诉讼，由产品的生产者就法律规定的免责事由承担举证责任，我国的产品责任适用无过错责任原则（《侵权责任法》第41条）。在缺陷产品致人损害案件中，产品的生产者主张免除责任时需要证明存在免责事由，根据《产品质量法》第41条第2款之规定，“生产者能够证明有下列情形之一的，不承担赔偿责任：①未将产品投入流通的；②产品投入流通时，引起损害的缺陷尚不存在的；③将产品投入流通时的科学技术水平尚不能发现缺陷的存在的”。

7. 《侵权责任法》第38条对校园事故责任案件证明责任作出了规定：“无民事行为能力人在幼儿园、学校或者其他教育机构学习、生活期间受到人身损害的，幼儿园、学校或者其他教育机构应当承担责任，但能够证明尽到教育、管理职责的，不承担责任。”第39条规定：“限制民事行为能力人在学校或者其他教育机构学习、生活期间受到人身损害，学校或者其他教育机构未尽到教育、管理职责的，应当承担责任。”

8. 劳动案件中证明责任的分配。根据《最高人民法院关于审理劳动争议案件适用法律若干问题的解释（2008年）》第13条的规定，因用人单位作出的开除、除名、辞退、解除劳动合同、减少劳动报酬、计算劳动者工作年限等决定而发生的劳动争议，用人单位负举证责任。在劳动争议案件中，当劳动者作为劳动争议案件的原告提起诉讼时，劳动者相对于用人单位处于弱势地位，其难以收集相关证据，法律作出证明责任转移的规定可以更好地维护劳动者的合法权益。

9. 食品安全案件中的证明责任分配。《最高人民法院关于审理食品药品纠纷案件适用法律若干问题的规定》第 6 条对食品安全案件证明责任作出规定："食品的生产者与销售者应当对于食品符合质量标准承担举证责任……"

10. 消费者权益保护案件中证明责任的分配。《消费者权益保护法》第 23 条第 3 款对保护消费者权益案件证明责任作出规定："经营者提供的机动车、计算机、电视机、电冰箱、空调器、洗衣机等耐用商品或者装饰装修等服务，消费者自接受商品或者服务之日起 6 个月内发现瑕疵，发生争议的，由经营者承担有关瑕疵的举证责任。"

在教育机构侵权责任案件，由教育机构就其不存在过错承担证明责任。

第四节　行政诉讼证明责任

一、行政证明责任的概念

行政证明责任是指在行政诉讼中，主要由被告提供证据和所依据的规范文件来证明行政行为的合法性，被告不提供或者无正当理由逾期提供证据，视为没有相应证据，将承担不利后果。行政证明责任以举证责任倒置为原则，以原告承担证明责任为例外。行政证明责任与民事证明责任、刑事证明责任存在较大差异，这种证明责任的分配方式主要出于以下几种原因：

第一，行政机关作出的所有的行政行为实行"证据在先"原则，即必须"先取证，后裁决"。在行政行为作出后会形成案件卷宗，即行政机关实行"卷宗主义"原则。一旦原告向法院起诉被告作出的行政行为不合法侵犯了其权益时，被告要证明自身行政行为合法正当，只能依据卷宗内的行政行为作出之前调查收集的证据，被告和被告的代理人在行政诉讼中都不得自行再次收集证据。

第二，行政机关有能力证明自身行政行为的合法性。行政机关与行政相对人在法律地位上是不平等的，两者是管理与被管理的关系。行政机关在作出具体行政行为、行使行政权力时，处于优势地位，因为行政机关掌握着必要的技术手段和工具，了解职权范围内的有关规范文件，并享有一定的自由裁量权，为作出具体行政行为收集证据并作出这样的行政行为是职责范围内的事情。[1] 因此，当原告起诉被告行政机关作出的行政行为不合法时，理应由被告承担其依法行政的证明责任。

第三，行政机关承担证明责任有利于督促其依法行政。行政机关对原告行政相对人提出行政行为不合法的主张，应当提出证据和规范性文件加以反

---

〔1〕 樊崇义主编：《证据法学》，法律出版社 2012 年版，第 337 页。

驳，当其不能承担证明责任时，其会面临败诉的风险。行政机关的败诉会严重损害其公信力和权威。因此，由行政机关承担行政证明责任，有利于规范其依照事实和法律作出具体行政行为，进而维护公共权益。

第四，由行政机关承担证明责任符合公平公正的理念。行政机关和行政相对人的地位不平等，行政机关需要依据法律作出具体行政行为，期间其可以采取查封、扣押、勘验、检查等措施，并且很多信息并不公开，加上很多行政相对人可能并不通晓作出行政行为的依据，在此种情况下，行政相对人难以举证证明行政机关行为的违法性。在不能提交证据的情况下，则不能说服法官确信行政行为不合法。由此可知，由处于弱势地位的行政相对人承担证明责任是不公平的。

二、行政证明责任分配

（一）被告承担证明责任

行政证明责任以举证责任倒置为主，当原告行政相对人起诉行政行为不合法时，被告行政机关提供作出该行政行为的证据和所依据的规范文件来证明其作出的行政行为具有合法性，否则，被告将承担不利后果。

在行政诉讼中，被告对其作出的行政行为负有举证责任，应当提供作出该行政行为的证据和所依据的规范文件。《行政诉讼法》第 34 条第 1 款规定，“被告对作出的行政行为负有举证责任，应当提供作出该行政行为的证据和所依据的规范性文件。”在诉讼过程中，被告及其诉讼代理人要进行举证，但是不得自行向原告、第三人和证人收集证据。《行政诉讼法》为行政机关举证作了补充规定，如第 36 条规定，“被告在作出行政行为时已经收集了证据，但因不可抗力等正当事由不能提供的，经人民法院准许，可以延期提供。原告或者第三人提出了其在行政处理程序中没有提出的理由或者证据的，经人民法院准许，被告可以补充证据。”

《行政诉讼证据规定》第 1 条也作出了由被告承担证明责任的规定，“根据行政诉讼法第 32 条和第 43 条的规定，被告对作出的具体行政行为负有举证责任，应当在收到起诉状副本之日起 10 日内，提供据以作出被诉具体行政行为的全部证据和所依据的规范性文件。被告不提供或者无正当理由逾期提供证据的，视为被诉具体行政行为没有相应的证据。被告因不可抗力或者客观上不能控制的其他正当事由，不能在前款规定的期限内提供证据的，应当在收到起诉状副本之日起 10 日内向人民法院提出延期提供证据的书面申请。人民法院准许延期提供的，被告应当在正当事由消除后 10 日内提供证据。逾期提供的，视为被诉具体行政行为没有相应的证据。”

依《行政诉讼法》第 34 条规定，在行政案件中，被告不提供或者无正当理由逾期提供证据的，原则上应当视为没有证据，其将依法承担举证不能的不利后果。但是，在被告行政机关怠于承担证明责任时，存在例外规定，即如果被诉行政行为涉及第三人合法权益的，与被诉行政行为有利害关系的第三人可以向法院提供证据，第三人对无法提供的证据，可以申请法院调取；法院在当事人无争议，但涉及国家利益、公共利益或者他人合法权益的情况下，也可以依职权调取证据。如果第三人提供或者法院调取的证据能够证明行政行为合法的，法院应当判决驳回原告的诉讼请求。在此种情况下，第三人举证减轻了被告承担证明责任的负担。

在行政复议机关维持原行政机关行政行为案件中，举证责任分配是由原行政机关和复议机关共同就原行政行为的合法性承担举证责任，但可以由一个机关实施举证行为；就复议程序合法性则由复议机关自行承担证明责任。这主要是因为：行政复议机关作出维持原行政机关行政行为的决定，同样需要具有合法性。根据"原行政行为与复议决定统一原则"，原行政机关和行政复议机关都是被告，法院对原行政行为和复议程序合法性一并审查，一并裁判。按照举证责任倒置的原则，审查原行政机关作出原行政行为的合法性即审查行政复议决定的合法性，因此，作出原行为的原机关和作出复议决定的复议机关都应当对自己的行为承担举证责任。行政复议机关作出复议决定的程序，与原行政机关作出原行政行为的程序不一致，具有自身的独特属性，所以，行政复议机关应当独自证明其程序合法，并承担举证不能的后果。

（二）原告承担证明责任

基于行政机关与行政相对人诉讼地位不平等、公平原则、督促行政机关依法行政等原因，行政诉讼案件主要实行举证责任倒置原则。原告可以提供证明行政行为违法的证据；原告提供的证据不成立的，不免除被告的举证责任。但是，并不是说原告行政相对人就不承担证明责任。

第一，原告需要承担初始的证明责任，即原告应当提供其符合法定起诉条件的相应证据材料。提供的证据材料用来证明自己是适格的原告、案件有明确的被告、具体的诉讼请求和事实依据、属于法院的受案范围和管辖等。

第二，在起诉被告行政机关不作为的案件中，原告应当提供其在行政程序中曾经提出申请的证据材料。依《行政诉讼法》第38条之规定，在起诉被告不履行法定职责的案件中，原告应当提供其向被告提出申请的证据。但有下列情形之一的除外：①被告应当依职权主动履行法定职责的；②原告因正当理由不能提供证据的。第二种情况对"正当理由"的界定比较宽泛，即只要原告能够进行合理说明，法院就应当予以支持。《行政诉讼证据规定》第4条对行政相对人起诉行政机关不履行法定职责的案件亦有同样的规定。

第三，依《行政诉讼法》第38条之规定，在行政赔偿、行政补偿案件中，原告应当对行政行为造成的损害提供证据。因被告的原因导致原告无法举证的，由被告承担举证责任。《行政诉讼证据规定》第5条规定，"在行政赔偿诉讼中，原告应当对被诉具体行政行为造成损害的事实提供证据。"在行政赔偿、行政补偿案件中，原告对自身权益受到侵害的事实情况最为了解，也比较容易提供自身受到侵害的证据，便于法官查清案件事实。但是，如果因为被告的原因导致原告无法举证的，则应当由被告承担举证责任。

【案例】李某诉莆田市公安局城厢分局公安行政处罚纠纷案[1]——行政诉讼的证明责任承担

基本案情：原告李某和第三人郑某坤均是经营长途客运的个体户。2010年3月8日19时许，原告李某方的两位乘客因误搭第三人郑某坤经营的客车，双方引起争吵，致第三人郑某坤受伤。第三人郑某坤即向莆田市公安局凤凰山派出所报案，经审查后，莆田市公安局凤凰山派出所于2010年3月15日对该案进行了立案，被告对原告拟作出行政拘留十日并处罚款500元的处罚，并于2010年5月28日22时30分告知原告享有陈述、申辩和听证的权利。原告不服，向莆田市公安局申请行政复议，莆田市公安局于2010年6月12日作出维持的复议决定。后原告向莆田市城厢区人民法院提起行政诉讼。

争议焦点：双方争议点为行政机关提交的证据能否证明行政拘留程序的正当性以及相关实体法事实。法院认为，被告对原告拟作出行政拘留这种限制人身自由的行政处罚，依法应当经负责人集体讨论决定，但被告提供的证据不能予以证明，系程序违法。此外，被告对本案的证据在收集、调查时，未能做到全面、及时，在双方陈述意见不一致的情况下，只收集第三人一方证人证言，未收集其他的证人证言予以佐证，属认定事实不清。故判决被告撤销行政处罚的决定。

案例评析：行政诉讼的证明对象包括实体法事实以及程序法事实。行政诉讼案件中，被告行政机关应当提交相关证据，证明其作出的行政行为在实体认定及程序处理上均为正当。《行政处罚法》第38条第2款规定："对情节复杂或者重大违法行为给予较重的行政处罚，行政机关的负责人应当集体讨论决定。"本案中，被告仅提交了行政处罚审批表一份，该项证据仅能证明案件经过相关审批手续，不能证明经过集体讨论；此外，被告提交的仅单方证人的询问笔录也不能客观、全面地还原案件实体真相，因此法院判决撤销被告行政机关的原处罚决定。

---

〔1〕 李某诉莆田市公安局城厢分局公安行政处罚纠纷案，案例来源于法律之星——中国法律检索系统。

第十一章

证明标准

第一节 证明标准概述

一、证明标准的概念

证明标准，又称证明程度或者证明要求，是指承担证明责任的当事人一方对待证事实的证明所应达到的程度或要求，换句话说，证明标准也是事实认定者心证形成时应当被说服的程度。证明标准并不是孤立存在的，其与证明对象和证明责任具有密切的联系。在诉讼中，证明标准是司法证明过程的“终点”。从整体的证明过程来看，裁判者综合全案证据，对案件事实形成的确信程度达到证明标准时，方可作出事实认定，进而作出裁决；从诉讼一方的证明活动来看，承担证明责任的一方对于待证事实的证明程度达到证明标准时，方可被认为切实履行了证明责任。反之，如果证明主体的证明活动未达证明标准，将受到不利的评价，裁判者或认为待证事实为假，或认为待证事实真伪不明，从而作出不利于承担证明责任一方的裁决。因此，在司法实践中，能否达到法定的证明标准便成为当事人胜诉的关键因素。

法律对于证明标准的设定，既作用于当事人的举证行为，又作用于裁判者的裁判行为，对诉讼各方都有约束力。因此，证明标准具有指引诉讼行为、约束事实裁判者和调节诉讼的功能。

二、证明标准的特征

（一）客观性与主观性相结合

证明标准的客观性可以理解为是对证据要素的要求，即对证据材料的种类、数量、形式等方面的要求。一方当事人可以提出证据来主张某种事实，对方当事人也可以提出相反证据来反驳该事实主张。提出证据论证某一事实的真实程度，是事实主张者使法官产生确信的一种任务，证明标准是衡量承担证明责任的一方是否切实履行证明责任的客观性标准，关乎司法证明的确定性，是一种衡量标准和评价尺度。证明标准的主观性则是指裁判者对待证事实在内心形成的确信程度，反映了证明活动对裁判者的影响和说服程度，是裁判者对案件事实之有无的一种心理确信状态，具有主观性，其直接决定了司法证明的可信度。证据之所以能够证明案件的真实情况，关键在于它是在人们直接感知的基础上对客观事物的实际情况所作出的一种陈述。一方面，客观事物必须是人们已经接受并作出断定的概念；另一方面，事实认定者要运用这些陈述进行经验推论和认定事实。特别应注意的是，证明标准是客观标准与主观标准的统一，二者相辅相成，共同发挥着作用。

（二）模糊性

不得不承认，无论立法者如何设定证明标准，都无法掩饰证明标准本身的模糊性。本质上，证明标准是为了衡量证明主体对待证事实的证明是否达到了法律设定的标准与尺度。然而，基于标准与尺度本身所具有的客观化、具体化、明确性要求，法官要想通过主观认识来获得一种抽象的证明标准是很难的。对于证明程度的设定，只能是在某种理念和原则的指导下，依赖于法官的良心和知识，根据案件的具体情况来把握。而且，如何区分已经证明和没有证明，什么样的状态以及证明到何种状态才算符合要求等，这些问题都难以从其自身找出明确的答案。

"事实清楚，证据确实充分"是我国刑事诉讼、民事诉讼和行政诉讼中关于证明标准最具代表性的表述。这一标准看似清晰，实则非常模糊。无论是证明主体对待证事实的证明所能达到的真实程度，还是裁判者对事实的真实性所形成的内心确信度，都很难有清晰的标准来评价和衡量。

（三）多元性

证明标准的高低影响着证明活动的难易程度，也关乎司法公正与效率之间的协调与平衡。证明标准不是笼统单一的，而是具有多元性的。"一刀切"的证明标准无法适应诉讼中复杂多样的证明活动，对于证明标准的设立，应当考虑证明对象所涉权益的轻重程度、取证的难易程度、效率等因素。

诉讼性质不同，诉讼利益不一样，证明标准也会有所差异。与民事诉讼相比，刑事诉讼解决的是定罪量刑问题，关乎被告人的自由、财产乃至于生命，对公民权利的影响是最为深远的，因此需要确立更高的证明标准。即使是性质相同的诉讼，证明标准也可能会因为证明对象、诉讼阶段等的不同而不同。以刑事诉讼为例，立案、侦查、审查起诉和审判，随着诉讼阶段的推进，可以构建层次性的证明标准。国外已有多元化证明标准体系的立法例，如德国、美国。虽然目前我国刑事诉讼立法仍然采用的是单一证明标准，但已有不少学者对此提出了异议，并已经就证明标准的层次化开展了论证。[1]

---

〔1〕 相关论述参见陈光中："构建层次性的刑事证明标准"，载陈光中、江伟主编：《诉讼法论丛》，法律出版社 2002 年版，第 3~10 页；李学宽、汪海燕、张小玲："论刑事证明标准及其层次性"，载《中国法学》2001 年第 5 期；汪海燕、范培根："论刑事证明标准层次性——从证明责任角度的思考"，载《政法论坛》2001 年第 5 期；等等。

二、证明标准与相关概念

（一）证明标准与证明责任

证明标准和证明责任本质上是同一事物的两个方面，它们是从不同的角度就同一个诉讼对象进行的两种描述。证明责任回答的问题是，就特定的待证事实，应当由谁提供证据加以证明；证明标准回答的问题是，就特定的待证事实，当事人应当提供多少证据加以证明。证明责任确定了提供证据的主体，证明标准确定了提供证据的内容。证明标准是衡量承担证明责任的一方是否切实履行了证明责任的标准，是衡量司法证明结果的准则。在当事人提供的证据达到了一定的证明标准时，即可认为其已经完成了证明责任。因此，从逻辑上说，证明责任是证明标准产生的前提，有了证明责任制度之后，证明标准制度才以其为基础慢慢发展起来。与此同时，证明标准也会影响着证明责任，有了证明标准，证明责任才能变得更加具体化、更具有操作性。

（二）证明标准与证明目的

证据法中，证明目的与证明标准很容易混淆。证明目的是诉讼活动过程中，司法证明主体追求的目标，带有一定的理想主义色彩。此处的证明目的并不是具体个案中证明主体的行为目标，而是抽象司法证明活动的“应然”目标，例如发现真相、定分止争等。

证明目的与证明标准之间的关系主要表现在：其一，证明目的是确立证明标准的基础或依据；证明标准是证明目的的具体化。其二，证明目的是贯穿在整个诉讼过程中的，是证明主体始终要追求的目标；证明标准则是司法人员在作出批捕、起诉、判决等决定时考虑的问题。其三，所有案件中，证明目的是相对一致的，而证明标准则可能因诉讼性质、证明对象、证明主体的不同而有所不同，例如，刑事诉讼在批捕、起诉、判决阶段的证明标准并不完全相同。[1]

证明标准的确立应遵循司法政策的要求。刑事诉讼的证明标准要高于民事诉讼。这就表明刑事诉讼比民事诉讼更加应当慎重地对待以查明真相，因为刑事诉讼的后果更为严重，可能涉及剥夺人身自由乃至生命等。同时，刑事诉讼中的证明标准更高，也是基于对实质真实诉讼价值的考量。

第二节　刑事诉讼的证明标准

一、英美法系的刑事诉讼证明标准

在普通法系国家，法律规定了法官（或者陪审团）应在确信程度下决定

---

〔1〕 何家弘：“论司法证明的目的和标准——兼论司法证明的基本概念和范畴”，载《法学研究》2001年第6期。

待证事实得以证明，这一标准即为证明标准。在美国，为确保刑事诉讼中的事实得以证明，法官（或者陪审团）应达致“排除合理怀疑”的证明标准。如果存在合理怀疑，则法官不能宣称事实得到证明，被告不得被判处有罪。

“排除合理怀疑”的证明标准最早形成于17世纪末期，当时的神学家、哲学家、历史学家、博物学家对可能性、确定性、真实的本质、知识的来源等问题进行了大量研究。1793年，美国新泽西州一所法院规定，法官在审判时必须向陪审团指示：“如果你对被告人是否有罪存在合理怀疑，那么你们就应当对其作出无罪判决。”对于什么是合理怀疑，法官进行了解释，合理怀疑不是一种任意怀疑，而是建立在对证言进行慎重考虑基础上的怀疑。

准确适用“排除合理怀疑”的前提是解释与界定“合理怀疑”的范围。英国刑法学者塞西尔·特纳指出：“所谓合理的怀疑，指的是陪审员对控告的事实缺乏道德上的确信，对有罪判决的可靠性没有把握时所存在的心理状态。因为控方只证明一种有罪的可能性（即使是根据或然性原则提出一种很强的可能性）是不够的，而须将事实证明到道德上确信的程度——能够使人信服，具有充分理由，可以据以作出判断的确信程度。”〔1〕英国著名法官丹宁勋爵对“排除合理怀疑”一词作了经典界定：“证明标准必须得到妥适的确定，尽管这种标准不必达到绝对的肯定性，但却必须具有相当高的盖然性程度。排除合理怀疑的证明并不意味着这种证明已没有丝毫可疑的影子。如果不利于某人的证据非常有力，而有利的可能性甚微，那么此种可能性也可由这样的判决加以消除，即：当然，它是可能的，但一点也不确实。”〔2〕倘若如此，案件的证明即已达到排除合理怀疑的标准，但任何小于此种程度的证明都不够充分。一位爱尔兰法官则从道德、良心的角度对“合理怀疑”所达到的程度进行了表述：“据以作出无罪判决的‘合理怀疑’不能太微弱或不确定，这种怀疑必须是一个正直的人在冷静分析全部证据之后所出现的有理性的怀疑，不受恐惧干扰的一种良心上的怀疑。”《布莱克法律词典》解释为，“所谓排除合理怀疑，是指全面的证实、完全的确信或者相信一种道德上的确定性，排除合理怀疑的证明，并不排除轻微可能的或想象的怀疑，而是排除每一个合理的假设，是达到道德上的确定性的证明，是符合陪审团的判断和确信的证明，作为理性人的陪审团成员在根据有关指控犯罪是由被告人实施的证据进行推理时，是如此确信，以至于不可能作出其他合理的结论”。

综上，排除合理怀疑的内涵应当包括以下内容：其一，它是道德上的确定性，是理念标准和要求，要求办案人员具备良知和真诚。其二，排除合理怀疑必须对具有可采性证据的证明力进行主观推理和判断，是主客观的综合，其中主观方面包括司法人员的认识能力、经验判断能力、逻辑推理能力以及

---

〔1〕［英］塞西尔·特纳：《肯尼刑法原理》，王国庆、李启家等译，华夏出版社1989年版，第549页。

〔2〕［英］丹宁：《法律的界碑》，刘庸安、张弘译，群众出版社1992年版，第131页。

自由裁量能力。其三，“合理怀疑”必须是有根据的、理性的，是合乎常理的知识和思维产生的怀疑。至于那些没有根据的无端质疑，甚至吹毛求疵或者想象的怀疑，并不属于合理怀疑之范畴。具体而言，以下怀疑均不属于“合理怀疑”：①任意妄想的怀疑；②过于敏感机巧的怀疑；③臆测的怀疑；④故意挑剔、强词夺理的怀疑；⑤基于无凭证言的怀疑；⑥故意为被告开脱罪责的怀疑。以上任何一种怀疑都不是通常有理智的人所作的合理的、公正的、诚实的怀疑。

实际上，立法并没有明确规定“排除合理怀疑”的定义。上述学者关于“排除合理怀疑”的阐释，也表明“排除合理怀疑”本身是一个抽象的、不明确的概念。即使在诸多适用“排除合理怀疑”的判例中，我们也很少能找出准确的定义。因而，学界和实务部门也有反对这一标准的声音。戈德勋爵指出：“一旦一名法官开始使用‘合理怀疑’一词，并且试图解释什么是和什么不是‘合理怀疑’，在很大程度上，他会混淆陪审团，倒不如告诉他们这样平实的话，它就是控方应说服你相信犯人有罪的职责——因此，在有些场合，‘满足’一词就足够了。”〔1〕

包括“排除合理怀疑”的定罪标准在内，美国有刑事诉讼教科书共列举了 10 种证明标准（参见表 11.1）：①绝对确信（absolute certainty），任何法律程序中均不作此要求；②排除合理怀疑（beyond reasonable doubt），用于刑事案件中的定罪以及证明一项犯罪行为的每个要素；③清楚可信（clear and convincing evidence），在某些州用于驳回保释，在某些州用于精神错乱辩护；④合理根据（probable cause），用于发布令状、无证搜查、拘留、逮捕以及提起公诉；⑤优势证据（preponderance of evidence），作出民事判决和肯定刑事辩护；⑥合理嫌疑（reasonable suspicion），用于拦截及搜身；⑦嫌疑（suspicion），用于启动警察调查或大陪审团调查；⑧合理怀疑（reasonable doubt），足以宣布无罪；⑨预感（hunch），不足以启动任何法律程序；⑩无信息（no information），不足以启动任何法律程序。〔2〕

---

〔1〕 See Heydon, *Evidence*（*Cases And Material*）, Butterworths, 1975, p. 33. 转引自陈光中主编：《证据法学》，法律出版社 2015 年版，第 362 页。

〔2〕 Rolando del Carmen, *Criminal Procedure and Evidence*, Harcourt Brace Jvanovich, INC. p. 83. 需要特别指出的是，这本《刑事诉讼与证据》的教科书并非权威著述，因此所涉观点并非通说，仅是提供了某种参考。

表 11.1 美国刑事诉讼证明标准及其适用

证明标准及其在法律程序中的适用		
证明标准	盖然性程度	适用的程序类型
绝对确信	100%	任何法律程序中均不作此要求
排除合理怀疑		用于刑事案件中的定罪以及证明一项犯罪行为的每个要素
清楚可信		在某些州用于驳回保释，在某些州用于精神错乱辩护
合理根据 *		用于发布令状、无证搜查、拘留、逮捕以及提起公诉
优势证据 *		作出民事判决和肯定刑事辩护
合理嫌疑		用于拦截及搜身
嫌疑		用于启动警察调查或大陪审团调查
合理怀疑		足以宣布无罪
预感		不足以启动任何法律程序
无信息		不足以启动任何法律程序
	0%	
* "合理根据"与"优势证据"的盖然性程度要求相同，均为大于50%即可。区别在于："合理根据"用于刑事诉讼程序；"优势证据"通常用于民事诉讼程序，但刑事诉讼中也使用这一概念。		

二、大陆法系的刑事诉讼证明标准

大陆法系国家实行自由心证制度。法官在听取并审查案件的全部证据之后，必须在内心形成确信，并据此判决案件。

在自由心证的制度框架下，法律不对每个证据的证明力大小及强弱作出限制性规定，也不对裁判者形成内心确信的理由作出要求。法官、陪审员根据经验、理性和良心，根据其从法庭审判过程中形成的主观印象，对案件事实作出认定，并进行裁判。内心确信的证明标准最早可见于 1808 年的法国《重罪预审法典》。《重罪预审法典》第 353 条明确规定："法律不责问审判官员形成确信的理由，也不规定他们应当特别依据全部足够证据的规则；法律仅规定审判员必须冷静沉思，向自己提问并根据理智，根据已取得的反对受审理的证据及其答辩理由，以真诚之心探求浮显出什么印象。法律仅向审判官员提出唯一一个包括衡量他们全部职责的问题：你们具有内心确信吗？"上述法律条文对大陆法系中的很多国家都产生了深远的影响。例如，《德国刑事诉讼法典》第261条规定："法官根据其在审理中建立起来的自由确信，来判断证据调查的结果。"可见，法官的内心确信也是德国法中的定罪标准。但在德国刑事诉讼中，除定罪的证明标准以外，同时还存在着不同诉讼阶段、不同嫌疑程度的层次性证明标准（参见下图）。审判前各阶段的嫌疑程度（Verdachtsgrad）分为初始、充分以及紧迫三个级别。首先，初始嫌疑是启动侦查程序的证明标准（Anfangsverdacht）。只要有"充分的实际线索"（zureichende tatsächliche Anhaltspunkte）证明有可追诉的犯罪发生，即构成初始嫌疑。除法律另有规定外，检察机关负有对所有应追诉的犯罪行为采取措施的义务（《德国刑事诉讼法典》第152条第2款）。初始嫌疑仅要求证明存在犯罪的可能性达到微弱的程度。其次，充分嫌疑（hinreichender Tatverdacht）是检察机关提起公诉以及法院裁决开启主审程序时的证明标准（《德国刑事诉讼法典》第170条第1款以及第203条）。当犯罪嫌疑人实施犯罪并获得有罪判决的可能性大于无罪的可能性时，即达到"优势盖然性"（überwiegende Wahrscheinlichkeit）的证明标准，也就是存在"充分的犯罪嫌疑"。最后，比充分嫌疑程度更高的是紧迫嫌疑（Dringender Tatverdacht），其是签发待审羁押令以及为鉴定精神状态命令安置监视的前提条件（《德国刑事诉讼法典》第81条第1款及第2款、第112条）。如果基于具体的事实可以认为被追诉人有很大可能性（große Wahrscheinlichkeit）是实施犯罪行为（包括可罚的犯罪未遂）的行为人或者共犯，则构成紧迫的犯罪嫌疑程度，但存在不可消除的程序障碍或者阻却违法、不承担刑事责任以及免除刑罚的事由时除外。《俄罗斯联邦刑事诉讼法典》第17条要求法官、陪审员以及检察长、侦查员、调查人员根据自己基于刑事案件中已有全部证据的总和形成内心确信，同时应遵循法律和良知对证据进行判断。《日本刑事诉讼法典》第318条规定："证据的证明力由审判官自由判断"，但同时也辅之以"证据裁判主义"，而且强调法院应当给检察官或辩护人为争辩证据力所需要的适当机会。

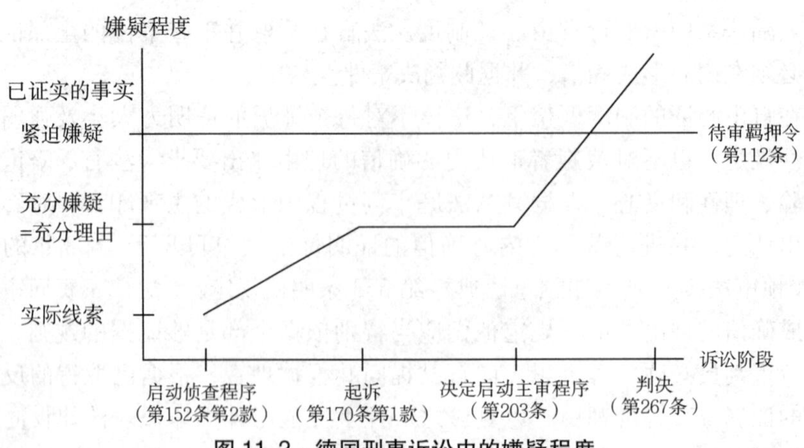

图11.2 德国刑事诉讼中的嫌疑程度

需要特别指出的是，“内心确信”看似主观性很强，但实则需要客观性依据。根据无罪推定和证据裁判原则，法官对任何一个犯罪的构成要件产生合理怀疑时，都不得作出有罪判决，只能作出有利于被告人的解释。内心确信也会受诸多外部因素的限制。例如：审查证据、经过庭审过程，法官尽力调查案件事实；法官要排除多种可能性；心证要经受经验法则审查；要经过反复检验；等等。

三、两大法系刑事诉讼证明标准之比较

两大法系在刑事诉讼证明标准的设定上存在共通之处。一方面，两大法系均承认刑事诉讼证明标准的多元性，构建了多层次的证明标准体系。另一方面，从静态角度孤立地来看两大法系的定罪标准，排除合理怀疑与内心确信本质上并无差异，“‘排除合理怀疑’侧重从消极的、否定的角度来界定裁判者的主观认识程度，而‘内心确信’则侧重从积极的、肯定的角度来说明裁判者的主观判断标准。”[1] 更为重要的是，无论是英美法系的“排除合理怀疑”，还是大陆法系的“内心确信”，都承认是对事实真相的接近。

但考虑到诉讼机制尤其是实体法的差异，两大法系的证明标准体系及其动态的运行机制还是存在一定的差别。例如，在美国，刑法严格区分犯罪本体要件和积极辩护事由，前者包括犯罪行为和犯罪心态，由检控方负证明责任，后者则通常包括正当防卫、紧急避险等正当化事由和未成年、精神障碍等可宽恕事由，是辩方需要主张和证明的事项；而德国刑法通说采用“犯罪构成三阶层理论”，无论是犯罪构成要件该当性要求的犯罪事实要件，还是违法性和有责性层面的犯罪阻却事由，均由检控方负证明责任，辩方当然也可以主动提出阻却事由，但法官不能因为辩方主张后无法证明该事由存在而直接判定该事由不成立。可见，因为犯罪构成要件划分以及证明责任分配的差异，证明达致定罪的标准在德国要更高。

四、我国的刑事诉讼证明标准

（一）有罪判决的证明标准

根据《刑事诉讼法》第55条以及第200条第1款规定，我国的刑事诉讼证明标准是“案件事实清楚，证据确实、充分”。具体而言，“证据确实、充分”应当符合以下条件：

---

〔1〕 陈瑞华：“刑事证明标准中主客观要素的关系”，载《中国法学》2014年第3期。

第一，定罪量刑的事实都有证据证明。[1] 具体而言，包括三方面的要求：一是必须坚持“证据裁判原则”，对于事实的认定只能依靠证据；二是确立了需要运用证据证明的范围，包括定罪事实和量刑事实；三是并非所有事实都有证据证明，例如与案件关系不大的事实主张。但是对于定罪量刑的事实而言，包括犯罪构成要件事实以及影响刑罚裁量法定和酌定情节的事实，都必须要有证据证明。

第二，据以定案的证据需经法定程序查证属实。这就要求公、检、法机关必须按照法律规定的程序，对作为定案根据的证据查证属实。只有经过合法程序查证的证据，才具有可采性。同时，作为定案依据的证据要经得起庭审的考验，这也体现出了以审判为中心的要求，凸显了法庭审判的功能与权威。

第三，经证据证明的事实已排除合理怀疑。办案人员应当运用法律知识和逻辑经验对每一证据进行推理、判断，以确保事实认定能够达到排除合理怀疑的标准。这也是司法实践中的难点。证据与证据之间、证据与案件事实之间应当不存在矛盾，或者矛盾得以合理排除，从而保证根据证据认定案件事实的过程符合法律规定和逻辑经验，最终得出唯一性结论。

由此可见，我国刑事诉讼的证明标准与“排除合理怀疑”的证明标准在功能上是相一致的，但理解与适用即是司法实践中的一大难题。“排除合理怀疑”同时包含了客观和主观的内容，而且在实践经验、理性判断等方面均有所涉及，除了需要认识论中的方式和方法之外，可能还涉及价值论方面的讨论。但首先应当明确的是，“排除合理怀疑”是“案件事实清楚，证据确实、充分”的一种重要补充。换言之，“排除合理怀疑”并不是一项独立的证明标准。其次，“案件事实清楚，证据确实、充分”在不同的诉讼阶段有不同的要求，侦查人员、检察人员、审判人员对于“排除合理怀疑”的程度应当有一定的层次性。最后，对于“排除合理怀疑”不能简单按照95%的盖然性来把握，不应当对证据种类和数量设立绝对要求。我国刑事诉讼中的“排除合理怀疑”是指排除符合常理的、有根据的怀疑，不仅包括“最大程度的盖然性”，而且包括结论的“确定性”“唯一性”。《刑诉法解释》第105条第4项指出：“根据证据认定案件事实足以排除合理怀疑，结论具有唯一性”。

在适用“排除合理怀疑”的标准时，应当注意：其一，排除合理怀疑重在排除“合理怀疑”，强调怀疑的“合理性”。所谓“合理怀疑”，是指一个

---

[1] 《刑诉法解释》第64条规定：“应当运用证据证明的案件事实包括：①被告人、被害人的身份；②被指控的犯罪是否存在；③被指控的犯罪是否为被告人所实施；④被告人有无刑事责任能力，有无罪过，实施犯罪的动机、目的；⑤实施犯罪的时间、地点、手段、后果以及案件起因等；⑥被告人在共同犯罪中的地位、作用；⑦被告人有无从重、从轻、减轻、免除处罚情节；⑧有关附带民事诉讼、涉案财物处理的事实；⑨有关管辖、回避、延期审理等的程序事实；⑩与定罪量刑有关的其他事实。认定被告人有罪和对被告人从重处罚，应当适用证据确实、充分的证明标准。”

普通的理性人凭借日常生活经验对被告人的犯罪事实明智而审慎地产生的怀疑。英美国家往往从一般意义上进行解释，如英国将其界定为这样一种怀疑："当你在日常生活中处理重要事务时，对你产生这种或那种影响的怀疑。"排除合理怀疑并不是要排除所有的怀疑，而是强调所排除怀疑的合理性。只要怀疑是合理的，自然都会使得案件处于不确定状态。虽然合理怀疑不是吹毛求疵的怀疑，但是我们仍不能忽视正因为不起眼的疑点而最终造成冤假错案的情形；其二，排除合理怀疑是要排除有正当理由的怀疑，而非不切实际的猜测。合理怀疑要求怀疑者说出怀疑的理由时，必须有证据证明，这种证明标准较低，一般只要求法官根据理性产生怀疑。

我国特别强调了在死刑案件中适用"确定无疑"的证明标准。[1]《死刑案件证据规定》第5条对死刑案件的证明标准进行了细化，即证据确实、充分是指：①定罪量刑的事实都有证据证明；②每一个定案的证据均已经法定程序查证属实；③证据与证据之间、证据与案件事实之间不存在矛盾或者矛盾得以合理排除；④共同犯罪案件中，被告人的地位、作用均已查清；⑤根据证据认定案件事实的过程符合逻辑和经验规则，由证据得出的结论为唯一结论。办理死刑案件，对于以下事实的证明必须达到证据确实、充分：①被指控的犯罪事实的发生；②被告人实施了犯罪行为与被告人实施犯罪行为的时间、地点、手段、后果以及其他情节；③影响被告人定罪的身份情况；④被告人有刑事责任能力；⑤被告人的罪过；⑥是否共同犯罪及被告人在共同犯罪中的地位、作用；⑦对被告人从重处罚的事实。

同时，《死刑案件证据规定》第33条还规定了死刑案件中间接证据的定案标准，即没有直接证据证明犯罪行为系被告人实施，但同时符合下列条件的可以认定被告人有罪：①据以定案的间接证据已经查证属实；②据以定案的间接证据之间相互印证，不存在无法排除的矛盾和无法解释的疑问；③据以定案的间接证据已经形成完整的证明体系；④依据间接证据认定的案件事实，结论是唯一的，足以排除一切合理怀疑；⑤运用间接证据进行的推理符合逻辑和经验判断。根据间接证据定案的，判处死刑应当特别慎重。

证明标准与打击犯罪、保障人权的诉讼价值具有直接相关性。证明标准越低，有罪判决就越容易，惩罚犯罪的力度也就越大，但也更容易产生误判，使得更多的无辜者被定罪；反之，证明标准越高，有罪判决就越难，对无辜公民的人权保障力度也就更大，但可能让一些真正的罪犯逃之夭夭。惩罚犯罪与保障人权如磁铁两极一般引导刑事诉讼程序向截然相反的价值目标倾斜（tendency），[2] 在司法实践中很难真正兼顾。很多时候，司法实务人员不得不在二者之间作出选择。但是在价值选择上，保障无辜者人权无疑更加符合

---

〔1〕本书认为，"确定无疑"并非是高于"内心确信"或"排除合理怀疑"的新证明标准，仅是立法者基于执行死刑的审慎考虑，在证据及事实审查方面强化了对法官的要求。

〔2〕参见 Herbert L. Packer, *Two Models of the Criminal Process*, 113 U. Pa. L. Rev. 1 (1964).

当代刑事诉讼的理念，正如原最高人民法院副院长沈德咏所指出的："我们要像防范洪水猛兽一样来防范冤假错案，宁可错放，也不可错判。错放一个真正的罪犯，天塌不下来，错判一个无辜的公民，特别是错杀了一个人，天就塌下来了。"〔1〕

（二）程序性事实的证明标准

刑事诉讼中还会涉及回避、管辖、非法证据排除、申请证人出庭及申请重新鉴定等程序性问题的证明问题。理论上，凡是纳入司法裁判领域的证明对象，都应当设置相应的证明标准。但遗憾的是，我国法律对程序性事项并未专门规定相应的证明标准。至于如何解决这些程序性争议，更多则是需要法官自由裁量。本书认为，程序性事实可设置略低于实体性事实的证明标准，即稍低程度的确信（ein geringerer Grad an Überzeugung）。〔2〕

此外，《刑事诉讼法》及相关司法解释已经对非法证据排除的证明标准进行了较为详细的规定，设置了被告人与检察机关相区分的证明标准。对于被告人而言，其对非法证据的证明只要达到"法官对证据收集的合法性有疑问"即可；但对于检察机关而言，其对证据收集合法性的证明则应达到"事实清楚，证据确实、充分"的程度。

【案例】聂某斌案与王某金案——存疑有利于被告

基本案情：1994年8月5日17时许，河北省石家庄市液压件厂女工康某甲（被害人，殁年36岁）下班骑车离厂。8月10日上午，康某甲父亲康某乙向公安机关报案称其女儿失踪。同日下午，康某乙和康某甲的同事余某某等人在石家庄市郊区孔寨村西玉米地边发现了被杂草掩埋的康某甲连衣裙和内裤。8月11日上午，康某甲尸体在孔寨村西玉米地里被发现。同日下午，侦查机关对康某甲尸体进行了检验，证实其被强奸。尸体检验报告记载"康某甲符合窒息死亡"，同时记载此为"分析意见"。1994年9月23日18时许，侦查人员将聂某斌抓获。

诉讼经过：1995年3月15日，河北省石家庄市中级人民法院作出（1995）石刑初字第53号刑事附带民事判决，以故意杀人罪判处被告人聂某斌死刑，剥夺政治权利终身；以强奸妇女罪判处其死刑，剥夺政治权利终身，决定执行死刑，剥夺政治权利终身。宣判后，被告人聂某斌上诉，认为其年龄小，没有前科劣迹、系初犯，认罪态度好，一审量刑太重，请求从轻处罚。

---

〔1〕沈德咏："我们应当如何防范冤假错案"，载《人民法院报》2013年5月6日。

〔2〕我国台湾地区学者林钰雄认为，刑事诉讼中严格证明与自由证明的心证程度不同，认为自由证明程序的心证程度要求是"很有可能"、"大致相近"，超过释明程度，跟民事诉讼法上的心证程度比较像，不是刑事诉讼法要求的确信程度。参见林钰雄、杨云骅、赖浩敏："严格证明的映射：自由证明法则及其运用"，载《国家检察官学院学报》2007年第5期。但也有德国学者认为，两者作区分意义不大。参见 Christoph Knauer，Hans Kudlich，*Hartmut Schneider* Hrsg.，Münchener Kommentar zur StPO，1. Auflage，Verlag C. H. Beck，München，2014，Rn. 414。

1995年4月25日，河北省高级人民法院作出（1995）冀刑一终字第129号刑事附带民事判决，判决维持对聂某斌犯故意杀人罪的定罪量刑，撤销对聂某斌犯强奸妇女罪的量刑，改判有期徒刑十五年，与故意杀人罪并罚，决定执行死刑，剥夺政治权利终身，并核准聂某斌死刑。2005年1月，涉嫌犯故意杀人罪被河北省公安机关网上追逃的王某金，被河南省荥阳市公安机关抓获后自认系本案真凶。2016年6月6日，最高人民法院作出（2016）最高法刑申188号再审决定，提审本案。2016年11月30日，最高人民法院作出（2016）最高法刑再3号刑事判决，判决撤销河北省高级人民法院（1995）冀刑一终字第129号刑事附带民事判决和石家庄市中级人民法院（1995）石刑初字第53号刑事附带民事判决，原审被告人聂某斌无罪。

争议焦点：聂某斌案与王某金案的判决是否存在矛盾？有观点以为，只要法院不能认定王某金是强奸杀害康某甲的真凶，聂某斌案就不能翻。

案例评析：两案结果并不矛盾。最高人民法院《关于建立健全防范刑事冤假错案工作机制的意见》明确指出，要严格执行法定证明标准，定罪证据不足的案件，应当坚持疑罪从无原则，依法宣告被告人无罪，不得降格作出"留有余地"的判决。多数学者认为，两案中的两名被告人被确认为石家庄西郊玉米地案的"真凶"的依据均不充足，结合现有证据状况，按照疑罪从无原则作出当前的判决既无不妥，也是必然。何家弘教授评价两案：王某金无罪不等于聂某斌有罪。其从证明标准的概率层面分析，"在运用反证法间接证明错判的情况下，证明他人是'真凶'和证明原案为错判之间存在因果关系。在排除了共同作案可能性的情况下，两个嫌疑人面对同一犯罪指控的概率是此增彼减的。在康某被强奸杀害案中，如果王某金为真凶的概率是60%，那么聂某斌是凶手的概率就是40%。既然王某金那60%的概率都不足以认定其有罪，那么聂某斌这40%的概率就更不足以认定其有罪了。"〔1〕樊崇义教授反驳了聂某斌原审并非错案的观点，从犯罪构成主要事实链条中的何人、何事、何时、何地、何方（方法、手段）、何因、何果（后果）"七何"要素分析原审并未达到"案件的基本事实清楚、基本证据确实、充分"的标准，无法证明聂某斌有罪，再审改判具有合理性，王某金不能确定为此案的真凶并不影响聂某斌案。〔2〕龙宗智教授从证据构造角度，指出聂某斌案原判依据的是"以口供为中心的两面印证式"证据构造，被告供认作案且在认罪后供述较稳定，而且与相关证据印证，虽有缺乏客观证据的缺憾，以及对"突审"合法性的疑问，但是尚不足以从根本上撼动原审事实认定。而之后王某金案的证据不能排除王某金为作案人，这一新的证据事实加入聂某斌案证据构造，动摇了原构造的稳定性及原判认定事实的确实性，形成了聂某斌可能不是案

〔1〕何家弘："王某金无罪不等于聂某斌有罪"，载爱思想网，http://www.aisixiang.com/data/65269.html，最后访问日期：2019年11月17日。

〔2〕樊崇义、徐歌旋："从聂某斌案谈错案的预防与纠正"，载《中国司法》2017年第3期。

犯的合理怀疑。[1] 此外，对于王某金案，学者普遍认为，作为物证的花衬衣未经过鉴真规则的检验，尸体检验报告中的结论没有充分证据的支持，王某金的供述处于真伪不明的状态，现有证据无法得出王某金为“真凶”的确定结论。[2]

第三节 民事诉讼的证明标准

一、英美法系的民事诉讼证明标准

英美法系国家民事诉讼所采取的证明标准是“高度盖然性”，着眼点在于双方证明的优劣（证据优势）。因此，学者将英美法系的证明标准称为“盖然性优势”原则，是指当通过相关证据使法官或陪审团确信某一事实存在的可能性大于不存在的可能性时，当事人的该项主张就被认为成立。

美国学者斯蒂文·L. 艾默纽尔认为：“民事诉讼中的证明标准，一般为盖然性优越标准。当一事实主张被陪审团确信为在证据上具有占优势的盖然性，即存在的可能性要大于不存在的可能性时，那么，此项事实主张就被认定为真实。”[3] 美国模范证据起草委员会摩根教授这样解释“盖然性优势”：“凡于特定事实之存在有说服负担之当事人，必须以证据之优势确立其存在。法官通常解释说，所谓证据之优势与证人之多寡或证据量无关，证据之优势乃在使人信服的力量。有时并建议陪审团，其心如秤，以双方当事人之证据置于左右之秤盘，从而权衡何者有较大之重量。”[4] 美国法经济学代表性学者波斯纳指出：“证据优势标准（the preponderance-of-the-evidence standard）要求审理案件事实的法官在负有证明责任的当事人所举证据，比对方当事人所举的证据更可能真实时，支持前一当事人。”[5] 英国学者彼德·莫菲也认为：“在民事案件中，证明标准无非是要求‘或然性权衡’或‘盖然性优越’的标准，即足以表明案件中负有法定证明责任的当事人就其主张的事实上的真实性大于不真实性。”[6] 我国台湾地区学者李学灯先生认为：“所谓优势，依法院之意见，须使审理事实之人真正置信于事实之真实，亦即高度的盖然性。”[7] 之所以要采取“盖然性”的标准，是因为证明只是再现案件已经发

---

〔1〕 龙宗智：“聂某斌案法理研判”，载《法学》2013年第8期。

〔2〕 褚福民：“王某金案件证据分析”，载《证据科学》2014年第4期。

〔3〕 Steve L. Emanuel, Howard M. Rossen, Wilton S. Sogg, *Civil Procedure*, West Publishing Co. 1977, pp. 184~185. 转引自毕玉谦：《民事证据法判例实务研究》，法律出版社1999年版，第438页。

〔4〕［美］Edmund M. Morgan：《证据法之基本问题》，李学灯译，世界图书出版公司教育部出版社1982年版，第48页。

〔5〕［美］理查德·A. 波斯纳：《法律的经济分析》，薛兆康译，中国大百科全书出版社1997年版，第720页。

〔6〕 刘善春、毕玉谦、郑旭：《诉讼证据规则研究》，中国法制出版社2000年版，第632页。

〔7〕 李学灯：《证据法比较研究》，台湾五南图书出版公司1992年版，第393页。

生的过程，而“法庭可能永远无法确定过去究竟发生了什么事，因而事实认定需要借助盖然性的程度。盖然性概念是证明的最重要构成。”[1]

与大陆法系国家不同，英美法系国家并不特别强调法官心证的问题，因此在将证明标准客观化和外在化的方面进行了很多努力。这种客观化与外在化必然会对外在事物的量化提出要求。于是，统计学和概率理论就开始被大量运用于事实认定。美国学者波斯纳教授认为：“考虑到民事案件的说服责任相对宽松，认定原告的主要证据为真实的明确概率，只要超过50%即可，即稍稍超过这一数值就应该加以认定。”[2] 这种方法借助了统计学方法，计算出了某种事实发生的可能性，然后以此为依据认定事实。另一种方法是使用“概率乘积规则”。“这一规则就是两个或两个以上独立事件为真的概率等于每个事件为真的概率乘积。例如3次公平地掷币皆出现正面的概率为0.125（即0.5×0.5×0.5）。”当达到一定概率乘积时，法官应当认定或指示陪审团确认该事实的存在。

关于“盖然性优势”证明标准，以下几点需要加以说明：①盖然性优势的实质是要求负有举证责任的一方当事人对其所主张的事实提出的证据的分量和证明力比反对该事实存在的证据更具说服力；②证据的分量、证明力不能简单地通过数量衡量，而应看证据的质量；③若双方当事人提出证据的证明力大体相当、难以抉择时，法官应作出对负有证明责任的当事人不利的裁决。[3]

“盖然性优势”证明标准只适用于普通民事案件，对于一些特殊的民事案件，如欺诈、离婚、口头遗嘱的履行等，往往适用比“盖然性优势”更高的证明标准。如美国在某些领域，尤其是涉及个人自由时（例如精神病院收容），则证明标准有所提高，要求“清晰且有信服力”。[4]

二、大陆法系的民事诉讼证明标准

大陆法系国家实行自由心证的证据制度。根据自由心证的要求，法官对证明的认可应当以当事人的证明使其达到内心确信为前提。因此，证明标准与法官内心确信的形成会有直接关系。在当事人的证明达到使法官能对待证事实的认定形成“内心确信”时，负有举证责任一方当事人的义务就可以视为完成。至于如何才能达至法官的内心确信，大陆法系国家一般坚持“高度盖然性”的证明标准，即不要求达到自然科学中百分之百准确性的程度，而

---

〔1〕程春华主编：《民事证据法专论》，厦门大学出版社2002年版，第208页。

〔2〕［美］理查德·A. 波斯纳：《证据法的经济分析》，徐昕、徐昀译，中国法制出版社2001年版，第93页。

〔3〕刘金友：“客观真实与内心确信——谈我国诉讼证明的标准”，载《政法论坛》2001年第6期，第99-100页。

〔4〕冷根源：“论英美证据法上的民事证明标准——兼论我国民事证明标准之革新”，载《政治与法律》2000年第5期，第36页。

是依据日常经验排除疑问可达至近似确然性的程度。

1885年德国帝国法院指出："由于人们的认识方法受到若干限制，无法就要件事实获得确实真实的认识。因此，若以彻底的良心尽其所能利用实际生活中现有的认识方法已获得高度盖然性时，即视为真实。将这样获得的高度盖然性称之为获得了真实的确信就是十分妥当的。"德国汉斯·普维庭教授对高度盖然性标准这样描述：一项事实主张具备非常可能的盖然性，一个理性的人不再怀疑或者看起来其他的可能性都被排除了，这种情况足够形成法官的心证。[1]《德国民事诉讼法典》第286条第1款规定的证明标准所应达至的确信程度可以描述为"近乎确定的盖然性"，即本文所提出的高度盖然性。这一标准的经典表述确立于1970年的阿纳斯塔西娅（Anastasia）判决[2]。联邦最高法院在判决中指出："法律并不要求一种不存在任何怀疑的确信。重要的是裁判法官形成自己的确信，即使其他人会有所质疑或者持有其他观点。在事实上存疑的案件中，法官可以并且必须达到实际生活所需要的确定程度，这种确定程度使得怀疑被搁置而非将其完全排除。"阿纳斯塔西娅判决虽然强调法官的"个人确定性"才是作出判决的必要条件，但其中仍然包含对客观盖然性程度的要求，在文献中被描述为"近乎确定的盖然性"（eine an Sicherheit grenzende Wahrscheinlichkeit）。

日本法深受德国影响，其最高裁判所在1958年的判例中指出"诉讼上的证明原本就不同于自然科学工作者基于实验所作的理论上的证明，是一种历史性证明。理论证明的目标是'真实'，与此不同，历史性证明只要具有'高度盖然性'就可以了。换言之，即确信达到了普通人无论谁都不再怀疑程度的真实，证明就成立了。"[3] 这种以高度盖然性作为原则性的证明标准受到了学界的普遍支持。日本民事诉讼法学家兼子一先生认为，法官对认定为判决基础的事实取得确信，这是一个原则，而达到这种确信所必要的确信程度不同于丝毫无疑义的自然科学的证明，而是只要人们在日常生活中不怀疑并且达到作为其基础的程度就行。然而，大陆法系所坚持的证明标准似乎赋予法官较大的自由裁量权。为了限制法官判断的主观随意性，就必须固化心证，使心证受外在标准的限制。日本学者中岛弘道先生认为，当事人提出证据来证明案件事实，就是为了让法官能够在心里形成案件事实的影像。由于案件中存在对立的双方当事人，因此在一方当事人提出本证后，另一方当事人会提出反证。本证的提出会使法官形成对待证事实清晰的影像，而反证的提出者则会使该影像变得模糊。于是法官的心证就会在二者之间摇摆。至于当事人的主张能否证成，就取决于心证所处的状态。中岛先生把法官的心证按强度分为四级：第一级为微弱的心证；第二级为大致的心证；第三级为盖然的

---

〔1〕［德］汉斯·普维庭：《现代证明责任问题》，吴越译，法律出版社2000年版，第359页。

〔2〕BGHZ 53, 245 (255 f.) = NJW 1970, 946 = JuS 1970, 413 (Bähr) - Anastasia.

〔3〕［日］小林秀之：《证据法》，弘文堂1996年版，第66页。

确信心证；第四级为必然的心证。第一级和第二级同为“弱心证”；第三级和第四级同为“强心证”（强心证又分为消极的强心证——确信其不存在和积极的强心证——确信其存在）。[1]

在民事诉讼中，两大法系均将证明标准设定为“高度盖然性”。但是，“高度盖然性”只是一种抽象的概念，而并非一种具体可操作的标准。由于对具体案件事实的认定不可能脱离法官的内心确信，因此证明标准具有较强的主观性。英美法系国家主要是评价双方当事人的证明，无论一方当事人证明事情发生或没有发生的可能性有多大，只要其高于另一方当事人相反证明的可能性即可。而大陆法系国家则主要是评价单方当事人的证明，要求其证明事情发生或没有发生的可能性必须达到几乎可以确信的标准，那么才可以认定其证明的可能性是必然高于对方当事人相反证明的。总体而言，大陆法系对于证明标准的要求要比英美法系高。

三、我国民事诉讼的证明标准

《民诉法解释》第 108 条第 1 款规定：“对负有举证证明责任的当事人提供的证据，人民法院经审查并结合相关事实，确信待证事实的存在具有高度可能性的，应当认定该事实存在”；第 2 款规定：“对一方当事人为反驳负有举证证明责任的当事人所主张事实而提供的证据，人民法院经审查并结合相关事实，认为待证事实真伪不明的，应当认定该事实不存在”；第 3 款规定：“法律对于待证事实所应达到的证明标准另有规定的，从其规定”。该解释第 109 条规定：“当事人对欺诈、胁迫、恶意串通事实的证明，以及对口头遗嘱或者赠与事实的证明，人民法院确信该待证事实存在的可能性能够排除合理怀疑的，应当认定该事实存在。”由此可见，我国民事诉讼已经一改过去的一元化证明标准，设置了多元化的证明标准：

1. 普通民事案件——高度盖然性。对于负有举证责任一方提供的“本证”，应当遵循“高度盖然性”标准。这里的高度盖然性，是指一方当事人证据证明的事实存在或不存在的可能性，要明显大于另一方当事人证据证明的事实存在或不存在的可能性，并且负有证明责任的当事人应当提供证据对其所主张事实的证明达到高度盖然性的证明程度。对于不负举证责任一方提供的“反证”，应当适用比“本证”低的证明标准，即只需要使待证事实陷入真伪不明的状态即可动摇法官对于本证所形成的内心确信。

2. 特殊民事案件——排除合理怀疑。当事人对欺诈、胁迫、恶意串通事实以及口头遗嘱、赠与事实的主张，基于实体法上“足以”、“显失公平”的规定，在程序法中也应当相应提高其证明标准，即只有法官在确信该事实存在的可能性能够“排除合理怀疑”时，才能认定该事实存在。

3. 法律对于待证事实所应达到的证明标准另有规定的，从其规定。

---

〔1〕［日］中岛弘道：《举证责任研究》，有斐阁 1949 年版，第 90 页。

设置多元化的证明标准可以为法官认定案件事实提供更加科学的指导，也可以促使当事人竭尽所能提供证据以证明案件事实，帮助法官形成内心确信。

第四节 行政诉讼的证明标准

一、行政诉讼证明标准的特殊性

我国行政诉讼立法起步较晚，学界对于行政诉讼证明标准的研究也晚于刑事诉讼和民事诉讼。虽然行政诉讼证明标准受到了刑事诉讼和民事诉讼的影响，但仍有其独特性。

第一，行政诉讼证明标准较为灵活。由于行政行为具有多样性和复杂性，且不同行政行为对当事人权益的影响也不尽相同，因此司法实践对不同类型的行政诉讼案件采用不同的证明标准。一般而言，在被诉行政行为对行政相对人影响较大的案件中，应当适用较高的证明标准；反之，则可以适用较低的证明标准。此外，公权力的干预程度与行政相对人的自由意志程度也会成为影响行政诉讼证明标准的因素。一般而言，对于因公权力干预较强，或者个人自由意志程度较弱而引发的行政诉讼案件，应当适用较高的证明标准；反之，则可以适用较低的证明标准。

第二，不同行政诉讼主体所需要达到的证明标准不同。由于行政诉讼中原、被告处于不对等的地位，二者的证明责任也有所不同，因此原、被告在举证证明自己的主张时所应达到的证明标准也有所不同。具体而言，行政诉讼被告的证明责任要远远超过原告，因此二者所应达到的证明标准也有所不同。一般而言，行政诉讼被告的证明责任要高于原告，但是在行政权干预较少、行政相对人意思自治程度较强的案件中，可以比照民事诉讼设置相应的证明标准。

二、美国的行政诉讼证明标准

美国的行政诉讼证明标准在世界范围内都比较有特殊性和代表性。“美国司法审查中区分事实问题和法律问题，分别适用不同的审查标准。因为对法律问题，法官是专家，法院对法律问题审查的范围和决定的权力比较大，可以用法院对法律问题的结论代替行政机关的法律结论。对事实问题，行政机关是专家，法院对事实问题一般尊重行政上决定，不能用法院的意见代替行政机关的意见。”[1] 对于事实问题，美国又设定了三种证明标准。《联邦行政程序法》第706条规定，“当事人提出的主张，在判决范围内，审查法院应当决定全部有关的法律问题，解释宪法和法律条文的规定，并且决定行政行为

〔1〕 马怀德主编：《行政诉讼原理》，法律出版社2003年版，第302页。

表示的意义或者适用。法院应确定行政行为是否存在以下情形：①专断、反复无常或滥用自由裁量权，或者其他不符合法律的情形；②违反宪法的权利、权力或者豁免；③超越法定的管辖权、权力或者限制，或者没有法定的权利；④没有遵守法律要求的程序；⑤适用本编第 556 条和第 557 条规定的案件，或者法律规定的其他依据行政机关的听证记录审理的案件，没有实质性的证据支持；⑥没有事实的根据，已经达到必须由法院重新审理事实的程度。"〔1〕根据这一规定，美国法学界普遍认为，美国行政诉讼中存在三个证明标准，即实质证据标准（第 5 项），专断、反复无常标准（第 1 项），重新审理标准（第 6 项）。

（一）实质证据标准

实质证据标准（substantial evidence test）是上级法院对下级法院判决中关于事实问题的审查时所适用的标准。在进行实质审查时，如果行政行为有实质的证据支持，便具有说服力。至于怎样的证据才属于对行政行为具有“实质性”的支持，法院判例对此设定了细致的判断标准。具体而言，用于判断“实质性”的标准有以下三种：一是明显错误，即只要有证据证明行政行为的作出存在明显错误，法院就可以撤销该行政行为。二是“干草堆中寻针（needle in a haystack）”〔2〕。该标准存在于《联邦行政程序法》实施之前，即只要在庞大如“干草堆”的事实中寻找到如“针”一样细小的支持事实，就可以支持该行政行为。三是理性标准，即对行政行为是否合法的判断要达到使一个理性之人可以理解并接受的程度。依通说，对于上述三种标准而言，明显错误的标准要严于理性标准。目前，理性标准是实质证据标准的最普遍判断依据。

实质证据标准所体现的是司法权对行政权的尊重，即在审查行政行为作出的基础上认定行政行为的合法性，而非简单依据证据的证明力来判断。通过对实质证据标准与民事诉讼中的证明标准进行比较，我们不难发现二者都是程度低于“排除合理怀疑”的优势证据标准。但是，二者也有所区别：民事诉讼中的优势证据标准侧重于司法权的判断，而行政诉讼中的实质证据标准则侧重于行政权的判断，即行政机关在作出行政行为时是否达到了优势证据标准。

（二）专横、反复无常标准

专横、反复无常标准（arbitrary and capri-cious test）主要用于审查行政机关依非正式程序所作出之行政行为的合法性，也可用于判断行政自由裁量的合法性。通常而言，在将诸如“专横”“反复无常”等词语用于修饰证明标准时，其所表示的是行政行为的不合法，即行政行为侵犯或者剥夺了他人的合法权利。这一标准在本质上所追求的是“通过实质性的探索来发现事实”，

---

〔1〕韩春晖：“美国行政诉讼的证明标准及其适用”，载《法商研究》2011 年第 5 期。
〔2〕韩春晖：“美国行政诉讼的证明标准及其适用”，载《法商研究》2011 年第 5 期。

即行政机关在作出行政行为时是否考虑到了其他相关因素，以及行政行为的作出是否存在明显错误、有不正当目的或者有显失公平的情形。具体而言，在适用专断、反复无常标准时，可以从以下六方面进行：①行政行为是否违反法定程序；②行政行为在作出时是否未考虑其他相关因素；③行政行为的作出是否存在明显错误；④行政行为的作出是否具有不正当目的；⑤行政行为的作出是否遵循了先例；⑥行政行为的作出是否发生了不合理的迟延。

（三）重新审理标准

重新审理标准（de novo test）适用于需要重新进行司法审理的情形。重新审理标准较为模糊，依《联邦行政程序法》第706条第6项规定，适用重新审理标准的案件应当达到“（行政行为）没有事实的根据，已经达到必须由法院重新审理事实的程度”。但是至于应当达到何种“程度”，《联邦行政程序法》并没有作出明确规定。但事实上，重新审理标准并非严格意义上的证明标准，而只是一种对法院的授权。实践中，重新审理可以体现为以下两种形式：一是法院重新认定事实，当事人可以提供新的或与之前相同的证据；二是法院代替行政机关处理法律问题，并依自己的认定重新作出判断。法院在重新审理中所适用的证明标准，需要根据实际情况来确定，或者适用实质证据标准，或者适用专横、反复无常标准。

三、大陆法系的行政诉讼证明标准

大陆法系国家在行政诉讼中通常会适用“明显优势”的证明标准。对于不同类型的行政诉讼案件，所适用的证明标准也有所差异。在某些情况下，一味地适用“明显优势”的证明标准是不合理的，因此需要作出一定变通，以适应不同类型案件的需要。变通包括两种情况：一是提高标准，即“排除合理怀疑”的标准；二是降低标准，即“优势证据标准”。

（一）法国行政诉讼的证明标准

法国行政诉讼所采用的也是复合型证明标准，共分为三种，即：最低程度的审查标准、一般程度的审查标准与严格审查标准。在适用最低程度的审查标准时，法官通常只需要对行政行为是否具有法律依据、行政权的行使是否正当以及行政机关是否滥用职权等进行审查。对于行政机关认定的事实，一般不在最低程度的审查范围之内。只有在可以明显认定行政机关作出了错误的行政行为时，法院才能够对行政机关认定的事实进行审查。最低程度的审查标准所适用的范围很小，只针对技术性或者专业性非常强的行政事项，如政治安全警察的职务行为、外事警察的职务行为等。在适用一般程度的审查标准时，法院不仅要审查行政行为的合法性，还要审查行政机关对案件事实的认定是否正确、是否符合法律规定。严格审查标准一般只适用于法律有明确规定或者涉及公民重大利益的情形，法院需要审查行政权行使的合法性、行政机关对事实的认定、行政行为的合法性等内容。

（二）德国行政诉讼的证明标准

德国行政诉讼所适用的是高度盖然性的证明标准。特定情况下，法院也会适用低于高度盖然性的证明标准。德国行政诉讼制度与民事诉讼制度所确立的证明标准原则是一致的，即“确信案件事实真实”。当然，这种真实仅是相对意义上的真实，是诉讼中认定的真实，并非绝对意义上的真实。随着证明手段、证明方式等的不断丰富与完善，这一相对真实可以无限接近于绝对意义上的真实。因此，德国在行政诉讼中确立了高度盖然性标准，这一高度盖然性可以排除所有合理的怀疑。

低于高度盖然性的证明标准主要适用于以下两种情形〔1〕：一是法律明确授权；二是法院作出解释。法律明确授权是指，法律明确规定对于某一类型的案件可以适用低于高度盖然性的证明标准，如德国《行政法院法》第123条第3款规定，在适用德国《民事诉讼法典》第920、921条等条款进行临时处分宣告时，其证明标准要低于“高度盖然性”的证明标准。法院作出解释则主要适用于存在证明困难的案件中。证明困难是指，因待证事实本身所具有的特性，使得证明该事实存在极大困难。通过降低证明标准，就可以满足实体法上所需要达到的目的。至于法官对存在证明困难的案件降低证明标准是否具有合理性，在理论界是存有争议的。有学者认为，在非因当事人过错而导致举证不能时，如果法院也无法调取相关证据，那么就应当降低证明标准，使证明达到“优势证据标准”。虽然实践中并未形成统一做法，但大多数判决都是通过降低标准来完成证明的。如德国联邦社会法院在审理受纳粹迫害的人或者受战争损害的人所提出的赔偿请求时，对于认定损害事实即适用了降低的证明标准。〔2〕

四、我国行政诉讼的证明标准

根据《行政诉讼法》规定，我国行政诉讼采用“事实清楚，证据确实、充分”的证明标准，与我国立法对刑事诉讼、民事诉讼证明标准的规定一致。但对于不同类型的行政诉讼案件，是否应适用不同的证明标准，理论界及实务界均进行了探索。通说认为，由于“三大诉讼审理对象不同，对当事人权利影响的程度也不同，应该实行不同的证明标准。”〔3〕司法实践也奉行这一观点，以被诉行政行为的类型为依据，将我国行政诉讼的证明标准分为以下几类：

（一）以行政许可为被诉行政行为的证明标准

行政许可是授益性行政行为，涉及行政权力与义务的确定。在作出行政

---

〔1〕参见高秦伟：“论行政诉讼的证明标准”，载《证据科学》2008年第4期。

〔2〕参见卞建林主编：《证据法：原理·图解·案例·司考》，中国民主法制出版社2015年版，第312页。

〔3〕马怀德主编：《行政诉讼原理》，法律出版社2003年版，第300页。

许可的过程中存在三种证明：一是申请人对自己符合许可条件的证明；二是行政机关对依法发放行政许可的证明；三是行政机关对依法许可程序合法性的证明。以上三种证明分别对应不同的证明标准：第一种证明应当适用合理依据的证明标准，即申请人应当提出合理性证据证明自己符合申请条件；第二种证明应当适用“排除合理怀疑”的证明标准，即行政机关应当提出具有说服力且能排除一切合理性怀疑的证据，这是因为该证明直接关系到行政许可是否会被吊销，对被许可人权利权益的影响较大；第三种证明则适用“优势证据标准”，即行政机关只要能够证明其依照法定程序作出行政许可的可能性大于未依照法定程序即可。

（二）以行政处罚为被诉行政行为的证明标准

行政诉讼的特殊性主要表现在当事人地位的不平等[1]，作为行政诉讼被告的行政机关代表国家作出行政行为，这一点在行政处罚中体现得尤为明显。在行政机关作出行政处罚时，本就处于弱势地位的行政相对人的合法权益就更容易受到侵犯，因而需要适用更严格的证明标准。行政处罚主要分为以下几种类型：

1. 警告。警告是行政处罚中最轻的一种，一般认为，只要行政机关能够证明在认定事实的过程中没有滥用职权，就达到了证明标准。这一证明标准即为“优势证据标准”。

2. 对财产作出的行政处罚。对财产作出的行政处罚主要包括罚款和没收两种形式。由于这一类行政处罚具有执行便捷和救济便捷的特点，因此在一般情况下适用“优势证据标准”。对于涉案数额较大、案情复杂或者社会影响较大的案件，则可以适用“明显优势证明标准”。

3. 对行为作出的行政处罚。对行为作出的行政处罚主要包括责令停产、停业，暂扣、吊销许可证、营业执照等。由于这一类行政处罚会较大影响行政相对人的权益，因此应当适用“排除合理怀疑”的证明标准。

4. 行政拘留。行政拘留会限制行政相对人的人身自由，因此应当采用较高的证明标准，即“排除合理怀疑”的证明标准。

（三）以行政强制为被诉行政行为的证明标准

行政强制包括行政强制措施和行政强制执行，二者有明显区别，应当适用不同的证明标准。

一般而言，行政强制措施是行政机关在紧急情况下作出的、为有效防止社会公共安全和人民权利利益受到侵犯的紧急措施。行政机关在作出行政强制措施决定时，未必有足够时间收集或者审查全部材料。因此，对于此类案件不宜设置过高的证明标准。通说认为，只要行政机关能够证明其系依据合理根据而作出行政强制措施决定，即可认定已经达到了证明标准。

---

〔1〕 此处的“不平等”是指行政机关与行政相对人在行政行为作出时的地位不平等，但二者在行政诉讼中的法律地位是平等的。

相比较而言，行政强制执行并不具有紧迫性，且系依据先前行政行为作出，因而应当设置相对较高的证明标准。一般认为，在行政强制执行案件中应当适用“排除合理怀疑”的证明标准。

（四）以政府信息公开为被诉行政行为的证明标准

《最高人民法院关于审理政府信息公开行政案件若干问题的规定》第5条[1]对政府信息公开行政案件中当事人的举证责任进行了规定。总体而言，依据申请人所申请公开的政府信息类型，可以将行政机关举证所应达到的证明标准分成以下三种情况：

1. 政府信息不存在：否定性事实具有难以举证证明的特点，因此应当适用“明显优势证明标准”，即行政机关应当对其已经尽到合理义务收集并提供材料进行举证，以证明申请人申请公开的政府信息不存在。

2. 免于公开的政府信息：《政府信息公开条例》明确将国家秘密作为绝对不能公开的政府信息。对于此类案件，行政机关的举证应当排除一切“合理怀疑”。

3. 涉及商业秘密、个人隐私的案件：《政府信息公开条例》规定，对于“涉及商业秘密、个人隐私等公开会对第三方合法权益造成损害的政府信息”，行政机关在一般情况下不得公开。但是，对于“第三方同意公开或者行政机关认为不公开会对公共利益造成重大影响的，予以公开。”因此对于此类案件，行政机关应当举证达到“明显优势证据”的证明标准，即对于“第三方同意”或者“行政机关认为不公开会对社会公共利益造成重大影响”的证明程度要明显高于“第三方不同意”或者“不公开不会对社会公共利益造成重大影响”。

【案例】姚某与沈阳市公安局沈河分局、姜某行政处罚案——公安机关的证明标准

基本案情：上诉人沈阳市公安局沈河分局以姚某为被上诉人，以姜某为第三人，向沈阳市中级人民法院提起上诉。一审查明，姜某在百货公司的档口门被撬，服装及物品丢失。公安机关接到报案后经查认为，涉案行为系百货公司法定代表人姚某指挥组织其单位保卫部、商管部人员所为。沈阳市公

---

[1]《最高人民法院关于审理政府信息公开行政案件若干问题的规定》第5条规定：“被告拒绝向原告提供政府信息的，应当对拒绝的根据以及履行法定告知和说明理由义务的情况举证。因公共利益决定公开涉及商业秘密、个人隐私政府信息的，被告应当对认定公共利益以及不公开可能对公共利益造成重大影响的理由进行举证和说明。被告拒绝更正与原告相关的政府信息记录的，应当对拒绝的理由进行举证和说明。被告能够证明政府信息涉及国家秘密，请求在诉讼中不予提交的，人民法院应当准许。被告主张政府信息不存在，原告能够提供该政府信息系由被告制作或者保存的相关线索的，可以申请人民法院调取证据。被告以政府信息与申请人自身生产、生活、科研等特殊需要无关为由不予提供的，人民法院可以要求原告对特殊需要事由作出说明；原告起诉被告拒绝更正政府信息记录的，应当提供其向被告提出过更正申请以及政府信息与其自身相关且记录不准确的事实根据。”

安局沈河分局对姚某作出了行政拘留十五日的处罚决定，姚某不服提出复议，后复议机关决定维持原处罚。一审法院认为，根据《治安管理处罚条例》，上诉人对辖区内的治安案件，有权作出行政处罚决定。姚某的行为不符合寻衅滋事的法律特征。一审法院认为上诉人认定姚某行为构成寻衅滋事无事实和法律依据，认为公安机关作出处罚决定程序违法的主张无事实及法律依据。上诉人依据上述事实及证据，认定姚某的行为构成寻衅滋事作出的行政处罚，系认定的事实不清、适用法律不当，应予撤销重作。二审法院认为，上诉人具有作出本案行政处罚的法定职权，其所依据的法律规范为《治安管理处罚条例》中的"寻衅滋事"情节。姚某的行为不符合寻衅滋事情节的规定，判决驳回上诉，维持原判。

相关争议：姚某的行为是否符合《治安管理处罚条例》中关于"寻衅滋事"情节的规定。公安机关认为，"寻衅滋事"为找事、引发争端、导致纠纷增多，实践中表现为主观上藐视法律、称霸立棍的流氓动机与客观上的肆意所为、扰乱秩序，是扰乱公共秩序的具体行为体现。姚某公然藐视法纪，强占姜某的财物历时两年，扰乱了社会公共生活的秩序，符合寻衅滋事的法律特征。姚某行为的目的明确，动机就是为了显示自己的威风与霸气，谁对其不服，谁敢反抗，就要被立刻清除出百货公司，符合寻衅滋事流氓性的主观特征。此外姚某对姜某的物品拒不返还，并部分变卖，符合寻衅滋事中强拿硬要的行为体现。姚某认为，案件发生并非因姚某与姜某的私人恩怨，而是百货公司与姜某的合同纠纷。姜某认为，其财产是被盗窃走的，姚某应当构成盗窃罪。

案例评析：案件以行政处罚为被诉行政行为，行政被告负有证明行政行为作出的事实依据充分以及程序合法的举证责任，并应使证明达到"排除合理怀疑"的标准。案件中，姜某与百货公司存在合同关系，但与姚某并没有直接法律关系。从性质上看，姚某的行为应为百货公司的行为。现上诉人提交的证据不能证明姚某系出于个人目的而实施行为，不符合"寻衅滋事"情节中关于寻衅滋事人是自然人的规定；不能证明姚某的主观方面是无事生非、无理取闹，不符合"寻衅滋事"情节中关于主观方面具有任意性和随意性的规定；不能证明姚某所实施行为的客体是公共秩序，不符合"寻衅滋事"情节中关于寻衅滋事客体是公共秩序的规定。因此，公安机关的举证不能达到"排除合理怀疑"的证明标准，其应承担举证不能的后果，故二审判决：驳回上诉，维持原判。

第十二章
证明程序

证明程序，即法律所规定的证明过程中必须遵循的步骤。三大诉讼的证明程序存在较明显的区分，但均可大体分为证据开示、当事人举证、法院取证和质证四个阶段。

第一节 证据开示

证据开示是当事人主义诉讼模式下的一项重要诉讼制度，对职权主义诉讼亦产生较重大的影响。在证据开示中，负有开示义务的诉讼主体应当将自己掌握的、用于诉讼的全部证据进行开示，以便于其他诉讼当事人能够在审前了解全案证据情况，为庭审质证做好准备。

诉讼是发现真相的过程，法庭对事实进行认定并不仅是为了作出裁判，更是要在找出真相的基础上公正裁判。即便诉讼是一场比赛（game），也不能沦为取巧斗智的游戏（game）。因此，在没有卷宗移送制度的当事人主义诉讼模式下，审前的证据开示就显得十分必要。证据开示首先所体现的是诉讼中的“公平”，诉讼一方不能只考虑自己，还要考虑对方，双方的任务是帮助法官准确认定事实。在此基础上，证据开示能够节省诉讼成本，提高诉讼效力，并在一定程度上平衡当事人的诉讼能力。具体而言，证据开示具有以下效用：一是防止因“证据突袭”而造成诉讼拖延；二是在庭前排除无争议事实，归纳争议焦点，实现集中庭审；三是将争议的解决提前到审前，有利于实现争议解决的多元化；四是有利于在审前保全证据，防止证据灭失。

一、证据开示制度的确立与发展

（一）证据开示制度的确立

作为当事人主义诉讼模式下的一项重要诉讼制度，证据开示源于16世纪后半期英国衡平法的司法实践，旨在防止当事人运用证据突袭的诉讼技巧造成不公平的结果。[1] 至19世纪，英国在司法改革中通过对普通法和衡平法

---

〔1〕 杜闻：“英美民事证据开示若干问题研析”，载《证据科学》2008年第6期。

诉讼进行合并，正式形成了证据开示制度。最先将证据开示制度法典化的国家是美国。1938 年美国《联邦民事诉讼规则》正式将证据开示制度写入法典，这也是证据开示制度作为一项法定制度的最先确立。此后，证据开示制度逐步被许多国家纳入民事诉讼法或者证据法中，并日益受到世界各国的重视。[1]

在刑事诉讼领域，美国也是最早确立证据开示制度的国家。20 世纪初期，美国关于证据开示的讨论主要集中在检控方是否应当向辩方开示证据。争论的焦点在于，在“无罪推定”与“不自证其罪”原则已经确立的情况下，是否还有必要向辩方开示证据，以及开示证据是否会对证人的人身安全等造成威胁。随着讨论的不断继续，越来越多的人开始支持在刑事诉讼中进行证据开示。1946 年美国《联邦刑事诉讼规则》第 16 条首次就检控方的证据开示义务作出了成文法规定。

（二）证据开示制度的发展

由于刑事诉讼的特殊性，证据开示制度的发展主要集中在刑事诉讼领域，具体表现为由单方开示向双方开示的发展。

美国于 20 世纪 30 年代所确立的证据开示制度是单向开示制度，主要强调检控方的证据开示义务。至 20 世纪 70 年代，美国联邦最高法院才在威廉姆斯诉佛罗里达州一案中确立了辩方的开示义务，即辩方应当开示关于“不在犯罪现场”的证据。20 世纪 80 年代后，美国绝大多数州都开始实行双向证据开示制度。

在英国，长期以来的司法实践仅要求检控方单方开示证据，辩方除少数情况外不承担开示义务。随着证据开示制度在英国的不断改革与发展，辩方的开示义务也在不断受到重视和强调。双向开示的目的在于防止辩方证据突袭，尤其是在重罪案件中。

日本在二战前所实行的是职权主义诉讼模式，检察官在提起公诉时向法院提交全部证据，辩护人可以阅卷。二战结束后，日本的刑事诉讼制度开始向当事人主义发展，实行起诉状一本主义模式。检察官在提起公诉时仅提交诉状，证据在法庭调查后才移交法院保管。这就要求日本设立证据开示制度，以规范控辩双方的举证行为。《日本刑事诉讼法》第 299 条第 1 款规定，检察官、被告人或辩护人请求询问证人、鉴定人或翻译人时，应预先给予对方知悉他们姓名及住所的机会，在请求调查证据文书或证据物时，应当预先给予对方阅览该项证物的机会。但对方无异议时，不在此限。上述条款便是确立日本双向证据开示制度的依据。

（三）双向证据开示制度

在目前设有证据开示制度的国家和地区中，刑事诉讼和民事诉讼基本已

---

[1] 参见黄松有：“证据开示制度比较研究——兼评我国民事审判实践中的证据开示”，载《政法论坛》2000 年第 5 期。

经实现了双向开示制度。双向证据开示有利于促进审判程序的公平和公正，避免使法庭审判沦为当事人滥用诉讼技巧的闹剧。在民事诉讼中，各方当事人在诉讼中和诉讼外的法律地位都是平等的，因此需要赋予每一方当事人相同程度的证据开示义务。在刑事诉讼中，由于检控方在诉讼能力等方面具有较大优势，为促进刑事诉讼的公平公正，应当赋予检控方更高的开示义务。一般而言，检控方应当承担全面开示义务，对于案件中的全部证据，无论是否有利于被告人，都应当开示；而辩方则承担有限开示义务，即只开示有利于辩护的证据。为了使证据开示实现最初的设立目的，防止该制度流于形式，应当鼓励辩方大胆开示证据，以促进刑事审判的公正进行。

二、我国的证据开示制度

我国是职权主义诉讼模式国家，证据开示制度在我国引入和设立得较晚。随着我国诉讼制度改革，以及三大诉讼法的不断发展和完善，证据开示才得以在我国社会主义法治土壤下生根发芽。在我国设立证据开示制度具有重要意义：一方面，证据开示有利于实现当事人的诉讼平等和平衡，有助于在平等保护当事人诉讼权利的前提下提高诉讼效率，进而有利于维护当事人的实体权利；另一方面，证据开示是以审判为中心诉讼制度改革的重要保障。通过庭前对证据进行充分开示，可以保障庭审中质证的有效性，保证证据的运用、认定、采纳都在法庭进行，实现庭审的实质化。

（一）刑事诉讼中的证据开示

我国刑事诉讼实行双向的证据开示制度，即人民检察院、被告人及其辩护人均有开示义务。在开示程度上，控辩双方有所差别。在我国职权主义诉讼模式下，人民检察院在审查起诉时应当移送全案卷宗和证据，辩护人在庭前可以通过阅卷的方式获悉人民检察院所收集的证据。对于被告人及其辩护人而言，我国《刑事诉讼法》在遵循“无罪推定”“不自证其罪”等原则的前提下，规定了有限开示义务。我国刑事诉讼证据开示有以下内容和特点：

1. 双向开示原则。《刑事诉讼法》第 40 条规定：“辩护律师自人民检察院对案件审查起诉之日起，可以查阅、摘抄、复制本案的案卷材料。其他辩护人经人民法院、人民检察院许可，也可以查阅、摘抄、复制上述材料。”此即为对人民检察院开示证据的规定。由于“审判人员、检察人员、侦查人员必须依照法定程序，收集能够证实犯罪嫌疑人、被告人有罪或者无罪、犯罪情节轻重的各种证据”（《刑事诉讼法》第 52 条），侦查机关应当将侦查终结的案件起诉意见书连同案卷材料、证据一并移送人民检察院审查起诉（《刑事诉讼法》第 162 条），人民检察院在审查后认为犯罪事实清楚，证据确实、充分，需要对犯罪嫌疑人追究刑事责任的，应当向人民法院提起公诉，并将案卷材料、证据移送人民法院（《刑事诉讼法》第 176 条）。因此，人民检察院的开示义务是全面开示其所固定的全部证据，既包括能够证明犯罪嫌疑人、被告人有罪或者罪重的证据，也包括了能够证明其无罪或者罪轻的证据。

被告人及其辩护人应当依据《刑事诉讼法》第42条关于“辩护人收集的有关犯罪嫌疑人不在犯罪现场、未达到刑事责任年龄、属于依法不负刑事责任的精神病人的证据，应当及时告知公安机关、人民检察院”的规定，承担有限开示义务。

2. 证据开示的时间。《刑事诉讼法》对证据开示时间进行了明确规定，即自人民检察院对案件进行审查起诉之日起，辩护人查阅、摘抄、复制本案的案卷材料，并自本阶段开始，辩护律师可以向犯罪嫌疑人、被告人核实有关证据。因此，辩护人可以阅卷的阶段共有两个：一个是审查起诉阶段，另一个是审判阶段。由于人民检察院在审查起诉中可能会将案件退回补充侦查，或者自行补充侦查，因此审判阶段的证据可能会与审查起诉阶段不同。在这两个阶段中，都应当充分保障辩护律师的阅卷权，以实现证据开示目的。

3. 庭前会议制度。庭前会议的重要作用之一就是进行证据交换，启动非法证据排除程序。《刑事诉讼法》187条第2款规定：“在开庭以前，审判人员可以召集公诉人、当事人和辩护人、诉讼代理人，对回避、出庭证人名单、非法证据排除等与审判相关的问题，了解情况，听取意见。”庭前会议制度极大地推动了我国刑事诉讼证据开示的发展与完善。辩护律师只有在庭前充分知悉案件证据的情况下，才能在庭前会议中提出排除非法证据的相关意见。

4. 证据开示的例外。证据开示并非完全没有限制，特定情况下，人民检察院对于特定的证据无须开示。证据开示的例外是基于对诉讼中所涉及的其他相关利益与价值的综合考虑而规定的。例如：“对于危害国家安全犯罪、恐怖活动犯罪、黑社会性质的组织犯罪、毒品犯罪等案件，证人、鉴定人、被害人因在诉讼中作证，本人或者其近亲属的人身安全面临危险的，人民法院、人民检察院和公安机关应当采取以下一项或者多项保护措施：①不公开真实姓名、住址和工作单位等个人信息；②采取不暴露外貌、真实声音等出庭作证措施；③禁止特定的人员接触证人、鉴定人、被害人及其近亲属；④对人身和住宅采取专门性保护措施；⑤其他必要的保护措施。”（《刑事诉讼法》第64条第1款）当然，证据开示依然是原则，不开示仅作为例外存在。

5. 辩护人申请开示制度。《刑事诉讼法》第41条规定：“辩护人认为在侦查、审查起诉期间公安机关、人民检察院收集的证明犯罪嫌疑人、被告人无罪或者罪轻的证据材料未提交的，有权申请人民检察院、人民法院调取。”辩护人申请人民法院调取证据的，应当以书面形式提出，并提供相关线索或材料。人民法院接受申请后，应当向人民检察院调取，人民检察院移送相关证据材料后，人民法院应当及时通知辩护人。

（二）民事诉讼中的证据开示

我国民事诉讼中的证据开示通常以证据交换的形式进行。广义的证据交换包括两种形式：一是法院在收取各方当事人提交的证据材料后，将副本送达给对方当事人；二是法院组织各方当事人将自己的证据出示给对方，各方当事人应对证据的真实性、合法性、关联性以及证明目的发表意见。狭义的证据交换仅指法院组织当事人出示证据并发表意见。狭义的证据交换与刑事诉讼中的庭前会议一样，都是审前程序的一种。

立案后，“人民法院根据当事人的主张和案件审理情况，确定当事人应当提供的证据及其期限”（《民事诉讼法》第65条第2款）。当事人应于举证期限届满前提交证据。一般情况下，人民法院应于举证期限届满后向当事人送达其他当事人提交的证据，并于开庭前组织当事人进行证据交换〔1〕。当事人对证据发表意见，可以通过以下两种方式进行：一是以直接言词的形式在证据交换程序中发表，二是向法院提交书面质证意见。根据《民诉证据规定》第57、58条，证据交换应当在审判人员的主持下进行；在证据交换的过程中，审判人员对当事人无异议的事实、证据应当记录在卷；对有异议的证据，按照需要证明的事实分类记录在卷，并记载异议的理由。通过证据交换，确定双方当事人争议的主要问题；当事人收到对方的证据后有反驳证据需要提交的，人民法院应当再次组织证据交换。

（三）行政诉讼中的证据开示

由于行政诉讼负有举证责任的一方为行政被告，因此行政诉讼中的证据开示所针对的仅为行政被告。人民法院在立案后，应当指定举证期限，被告应当于举证期内提交关于作出该行政行为的证据和所依据的规范性文件（《行政诉讼法》第34条）。对于被告提交的证据，人民法院应当及时向原告送达。庭审前，在必要的情况下，人民法院可以责令被告向审判组织及原告出示证据，以接受审判组织的审查。被告应于答辩前出示证据，出示的目的在于提前审查被告所作出的行政行为或者行政不作为是否存在程序上的瑕疵。在被告出示证据后，行政诉讼并不必然进入开庭程序。如果人民法院认为被告所作出的行政行为或者行政不作为缺乏程序上的合法性，可以直接判决原告胜诉，并责令被告撤销具体行政行为或者作出具体行政行为。

第二节 举证

一、举证的概念

举证是指诉讼双方在庭审中向法庭提供证据以证明所主张之案件事实的活动。它涉及将证据提交法庭的各种工作，如讯问被告人，询问被害人、证人、鉴定人，宣读未到庭证人的证言、被害人的陈述、鉴定人的鉴定意见，出示有关的物证、书证，播放视听资料，等等。

举证的主体为当事人各方，以区别于法院的职权取证。在民事诉讼中，

---

〔1〕 狭义的证据交换并非民事诉讼中的必经程序，只有在案件审理确有需要的情况下适用，一般用于提前解决案件审理过程中的证据认定问题，以节省庭审时间。对于案件事实较为清楚、证据较为简单的案件，可以直接在庭审中进行质证。

可证明当事人所主张之事实的证据，称为本证。而对对方当事人所主张之事实予以否定的证据，则为反证。但在刑事诉讼中，职权主义传统的国家并不区分所谓的本证和反证，所有证据均是法庭的证据。

二、举证顺序

（一）确定举证顺序的基本原则

根据诉讼活动中证明责任分配的原则，庭审中举证的基本次序应是先原告后被告，即先由起诉方举证，再由被起诉方进行举证。具体来说，诉讼举证可以分为几轮，在首轮举证中，公诉方先行举证，然后由辩方进行举证，当然辩方并非必然要举证；在第一轮举证之后，如果双方还有反驳证据，可以再按照先公诉方再辩方的顺序进行第二轮甚至多轮举证。而在司法实践中，举证顺序的确定并不这么简单，案件情况不同，举证顺序也不可能完全相同。特别是在复杂的案件中，证据的数量和种类都很多，而且相互之间的关系错综复杂，究竟应该如何安排举证的顺序，需要根据案件的情况灵活掌握。

目前，我国法律没有对诉讼中的举证顺序作出明确规定。在司法实践中，由于案件庭审遵循职权主义模式，法官是庭审调查的中心，因此法官可以根据每个案件的具体情况设定举证要求，包括确定举证的基本顺序。

（二）几种常见的举证顺序

1. 按照时间顺序举证。举证通常可以按照事件发生的时间顺序进行。这主要适用于案件事实要素中时间顺序比较明显的情况。如在刑事诉讼中，如果被告人被指控的犯罪行为是由一系列相对独立而且时间顺序清楚的具体活动构成的，那么公诉方可以按照这些活动的先后顺序进行举证。这一规律同样适用于民事诉讼和行政诉讼。

2. 按照重要程度举证。有些案件中，时间顺序不太明显，但各事实要素在案件中的重要程度不同，而且层次比较清晰，则可按照各个事实要素的重要程度进行举证。具体可概括为两种：第一种是先举证核心事实要素，后举证外围事实要素；第二种是先举证外围事实要素，然后就案件的核心事实要素举证。简而言之，前者是从内到外的举证顺序，后者是从外向内的举证顺序。

3. 按照因果关系举证。有些案件中，由于案件事实或行为之间的因果关系比较明确，所以举证可以按照事件的因果关系进行，先举证原因，后举证结果，或者先举证结果，后举证原因。前者是由因及果的举证顺序，后者是由果及因的举证顺序。

4. 按照主次地位举证。这是在共同犯罪案件中使用的举证顺序。一般包括两种：一是先主犯后从犯的举证顺序。由于主犯在共同犯罪中起主要作用，一般是犯罪的策划者、组织者，先对其实施的犯罪进行举证有利于全面了解案件情况；二是先实行犯后非实行犯的顺序。实行犯是犯罪实行行为的实施者，其行为表明整个犯罪行为的性质，先对其进行举证，有利于把握整个案件的性质，也有利于对非实行犯进行举证。

另外，在刑事附带民事诉讼案件中，一般应按照先刑事后民事的顺序分别就有关案件事实或主张进行举证。

三、举证方式

言词证据的举证方式应当以口头陈述为主，以书面陈述或笔录为辅。证人证言、被害人陈述、被告人的供述和辩解、鉴定意见等，原则上都应该以证人、被害人、被告人、鉴定人到庭直接陈述的方式进行，有关的书面陈述和笔录作为对照和补充。这是因为，在控辩式庭审中，实行直接言词原则，任何言词证据都要在法庭上经过控辩双方质证。如果言词证据不以直接陈述方式举证，那么就无法进行质证，认证也无法进行。在某些特殊情况下，如果证人、被害人、鉴定人不能出庭，可以采取视频作证、远程作证的方式让证人、被害人、鉴定人接受控辩双方的质证。

实物证据的举证方式应该以原始物为主，以复制物为辅。一般来讲，物证应该提供原物，书证应该提供原件，视听资料应该提供原品，而以物证的模型、书证的复制件、视听资料的复制品作为对照和补充。在确实无法提供原始物的情况下，经法官允许，可以以复制物的方式举证。但是在对证据内容有争议或疑问时，法官应当传唤复制物的制作人或者提取人出庭说明有关情况，或者要求当事人举出其他证据进行补强。

电子证据的举证方式可以使用网络现场勘查的方法，即在庭审时直接上网调取。因为电子证据常常是海量数据，难以全部打印出来举证，更为重要的是，即便打印出来，难以避免地会丧失许多重要信息，目前国内一些法院针对涉网案件的审理已经有采用网络现场勘查法举证的先例。

随着科技的发展和普及，为了生动形象地说明证据的内容或特征，各方当事人可以在法庭上采用多媒体方式进行辅助举证，2012 年以来，在周某康、令某划等多起重大职务犯罪案件中均使用了多媒体示证。一般来讲，多媒体法庭示证系统由两部分构成：一是软件部分，包括法庭示证系统软件、数据库、操作系统、应用软件等；二是硬件系统，包括电脑、投影机、投影屏幕、数码相机、红外线扫描仪、摄像机、录像机、视频采集盒等。运用多媒体法庭示证系统的基本方法是，在出庭前，把需要在法庭上出示的各种证据材料通过扫描、照相、录像等方法形成数据信息，借助输入设备存储到电脑中，按照举证顺序，根据各个证据材料的特点，进行编辑制作，然后输入、存储在电脑中或刻制成光盘。开庭时，依据出庭预案操作多媒体投影机，出示电脑中存储的证据。[1]

总体来说，计算机多媒体技术在举证中的运用，突破了语言表述的局限，增强了证据的生动性和直观性，很好地体现了审判公开、司法民主的宗旨，

---

〔1〕 参见姜伟等：《公诉制度教程》，法律出版社 2002 年版，第 395 页。

适应了庭审改革的发展趋势。具体来讲，多媒体示证的优点在于：①提高了效率。过去，物证等证据要在法庭上传看、辨认，耗费时间，现在直接用大屏幕等工具向法庭展示，能够让多人同时观看、认知、分析，减少了传送时间。②生动、具体、简洁、直观。通过多媒体示证，证据可以在屏幕等载体多角度、多层次显示，避免了对一些不便出示的证据仅凭举证口头描述或图片举证所可能引起的歧义，也避免各方产生厌倦情绪。③提高质证的针对性。多媒体示证，可以根据质证的需要，将证据或其部分内容固定显示，以便控辩双方进行质证，避免双方口头空谈，无法直接指认证据上的问题，这样使双方能更有针对性地进行质证。

四、举证期限

举证期限，即诉讼当事人向法庭提交证据的时间限度。如果当事人没有在法律规定的时限内进行举证，就视为放弃举证权利，也因此可能丧失举证的机会。确定举证期限规则有利有弊，其“利”主要表现在三个方面：其一，可以防止当事人滥用举证权利拖延诉讼，提高司法效率；其二，可以减少诉讼时间和费用，降低司法成本；其三，可以维护法院判决的既判力，提高司法权威。其“弊”主要表现在有些证据可能因超过举证期限而被排除在诉讼之外，进而影响司法证明的准确性。

我国《民事诉讼法》与《行政诉讼证据规定》均已明确了民事诉讼、行政诉讼的举证期限制度，而刑事诉讼举证期限制度则并未确立。这主要是因为刑事诉讼更追求实质真实，实质真实优先于庭审效率。

从《民事诉讼法》第65条的规定看，我国民事诉讼举证期限的确定实行法院确定的方式。该条第2款规定：“人民法院根据当事人的主张和案件审理情况，确定当事人应当提供的证明及其期限……”《民诉证据规定》进一步细化了法院确定举证期限的规定，通常情况下，适用第一审普通程序审理的案件不得少于15日，当事人提供新的证据的第二审案件不得少于10日。适用简易程序审理的案件不得超过15日，小额诉讼案件的举证期限一般不得超过7日。举证期限一般应自当事人收到案件受理通知或应诉通知书的次日起计算，但在下列情形下应按照法定的方式确定：①当事人提出管辖权异议的，举证期限中止，自驳回管辖权异议的裁定生效之日起恢复计算；②追加当事人、有独立请求权的第三人参加诉讼或者无独立请求权的第三人经人民法院通知参加诉讼的，人民法院应当为新参加诉讼的当事人确定举证期限，该举证期限适用于其他当事人；③发回重审的案件，第一审人民法院可以结合案件具体情况和发回重审的原因，酌情确定举证期限；④当事人增加、变更诉讼请求或者提出反诉的，人民法院应当根据案件具体情况重新确定举证期限；⑤公告送达的，举证期限自公告期届满之次日起计算。期限届满的最后一日是节假日的，以节假日后的第一天为期限届满日。另外，如果某一案件实施了证据交换，则举证期限于证据交换之日截止。

从《行政诉讼证据规定》来看，我国行政诉讼举证期限的确定实行以法定期限为主、兼采指定期限的方式。其第1条第1款规定："根据《行政诉讼法》第32条和第43条规定，被告对作出的具体行政行为负有举证责任，应当在收到起诉状副本之日起10日内，提供据以作出被诉具体行政行为的全部证据和所依据的规范性文件。被告不提供或无正当理由逾期提供证据的，视为被诉具体行政行为没有相应的证据。"第7条第1款规定："原告或者第三人应当在开庭审理前或者人民法院指定的交换证据之日提供证据。因正当事由申请延期提供证据的，经人民法院准许，可以在法庭调查中提供。逾期提供证据的，视为放弃举证权利。"据此，被告的举证期限为法定期限，即受到起诉书副本之日起的10日内；原告、第三人的举证期限主要为法定期限，即开庭审理前，也可以由人民法院指定，即交换证据之日。

无论是民事诉讼还是行政诉讼，在满足特定条件的情况下，当事人均可以向人民法院提出申请，在得到许可后，对举证期限适当进行延长。这些条件主要是指不可抗力及当事人不能控制并造成当事人无法按期提交证据的其他正当事由。

当事人逾期提供证据的，需要承当相应的法律后果。具体来说，在民事诉讼中，对于当事人逾期提供证据的，人民法院应当责令其说明理由；当事人拒不说明理由或者理由不成立的，人民法院根据不同情形可以不予采纳该证据，或者采纳该证据但予以训诫、罚款。在行政诉讼中，对于当事人逾期提供证据的，视为此方当事人没有相应的证据或者放弃举证权利。

当然，这种法律后果也有例外，这主要是针对当事人在完成举证之后又发现新证据。所谓"新证据"，必须是"新发现"的证据，不能是"新收集"或"新提出"的证据。人民法院在认定"新证据"时，主要考虑以下因素进行综合认定：①证据是否在举证期限内已经客观存在；②当事人未在举证期限内提供证据，是否存在故意或者重大过失的情形。对于这种证据，当事人经法庭许可，可以补充举证，法庭必要时也可以要求当事人补充举证。当一方获准补充举证时，法庭也应当给予另一方相应的时间准备以举出反证。

第三节 法院取证

一、法院取证的概念

法院取证是指在案件审理过程中，法院对证明案件事实有证明作用的诉讼证据依照法定程序进行调查、收集的诉讼行为。大陆法系国家普遍赋予法院取证权。例如，《法国民事诉讼法典》第179条规定："为了查证有争议的事实，法官可以在各方当事人到场，或传唤当事人到场的情况下，对案件的任何方面的事实亲自进行审查。如有必要法官得亲临现场进行必要的验证、判定及复演。"又如，《德国刑事诉讼法典》第155条第2项规定："法院在此范围内（这里指起诉书所载之事项）有权力及义务独立行使调查职权。”第244条第2项又规定：“为查清真相，法院依职权应当将证据调查涵盖所有对裁判具有意义的事实和证据材料。”

英美法系诉讼证据的收集工作一般是由当事人独立完成的，但若当事人收集的证据遇到来自对方当事人或诉讼外第三人设置的障碍而无法获取时，该当事人可以向法院申请发出一项命令，强制被申请方开示或提供证据。例如，在民事诉讼中，如果当事人在行使《美国联邦民事诉讼规则》第26条至第37条规定的收集证据手段出现问题时，[1] 可以向法院提出申请（motion），请求法院对不响应一方当事人要求的对方当事人或第三人采取制裁措施（sanction）。[2]

在司法实践中，法院调查收集证据通常具有辅助性、审核性和被动性。[3] 所谓辅助性，是指尽管法院具有调查收集证据的职责，但其调查收集证据主要是为了弥补当事人收集证据能力的不足，消除单纯依靠当事人收集证据的缺陷；所谓审核性，即法院收集调取证据主要是为了解决和消除当事人提出的证据之间的矛盾和疑点，辨别证据的真伪；被动性则强调法院收集调取证据主要基于当事人的申请，立足当事人所提供的必要线索予以查明。但需要特别强调的是，在职权主义国家，法院当然有权主动调查任何对发现实质真实有益的证据，而无须考虑当事人意见。

我国沿袭大陆法系职权主义传统，法律赋予法院以必要的调查取证权。我国三大诉讼法对人民法院取证都进行了规定。《刑事诉讼法》第52条规定：“审判人员、检察人员、侦查人员必须依照法定程序，收集能够证实犯罪嫌疑人、被告人有罪或者无罪、犯罪情节轻重的各种证据。”第54条第1款规定：“人民法院、人民检察院和公安机关有权向有关单位和个人收集、调取证据。有关单位和个人应当如实提供证据。”《民事诉讼法》第64条第2款规定：“当事人及其诉讼代理人因客观原因不能自行收集的证据，或者人民法院认为审理案件需要的证据，人民法院应当调查收集。”《行政诉讼法》第40条规定：“人民法院有权向有关行政机关以及其他组织、公民调取证据……”

在刑事案件中，我国人民法院收集证据的权力应当被视作其审判职责的必要组成部分，是为了审核控辩双方提供的证据真实与否而进行的调查活动，是一种相对消极的活动。《刑事诉讼法》第196条规定：“法庭审理过程中，

---

〔1〕《美国联邦民事诉讼规则》第26条至第37条规定：当事人有权在开庭审理前向对方当事人调查和收集证据，包括庭外询问证人即庭外取证（deposition）、要求对方当事人或第三人提供文书或物证（request for the production of documents and thing）及要求对方当事人回答质问书（interrogatories）等5种收集证据的发现方法（discovery）。

〔2〕白绿铉：“我国民诉制度改革与比较民诉法研究——谈比较民诉法的研究体会”，载《法学评论》1999年第5期。

〔3〕张保生主编：《人民法院统一证据规定（司法解释建议稿及论证）》，中国政法大学出版社2008年版，第295页。

合议庭对证据有疑问的，可以宣布休庭，对证据进行调查核实。人民法院调查核实证据，可以进行勘验、检查、查封、扣押、鉴定和查询、冻结。”此外，人民法院收集证据的权力，也是对某些诉讼主体的能力进行救济的权力。例如《刑事诉讼法》第43条第1款规定：“辩护律师经证人或者其他有关单位和个人同意，可以向他们收集与本案有关的材料，也可以申请人民检察院、人民法院收集、调取证据，或者申请人民法院通知证人出庭作证。”

民事案件方面，最高人民法院出台的《民诉法解释》对《民事诉讼法》的相关规定进行了细化。根据该解释第96条，《民事诉讼法》第64条规定的“人民法院认为审理案件需要的证据”，是指以下情形：①涉及可能损害国家利益、社会公共利益的；②涉及身份关系的；③涉及民事诉讼法第55条规定的公益诉讼的；④当事人有恶意串通损害他人合法权益可能的；⑤涉及依职权追加当事人、中止诉讼、终结诉讼、回避等程序性事项的。此外，根据《民诉法解释》第94条，当事人及其诉讼代理人因客观原因不能自行收集、需要申请人民法院调查收集的证据主要包括：①证据由国家有关部门保存，当事人及其诉讼代理人无权查阅调取的；②涉及国家秘密、商业秘密或者个人隐私的；③当事人及其诉讼代理人因客观原因不能自行收集的其他证据。

行政案件方面，《行政诉讼证据规定》对《行政诉讼法》的相关规定也进行了细化。该规定第22条指出，根据《行政诉讼法》第34条第2款的规定，有下列情形之一的，人民法院有权向有关行政机关以及其他组织、公民调取证据：①涉及国家利益、公共利益或者他人合法权益的事实认定的；②涉及依职权追加当事人、中止诉讼、终结诉讼、回避等程序性事项的。此外，该规定第23条指出，原告或者第三人不能自行收集，但能够提供确切线索的，可以申请人民法院调取下列证据材料：①由国家有关部门保存而须由人民法院调取的证据材料；②涉及国家秘密、商业秘密、个人隐私的证据材料；③确因客观原因不能自行收集的其他证据材料。人民法院不得为证明被诉具体行政行为的合法性，调取被告在作出具体行政行为时未收集的证据。

当事人及其诉讼代理人申请人民法院调查收集证据，应在其举证责任期限届满之前提交书面申请。申请书应当载明证据持有人的姓名或者单位名称、住所地等基本情况、所要调查收集的证据的内容、需要由人民法院调查收集证据的原因及其要证明的案件事实。同时，《行政诉讼证据规定》还明确指出，人民法院对当事人调取证据的申请，经审查符合调取证据条件的，应当及时决定调取；不符合调取证据条件的，应当向当事人或者其诉讼代理人送达通知书，说明不准许调取的理由。当事人及其诉讼代理人可以在收到通知书之日起3日内向受理申请的人民法院书面申请复议一次。人民法院应当在收到复议申请之日起5日内作出答复。人民法院根据当事人申请，经调取未能取得相应证据的，应当告知申请人并说明原因。人民法院需要调取的证据在异地的，可以书面委托证据所在地人民法院调取。受托人民法院应当在收到委托书后，按照委托要求及时完成调取证据工作，送交委托人民法院。受托人民法院不能完成委托内容的，应当告知委托的人民法院并说明原因。

二、法院取证的范围和类型

法院是否参与证据收集体现了法院和当事人在证据收集中的权限作用分配，但法院取证的范围不是随意的，也受到一定的限制。“因为当事人在民事诉讼中的主动性或被动性和法官的积极性或消极性都是相对的。从各国的民事诉讼体制来看，既没有完全由法官或法院来推动的民事诉讼，也不存在绝对由当事人来控制的民事诉讼，任何民事诉讼体制都是当事人和法官或法院两方面相互作用的结果，只是这两方面在民事诉讼过程中其作用力大小强弱有所不同而已。”[1] 例如，根据《民事诉讼法》第 64 条第 2 款，当事人及其诉讼代理人因客观原因不能自行收集的证据，或者人民法院认为审理案件需要的证据，人民法院应当调查收集。法院取证可以分为依当事人申请取证和依职权取证两种情形。

1. 依当事人申请取证。作为补救措施，法院依申请收集调取证据是各国的通例。例如，《法国民事诉讼法典》第 138 条规定：“如在诉讼过程中，一方当事人拟援用其本人并非参与人的公证书或私证书，或者援用由第三人持有的文书、字据，当事人得向法院受诉法官提出请求，由法官命令提交该文书、字据的副本，或者提交该文书、字据。”当事人作为诉讼主体，理应承担调查收集证据的责任以及由于举证不能而导致的不利诉讼结果的负担，但是实践中存在着大量的当事人因客观原因不能自行收集证据的情况，如当事人因收集证据手段上的限制而无法查询对方当事人的银行账户，对此就需要申请法院调取。在这种情形下，当事人的申请是启动法院取证的条件。例如，我国《刑事诉讼法》第 43 条第 1 款规定：“辩护律师经证人或者其他有关单位和个人同意，可以向他们收集与本案有关的材料，也可以申请人民检察院、人民法院收集、调取证据，或者申请人民法院通知证人出庭作证。”《民事诉讼法》第 64 条第 2 款规定：“当事人及其诉讼代理人因客观原因不能自行收集的证据，或者人民法院认为审理案件需要的证据，人民法院应当调查收集。”但是在行政诉讼中，被告不能申请法院调取证据，因为根据依法行政的要求和先取证后裁决的原则，行政被告在作出具体行政行为之前就应当收集到足够的证据，而不是等到行政管理相对人提出行政诉讼后再申请人民法院调查收集证据。

当事人申请人民法院收集调取的证据有：其一，由有关单位保存并需人民法院依职权调取的档案材料。这类证据有些是已开放的档案材料，当事人及其诉讼代理人只要持有介绍信、身份证或者工作证等合法的证明，就可以查阅；但对于那些未开放的档案材料，有些需要经有关单位或者领导审查批

---

〔1〕 张卫平：“大陆法系民事诉讼与英美法系民事诉讼——两种诉讼体制的比较分析（上）”，载《法学评论》1996 年第 4 期。

准才能查阅，有些甚至不允许普通公众包括当事人及其诉讼代理人阅览，只能申请人民法院调取。其二，涉及国家秘密、商业秘密或者个人隐私的证据。国家秘密关系国家的安全和利益，在一定时间内只限于一定范围内的人员知悉，非经特定的机关或者部门批准，不得查阅、复制、摘抄；商业秘密是不为权利人以外的人所知悉的技术信息和经营信息，当事人及其诉讼代理人不能自行收集这类证据；个人隐私是他人的私生活秘密，不受外人干扰和非法收集、刺探和公开，当事人及其诉讼代理人也无权获取这类信息。其三，确因客观原因不能自行收集的其他证据。

2. 依职权取证。按照举证责任原理，当事人对其提出的诉讼主张，有责任提供证据证明。这就决定了调查收集证据应当是当事人的诉讼义务，而不是法院的诉讼职责。但在某些特殊情况下，如果要求当事人承担举证责任显失公正，或者不宜由当事人举证证明的，有必要规定法院依职权主动进行调查核实。法院依职权调取证据是由诉讼模式决定的。职权主义诉讼模式注重发挥法官的职权能动作用，强调法官对诉讼活动的控制和指挥，赋予法官依职权调查收集证据查清案件事实的职责，这与当事人主义诉讼模式强调证据调查的主体是当事人和诉讼代理人而不是法官和司法机关的做法有着明显的差异。例如，日本《民事诉讼程序法》第 24 条规定："为维持婚姻，法院依职权可进行调查证据，并对当事人所提出的事实加以考虑，但对于调查的事实及证据的结果，应询问当事人。"又如，日本最新的《家庭审判法》第 54 条规定："家庭法院可依职权进行事实调查。在当事人提出申请时，应当依职权对认为有必要的证据进行调查。"法院依职权收集调取的证据主要有三项：一是可能损害国家利益、社会公共利益或者他人合法权益的事实；二是涉及法院依职权追加当事人、中止诉讼、终止诉讼、回避等程序性事实；三是涉及身份关系的事实，这类事实不产生当事人自认的法律效果，不宜由当事人自行举证证明，而是应当由法院依职权查明。[1]

三、法院取证的要求和方式

禁止法官庭外单方面接触当事人是程序公正的重要内容，这就要求人民法院依法收集调取证据时应当提前通知双方当事人或其诉讼代理人到场。最高人民法院 2012 年《刑诉法解释》第 66 条第 1 款规定："人民法院依照《刑事诉讼法》第 191 条[2]的规定调查核实证据，必要时，可以通知检察人员、辩护人、自诉人及其法定代理人到场。上述人员未到场的，应当记录在案。"这样既有利于保障法院客观公正地调取证据，也有利于避免或者减少当事人对法院庭外调取证据的不必要的怀疑或者异议。当然，为保障法院庭外调取

---

〔1〕 参见张保生主编：《人民法院统一证据规定（司法解释建议稿及论证）》，中国政法大学出版社 2008 年版，第 300 页。

〔2〕 2018 年《刑事诉讼法》第 196 条。

证据的顺利进行，被通知的当事人或其诉讼代理人不到场的，不影响调查核实证据活动的继续进行。此外，该司法解释第66条第2款还规定："人民法院调查核实证据时，发现对定罪量刑有重大影响的新的证据材料的，应当告知检察人员、辩护人、自诉人及其法定代理人。必要时，也可以直接提取，并及时通知检察人员、辩护人、自诉人及其法定代理人查阅、摘抄、复制。"该司法解释第52条第2款规定："人民法院向有关单位收集、调取的书面证据材料，必须由提供人签名，并加盖单位印章；向个人收集、调取的书面证据材料，必须由提供人签名。"

我国《刑事诉讼法》和《民事诉讼法》规定了法院取证的具体方式、方法。《刑事诉讼法》第196条第2款规定："人民法院调查核实证据，可以进行勘验、检查、查封、扣押、鉴定和查询、冻结。"《行政诉讼法》对一些取证的具体方式和方法也有规定。

四、关于法院取证的进一步思考

（一）正确认识法院取证制度的功能

法院主动取证制度之所以在我国得以确立，主要是由职权主义诉讼模式的传统及"实事求是"的指导思想所决定的。法院主动取证可以在一定程度上解决当事人取证面临的一些困难，但也可能产生一些弊端，应当对法院取证制度的功能有正确的认识。

1. 在民事诉讼中，应当最大限度地限制法院主动取证的权力。原因在于，民事诉讼主要涉及双方当事人的私人权益，应当严格遵循"处分原则"。过于强调法院主动取证与"谁主张、谁举证"原则存在一定冲突。人民法院可主动取证意味着当事人通过拒绝取证、举证而放弃自身实体权益的行为会因人民法院主动取证的行为而被否定。从某种程度上说，人民法院的主动调查取证职权是对当事人证据权利的部分剥夺。由于当事人在一定条件下可以申请人民法院调取证据，这在一定程度上降低了当事人取证的积极性。

2. 在刑事诉讼中，如前所述，法院取证并非一定意味着对正当程序的违背和对辩护空间的压缩。恰恰相反，在职权主义国家（包括中国），侦控机关有权实施各种具有强制力的侦查行为及强制措施。相比之下，被告人在侦查程序中的不平等地位显而易见。因此，依职权取证是刑事法官查明真相的重要补充手段，也是弥补当事人取证能力不足、保障当事人充分行使证明权的重要机制。也唯有如此，后续的对质、质证、证据提示等法定调查程序方可有效进行，真相方可不偏不倚地展现。

3. 法院取证所得证据，应当经过法庭质证。《行政诉讼证据规定》第38条规定："当事人申请人民法院调取的证据，由申请调取证据的当事人在庭审中出示，并由当事人质证。人民法院依职权调取的证据，由法庭出示，并可就调取该证据的情况进行说明，听取当事人意见"。

4. 法院取证不应有支持或反对任何一方当事人的偏见，否则可能导致当事人与法官的对立。

（二）对法院取证的限制

任何证据只有经过法庭质证并查证属实后，才能采纳作为定案的根据。《行政诉讼证据规定》第 38 条规定："当事人申请人民法院调取的证据，由申请调取证据的当事人在庭审中出示，并由当事人质证。人民法院依职权调取的证据，由法庭出示，并可就调取该证据的情况进行说明，听取当事人意见。"我们认为，法院依职权调取的证据，应实行有利原则，即证据对哪一方当事人有利，就由该方当事人向法庭出示或者宣读，然后听取他方当事人的意见。法院调查收集的证据虽然具有较强的可靠性保障，甚至调取证据时各方当事人均在场，但仍有质证的必要。一方面，法院庭外调查核实证据毕竟不同于法庭审判，二者在方式、方法和具体程序上存在很大差别，所进行的活动具有不同的法律效力。而且，庭外调查核实证据通常只有法官、公诉人和辩护人到场，其他诉讼参与人如被告人、被害人、证人等一般不到场，而案件的处理与被告人、被害人有直接的利害关系，如果在其不在场的情况下将所取得证据作为定案的依据，显然是对其诉讼参与权的剥夺。另一方面，法院调取的证据也可能存在偏差或者错误，要求将此证据在法庭上进行质证，有助于将错误降低到最低限度。

在英美法系的民事诉讼活动当中，当事人和诉讼代理人是证据收集调查的基本主体，证据的收集调查并不属于法官的职权。但法院可以签发特定开示或特定查阅命令要求任何一方就有关文件予以披露。随着我国审判方式的改革，诉讼模式中英美对抗制的特征越来越明显。这必然导致法院取证的范围受到越来越多的限制，而且法院取证的前提也越来越严格。这必将与目前我国法律对法院取证范围的规定产生一定的冲突。在民事诉讼领域，基于保护私利益的根本目的，应该赋予当事人最大化的诉讼权能。根据我国《律师法》，律师取证的权利得到了一定的保障，应尽量限制法院依职权主动取证。此外，可以通过完善证据保全、证据开示（交换）制度，建立国家机关信息披露制度来提高当事人的举证能力。但在刑事诉讼中，为了查明真相，同时为了"平等武装"辩护方的取证权，仍有必要赋予甚至加强法院依职权调查收集证据的权力。

第四节 质证

一、质证的概念

质证是指当事人双方在审判过程中针对对方提供的证据所进行的质疑和质问。简单讲，质证就是对对方证据的质疑和质问。

对质证概念的界定应先明确两个问题：其一，质证不等于认证，也不等于对证据的审查判断。在诉讼活动中，质证是认证的必要前提，质证是为认证服务的，但是二者属于司法证明的不同环节；而且，质证属于当事人的行为，认证属于法官的行为，不可混为一谈。质证与证据的审查判断虽有密切关系，但也不能等同。严格地说，质证只是审查判断证据的一种方式或途径，二者在主体和内涵方面都有很大差异。其二，质证的本质特质在于“质”，即对证据的质疑和质问，这决定了质证带有当面对抗的性质。虽然在质证的过程中可能要对证据进行辨认、说明和解释，但是这些行为并不代表质证的本质特征。如上所述，质证虽带有审查证据的性质，但并非所有对证据的审查都属于质证，只有从对立的角度对证据进行的质疑和质问才是质证。

在质证活动中，质疑和质问是相辅相成、不可偏废的，对证据的内容提出质疑是质证的根本目的，对提出证据的人进行质问是质证的基本形式。因而仅对对方证据提出不同的看法，并不是真正意义上的质证，但是目前在我国的司法实践中，这种做法却相当普遍。一方举证后，另一方针对其证据发表不同意见，就算是质证了。特别是在刑事诉讼中，质证只是对被告人的讯问，再加上检察官和辩护律师的辩论，这就使质证流于形式，失去其本来的意义。

二、质证的主体

质证的主体，即有权在审判中对证据提出质疑和进行质问的人。诉讼当事人及其法律代理人是当然的质证主体，具体来说，在刑事诉讼中，质证的主体包括检察官、辩护律师、被告人、被害人、附带民事诉讼原告、被告及其法律代理人；在民事、行政诉讼中，质证的主体包括原告、被告、第三人及其诉讼代理人。其中，刑事被告人有权质证，但是其一般都让辩护律师代行质证。刑事被害人也有权进行质证，但是因为检察官的质证往往与其同向，所以一般也没有必要再行单独质证。第三人参与诉讼往往与原告、被告一方存在利益关系，故其质证活动会与原告、被告有些重合，因此，当事人双方才是在审判中实际进行质证的主要人员。

法官是否属于质证的主体。由于法律规定不明确，以及我国庭审实践中长期的习惯做法，法官的地位在有关质证主体的问题上是比较模糊的。依照我国《刑事诉讼法》相关规定，法官作为审判人员，有权讯问被告人，有权询问证人和鉴定人，并且这些规定与赋予质证主体质证权的规定往往出现在同一法律条文中；而在我国传统的法庭审判活动中，法官也并不是单纯的消极裁判者，在举证、质证、认证等各个环节都发挥着非常积极的作用，尤其是在法庭调查阶段，法官对控辩双方举出的证据有所疑问时，可以积极主动地向举证者提出问题，要求其作出进一步的解释和说明。

不可否认，在审判质证的环节，法官处在有独立功能的主体地位，但法官并不是质证主体，而是审判主体，具体来讲，法官是主持和指挥质证活动的主体。质证应当界定在狭义的范围，不能把一切对证据的质疑和质问都理解为质证，只有那些对相对方举出证据的质疑和质问才能理解为质证。质证带有当面对抗的含义，而法官对证据提出质疑和询问时，处于中立立场，并没有对抗的性质，因此不能理解为质证。法官当然也要参与质证活动，质证要在法官的主持下进行，但法官的主要任务是做到兼听，主要职责是保障质证的公正和有序。虽然法官在必要时也可以对证人、鉴定人等提出问题，但这些是审查证据的需要，是法官行使审判权的体现。

三、质证的对象

质证的对象，又称为质证的客体，是指在审判中由一方提出并由对方进行质疑或质问的证据。

质证的对象应包括哪些，学界存在两种不同观点：一种观点认为，质证的对象包括诉讼法规定的 8 种证据，换言之，质证的对象既包括言词证据，也包括实物证据；另一种观点认为，质证的对象仅包括言词证据，不包括实物证据，因为实物证据是哑巴证据，质证主体不可能对它进行质问。[1] 两者相比，第一种观点更为适当。

我国法律的有关规定并没有把质证局限在言词证据的范围内。例如，《人民法院办理刑事案件第一审普通程序法庭调查规程（试行）》第 1 条规定："证据未经当庭出示、宣读、辨认、质证等法庭调查程序查证属实，不得作为定案的根据。"《民诉法解释》第 103 条第 1 款、《行政诉讼证据规定》第 35 条、《死刑案件证据规定》第 4 条亦有类似含义。

在司法实践中，物证、书证、证人证言、被害人陈述、被告人供述和辩解、鉴定意见、勘验等笔录、视听资料、电子证据等所有类型的证据都可以成为质证的对象。诚然，针对不同种类的证据，质证的方式可能有所不同。针对证人证言、当事人陈述等言词证据来说，质证的基本方式是质问或交叉询问。针对物证、书证、视听资料、电子证据等实物证据来说，质证的主要方式是对证据的内容或特征提出质疑，也包括对搜集、提取、保管、提交该实物证据的人进行交叉询问。

法院调查收集的证据应否接受质证及如何接受质证，是质证涉及的一个重要问题。由于我国目前采用的不是彻底的抗辩式诉讼模式，而是当事人主义与职权主义相结合的诉讼模式，所以法官在庭审中还有自行调查收集证据的职责。关于法官自行收集证据的质证问题，目前在司法实践中的做法并不一致。有的法院让当事人质证；有的法院不让当事人质证；有的法院只是分别征求一下双方当事人对该证据的意见，就算质证了。我们认为，法院自行收集的证据也应当经过当事人的质证，特别是要接受于其不利当事人一方的质证，才能作为定案的根据。具体质证的方式应当与当事人提供的证据一样：根据证据种类的不同，相应地采取当面质疑或质问的方式。

在诉讼活动中，证据一般都要经过质证的程序，才能作为定案的根据。

---

〔1〕 参见金友成主编：《民事诉讼制度改革研究》，中国法制出版社 2001 年版，第 185 页。

但是考虑到诉讼成本、司法效率、保守机密等方面的要求，法官可以决定对某些证据免于质证。这主要有两种情况：其一，对于当事人双方均已认可的证据，原则上，无须进行质证。由于质证是当事人的一种诉讼权利，故这也可以视为当事人放弃了进行质证的权利。但是，也应当有例外。民事诉讼中的诉讼欺诈即是典型。其二，对于那些涉及国家秘密、商业秘密、个人隐私而且不宜让对方当事人知晓具体内容的证据，法官可以决定不再组织质证，自行审查后直接认定。不过，并非所有涉及国家秘密、商业秘密和个人隐私的证据都可以免于质证。其中有些证据只是不宜向社会公开，无须向对方当事人保密，因此仍然可以质证，只要采用不公开的方式进行质证即可。总之，免于质证属于质证规则中的特例情况，必须严格掌握。

四、质证的内容

质证主要是对证据的合法性和关联性进行质疑和质问。

1. 证据的合法性。对证据合法性的质证可以从如下几方面进行：①证据形式的合法性，即证据是否属于法定的证据形式并符合法定的形式要件；②证据收集的合法性，即证据是否因收集主体、收集方法、收集程序等严重违法而应当依法予以排除；③质证程序的合法性，即证据是否在法庭上按照法定的程序予以调查，主要是指证人、鉴定人等是否按规定出庭作证，例如，鉴定人应当出庭而不出庭的，鉴定意见不得作为定案根据（《刑诉法解释》第86条）。对不具有上述合法性要求的证据予以排除，无需对其进行证明力的评价，更不能将其作为裁判的依据。

2. 证据的关联性。对于证据关联性的质证主要包括如下几方面的内容：①证据关联性的有无，包括证据与事实主张之间是否有关联以及事实主张与要件事实之间是否有关联。同时还需要考虑特殊情况下法律对于关联性有无的限制，对于一些依据逻辑经验判断具有一定的关联性但具有重大漏洞与风险的证据视为不具有关联性的证据。对不具备关联性的证据应当予以排除，无需对其进行证明力评价，也不能使用该证据认定案件事实。②证据的真实性，包括实物证据是否被伪造、变造、调换等导致不真实；证人证言是否因证人的感知能力、记忆能力、陈述能力以及诚实性较弱而不可靠；鉴定意见是否因为鉴定人的业务能力、诚实性而导致不可靠；等等。证据的真实性是质证的主要内容。③证据与待证事实之间的关联性大小。对于真实可靠的证据，控辩双方仍然可以对证据与待证事实之间的关联性大小提出质疑，即质疑该证据能否充分地证明其所要证明的案件事实。这主要取决于该证据与待证事实之间的关联形式和性质，看其关联的形式是直接的还是间接的，关联的性质是必然的还是偶然的。

五、质证的原则

就质证的原则而言，要保障当事人充分有效地行使质证权，最重要的就是要在质证过程中切实贯彻“平等对抗”和“直接言词”的原则。这既体现了司法公正的价值取向，也反映了诉讼证明的客观规律。具体来说，质证的原则主要有当庭质证、直接质证和公开质证。

（一）当庭质证

所谓当庭质证，就是所有质证活动都必须在法庭审判中当庭进行，这一原则是从时间和空间方面对质证活动进行的规制。关于当庭质证，我国《民事诉讼法》第 68 条规定：“证据应当在法庭上出示，并由当事人互相质证……”我国《刑事诉讼法》第 61 条规定：“证人证言必须在法庭上经过公诉人、被害人和被告人、辩护人双方质证并且查实以后，才能作为定案的根据……”

当庭质证既是诉讼当事人有效行使质证权的保障，也是法官公正行使审判权的保障。法官是案件的裁判者，法官对证据的审查必须具有亲历性，即法官在审判中必须亲自审查证据，因此任何证据都必须经过法庭上的质证活动，才能使审判者对证据的真实性和证明力形成内心确信，并在此基础上认定案件事实，作出判决。而控辩双方在庭审外对彼此所举出证据的质疑和质询，不具有质证的效果和作用，对相关的证据则视为没有经过质证。

（二）直接质证

所谓直接质证，是指一切证据都必须经过当事人在法庭上的直接质疑和质问，才能作为定案的根据。直接质证与间接质证相对，直接质证的意义在于限定证据在法庭上被质疑和质问的方式，即质证只能采取直接的方式，而不能采取间接的方式。质证主体在行使质证权的时候，必须在法庭上，直接针对质证对象进行，质证主体和质证对象之间的关系必须是直接的，中间不能有任何的环节或者媒介。例如，证人出庭作证，当庭接受对方的质询，就是直接质证；而证人不出庭，而是由某一方的举证主体在法庭上代为宣读证人证言，这样的质证就不是直接的，而是间接地通过书面证言这一媒介进行的，属于间接质证。

鉴于我国司法实践中证人和鉴定人普遍不出庭的现象，《刑事诉讼法》第 192 条规定了关键证人出庭作证制度和鉴定人出庭作证制度，其中第 1 款规定：“公诉人、当事人或者辩护人、诉讼代理人对证人证言有异议，且该证人证言对案件定罪量刑有重大影响，人民法院认为证人有必要出庭作证的，证人应当出庭作证。”第 3 款规定：“公诉人、当事人或者辩护人、诉讼代理人对鉴定意见有异议，人民法院认为鉴定人有必要出庭的，鉴定人应当出庭作证。经人民法院通知，鉴定人拒不出庭作证的，鉴定意见不得作为定案的根据。”为了保障证人、鉴定人出庭作证，《刑事诉讼法》第 63 条、第 64 条、第 65 条以及第 193 条还分别就证人保护制度、证人作证的经济补偿制度以及强制证人出庭制度进行了规定。

（三）公开质证

所谓公开质证，是指质证活动应当在开庭审判时公开进行。公开质证是公开审判的组成环节，因此要遵守公开审判的有关规定。除依法应当保密的证据外，任何证据都必须在公开审判过程中公开进行质证。对于涉及国家秘密、商业秘密或个人隐私的证据，则应当在无人旁听的情况下进行质证。最高人民法院于1999年颁布的《关于严格执行公开审判制度的若干规定》第5条第2款规定："证明案件事实的证据未经在法庭上公开举证、质证，不能进行认证，但无需举证的事实除外……"

在司法实践中，有的审判人员对于当事人提供的证据只是听取一下对方当事人的看法，就算完成了质证的程序；有的审判人员对于法院自行收集的证据只是分别征求一下双方当事人的意见，就算进行了质证；还有的审判人员对当事人在庭审后提交的新证据，不再进行开庭质证，仅在庭下听取一下对方当事人的意见，就直接确认证据的资格和效力。这些做法显然都违反了公开质证的原则。对公开质证应当这样理解，即无论是新证据还是旧证据，无论是当事人提供的证据还是法院自行收集的证据，都要经过法庭上的公开质证，才能作为定案的根据。当然，在公开审理的案件中，也存在既不能向社会公开，也不能向当事人和其他诉讼参与人公开的证据，这些证据应当由法院依职权审查核实后予以认定。

六、质证的程序

质证的程序属于具体的操作规程，即在具体诉讼活动中，质证应该按照什么顺序、以什么方式进行。诚然，在不同种类的诉讼中，在不同性质的案件中，质证的顺序和方式可以有所不同，但是各种诉讼和各类案件中的质证总有一些共同的规律。

（一）质证的顺序

所谓质证的顺序，就是在庭审过程中，当事人对对方证据进行质疑和质问的时间顺序或先后顺序。质证的顺序是质证程序规则的重要组成部分。由于在诉讼过程中，质证是举证的后续环节，没有举证就没有质证，所以确定质证的顺序必须以举证的顺序为依据。

以刑事诉讼为例，举证的基本顺序是先公诉方后辩方，质证的顺序也应当是先公诉方的证据后辩方的证据。就具体案件事实来说，质证可以按照不同的顺序进行。在某些案件中，质证可以按照事件发生的时间顺序进行；在某些案件中，质证可以按照各个事件要素在案件中的性质和地位进行，包括"从内向外"的质证顺序和"从外向内"的质证顺序；在案件事实或行为之间的因果关系比较明确的情况下，质证还可以按照事件的因果关系进行，包括"由因及果"的质证顺序和"由果及因"的质证顺序。总之，质证的顺序应该以举证的顺序为基础，但是也可以具有一定的灵活性，这主要表现为不同的质证程式。

（二）质证的程式

所谓质证的程式，就是质证的程序模式，是质证程序中最重要的内容。

在诉讼活动中，质证和举证的基本顺序是一致的，但不都是完全对应的。换言之，在有些情况下“一举一质”是恰当的也是必要的，但在有些情况下“一举一质”则是不恰当的或者不必要的。因此，在不同案件的诉讼活动中，根据事实情况不同或证据情况不同，质证可以有不同的程序模式。

1. 单个质证。单个质证又可以称为“一证一质”。按照这种程式，每一个证据在法庭上被一方举证出之后，立即由另一方对该证据进行质证。这一方式有两个基本要求：其一，每一个证据被举出后，必须立即由对方进行质证，不能拖延，也不能等若干证据被举出后再进行质证；其二，每一个证据被举出后，对方必须立即对该证据进行质证。如果对方不进行质证，即视为对该证据没有意见，放弃对证据进行质证的权利，并由此失去了对该证据进行质证的机会。无论从司法证明的自身规律，还是从司法实践的客观需要来看，单个质证都是一种基本的质证方式，尤其对于一些重要的、关键的证据或者控辩双方认识分歧较大的证据，更应该一证一质。最高人民法院的《法庭调查规程》第 32 条第 1 款规定：对于可能影响定罪量刑的关键证据和控辩双方存在争议的证据，一般应当单独举证、质证，充分听取质证意见。

2. 分段质证。分段质证又可以称为“一组一质”。按照这种程式，证据可以根据案件构成的基本事实要素分成若干组或若干段，就每一个案件事实或每一组证据，先由公诉方举证、辩方质证；然后再由辩方举证、公诉方质证。质证时可以针对其中一个证据发表意见，也可以针对几个证据一起发表意见。与单个质证相比，分段质证可以提高诉讼效率，节约司法资源。这种程式适用于案情比较复杂而且证据数量较多的案件。

3. 单方质证。单为质证又可以称为“一方一质”。即质证过程以一方为单位，先由一方完成自己的举证，然后再由另一方对其所举全部证据进行质证，双方交替进行。这一质证方式一般来讲在如下情况使用：①与单个质证、分段质证结合使用，作为它们的补充；②案件事实清楚，证据少，控辩双方分歧小。从审判程序的种类来看，单方质证比较适合用于简易程序。

4. 综合质证。综合质证又可以称为“全案一质”，即控辩双方都完成举证后，由一方对对方的全部证据进行质证，同时结合己方证据，发表质疑、质问及辩论的意见。这曾经是我国司法实践中普遍使用的一种质证程式。但严格来讲，这种方式已经不再是质证，至少不能算作独立的证明环节，因为这种方式过于简单和粗糙，不仅使得质证流于形式，也使得整个审判活动流于形式。

以上四种质证程式各有优劣，在具体方式的选择上，法官应给予当事人双方较大的自由度，而不一定拘泥于一种方式，可根据案件情况的不同，选用最恰当、最有效的程式。不过，从质证本身的规律和要求来说，单个质证和分段质证应该是当前最值得推广的质证程式。

七、质证的模式

所谓质证的模式，即在庭审调查中采用什么方法和形式进行质证。质证的模式选择与一国诉讼模式密切相关，并受经济基础、文化背景、司法渊源、法律传统等因素所影响。在英美法系国家，受当事人主义诉讼模式的影响，庭审调查的基本方式是以当事人主义为主的“直接询问”和“交叉询问”，而“交叉询问”则是质证的基本方式。美国证据法学巨擘威格摩尔曾有过一个脍炙人口且广为援引的论断，“交叉询问毫无疑问是人类有史以来为发现事实真相而创设的最佳装置”，“英美法系对完善判决方法所作出的最重大且最持久的贡献”并非陪审团，而是交叉询问。[1] 在大陆法系国家，受职权主义诉讼模式的影响，庭审调查的基本方式是以法官为主的询问和审查。

我国法律对质证模式没有作出专门的规定，但是从有关的司法解释和司法实践中的做法来看，我国目前采用的是法官查证与当事人质证相结合的方式，而且在一定程度上也含有交叉询问的特点。例如，《刑诉法解释》第212条规定：“向证人、鉴定人发问，应当先由提请通知的一方进行；发问完毕后，经审判长准许，对方也可以发问。”近年来，因受英美法系对抗式诉讼的影响，不少学者主张引入交叉询问制度，以增强诉讼双方在质证方面的对抗性和主动性。但本书认为，交叉询问与我国的审问式传统完全无法融合，“因其面临着学理及技术两个层面的挑战：一方面，在学理层面，我国与欧陆传统职权主义国家相同，裁判事实的权力由国家垄断，无法区分所谓的‘控方案件’和‘辩方案件’，也无从确定主询问与反询问的顺序与主体；且追求实质真实依然是我国刑事诉讼的核心价值所在，在此一目标统摄下不可能禁止法官的依职权询问。法官的心证还主要以证实为导向，难以与英美法系的‘证伪’进行融合。另一方面，在技术层面，交叉询问要求在庭前确立双方的证据开示，制定非常详细的交叉询问规则（尤其是诱导性询问规则），这与中国时下的庭审规则存在明显的冲突。尤值一提的是，交叉询问规则的引入将对控、辩、审三方提出全新的挑战，包括询问策略、证据规则乃至法庭仪式等，而这些挑战并非可简单对应于司法能力，而更多涉及法外的社会经验。事实上，一位擅长询问策略、可准确把握证人性格、职业、爱好、意识偏好、政治信仰的律师，在交叉询问中未必可助益于发现真相，有可能仅是利用了证人的疏忽或者表达不当而扭曲了事实。这对于中国的刑事诉讼而言究竟是幸事，还是灾难，恐怕还须审慎定夺。况且交叉询问还将大幅降低诉讼效率，提高司法成本，加重法庭的审判负担。因此，与其花时间引入华而不实且与现有制度格格不入的交叉询问制度，不如正视时下的诉讼权力结构问题，彻底改变侦、控、辩、审各方在刑事诉讼中的合理定位及权力设定，这才是解决庭审虚化、促进

---

[1] J. H. Wigmore, *A Treatise on the System of Evidence in Trials at Common Law*, vol. Ⅱ, § 1367 (Boston, Little Brown&Cie 1904).

审判中心的根本之道。当然，中国时下的审判方式也不能说全无问题，未来应给控辩双方预留更大的发挥空间，强化控辩平衡和诉讼对抗，这也符合职权主义代表性国家的发展潮流。”〔1〕

【案例】陈某钧抢劫杀人案〔2〕——控辩双方的质证

基本案情：2001年9月25日左右，被告人陈某钧意欲抢劫其打工期间所熟识的广东省东莞市沙田镇西太隆村崇兴商店，事先购买了铁锤作为作案工具并进行了踩点。同月27日早上6时许，陈某钧进入崇兴商店假意购买商品，趁被害人方某花不备时，用铁锤猛击方某花后脑数下致其晕倒，随后进入店内卧室，用铁锤猛击正在睡觉的被害人方某崇头部、背部等部位数下，击打方某崇的女儿方某红、方某霞头部各一下，之后取走方某崇裤袋内装有现金500元等财物的钱包并逃离现场。方某崇经送医院抢救无效死亡，方某花、方某红、方某霞所受损伤均为重伤。

争议焦点：诉讼中检方提出的证据包括物证：一把柄、头分离的红色铁锤，一件有疑似血迹的长袖衬衫；被害人陈述：被害人方某花关于被告人陈某钧于案发当天假借购物之机袭击她的陈述及其辨认笔录；证人证言：证人方某权关于听被害人方某崇说作案人是“福建人”的证言；被告人有罪供述，以及勘验、检查笔录、鉴定意见、到案经过等，对此辩方分别予以反驳。

关于物证，辩方认为，本案物证即现场提取的锤子上没有提取到被害人的血迹或痕迹，亦没有提取到被告人的指纹，不能认定为作案工具；现场遗留的衬衫只在右袖处沾有血迹，没有一般情况下作案时所穿衣服会留下的喷溅式血迹，不能认定为作案人员所穿；

关于被害人陈述，辩方认为，被害人方某花被人后面袭击，没有看到凶手，对陈某钧是凶手的指认不能成立；

关于证人证言，辩方认为，证人方某盼、方某华、方某权在证言中均提及被害人方某崇生前说作案人是广西人的内容，上述证言相互印证，在没有相反证据的情况下，不应推翻方某崇生前关于凶手是广西人的陈述，这与陈某钧是福建人之间存在矛盾；且证人方某华不是案件目击者，仅证明陈某钧在案发现场喊“救命”；

关于被告人有罪供述，辩方认为，陈某钧的有罪供述是刑讯逼供的结果，系非法证据，应当予以排除。陈某钧的无罪供述稳定，其作为一个普通人，突然置身凶案现场，出于救助心态抱了被害人并在门口喊“救命”，符合正常人的临场反应，其离开现场回老家也并无不妥之处，原判据此对陈某钧作出的有罪推断没有依据。

---

〔1〕 参见施鹏鹏：“职权主义与审问制的逻辑——交叉询问技术的引入及可能性反思”，载《比较法研究》2018年第4期。

〔2〕 方某城抢劫罪一案二审刑事判决书，载无讼案例网。

案例评析：本案的证据格局出现两维角力的局面。有多个指向上诉人陈某钧于案发时间出现在案发现场的证据，陈某钧的有罪供述与其他证据之间有一定程度的吻合性。但同时，原判认定陈某钧实施犯罪的证据中，存在着客观证据缺失、言词证据仅指向陈某钧出现在案发现场而非实施犯罪、证据之间存在矛盾、疑点难以合理解释等问题。检方的指控虽有一定规格的证据支持，但更有辩方所提出的证据链条存在硬伤、环节脆弱、疑点重重等缺陷。作为以剥夺人身自由和生命权为主要惩戒方式的刑事法律，其入罪的证据标准无疑应当是最高、最严格的。本案如此规格的证据链条，难以承受定罪之重。

第十三章

自由心证

第一节 自由心证制度的内容

自由心证是探索事实真相的直觉感知模式，指法官通过证据自由评价实现从客观确信至判决责任伦理的跨越。自由心证制度对证据的首要要求就是"证据自由"，即证据的形式与证明力之间不再具有逻辑上的因果关系，事实可以通过任何形式的证据加以证明。在证据自由的基础上，法官可以依据理性客观评价、全面评价、综合评价的原则进行批判性审查和事实推定，以对证据的证明力作出评价。在对所有证据进行证明力评价后，法官要依从于判决责任伦理，在法定期限内形成心证，作出公正的判决。"证据自由""证据自由评价""判决责任伦理"三者关系紧密，具有共生性（consubstantialité），共同构成了自由心证的制度体系。

一、证据自由

（一）证据自由概述

"证据自由"指证据形式自由，即允许通过任何证据形式证明案件事实。证据自由原则的确立是自由心证制度体系的必然要求。自由心证的证明体系要求法律对证据形式和证明力不作任何预设，由法官自由判断。"不仅一个个孤立的证据能够证明何种事实以及证明程度如何，由法官自由判断，而且所有证据综合起来能否证明起诉的犯罪事实或其他有关事实以及证明程度如何，也由法官自由判断。在相互矛盾的证据中确定何者更为可信，同样由法官自由决断，不受其他限制。"[1] 其裁判者必须通过证据调查排除任何可能的怀疑，并达致真正的"内心确信"（certitude intime）。[2]

除此之外，确立证据自由原则在不同的诉讼类型中还有着不同的理由和依据。在民事诉讼与行政诉讼中，基于证据契约理论的适用，双方当事人通

---

〔1〕 龙宗智："印证与自由心证——我国刑事诉讼证明模式"，载《法学研究》2004 年第 2 期。

〔2〕 Jean-Denis Bredin, "Le doute et l' intime conviction", in Droits, n°23 (1996).

常可以在达成合意的前提下使用法定证据形式以外的其他证据形式证明案件事实，由此确立了证据自由原则，这与二者倡导当事人意思自治、当事人地位平等、处分权等合意性理念的特点相适应。而在刑事诉讼中，之所以确立证据自由原则主要还有如下三方面的依据：

第一，刑事犯罪的特殊属性。刑事犯罪具有偶发性及不可预期性之特点。犯罪事实发生的时间、地点及方式均无从预判，查证犯罪的证据形式亦难以预先确定（prédéterminer）。在刑事诉讼中，证据具有很强的个案属性，每一刑事案件几乎都有不同的犯罪证据链条。任何类型的证据形式都有可能在个案中发挥关键作用。因此，从证明的角度看，立法者几乎不可能从一般意义上预判在何种类型的刑事案件中某一证据形式对揭示真相有着决定性的意义。受害人、侦查机关及犯罪嫌疑人亦不可能对证明手段或者证据形式达成合意（口供原则上不得作为定案的唯一依据）。刑事证据自由的设立，无疑是刑事犯罪特殊属性的必然结果。

第二，提高打击犯罪效率的需要。为有效惩罚犯罪，尽快恢复受损的社会秩序，司法职权机关必须拥有更犀利的手段以应对之。这在刑事证据立法上便体现为证据自由原则，即司法机关可通过各种证据形式证明犯罪事实。所谓“证据越难获得，越应降低证据调查的难度”，刑事追诉拟推翻无罪推定，就要求对证据进行“最广泛”“最有效”地收集。[1] 正如法国刑法学家埃利（Hélie）所言，证据自由的功用便在于“有效证实犯罪分子所试图掩盖的犯罪行为，揭开其中的阴影，重新发现那些被几近擦拭的犯罪痕迹”。[2] 近十余年来，随着有组织犯罪尤其是恐怖活动犯罪在全世界范围内的迅速蔓延，各国刑事立法纷纷采取应对措施，多元化的侦查策略及手段以及配套的、更为宽松的证据自由俨然已成为打击此类犯罪的重要手段，且有不断增强之态势。证据自由之于提高打击犯罪效率的功用在此一极端的情况下一览无余。

第三，揭示案件真相的要求。“揭示真相”作为刑事诉讼的根本目标应是中立的，既适用于作为追诉者的司法职权机关，亦适用于被推定为无罪的被告及辩护人。梅尔勒（Merle）及维蒂（Vitu）教授在论及证据自由原则时曾深刻地指出，“证据自由自然为打击犯罪而设，但并不意味着被追诉者不得通过各种证据形式为自身辩护”，两者其实均服务于一个目标，即揭示案件真相。[3]

---

〔1〕 Jean Pararin, Le particularisme de la théorie des preuves en droit pénal, in Quelques aspects de l' autonomie du droit pénal, étude de droit criminel (sous la direction et avec une préface de G. Stefani), Dalloz, p. 44 (1956).

〔2〕 F. Hélie, Traité de l' instruction criminelle, Tome I, 2ème éd., Charles Hingray, Librairie-éditeur, Paris, p. 330 (1866).

〔3〕 R. Merle et A. Vitu., Traité de droit criminel, Procédure pénale (tome 2), 5e édition, CUJAS, p. 164 (2001).

（二）证据自由的类型

如前所述，民事诉讼与行政诉讼基本以证据契约为依托确立证据自由原则，这在各国立法例中差别不大。但各国在刑事证据自由方面的立法例有较大差异，目前欧陆各代表性国家对于刑事证据自由的规定主要有如下三种模式：

1. 法国采用绝对的证据自由模式。虽然《法国刑事诉讼法典》在第 323 条至第 346 条的“证据的提交与讨论”中，以及第 427 条至第 457 条的“证据的提出”中提及了诸多证据种类，如被告人供述、证人证言、物证、书证、鉴定结论等，但法律并未作封闭式规定，允许通过任何证据形式证明犯罪事实。[1]法律明确列明的证据形式称为“具名证据”（preuve nommée），法律未明确列明、但依然可以使用的证据形式称为“未具名证据”。

2. 意大利采取相对的证据自由模式。与法国区分“具名证据”与“未具名证据”类似，意大利将证据分为典型证据与非典型证据（Mezzi di prova tipici ed atipici）。《意大利刑事诉讼法典》规定了 7 种典型的证据形式，即证人证言、询问当事人、对质、辨认、司法经验、鉴定及书证。除此之外，《意大利刑事诉讼法典》考虑到了特定情形下案件可能需要通过非典型的证据形式加以证明，在第 189 条中对非典型证据进行了概括性规定，即“如果需要获取法律未规定的证据，当该证据有助于确保对事实的核查且不影响关系人的精神自由时，法官可以调取该证据。法官就调取证据的方式问题听取当事人意见后决定接纳该证据”。因此，意大利所采取的是相对开放的证据自由模式，其虽然对法定证据形式以外的非典型证据持开放态度，但法官不得依职权直接决定使用非典型证据，而应听取双方当事人的意见。

3. 德国采取严格限制的证据自由模式。德国刑事诉讼在区分严格证明与自由证明的基础上对证据形式设置了不同的限制条件。其中，证据自由仅适用于自由证明程序。严格证明主要适用于认定对判决至关重要的事实，如刑事诉讼中的定罪量刑事实、民事诉讼中涉及实体请求权的事实等，受法定证据形式和法定的证据调查程序的限制。在德国刑事诉讼中，法律允许使用的证据形式仅包括证人、鉴定人、对被告人的讯问、勘验、文件书证，前三种属于“人证”（persönliche Beweismittel），后两者属于“物证”（sachliche Beweismittel）。民事诉讼与行政诉讼中的法定证据形式与刑事诉讼基本相同，只是将“对被告人的讯问”改为了“对当事人的询问”。自由证明仅适用于程序上的重要事实认定，尤其是涉及诉讼要件的相关事实，不要求特定的证据形式和证明程序。可见，德国采用的是严格限制的证据自由模式，可以说是以证据形式的限制为原则，以证据形式自由为例外，仅允许在部分程序事项中的证明中使用非法定的证据形式。

---

〔1〕 林钰雄：《刑事诉讼法．上册．总论编》，中国人民大学出版社 2005 年版，第 349 页。

二、证据自由评价

“证据自由评价”是指法律对证据的证明力不作预先规定，而由法官通过理性推理进行评断，从而为判决提供客观依据。

（一）证据自由评价的原则

1. 理性客观原则（Rational-objektive Grundlage）。法官应在理性客观的基础之上以主体可理解的方式作出判决。但法律并未明确设立事实得以证明或未被证明的条件。一些学者（尤其是英美法系的学者）尝试以概率进行解读，以实现对证据评价过程的某种控制。例如贝叶斯定理为所谓的“证据环/间接证据环”（Beweisring/Indizienring）提供了概率的解读，区别于传统的“证据链/间接证据链”（Beweiskette/Indizienkette）。但贝叶斯定理仅提供了对事后可能性的具体估计（在随机事件 B 发生后，随机事件 A 发生的可能性），即通过假设的先验概率及已发生事件的条件概率，推及假设的后验概率。而在刑事司法实践中，几乎很难确定要件事实的先验概率。

2. 综合评价原则（Umfassende Würdigung）。法官应当综合评价所有在主审程序中提出的证据以及具有证明必要性的待证事实，并基于审判中的“整体印象”（Gesamteindruck）形成内心确信。除禁止使用的证据以外，审判中收集调取的所有证据以及在程序上可采纳的所有证据，均是法官评价的对象。法官应尊重每一项证据，逐一确定该项证据的证明价值。例如，对于证人证言，法官应审查证人在作证前是否了解卷宗材料；如果了解，是否对证人证言产生影响，由此对证人证言进行综合评价。又如，对于被告人的供述，当其与其他证据产生矛盾时，法官应对其进行综合的评价判断。此外，综合评价原则还要求法官心证的形成应立足于审判程序中的“整体印象”，涵盖所有程序参与者的陈述，所有在法庭上呈现的实物证据，证据相互之间的关联及逻辑体系，证据与待证事实之间的联系，等等。

3. 全面评价原则。法官在进行证据评价时应穷尽所有的直接证据（Beweistatsache）和间接证据（Beweisanzeichen），并考虑判决的所有要点。因此，在审判程序中，法官不仅是对单一证据、单一过程或单一结果的孤立评估，而更应通过内容关联或者“整体视图”来进行总体评价。全面评价与证据排除存在一定的冲突，因为当法官明确将某一证据排除在被告人的罪责证明之外，可能也动摇了全面评价的基础。全面评价原则在形式上体现为判决理由制度，应受到思维法则、经验法则及科学认知的限制。

（二）证据自由评价的内容

法官对证据证明力的自由评价包括两方面：一是批判性审查，这是法官理性的智识评价；二是事实推定，这是法官的审慎认知。

1. 批判性审查。对证据进行批判性审查，系法官在诉讼中进行裁判的核心任务。“在此一问题上，审慎的法官应如智者一般，首先应持不信任的态度或者临时的怀疑，仅将心证立足于对证据的充分审查之上。"[1] 在这一方面，证据的审查过程类似于自然科学活动，它虽涉及人类行为与社会现象，但仍然适用演绎法、归纳法与逻辑推演等自然科学方法。法官如同自然科学家一般，在特定案件中自由地获悉各种证据，且基于理性的逻辑判断评价这些证据。以此为前提，法官会形成对案件事实的推测。此后，法官将依程序规则听取其他证人的证言或调取物证书证以验证这一推测。

以证人证言为例。证人证言的证明力并不以数量取胜，而主要取决于证人对事实的认知程度以及证人本身的品格。因此，对证人证言的批判性审查主要包括诉讼事实认知能力、证人品格以及证人证言与其他证据形式之间的印证。所谓诉讼事实认知能力，是证人了解及判断案件事实的能力。在司法实践中，诉讼事实认知能力不足将导致证人证言证明力下降。例如儿童作证，鉴于儿童的心智并不成熟，无法认知证人证言在案件事实查明中的重要作用，且容易夸大事实，法官在审查儿童证言时应充分考虑此点。《法国刑事诉讼法典》规定，"不满十六周岁的儿童，可以不经宣誓而提供证词"（第 108 条、第 335-7 条、第 447 条以及第 536 条）。在司法实践中，法官通常仅将儿童的证词作为辅助信息。证人品格则主要涉及公民道德意识。在欧陆刑事诉讼中，被剥夺公权、民事权或亲权的个人在出庭作证时无须宣誓，其所提供的证言亦仅具有辅助效力。证人证言还应与其他证据形式之间进行比照印证。证人证言具有相对性和脆弱性，"法官的心证要求证人证言更为明确、严谨，不能遗漏证据链条中的任何一环……但永远不要期待证人证言有着数学般的准确。……法官可通过证言与其他证据之间的对照填补推理的空白，以提高情感确定的程度"。[2] 下述案例能为批判性审查的价值提供很好的说明。

【案例】张某生"强奸案"[3] ——证人证言的批判性审查

基本案情：2003 年 12 月 12 日，河南省淅川县仓房镇党子口村小王沟发生一起强奸案：13 岁的女孩王某等 4 名学生放学后路过一片柏树林时，被诱骗至树林深处遭到强奸。仓房镇派出所民警根据被害人王某、目击证人的陈述等，将犯罪嫌疑人确定为张某生。尽管张某生有不在场证明以及血液检测的有利证据，但一审法院仍然仅根据被害人的陈述以及目击证人的辨认证言认定强奸罪成立，判处其有期徒刑 9 年。随后张某生提出上诉，二审法院认定原判决认定事实不清、证据不足，遂作出了"撤销原判，发回重审"的裁定。在发回重审期间，真凶王某平归案，但张某生已被看守所无辜关押 480 天。

相关争议：此案在一审判决中所依据的重要证据就是受害人及其他 3 名

---

〔1〕 François Gorphe, L' appréciation des preuves en justice : essai d' une méthode technique, Paris: Sirey, 1947, p. 69.

〔2〕 Clara Tournier, L' intime conviction du juge, PUAM, 2003, p. 118

〔3〕 参见郭启朝："张某生：480 天深陷强奸'冤'案?"，载《大河报》2005 年 4 月 14 日。

小学生的辨认结果。尽管辩方律师针对辨认证言提出了诸多质疑，例如辨认程序违反了被辨认人数应在7人以上的法律规定，办案民警反复提醒辨认人“再看一遍”及“看清楚鞋子”的做法有明显的诱导嫌疑，但办案法官并未采纳辩方的意见，仍采信该辨认结果，最终导致冤案发生。

案例评析：本案中法官忽略了证人证言的获取过程、证人作为未成年人的诉讼事实认知能力等诸多影响证言证明力的因素，未能对证人证言进行充分的批判性审查，错误地高估证言的证明力，进而导致了冤案的发生。可见，法官在进行证据评价时应当重视批判性审查，基于理性去判断证据的可信性。这对于正确认定案件事实、作出公正判决而言至关重要，尤其是在刑事案件中，一次错误的事实认定所带来的可能是对一个无辜公民不可弥补的损害。

2. 事实推定。推定，便是“法律或司法官依已知之事实推断未知之事实所得的结果”。[1] 推定分为法律推定和事实推定，前者由法律明文规定，后者则立足法官认知，系证明力评价的重要补充。“事实推定是在诉讼过程中，司法工作人员根据两个事实之间的常态联系，在事实A已经明确的情况下，推定事实B存在。比如，根据被告在诉讼中销毁或隐匿证据这一事实，可以推断出示该证据必定于其不利”；[2]《法国民法典》第1353条规定：“非法律上的推定，由司法官依其学识与审慎自定之，司法官仅应承认重大、准确、相互印证的推定……”从根本而论，对证据的批判性审查追求某种严格的客观性，而事实推定则属法官的主观认知范围之列，两者在司法实践中均不可或缺。事实推定以司法官的“学识”为前提，包括但不仅限于经验常识，还涵盖了已证事实、相邻事实、职业思维以及专业研判等。司法官在运用事实推定时应“审慎”，避免陷入主观臆测。

需要特别指出的是，事实推定仅能达致某种盖然性优势的证明标准，需要其他证据进行补强。“不同的方法，或者是司法的，或者是技术的，或者是逻辑的，或者是心理的，只要必要，即便在不甚复杂的案件中，亦应发挥作用……每种证据适用不同的方法，但（法官）必须对证据的整体作出评价，予以系统化并抽象出所有证据的关系。（法官）正是立足这些关系以判断被告是否有罪。”[3]

三、判决责任伦理

（一）法官内心确信的含义

1. 主观确定性（Subjektive Gewissheit）。对于法官的内心确信应理解为法官对与判决相关之事实的“主观确定性”。所谓的“主观确定性”，显然不能

---

〔1〕 Robert Joseph Pothier, *Traité des obligations*, Publisher: Langlet & Cie, 1835, n°840.

〔2〕 陈光中主编：《证据法学》，法律出版社2015年版，第449页。

〔3〕 François Gorphe, L'appréciation des preuves en justice: essai d'une méthode technique, Paris: Sirey, 1947, p. 69.

仅理解为“高概率的可能性”（Bloße objektive Wahrscheinlichkeit），而应是“接近确定无疑”（an Sicherheit grenzende Wahrscheinlichkeit）。因此，只要法官对事实或责任认定存在轻微的怀疑，便缺乏判决所必须的心证。但这里的“怀疑”，应立足具体的证据及事实，而非纯理论意义上的怀疑。法官的主观确定性也不同于完全客观、绝对、数学意义上的精确性，因此难以用具体的百分比量化主观确定的程度。

2. 客观事实依据。内心确信并非仅是法官的猜测或直觉，也并非只是提出各种主张，而应立足于案件的客观事实。为避免法官随意裁判的风险，刑事判决书应载明法官据以形成心证的各种事实依据，且通过理性的论证对证据进行合乎逻辑、全面的评估，而不得仅对证据进行罗列（《德国刑事诉讼法典》第267条第1款）。

3. 法官个人的心证。法官心证的形成应符合“个人条件”（Individuelle Bedingheiten），即应由法官本人对案件的证据及事实进行自由评价，不可替代，不应仅反映他人的观点。因此，侦查人员对证据与事实的“确信”，不能作为庭审中证据可信的“标识”予以采纳。在合议制下，合议庭法官（包括参审员）之间可能存在观点的互动及协调，但“个人条件”仍然是决定性的。由于合议秘密进行，且判决理由书不会载明法官各自的观点，所以目前并未有过多的学术研究[1]涉及合议制下不同法官观点相互影响的程度。但一般认为，合议庭法官之间通常会相互妥协，以避免极端立场的倾向，而审判长与报告法官在合议庭中的影响最大。

此外，在一般上诉（Berufung）中，上诉法庭有义务收集和出示所有必要的证据以作出判决。但上诉法官具有全面审查义务，不局限于审查一审的判决，且在必要时可调取新的证据（《德国刑事诉讼法典》第323条第3款）。因此，上诉法官的心证完全独立于初审法官的心证，同样应符合“个人条件”的限制。但在仅针对法律错误的上诉（Revision）中，上诉法官不得因初审法官的心证具有不确定性（例如证据评价无说服力或者相反证据更具证明力）作为撤销原判决的理由。仅当初审法官在证据评价中存在明确的缺陷（feststehende Lücken）或有遗漏的情况下，原判决方可被撤销。

（二）法官的裁判义务

法官不得拒绝作出裁判，这是近代法治国司法制度的通例。在民事诉讼中，法官不能以法无明文规定为由拒绝裁判。例如《法国民法典》第4条规定，“审判员借口没有法律或法律不明确不完备而拒绝受理者，得依拒绝审判罪追诉之”。在刑事诉讼中，法官亦不得以程序性事项、实体性事项或者其他

---

〔1〕 德国学者 Christoph Renning 曾研究过职业法官与参审员在刑事裁判中的相互影响，参见 Die Entscheidungsfindung durch Schöffen und Berufsrichter in rechtlicher und psychologischer Sicht. Gebundenes Buch，1993。以及 Christoph Renning, Influence of lay assessors and giving reasons for the judgement in German Mixed courts, in Le jury dans le procès pénal au XXIe siècle, Conférence internationale, Syracuse, Italie, 26-29 mai 1999, Revue Internationale de Droit Pénal（RIDP），1e et 2e trimestres 2001, p. 493。

事由拒绝作出裁判，否则将违反职业伦理甚至构成犯罪行为（例如《法国刑法典》第185条所规定的拒绝裁判罪）。因此，刑事法官在对各种类型的证据进行证明力评价后，必须在法定期限内形成心证，并作出有罪或者无罪的公正判决，以完成法官的判决责任伦理。为保障法官完成裁判职责，各国刑事诉讼普遍设置了两个极为重要的程序原则：集中审理原则和合理期限原则。集中审理原则又称为连续审理原则，是指法庭对案件的审判应当持续不断地进行，一气呵成，至审结为止。该原则的主要目的是为了实现迅速审判，保证裁判人员进行准确心证，以避免裁判人员因时间拖延而记忆模糊，从而加大心证难度；合理期限原则则是指“所有人均有权在合理期限内接受审判”（《欧洲人权公约》第6-1条），否则须予以释放。

（三）“存疑有利被告人”

“存疑有利于被告人”是指法官在心证过程中如果存有怀疑，则应作出对被告人有利的判决，这是刑事诉讼中的一项重要裁决规则。因此，该原则并不解释是否以及如何评价证据的问题，而是解决在完整地收集、评价证据之后，如果法官仍然不能给出明确肯定或明确否定的答案，则应该如何进行裁断的问题。

但究竟何为“怀疑”、须达致怎样程度的“怀疑”，各国学说与判例有较大的争议。英美法系与大陆法系在此一问题上的立场并不相同：

1. 英美法系的“存疑有利于被告人”。英美法系的主流学说以“排除合理怀疑”（beyond a reasonable doubt）为依托，主要包括两种理论：其一，情感确信说。持此一观点的学者认为，所谓的“排除合理怀疑”，系情感上的确信（moral certainty）。例如，证据学鼻祖吉尔伯特（G. Gilbert）在《证据法》（The Law of Evidence）一书中写道，“对证据完全的确信依赖于个人所产生的清晰明确的感知”，[1] 此为“情感确信说”的重要理论渊源。判例将此一学说解读为，“陪审团如此确信，仿佛在处理生活中最重要的事情时能毫不犹豫地作出决定并采取行动”；[2]；其二，量化比例说。英美证据学的另一大家摩菲（Peter Murphy）则主张用量化的比例解释“排除合理怀疑”。摩菲认为，“在刑事诉讼中，当控方的主张证明达到49%的可能性，辩方的主张为51%的可能性时，辩方胜诉；当控方的主张证明达到51%的可能性，辩方的主张为49%的可能性时，仍然是辩方胜诉，应当作出无罪判决；只有当控方的主张证明到远远超过90%的可能性之时，控方才能胜诉。”[3]

2. 大陆法系的“存疑有利于被告人”。大陆法系国家总体采用更高的“怀疑”标准，例如法国最高法院刑事庭数次在判例中提出了“重大怀疑”

---

〔1〕 G. Gilbert, *The Law of Evidence*, Printed by Joseph Crukshank, 1805, p2.

〔2〕 U. S. Sixth Circuit District Judges Ass'n, Pattern Criminal Jury Instructions § §1. 03 (4) & (5) (1991).

〔3〕 Peter Murphy, *Murphy on Evidence*, Blackstone Press Limited, 1997.

(le doute sérieux) 理论，“既然这些情况在本质上导致了对有罪的重大怀疑……（应予以无罪释放）”。[1] 重大怀疑是能够导致无罪高度可能性的怀疑，而不仅仅是无罪一般可能性的怀疑。尽管《法国刑事诉讼法典》对此未有明确规定，但“重大怀疑”是法国司法实践所秉承的一项重要裁判原则。德国证据法理论认为，“存疑有利于被告”主要从两方面加以判断：①“怀疑”是否符合应有的基本特征。具体而言，一方面，怀疑是针对事实而非法律。事实与法律有时难以区分，例如国内的法律属于法律，而国外的法律因裁判者并不熟知而需要证明，属于事实。另一方面，怀疑的是要件事实，而不是某一犯罪构成要件的“定义”（Begriff）或者“解释”（Auslegung）。只有能够涵摄[2]于法定犯罪构成要件的事实存在疑问时，才可适用存疑有利于被告人原则。例如在涉嫌非法持有枪支的案件中，如果对被告人“是否明知是枪支而持有”的主观要件存在疑问，则属于对要件事实的怀疑，可以适用“存疑有利于被告人”原则；但如果对于“气枪是否为枪支”存在疑问，则属于对“枪支”的定义或解释的怀疑，不得适用“存疑有利于被告人”原则。②裁判者必须具有何种主观判断结果才能说明存在“怀疑”。具体而言，这种主观上的怀疑是建立在假设与思考之上的，需要有具体的、确定无疑的事实依据作支撑。只是理论上存在另一种替代性事实的抽象可能性不足以构成“怀疑”。假设，在一起交通肇事犯罪中，道路监控显示肇事车辆为一辆车牌号为“×××××”的白色奔驰，经查发现被告人甲的车辆颜色、型号以及牌照与肇事车辆均一致，由此可以认定被告人甲的车辆就是肇事车辆。此时，虽然理论上存在一种可能性，是有其他人在同样颜色和型号的车辆上使用了伪造的车牌并驾驶该车肇事，但因为没有任何事实依据显示这种可能性实际存在，所以这种可能性仅仅是抽象的，不构成“存疑”。假如在该案中，被告人提出证据证明其在案发当时将车辆送去清洗，该车辆不可能出现在案发现场，一旦这一证据查证属实，就为上述“存在另一辆相同牌照的白色奔驰”这一可能性提供了具体的、确实的事实依据，从而使这一可能性跨越了从抽象到具体的鸿沟，构成“存疑”。总体而言，对于“存疑”的判断是法官基于一定的客观依据作出的主观判断。

第二节　自由心证的制约机制

在诉讼证据演进史上，自由心证制度毋庸置疑具有巨大的进步意义。在自由心证的证据制度下，法官能够通过理性与良知灵活地根据案件的具体情形对不同类型证据的证明力进行自由评价，可以有效避免司法证明对口供的

〔1〕 Cass crim., 29 mars 1984; Cass, 27 février 1957, Bull crim., 1957, n°200.

〔2〕 涵摄是指“判断某件刑事案件的具体犯罪事实是否与某一刑法条款的规定相符合而可以适用该条定罪科刑的过程”。可参见陈珊珊：《论罪疑唯轻原则》，载《法学评论》2007年第2期。

依赖所引发的刑讯逼供以及被告人辩护权等基本权利缺失等法定证据制度的弊病，保证法官运用证据与认定事实的准确性与合理性，从而为发现案件的实质真实创造了条件。

但自由心证制度不可避免地存在弊端。自由心证制度赋予法官接受证据、评价证据以及事实认定的专权，而不受制约的自由评价权力很有可能造成权力滥用和主观擅断。为避免法官专断和权力恣意，就须对法官的自由心证进行必要的制约。例如，自由心证的形成必须满足以下条件：①内心确信必须是从本案情况中得出的结论；②必须是基于一切情况的酌量和判断；③所考察的情况必须不是彼此孤立的，而是它们的全部总和；④必须是对每一项证据“依据证据的固有性质和它与案件的关联”加以判断的结果。[1] 又如，《日本刑事诉讼法》第319条第2款规定，“当被告人的自白成为对他不利的惟一证据时，法官不得认定其有罪”，这一口供补强规则其实是对法官自由评价口供证明力的限制。再如，存疑有利于被告的心证责任伦理本身也体现了限制自由心证原则的理念。除此之外，立法者在法官心证形成的各个阶段可以设置一定的制约机制，以防止法官滥用权力。

一、证据自由的限制

并非所有证据均可用于证明案件事实并进入证明力评价阶段。对于证据自由的限制主要来源于两方面：法律规范与经验逻辑。具体而言，法官应首先判断证据合法性、关联性的有无，不具备合法性和关联性的证据应当排除，法官无需对其进行证明力评价。

（一）证据的合法性限制

由于诉讼目的、取证行为性质等方面的差异，民事诉讼与行政诉讼中设置的证据合法性限制条件相比于刑事诉讼更为宽松、笼统，不具有典型的参考意义。因此，本书在考察证据合法性限制时主要以刑事诉讼为例，重点介绍刑事证据的合法性限制条件。

1. 正当程序。对证据进行合法性限制的直接依据是正当程序的要求，即“整个刑事诉讼程序必须遵守法律明确规定的法律规范，不能为了达到追求真相的目的牺牲程序正义”[2]。各国刑事诉讼法均规定了较为详细的证据取得、保管、审查程序，为审查证据的合法性提供了程序法依据。相应地，各国也大多设置了以违反法定程序为依据的非法证据排除制度，即非法证据排除的程序制裁模式。例如，法国规定了程序无效制度，“依法律明文规定或法律未作规定但某一行为已严重损及公共秩序或当事人利益的，法官经当事人之请

---

〔1〕 陈光中主编：《证据法学》，法律出版社2015年版，第32页。
〔2〕 张保生主编：《证据法学》，中国政法大学出版社2018年版，第330页。

求或在损及公共秩序情况下可主动裁定该程序及之后的程序无效”。[1] 宣告程序无效的法律后果之一就是法官不得以无效程序所获得的证据材料作为心证的依据。又如，意大利以诉讼行为无效理论中的“不可用”排除非法取得的证据。“不可用”这一概念描述了同一现象的两个方面：一方面，它表明诉讼行为存在非常严重的“缺陷”；另一方面，它表明缺陷诉讼行为的“效力”，即不能作为法官裁决，或者检察官、司法警察令状的依据。例如，《意大利刑事诉讼法典》第267条规定了使用监听措施的条件，包括获得司法令状、可适用的罪名清单、犯罪嫌疑程度、持续时间等条件，违反这些规定的监听即构成“不可用”，监听所获证据不可使用。因此，“不可用”其核心内容并非否定诉讼行为本身，而是对该诉讼行为所获得的证据进行排除。程序制裁模式的思想渊源是希望在刑事诉讼中尤其是侦查阶段设立刚性的程序规则，杜绝各种损及公共秩序及基本人权的违法侦查、预审乃至裁判行为。在程序制裁模式中，刑事法官或预审法官的核心审查内容是侦查行为是否违反了程序无效条款。

2. 人权保障。除正当程序之外，人权保障也是对证据自由进行合法性限制的重要缘由。即使证据的取得符合程序法的规定，仍有可能因为侵犯当事人的基本权利而被排除使用。在各国的宪法、刑事诉讼法以及国际条约中均有明确规定人权保障对于证据自由的限制。其中，德国非法证据排除的实体制裁模式尤为典型。例如，《德国刑事诉讼法典》第100d条规定了关于私生活的核心范围的保护，涉及这一基本权利保护范围的所有信息均不得收集，更不能作为证据使用。例如，私人日记涉及个人私生活的核心范围，即使是侦查人员通过合法搜查、扣押等手段获得的，也不得作为证据使用。而在法国，损害当事人基本权利也是一类重要的程序无效事由，职权机关的行为可能因损及当事人的辩护权、尊严权、形体完整权以及其他国际公约、宪法、法律、条例等所赋予的基本权利而导致程序无效，进而排除相应的非法证据。法国判例将辩护权视为刑事诉讼中个人基本权利的核心所在，且赋予相当广泛的内涵及外延。有学者甚至将法国的证据自由限制模式定性为“辩护权限定模式”，以区别于德国的“基本权限定模式”。[2] 在法国，非法电话窃听、不当诱惑侦查、非法录音录像等均视为严重侵害了公民的辩护权，被列入非法证据之列。[3] 此外，国际条约中也有诸多人权保障条款。例如，《世界人权宣言》规定，“任何人不得科以酷刑，或施以残忍的、不人道的或侮辱性的待遇或刑罚”（第5条），“任何人的私生活、家庭、住宅及通信不受任意干涉……所有人均受法律保护，以免受这种干涉”（第12条）。《欧洲人权公约》

---

〔1〕 施鹏鹏：“法国刑事程序无效理论研究——兼谈中国如何建立‘刚性’的程序”，载《中国法学》2010年第3期。

〔2〕 Emmanuel Molina, *La liberté de la preuve des infractions en droit français contemporain*, Presses Universitaires d' Aix-Marseille, 2001, p. 35-37.

〔3〕 C. Poitiers, 16 janv. 1960, JCP. 1960. II. 11599, note Chambon.

第3条规定，“不得对任何人施以酷刑或者是使其受到非人道的或者是侮辱的待遇或者是惩罚”；第8条第1款规定，“人人有权享有使自己的私人和家庭生活、家庭和通信得到尊重的权利”。随着各成员国将条约转化为国内法，这些条款也进入各国的人权保障制度体系，实际上发挥着制约证据自由的作用。

（二）关联性有无的限制

证据具有关联性是现代理性证据制度的必然要求，无关联性的“证据”不是证据。关联性有无对于证据自由的限制主要体现在如下两个方面：一是证据与事实主张之间具备一定的关联性，即证据具有“适合性”；二是所主张的事实属于要件事实或者与要件事实有关联，即事实有“证明必要性”。

1. 证据适合性。证据适合性对于证据自由的限制主要是通过排除完全不适合的证据进行。所谓“完全不合适”（völlig Ungeeignetheit）主要是指法官根据确实可靠的生活经验判断某一证据无法证明所主张的事实。[1]在判断证据适合性时需要注意三点：一是需要明确证据与其想要证明的事实，证据本身的特性及其与待证事实之间的联系均为考察的对象；二是据以作为关联性判断依据的生活经验必须确实可靠；三是需要判断的是关联性的有无，而不是关联性的大小。以证人证言为例，基于此类证据本身的特性，其不能用于证明犯罪嫌疑人的动机、心理活动等内心状态；证人完全不具备感知能力或表达能力时，例如6个月大的婴儿，也属“完全不合适”的情形；证人在案发经过很长时间后才提供证言时，法官可以根据生活经验判断其记忆能力，进而决定其证言是否属于“完全不合适”的证据。此时还需要考察生活经验的可靠性，例如，通常经过数年甚至数十年后才作证的证人对案件事实的记忆会模糊，但不排除因个别极具特殊性的情节使得证人“记忆犹新”，因此案发至作证时经过的时间长短、案件情节的特殊性等都是考察个案中证人证言适合性的重要因素。生活经验的可靠性对于正确判断证据适合性至关重要，依据不可靠的生活经验作出的判断可能会带来极大的不公。例如，“提出和解者默认己方有过错”这一经验并不可靠，如果据此认定当事人提出和解的证据与当事人有过错和责任之间的关联性，不但是对提出和解者的不公正，也会大大打击当事人和解的积极性。最后需要注意的是区分证据适合性的判断和证明力的评价，例如，证人与被告人之间有利害关系，只是可能影响证人证言证明力的大小，而不会导致证人证言完全丧失关联性，不影响证人证言的适合性。

2. 证明必要性。证明必要性对于证据自由的限制主要是指针对哪些事实可以提出证据证明的范围限定。为此，裁判者可以从消极角度排除没有证明必要性的事实及其证据。通常而言，没有证明必要性的事实主要包括：①一般公众周知的事实，例如一些自然规律、历史事件等；②法院周知的事实，

---

〔1〕 甯若蓁：“被告于审判上证据调查声请之探讨——以德国刑事诉讼法为中心”，台湾政治大学法律学研究所2009年硕士学位论文。

例如法官在早前诉讼中所获悉的事实；③对裁决不重要的事实，即所主张事实对于诉讼裁决毫无意义，例如在强奸案件中主张受害人穿性感服装这一事实，显然与强奸罪的要件事实无任何关联，其真假对于诉讼裁决没有任何影响，属于对裁决不重要的事实。在民事诉讼中，没有证明必要性的事实还包括：①当事人双方无争议的事实；②当事人自认的事实；③法律推定的事实；等等。

二、证据自由评价的限制

证明力评价的“自由”也非完全，仍然需要遵循逻辑与经验法则的内在约束，有时逻辑法则、经验法则也会通过立法化形成对证据自由评价的外在限制，即法定的证明力规则。

（一）逻辑法则、经验法则

1. 逻辑法则。逻辑法则又称论理法则（Denkgesetz），就是指“推理、演绎的逻辑规则”[1]。法官综合评价证据的证明力并据以认定事实时，必须“依照一般推论事理及演绎结论的基本逻辑规则”。法官在推理演绎过程中不能进行循环论证[2]；也不能把“可能的”选项当成“必然的”结论，例如，假设依照案例具体情况，事实真相经确认只有可能是 A 、B 、C 三种，如果法官根据具体事证排除 A，而且只排除 A，但遽下论断认定是 C，便是违反论理法则。[3]

2. 经验法则。所谓经验法则，指在大多数情况下将会发生的一套行为规则。更确切而言，这是从已知事实得到类似情况的一套规则，即“在类似情况下，存在相同的行为”。但这种从已知事实（情境证据）到待证事实（历史事实）的推理存在一定的概率。因此，经验法则并非“事实”，而是对事实概率的判断。例如认为“随身随车携带管制刀具或棍棒的，是黑社会组织成员”，但事实上并非所有随身随车携带管制刀具或棍棒的人员均是黑社会组织成员。经验法则是连接法官的观察与结论的桥梁。[4] 因此，法学家必须对刑事诉讼中经验法则的性质进行厘清：一方面，在人类行为所形成的不可重复的历史事实中，应确定哪些是高概率的“相似”元素；另一方面，处于类似情况的个人极大可能实施相同的行为，但人类行为也在很大程度上受到本能和激情的制约，经常遵循既定的规则，却也并非总是如此。法官适用经验法则的基本逻辑过程是：先归纳推理，从特定个案衍生出一般规则（经验规则），再演绎推理，将先前所获得的一般规则适用于情境证据。法官应在“最佳经验”的基础之上确立经验法则，而不是任意的个人选择，并以此形成推

---

〔1〕 林钰雄：《严格证明与刑事证据》，法律出版社 2002 年版，第 96~97 页。

〔2〕 循环论证是指用以证明论题的论据要用这一论题本身来证明，例如以甲有权利来证明乙负有义务，反过来，甲有权利又以乙负有义务来证明。

〔3〕 林钰雄：《严格证明与刑事证据》，法律出版社 2002 年版，第 97 页。

〔4〕 林钰雄：《严格证明与刑事证据》，法律出版社 2002 年版，第 97 页。

理，在判决中详细说明这一推理的形成过程。此外，法官在适用经验法则时必须区分一般有效的（allgemeingültig）的经验法则与“非一般有效”（nicht allgemeingültig）的经验法则：[1]

（1）一般有效的经验法则。此类法则，尤其是自然科学上已经证实的经验法则，原则上具有拘束法官的效力。例如，依照血型测试而“排除”的生父关系，法官便不得作出相反的认定。这种科学上已经证实的经验法则也可称为“科学法则”，其通常在两个自然事实之间形成统计学上的显著关系，具有普遍性、可实验性以及可控性的特征。所谓普遍性，指科学法则不承认例外，或者可准确了解误差。如果科学法则出现例外，则会被修改或放弃。实验性，指科学现象可进行量化并测量，且在可验证现象范围和法则有效性的程序中重复得出相同结论。可控性，指科学法则的表述及应用将受到相应专家团队的批判性审查。在刑事审判中，科学法则无疑比经验法则具有更大的确定性，可准确了解在何种情况下该法则的适用是可靠的。但由于自然科学是否已证实的问题主要通过鉴定制度的运行来判断，科学法则在刑事审判中也并非绝对正确的存在，因此在裁判中运用科学法则不但涉及自然科学的专业知识，也同时涉及如下问题：①法官与鉴定人的关系：②可适用于案件的科学法则；③评估应如何适用；④确定应适用的事实。

除普适性的科学法则外（如物理定律或化学定律），一些高概率的“科学法则”也可用于刑事审判。尽管准确程度并没有那么高，但只要可以排除其他任何重构的事实，则法官也可以适用之。比如依指纹鉴定学，如果两个指纹之间存在 16 个相似点，则可以认为指纹属于同一个人。但在具体个案中，如果比照数量较少相似点的指纹，识别准确性的概率会降低，不过依然可能进行身份识别。例如两个残存指纹之间有 7 个相似点，但未找到任何差异点（只要存在任何差异点便意味着指纹不属于同一人），且有其他证据佐证，则依然可以证明指纹属于同一人。这里应区分统计概率（la probabilità statistica）与逻辑概率。统计概率，是个科学概念，指对自然界随机现象出现规律的计算。而逻辑概率（la probabilità logica）则是个裁判概念，指法官依在既定程序中所收集的证据材料进行评价，又称为“排除合理怀疑的程序确定性”（certezza processuale al di là del ragionevole dubbio）。统计概率与逻辑概率反映了科学家与法官之间思维的区别。例如，科学家告诉法官，在 100 个行为中有 70 个会产生事件，而另外 30 个不会产生事件。在这种情况下，法官在事件发生后，无法仅凭科学法则进行准确的溯因推理以还原案件真相，而仅得对所有证明材料进行完整的审查才可以作出判决。刑事审判的逻辑概率源自于无罪推定，要求程序上的确定性达致排除合理怀疑。

（2）非一般有效的经验法则。此类法则在规范上本来就不具有拘束自由心证的效力，法官必须仔细审视具体个案的脉络、氛围，才能参照该等经验

---

〔1〕 林钰雄：《严格证明与刑事证据》，法律出版社 2002 年版，第 97~100 页。

法则透露出来的"高度或然性"(Wahrscheinlichkeit),判断事实真伪。

(二)法定的证明力规则及其检讨

在极少数的情况下,法律对于证据的证明力作出预设,称为证明力规则。在我国证据法中,设置了较多的证明力规则,包括原始证据优先规则、其他的证明力优先规则以及补强证据规则等,实际上都是将经验法则与论理法则以立法形式固定下来,有造成二者适用僵化的危险。尤其是在刑事诉讼中,"刑事证明力规则的本质是将法官对证据的自由评价绝对客观化、立法化,这与刑事犯罪的偶发性及不可预期性有着根本的冲突,所谓'放之四海皆准'的刑事证明力规则仅是乌托邦"。[1] 本书认为,不宜在立法中过细地确立各种所谓的"证明力规则",这既是对法官智识理性与审慎认知的不信任,也使司法实践走入极端"立法主义"。[2]

三、心证责任伦理的限制

在自由心证制度下,法官应立足控辩双方所提交之证据,依理性及良知作出审慎判断,并作出最终的判决。但法官心证责任伦理的形成必须以判决理由的形式公开,并对当事人及社会公众负有说服义务。

(一)判决理由公开

判决理由系裁判者据以评价证据、认定事实及适用法律的缘由。判决理由公开是现代法治国家程序正义的基本构成要件。判决理由公开更是制约裁判者自由心证的重要程序机制,"既是反对专断的判决的保证,也许还是作出深思熟虑的判决的保证"。[3] 法官在判决理由书中应详细阐明证据的接受、证据证明力的裁量、证据与事实的相关性评价、证明责任的分配及履行等,判决理由应清晰可靠,不得出现理由不充分或相互矛盾的情况。[4] 如梅尔勒(Merle)和维蒂(Vitu)教授所言,"法官在形成心证前必须进行推理,而阐明判决理由则是唯一可说明这一思维方式的手段……唯有如此,法官自由心证的公正性才可得以有效保障。"[5]

但需要特别指出的是,在适用陪审团的国家里,判决理由与陪审员的"非专业性"、"集体合议"及"集中庭期"产生剧烈的矛盾。欧陆各国通常采用问题列表制度予以解决。所谓问题列表制度,即指在陪审团审判中,审判长依法律规定将案件进行细化分解,制作一定数量的问题,要求陪审团作

---

〔1〕 施鹏鹏:"法定证据制度辨误——兼及刑事证明力规则的乌托邦",载《政法论坛》2016 年第 6 期。

〔2〕 施鹏鹏:"刑事裁判中的自由心证——论中国刑事证明体系的变革",载《政法论坛》2018 年第 4 期。

〔3〕 [法] 勒内·达维德:《当代主要法律体系》,漆竹生译,上海译文出版社 1984 年版,第 132 页。

〔4〕 Cass crim., 1er octobre 1985, Bull crim., n°310.

〔5〕 Merle R., Vitu A., Traité de droit criminel, Tome2: procedure pénale, 5è éd, Paris, Cujas, 2002, n° 166 et 167.

出“是”或“否”的回答，以决定被告人行为是否构成犯罪、是否有减刑情节等。双方当事人均有权阅读陪审团对问题列表的回答，从而可在一定程度上了解陪审团的事实认定及逻辑过程。从根本而论，问题列表相当于“简明的判决理由书”，可在一定程度上阐明陪审团据以作出裁判的理由，已成为协调陪审制与判决理由制度的一种重要制度模式。

（二）说服义务

自由心证赋予法官主导刑事司法的地位，法官在享有至上的裁判权的同时，应负有某种“说服义务”。从根本而论，判决的权威不能只依靠国家的强制力维系，而更多地应以理性说服的方式令当事人及社会大众接受和服从，这也是心证责任伦理的要求。这就要求法官在心证形成过程中应保持逻辑理性，严格恪守职业伦理，对所有证据进行周密的批判性审查，结合长期实务经验的司法认知，作出最具说服力的判决——既要说服当事人，又要说服社会大众。

但在任何国家，普通公众与专业法官因知识、职业和经历差异均存在某种程度的认知“断层”。例如，在一些敏感的刑事案件中，普通公民的认知与专业法官的心证可能相差甚远。公众可能认为法庭制裁了或过分制裁了并未对社会真正造成损害或对社会造成损害不大的行为，或者，法庭并未制裁或未有力制裁对社会真正造成极大损害的行为。因此，大革命后，法国在刑事诉讼中引入了英国的陪审制，尝试以陪审员的“平民理性”裁断案件，以契合社会公众的经验思维和正义观感，强化心证的说服义务，取得了不错的效果。[1] 此举也影响了欧洲大陆诸多国家。[2] 而之于奉行职业法官裁判的职权主义国家，唯有加强法官的心证说理以及审慎认知的职业伦理方可完成说服公众的义务。

第三节 自由心证制度在中国的贯彻

我国目前采用的证明模式并不是真正意义上的自由心证制度，在证据自由原则的确立、证据自由评价的规则以及判决责任伦理的实现三个方面与欧陆的自由心证制度均存在较大的差别，也有学者将这种证明模式概括为“印证证明模式”，引发了较大的理论争议。[3] 本书认为，在职权主义的诉讼背景下，我国的证明模式应以欧陆证据制度为根本模板，并结合我国具体的实践予以本土化。

---

〔1〕 法国新近又扩大了陪审制的适用范围，轻罪案件亦可适用陪审团审判，详见 Guillaume Halard et Kévin Audureau, “Contribution à la connaissance des jurys criminels”, in RSC 2012, p. 523 et s。

〔2〕 详见施鹏鹏：《陪审制研究》，中国人民大学出版社 2008 年版。

〔3〕 龙宗智：“印证与自由心证——我国刑事诉讼证明模式”，载《法学研究》2004 年第 2 期。

一、中国的印证证明模式

所谓“印证”，是指两个以上的证据在其所包含的事实信息方面发生了完全重合或部分交叉，使得一个证据的真实性得到了其他证据的验证。[1] 早在2004年，龙宗智教授就将我国的刑事诉讼证明模式概括为“印证证明模式”,[2] “所谓印证证明，就是要求认定案件事实至少有两个以上的证据，其证明内容相互支持（具有同一指向），排除了自身矛盾以及彼此间矛盾，由此而形成一个稳定可靠的证明结构。”[3]

与学界理论研究相呼应的是，我国证据立法虽未明确规定“印证证明模式”，但“印证”一词在我国的证据立法与实践中频繁出现。在2010年《死刑案件证据规定》的8个条文中出现了11次，在2012年《刑诉法解释》的7个条文中出现了10次。例如，该司法解释关于证人证言的审查（第74条）、被告人供述和辩解的审查（第80条）以及间接证据的综合审查（第105条）等方面的规定均明确要求审查证据“能否相互印证”。而该司法解释第104条规定的“对证据的真实性，应当综合全案证据进行审查。对证据的证明力，应当根据具体情况，从证据与待证事实的关联程度、证据之间的联系等方面进行审查判断。证据之间具有内在联系，共同指向同一待证事实，不存在无法排除的矛盾和无法解释的疑问的，才能作为定案的根据”，虽未出现“印证”的字眼，但此条的实质内涵即是对证据之间的相互印证提出了要求，我们可以将其理解为对证据印证规则的规定。同样地，在民事诉讼与行政诉讼中，有关法官审核认定证据的规定虽未出现“印证”一词，但实际上也体现了“印证”的证明模式。例如《民诉法解释》第105条规定：“人民法院应当按照法定程序，全面、客观地审核证据，依照法律规定，运用逻辑推理和日常生活经验法则，对证据有无证明力和证明力大小进行判断，并公开判断的理由和结果。”又如《行政诉讼证据规定》第54条也规定：“法庭应当对经过庭审质证的证据和无需质证的证据进行逐一审查和对全部证据综合审查，遵循法官职业道德，运用逻辑推理和生活经验，进行全面、客观和公正地分析判断，确定证据材料与案件事实之间的证明关系，排除不具有关联性的证据材料，准确认定案件事实。”此外，无论是在刑事诉讼，还是在民事诉讼和行政诉讼中，证据之间的相互“印证”都在裁判文书的事实认定部分频繁出现，可见司法实践也认同“印证证明”的说法。

二、印证证明模式与自由心证制度的对比

我国的“印证证明模式”与欧洲各国证据法普遍采用的“自由心证”之

---

〔1〕 陈瑞华：《刑事证据法学》，北京大学出版社2014年版，第119页．

〔2〕 龙宗智：“印证与自由心证——我国刑事诉讼证明模式”，载《法学研究》2004年第2期。

〔3〕 龙宗智：“中国法语境中的‘排除合理怀疑’”，载《中外法学》2012年第6期。

间是怎样的关系呢？有学者认为，“由于我国刑事诉讼中证据的证明力未受法定限制，个别证据的证明力判断以及证据的综合判断主要依靠法官根据案件的具体情况作出，因此，‘印证证明模式’仍然属于自由心证体系。然而，作为自由心证的一种亚类型，与典型的、通行的自由心证制度又有明显的区别”[1]。这些明显的区别体现在“印证证明模式”：获得相互支持的其他证据是关键；注重证明的“外部性”，以客观性为认识支撑点，避免自由心证下可以适用的“孤证不能定案”；导致证明标准过高，形成“客观真实”的证明理念；易催生逼供、诱供等违法取证行为。本书认为，欧陆的自由心证制度与我国时下的客观“印证”制度之间有着明显的区别：

（一）证据自由上的区别

我国的证据立法与实践在证据准入问题上与欧陆自由心证体系下的证据自由原则有着本质的区别，并呈现以下四个特性：

1. 证据种类的全封闭性。如前所述[2]，我国三大诉讼法均规定了严格的法定证据形式。《刑事诉讼法》第 50 条第 1、2 款规定：“可以用于证明案件事实的材料，都是证据。证据包括：①物证；②书证；③证人证言；④被害人陈述；⑤犯罪嫌疑人、被告人供述和辩解；⑥鉴定意见；⑦勘验、检查、辨认、侦查实验等笔录；⑧视听资料、电子数据。”《民事诉讼法》第 63 条第 1 款列举的证据形式除前述①②③⑥⑧以外，还包括当事人陈述、勘验笔录。行政诉讼中的证据形式与民事诉讼基本相同，只增加了一类笔录证据——“现场笔录”。理论上可以说，由于前述立法在此处并未设立兜底条款，则意味着法定所列以外的证据形式，并不属于法定的证据种类，不能进入诉讼程序。

2. 证据形态的可替代性。证据自由原则要求证据以原始形态进入法庭，接受法官的批判性审查。但在我国的司法实践中，证据形态是可以替代的，最典型的当属言词证据通常以书面的形式进入法庭。以刑事诉讼中的证人出庭作证为例。在 2012 年《刑事诉讼法》修改前，左卫民教授等曾对某市法院系统 19 个刑庭进行了调查，其中有 9 个刑庭没有刑事证人出庭，有证人出庭的案件为 26 起、68 名证人，以全年其他及中院的全部 6810 起刑事案件为基数，证人出庭率仅为 0.38%。[3] 2012 年《刑事诉讼法》修改时，在第 187 条（现行《刑事诉讼法》第 192 条）规定了“关键性证人出庭作证制度”，“公诉人、当事人或者辩护人、诉讼代理人对证人证言有异议，且该证人证言对案件定罪量刑有重大影响，人民法院认为证人有必要出庭作证的，证人应当出庭作证”。第 188 条（现行《刑事诉讼法》第 193 条）规定了强制到庭制

---

[1] 龙宗智：“印证与自由心证——我国刑事诉讼证明模式”，载《法学研究》2004 年第 2 期。

[2] 参见本书第五章第一节的介绍。

[3] 左卫民、马静华：“刑事证人出庭率：一种基于实证研究的理论阐述”，载《中国法学》2005 年第 6 期。

度，“经人民法院通知，证人没有正当理由不出庭作证的，人民法院可以强制其到庭”，但证人不愿出庭的情况仍无好转，强制出庭制度实施效果适得其反。[1] 2017年6月6日发布实施的《人民法院办理刑事案件第一审普通程序法庭调查规程》虽删除“人民法院认为证人有必要出庭作证”的弹性条款，一定程度上限制了法官的自由裁量权，并且在证人出庭作证方式及证人出庭的物质及安全保障等方面进行探索改进，但对该规程的试行仍反馈出证人出庭难仍然是审判实践中面临的突出问题。

3. 非法证据转化的任意性。这尤其体现在刑事诉讼的非法证据排除规则适用方面。尽管2010年《死刑案件证据规定》和《排非规定》及2012年修正的《刑事诉讼法》均对非法证据排除作了更为精细及严厉的规定，但在司法实践中，瑕疵证据与非法证据的界限仍不明朗，“刑讯逼供”“威胁、引诱、欺骗以及其他非法方法”的规定在不同地方理解不一，可操作性不强。2017年6月20日发布的《关于办理刑事案件严格排除非法证据若干问题的规定》虽有很大的进步之处，但争议并未完全得以厘清，而且实施效果亦有待观察。此外，我国并未有欧洲大陆式的“判例”制度，司法实践中的违法取证行为很难在立法及司法解释中穷尽，这便导致了许多非法证据堂而皇之地进入法庭。翻供现象时常发生，“补正或者作出合理解释”的要求太低，侦查人员出庭作证制度尚未普及，证据准入门槛尚未达到法治发达国家的水平。

4. 证据自由限制的无序性。在欧陆国家，对证据自由的限制通常由国际条约、宪法、刑事诉讼法以及司法判例形成完备的体系。我国则更多以刑事诉讼法、司法解释、部门规章以及地方性法规予以规制。尽管中国所加入的国际条约以及现行宪法亦对个人权利保护以及司法尊严原则作了规定，但更多仅具有宣示功能，缺乏可诉性。更为严重的是，我国时下强大的司法解释权以及日趋泛滥甚至有越权嫌疑的部门规章及地方性规则，正逐渐使对证据自由的限制趋于无序。例如2012年《刑事诉讼法》修正时增设了新的证据形式“电子数据”，但电子取证的操作规则却在各地大相径庭，缺乏统一的标准。2016年10月1日实施的《关于办理刑事案件收集提取和审查判断电子数据若干问题的规定》在一定程度上解决了规范不统一的问题，但立法和司法实践仍存在较为突出的问题。例如，不少地方出台了地方性规则，仍将电子数据鉴定作为书证使用，只是加盖的公章改为刑科所（刑事科学技术研究所）。又如，社会电子数据鉴定机构的鉴定意见是否具有证据资格，这在各个地方也不尽相同。有些省份仅授权官方所设的两级电子数据鉴定机构出具电子数据鉴定，有些省份则允许社会电子数据鉴定机构出具鉴定意见。

（二）证据自由评价上的区别

中国时下的证据立法（不仅是国家层面的立法，还包括地方性证据规则）

---

[1] 笔者于2013年7月至8月对H省和F省的检法系统进行了新刑诉法实施的实证调研，发现证人出庭率仍不足5%。

遵循了一种以限制证据证明力为核心的基本理念。[1] 例如，行政诉讼中存在法定的"证明力优先规则"：①国家机关、社会团体依职权制作的公文书证的证明力一般大于其他书证；②物证、档案、鉴定结论、勘验笔录或者经过公证、登记的书证，其证明力一般大于其他书证、视听资料和证人证言；③原始证据的证明力一般大于传来证据；④证人提供的对与其有亲属或者其他密切关系的当事人有利的证言，其证明力一般小于其他证人证言；⑤法定鉴定部门的鉴定结论优于其他鉴定部门的鉴定结论；⑥法庭主持勘验所制作的勘验笔录优于其他部门主持勘验所制作的勘验笔录；⑦原件、原物优于复制件、复制品；⑧出庭作证的证人证言优于未出庭作证的证人证言；⑨数个种类不同、内容一致的证据优于一个孤立的证据。[2] 又如，在刑事诉讼中，法律对间接证据与直接证据的证明力提出不同的要求，并确立了不同的司法证明方式。《死刑案件证据规定》第 33 条规定了运用间接证据定案的证明方式，"没有直接证据证明犯罪行为系被告人实施，但同时符合下列条件的可以认定被告人有罪：①据以定案的间接证据已经查证属实；②据以定案的间接证据之间相互印证，不存在无法排除的矛盾和无法解释的疑问；③据以定案的间接证据已经形成完整的证明体系；④依据间接证据认定的案件事实，结论是唯一的，足以排除一切合理怀疑；⑤运用间接证据进行的推理符合逻辑和经验判断。根据间接证据定案的，判处死刑应当特别慎重"。虽然立法者并没有明确规定，直接证据的证明力优于间接证据，但较为复杂的证明体系和"特别慎重"的表述已作了隐含式（d´une manière implicite）的约定。对于依据直接证据定案的，法律确立了"补强证据规则"。《死刑案件证据规定》第 34 条规定，"根据被告人的供述、指认提取到了隐蔽性很强的物证、书证，且与其他证明犯罪事实发生的证据互相印证，并排除串供、逼供、诱供等可能性的，可以认定有罪"，学界据此认为我国确立了口供补强规则。口供补强规则虽较为特殊，但实质上仍属于印证规则的范畴。

我国证据立法之所以会对证据证明力作出法律限制，其根本原因在于：一方面，决策者及社会公众对法官存在严重的不信任，担心法官在证据证明力问题上滥用评价权；另一方面，也是最为重要的，中国的法官未享有职务保障特权，在证据证明力评价上稍有疏忽，便可能因错案而受到追究。这就是为何在司法实践中，许多法官特别期待立法者或学者能起草并出台一部周密且严谨的证据立法，明确规定各种证据的证明力及评价方式，为法官的办案提供明确的指导。

证据自由评价的核心在于法官理性的智识评价以及立足专业经验的审慎认知。法官对证据证明力的自由评价系一套极为复杂的认知系统，这与个案

---

〔1〕 陈瑞华教授称之为"新法定证据主义"，参见陈瑞华："以限制证据证明力为核心的新法定证据主义"，载《法学研究》2012 年第 6 期。

〔2〕《行政诉讼证据规定》第 63 条。

的偶发性及不可预期性有着直接的联系。在具体个案中，很难说间接证据就一定比直接证据的证明力弱，具有利害关系的证人所提供证言的证明力就一定低于无利害关系证人所提供的证言。正是基于司法实践的现实状况多变且复杂，立法者根本无力对各种证据的证明力进行事先的约定。例如，通常而论，成年人所提供之证词的证明力要高于儿童，但也存在不少的反例，且在司法实践中还可能存在仅有间接证据的情况，比较典型的如在隐私场所对儿童进行侵害的刑事案件。故在欧陆国家，法官因经验与认知的不同，可能对证明力的评价也不同，这也是审级制度设立的初衷。因为通常而论，上级法院的法官更为资深历练，在证明力评价上也更接近真相。且看如下案例：

【案例】张某故意伤害案[1]——证据自由评价的灵活性

基本案情：某市某检察院指控犯罪嫌疑人张某涉嫌故意伤害罪。2013 年 1 月 1 日，张某、张妻及张子出席喜宴。饭后张妻返回家中，在小区楼下被陈某拦住并殴打，张子随后赶到，与陈某发生抓扯。张妻称，两人斗殴时，张子被劝阻，未再追击陈某，而是返回酒店去找张某。她也打电话给张某述说遭到陈某袭击之事。张某称，接到妻子电话后，便立刻跑回追打陈某，后来用啤酒瓶打了对方头部三四下后，对方倒地就没再打。本案主要证据有：DNA 鉴定意见、两名目击证人、张某口供、张某亲属及朋友的证言、陈某亲属的证言。DNA 鉴定意见显示死者陈某中指指甲擦拭物与小张的 DNA 基因座一致，张某的基因座与该案的检材未比对；两名目击证人称打人的男子偏瘦、方脸、中长发，而从照片上看张某偏壮、平顶头，张子的体态特征则更符合目击证人的描述；张某供认自己实施了犯罪行为；张某亲属及朋友的证言在细节上存在较大的出入，不能互相印证；陈某亲属的证言指向张子是真凶。另本案未搜集到啤酒瓶上的指纹，因为该案系由派出所处理现场，未能及时保护现场，致使关键证据灭失。

争议焦点：本案的承办法官认为全案证据未能形成链条，希望检察机关作撤诉处理，但检察机关不同意，双方存在较大意见分歧。

案例评析：为什么此案在我国刑事诉讼中存有争议呢？关键在于缺乏关键的直接证据而导致证据的印证性不足，因而不符合我国刑事诉讼的证明要求与标准。但在欧洲大陆，法官即便面临孤证，也会慎重判断。笔者就此案专门请教了马赛重罪法庭庭长玛丽·克劳德·贝朗杰（Marie-Claude Berenger）。她的意见是十分明确的，本案不可能作无罪判决，罪犯应为张子，故意伤害罪成立。笔者问及心证据以形成的原因，贝朗杰庭长认为，在本案中，目击证人较之于被告及利害关系人更具证明力。此例无意诟病本案的承办法官，但欧洲的刑事法官享有证据自由评价的特权，并据以形成心证，这显然与我

---

[1] 施鹏鹏："刑事裁判中的自由心证——论中国刑事证明体系的变革"，载《政法论坛》2018 年第 4 期。

国的法官有着根本的区别。

（三）判决责任伦理上的区别

在自由心证的制度体系中，法官的判决责任伦理主要是不得拒绝裁判的职责要求，在刑事诉讼中还包括存疑有利被告的判决责任。但在此一问题上，我国的法官显然与欧陆同行有着极为根本的区别。

法官具有裁判义务，原本是毋庸置疑的，但在我国却并非总是如此。我国的刑事司法实践对撤回公诉的滥用，在很大程度上变相地消解了法官的判决责任伦理。司法数据可以较为精确地印证这一观点。在2003年至2007年，全国法院一审判处有罪和无罪的总人数为419.8万，刑事一审结案率为99.81%，一审审结的刑事案件涉及的被告人人数大约为484.166万。一审刑事案件无罪判决率为0.333%。全国一审法院对64.366万被告人作出了既非有罪也非无罪的刑事裁判，占全部已判被告人人数的13.29%。“根据我国《刑事诉讼法》及相关司法解释的规定，人民法院只有在以下三种情况下才会对被告人作出既非有罪又非无罪的刑事裁判：一是被告人因未成年或者是精神病人不负刑事责任的；二是符合《刑事诉讼法》第15条第②至⑥项规定的法定情形，法院裁定终止审理的；三是由于检察院或者自诉人撤回起诉，法院裁定准许撤诉的。这意味着在2003年至2007年里，全国法院对64.366万刑事被告人涉及的刑事案件根据上述三种情形作出了裁判。尽管无进一步确切的数据证明有多少被告人是因为检察院撤诉而被法院作出准予撤诉的裁定，但是考虑到这三种情形已经占人民法院一审宣判被告人总数的13.29%，而第一和第二种情况在实践中仅属特例。因此，就全国而言，可以肯定的是，在一审中检察机关撤诉所涉及的被告人人数明显高于1.4万，这意味着公诉案件的撤诉率明显高于0.333%无罪判决率。”〔1〕甚至在一些敏感的刑事案件中，同级法院裁判已经宣告，在该裁判尚未撤销的情况下，检察机关竟撤回公诉。〔2〕因此，我国的刑事法官在面临可能判处无罪的刑事案件时，第一时间判断的并不是法官的心证伦理与裁判义务，而是与检察机关沟通，是否允许其主动撤回公诉。当然，之所以出现这一吊诡的司法现象，原因在于我国时下不甚科学的考评机制以及检、法相互配合、相互制约的顶层设计。

而在存疑有利被告问题上，我国刑事诉讼设定了极高的证明标准。《刑事诉讼法》第55条第2款将“证据确实、充分”明细为三个条件：“①定罪量刑的事实都有证据证明；②据以定案的证据均经法定程序查证属实；③综合全案证据，对所认定事实已排除合理怀疑”。在司法实践中，该条款往往被解读为证据间的高度印证，排除一切可能疑点。这显然与欧陆的自由心证制度

---

〔1〕陈学权：“对‘以撤回公诉代替无罪判决’的忧与思”，载《中国刑事法杂志》2010年第1期。

〔2〕龙宗智：“生效判决犹在 公诉焉能撤回——评‘天价过路费案’之公诉撤回”，载《法学》2011年第3期。

有着根本的区别。龙宗智教授对此作过精辟的论述，“在判断证据认定事实时，对证据间的相互印证如果作十分严格的要求，否则就认为证据不足，这是一种很高的证明要求（标准）……然而，这样高的标准在实践中往往难以达到”。[1] 例如在贪污案件中，被告往往采用虚开发票、在公司财务报销的手段以将公款占为己有。而辩解理由则通常是：在任职期间因为公事支付了大量公关费用，很多费用支出后没有票据无法正常下账，只能以变通发票的方法来充抵支出的费用，这些公款自己并未据为己有。但被告并未向法庭提供其所主张的公关对象，也未提供公款用于公关的任何证据。在此类案件中，如果公诉机关未查明公款去向，法院将会以证据不足最终宣告被告无罪。但在欧陆国家，这类案件是可以定罪的。[2] 此外，在比较典型的“一对一”案件中（如行受贿案件），只要有一定的旁证（例如谋利益的时间点与行贿时间点高度契合），欧陆的刑事法官极有可能作出有罪判决，而我国的刑事法官同样会作出无罪判决。

三、我国贯彻自由心证制度的路径

（一）确立证据自由原则

我国目前这种划分详细而又封闭的证据形式体系在兼容性与灵活性方面会有所欠缺。一方面，由于法律限定了对各类证据形式的解释空间，因此在具体诉讼中可能会出现不能广泛、有效地容纳多类型证据的情形；另一方面，由于法律未提供接纳新证据形式进入诉讼的渠道，在当今科技证据迅速发展的背景下，原来封闭的证据形式体系已难以满足司法实践的需要。

为此，在民事诉讼和行政诉讼中，我国可以遵循域外立法的通例，肯定证据契约的合理性。同时还应当看到，“将当事人对证据事项的控制权和处置权抬高到极端，认为无论在何种情形下都可以产生绝对的拘束力，这也是一种不妥当的观点。恰当的看法应当是以认可当事人订立证据契约的基本权利为背景，为其效力判断设定明确的几项原则供法官予以判断和取舍”。[3] 在刑事诉讼中，我国可以借鉴欧陆证据制度的有益经验，确立证据形式自由或者证据形式有限自由模式，构建开放性或半开放性的证据形式体系，或者在最大限度内，设置纳入新证据形式的渠道。在具体模式的设置方面，我国可以借鉴德国模式，区分严格证明与自由证明；也可以借鉴意大利模式，以当事人同意作为使用新证据形式的条件；又或者结合法官依职权调查证据的权限，允许法官依职权纳入新的证据形式，但同时需要设置法官在判决中就采纳新证据形式的说理义务、当事人提出异议的权利等配套的制约机制。最简单、

---

〔1〕 龙宗智：“印证与自由心证——我国刑事诉讼证明模式”，载《法学研究》2004年第2期。

〔2〕 参见施鹏鹏：“法国刑事反腐机制及其面临的挑战”，载《人民检察》2012年“国际反腐败”专刊。

〔3〕 汤维建：“论民事证据契约”，载《政法论坛》2006年第4期。

最基本的修改也应当是设置兜底条款，在《刑事诉讼法》第50条增设第9项“其他能证明案件事实的证据”，为司法实践中可能出现的新证据形式留下适用余地。

我国欲引入证据自由原则，除设立开放型的证据形式体系以外，还必须完善如下三个机制：①禁止证据形态的随意替代。我国应确立直接言词原则，证人证言不得以书面载体形式进入法庭，鉴定人、侦查人员等在必要时亦应当出庭，以确保法官可亲身接触原始证据，直接获得心证；②非法证据不得随意转化。建议最高人民法院引入欧陆式的判例制度，将司法实践中的违法取证行为明细化，杜绝非法证据进入法庭，污染法官的心证；③应逐步确立由国际条约、宪法、诉讼法以及司法判例所构成的立体式的人权保障机制，限制部门规章以及地方性规则在非法证据领域的适用。

（二）确立证据自由评价原则

在诉讼法中确立各种所谓的“证明力规则”虽有一定的现实基础，但这既是对法官智识理性与审慎认知的不信任，也使司法实践走入极端“立法主义”。更为重要的是，立法者根本无力对各种证据的证明力进行事先的约定。证明力规则的本质是将法官对证据的自由评价绝对客观化、立法化，这与个案的偶发性及不可预期性有着根本的冲突。诉讼案件千变万化，很难说直接证据的证明力就一定优于间接证据，成年人证言的证明力就一定强于未成年人，无利害关系的证人证言的证明力就一定强于有利害关系的证人。但即便没有“证明力规则”，也并不意味着法官可随意地确定各种证据的证明力，而应对证据进行理性的批判性审查，将心证立足于对证据的充分审查之上。在特殊情况下，法官还可审慎地运用事实推定，立足经验常识、已证事实、相邻事实、职业思维以及专业研判等对案件作出最符合真相的判断，而不拘泥于所谓的“客观印证”。

（三）确立心证责任伦理的要求

法官达致心证责任伦理的要求时，自由心证的过程方告终结。我国法官心证责任伦理的建构包括如下四个方面：

1. 判决理由的精细化，详细载明心证形成的过程和依据。判决理由不应仅是罗列控辩双方的意见，并简单地陈述“合议庭认为”，而更应阐明合议庭“为何”如此认为。这就要求法官对心证形成过程有着清晰理性的认知，避免在敏感争议案件中作模糊空洞的阐释。

2. 法官不得拒绝裁判。法官的这一裁判义务首先要求法官在法律对于案件没有相关的具体规定时仍应当裁判。在刑事诉讼中，这一要求还体现为在重大敏感刑事案件中逐渐厘清承办法官与审判委员会及外部机构之间的权力关系，以及在可能判处无罪的刑事案件中与检察机关的关系。庭审启动后便不宜建议撤回公诉，而应直接作出无罪判决；

3. 确立法官的职务保障制度。法官未实施严重犯罪行为、不法行为或不当行为的，不得以“错案”为由追究责任，这是发达国家的通例。在司法实践中，法官因办案及认知水平所限，对具体个案产生不同的心证实属正常，这也是审级制度存在的意义。诉讼的“知”与“未知”，在容忍的界限范围内吸纳了各种变化的可能性，使纠纷解决过程成为可控又可变的行为结构。也正因为如此，法官裁决应具有一定的“容错性”，以“错案”这一纯粹的结果标准来追究法官责任有悖司法的基本规律。

4. 在刑事诉讼中，还需审慎对待“怀疑”。在刑事诉讼中，存疑有利被告中的“怀疑”并非一切怀疑，自由心证的标准也绝非纯粹的“客观印证”。英美法系的“排除合理怀疑”标准是陪审制下的证明标准，职业法官在司法实践中应作理性的职业判断。我国未有英美法的文化土壤，未有程序优于实体的理念，未有陪审团的刑事裁判制度，所谓的“排除合理怀疑”仅是我国刑事诉讼证明标准的“乌托邦”。

【案例】湖南女教师黄某宿舍裸死案——自由心证的运用

基本案情：被害人黄某系湘潭市临丰小学音乐教师。2003 年 2 月 24 日上午，黄某被发现死在学校宿舍床上，全身赤裸、身上有多处伤痕。尸检报告称其为处女，但其生前男友姜某武的精液在现场被发现。公安机关刑事立案后，姜某武称：当晚他与黄某发生了抚摩等自愿的亲昵活动，没有试图强奸她；黄某后来出现口吐白沫、抽搐的症状，但自称没事，于是他在清晨离去。2003 年 12 月 22 日，姜某武被湘潭市雨湖区检察院以涉嫌强奸（中止）罪提起公诉，2005 年 12 月 7 日，湘潭市雨湖区人民法院审理该案。黄某家人及其律师认为姜某武对黄某之死负有间接故意的责任，姜某武的律师则认为姜某武虽然与死者发生了性关系，但无足够证据认为其强奸。2006 年 7 月 10 日，法院一审判决，宣判被告人姜某武无罪，但需赔偿原告经济损失 57 399.50 元，原因是在黄某有潜在病理改变的基础上，姜某武采用较特殊方式进行性活动促发死亡，姜某武对黄某的死应承担 50% 的民事责任。2007 年 12 月 8 日，湘潭市中级人民法院终审裁定：驳回原审原告黄某的父母及原审被告姜某武关于民事责任方面的上诉请求，维持原判。

争议焦点：本案从案发至终审历时近五年，其间最高人民法院司法鉴定中心、湘潭市公安局、湖南省公安厅、南京医科大学、中山大学等单位分别出具了 5 份鉴定意见，结论存在明显冲突。其中湘潭市公安局和湖南省公安厅的初步法医检验均认为，黄某是因心脏疾病导致急性心肺功能衰竭而死，属于正常死亡。但南京医科大学鉴定意见认为，心肺功能衰竭的说法证据不足，黄某是非正常死亡，中山大学法医鉴定中心也认为不足以确定自然死亡。最高人民法院司法鉴定中心则认为，黄某原有潜在病理改变，因姜某武采用较特殊方式进行的性活动促发死亡。再加之黄某家人认为黄某之死是姜某武暴力强奸未遂导致，并拒绝火化尸体，引发媒体关注和网络炒作，使本案处理更为敏感。

案例评析：在本案中，由于存在多头鉴定、重复鉴定，结论又矛盾重重，使本不清晰的案件事实在证明上更加扑朔迷离。从证据法的角度看，本案的判决是自由心证的抉择，也佐证了本章“自由心证虽仍有缺陷，但却是我们目前所能实行的最佳的证据制度”之判断。

中国特色社会主义法治理论系列教材

书　名	作　者
法理学	雷　磊
宪法学	秦奥蕾
行政法与行政诉讼法学	林鸿潮
中国法制史	赵　晶
民法学：总论	刘智慧
民法学：物权	刘家安
民法学：合同	田士永
经济法学	刘继峰
商法总论	王　涌
民事诉讼法学（第二版）	杨秀清
刑法学总论（第二版）	罗　翔
刑法学分论	方　鹏
刑事诉讼法学	汪海燕
国际法学	李居迁
国际私法学（第二版）	霍政欣
国际经济法（2017 年版）	杨　帆
国际经济法学（2020 年版）	祁　欢
法律职业伦理（第二版）	许身健
财税法	施正文
环境法学	于文轩
劳动法与社会保障法学	娄　宇
证据法	施鹏鹏
知识产权法（第二版）	陈　健
公司法学	王　涌